抗戰風雲中的國立西南聯合大學

【聞黎明 · 著】

認識大陸作家系列

國立西南聯大紀念碑

西南联大校歌

罗 庸 词
张清常 曲

A 4/4

P行板

mf

3·15·176 | 5 — — 0 | 5·#45·67i | 27 — 0 |
万里 长 征， 辞却了 五朝 官阙。

6·56·265 | 7 i—0 | 5·i3·217 | i— — 0 |
暂驻足 衡山湘水， 又 成 离 别。

3 i·32i | 766—0 | 26·2 76 | 655 — 0 |
绝徽 移栽 桢干质， 九洲 遍洒 黎元血。

5 6713 | 243 — | 7 — 6 — | 5 — — 0 |
尽 笳吹弦诵 在春城， 情 弥 切。

转E调 庄严地

ff
13 45 — | 5·65 — | 5 6543 | 2·53 — |
千秋 耻， 终 当雪， 中兴 业 须 人杰

3 23 54 | 7·6 5—4 5 | 67 | 5 — — 0 |
便 一 成 三 户，壮怀 难 折。

3·3 4565 | 4·32 — | i·i 7 i2i | 7·65
多难殷忧 新 国运，动心忍 性 希 前哲。

5 6731 | 545 76 | 2 — 5 — | i — — 0 |
待 驱除仇寇 复 神京，还·燕 碣。

西南聯大校歌

前　言

　　西南聯合大學是 1937 年 11 月由國立北京大學、國立清華大學、私立南開大學聯合組成的一所戰時高等學府。它於抗日烽火燃遍祖國大江南北的時刻誕生於湖南長沙，初名國立長沙臨時大學，1938 年初遷至昆明後改名國立西南聯合大學，抗日戰爭勝利後，這所戰時大學於 1946 年 5 月正式結束，三校分別復員返回北平、天津。西南聯合大學在短短八年半中，和中國人民一起經歷了艱苦卓絕的歲月，書寫了中國抗戰教育史的光輝篇章。

　　西南聯合大學是中國現代教育史上的一座不朽豐碑。這所集中了眾多學術大師和優秀人才的戰時高等學府，是特殊時期出現的一個特殊知識群體。全校師生懷著抗戰建國的堅定信念，在政治、經濟、思想、文化、教育、科研等領域做出的傑出貢獻，已成為中國優秀文化遺產的組成部分。廣大師生當年從事的活動，思考的問題，提出的主張，無一不是中國人民爭取民族解放、維護國家獨立、投身現代化建設、建立永久國際和平秩序的縮影。而艱苦辦學、戰時生活、校園文化、學人職任、民主運動、人物命運等等，至今仍啟迪著人們不同方面的思考，使「西南聯大」四字深入人心，而西南聯大研究也近乎成為一門顯學。這些現象，既表達了人們對西南聯大的懷念，也反映了這所已經離開今天七十年的群體仍產生著深刻影響。

　　西南聯合大學是有待不斷開發的「富礦」。今天的社會生活中，愛國、民主、科學、文化、教育、人才等主題詞頻頻出現，而每當人們看到這些流行語時，便會情不自禁地與西南聯大聯繫起來。一位多年關心西南聯大研究的學者，曾為西南聯大研究提出了中西文化、新舊文化、東西部文化（或內地與邊疆文化）、民主與科學文化、名校與師生文化、德育與智育文化、教育與科研文化、教與學的文化、校

內與校外（社會）文化等九項課題[1]。這些課題，只是從文化的角度提出來的，其實需要研究的不止這些，如戰時教育、戰地服務、政局分析、社會改革、學術研究、文化建設、外交政策、前沿科學等等，都值得史學工作者們進一步的努力。

　　本書選擇了西南聯大與這場戰爭密切相關的若干問題，希望通過對它們的再現，反映抗日戰爭與這所高等學校的互動關係，進而反映這場戰爭對中國教育事業乃至中國社會的某些直接影響。

　　本書共八章。第一章「動盪年代」，介紹七七事變爆發期間，北京大學、清華大學、南開大學在戰火中的劫難。第二章「慷慨遷徙」，介紹三校先遷長沙組成長沙臨時大學，再遷昆明成立西南聯合大學，其間又在南嶽、蒙自、敘永設立三所分校的過程。第三章「直面轟炸」，旨在再現日軍對昆明的狂轟濫炸，學校師生對應轟炸的態度與措施，及在大轟炸中的生活。第四章「反對妥協」，描寫全校師生反對妥協投降，開展各種宣傳，進行兵役動員，在全民抗戰中保持高昂的鬥志。第五章「文人抗戰」，介紹師生們在話劇演出、詩歌創作、電臺播音，及為支援前線踴躍募捐等，以展現這一身在大後方的群體如何投身抗戰。第六章「學術參戰」，介紹傳播現代科學文化的大學師生們，用自己的智慧和知識，在學術、教育、科技等不同領域，為抗戰做出的積極貢獻。第七章「投身戰場」，介紹師生們如何以實際行動直接參加不同崗位的戰鬥，他們有的活躍在抗戰前線，有的為美國盟軍擔任翻譯，有的為美國航空隊提供各種服務，有的駕駛卡車奔馳在滇緬公路上，有些人還為抗戰獻出了寶貴的生命。第八章「關注日本」，主要介紹西南聯大參與編纂中日戰事史料，冷靜分析國際關係演變，以及對於戰後處置日本問題的認識。

　　上述史實，有相當部分鮮為人知或知之不詳。因此，本書在利用現有資料基礎上，花費了很大氣力發掘散見於當時各種報刊上的基本

---

[1]　謝本書：〈西南聯大──多重文化的交匯與碰撞〉，西南聯大研究所編《西南聯大研究》，第3至8頁，中國百科全書出版社2005年10月出版。

史料，目的就在於彌補所缺，充實細節，以便在前人成果基礎上，能有較多的前進。

「牢記歷史」，「以史為鑒」，既是中日兩國史學界的使命，也是本書的目的。

代　引

〈西南聯合大學校歌〉

羅庸詞　張清常曲

萬里長征，辭卻了五朝宮闕。

暫駐足，衡山湘水，又成離別。

絕徼移栽楨幹質，九州遍灑黎元血。

盡笳吹弦誦在春城，情彌切。

千秋恥，終當雪，中興業，須人傑。

便一成三戶，壯懷難折。

多難殷憂新國運，動心忍性希前哲。

待驅除仇寇復神京，還燕碣。[1]

---

[1] 羅庸詞、張清常曲：〈西南聯合大學校歌〉，北京大學、清華大學、南開大學、雲南師範大學編《國立西南聯合大學史料》第1卷，第38頁，雲南教育出版社1998年10月出版。

〈國立西南聯合大學紀念碑〉碑文

馮友蘭撰文　聞一多篆額　羅庸書丹
1946 年 5 月 4 日昆明

中華民國三十四年九月九日，我國家受日本之降於南京。上距二十六年七月七日盧溝橋之變，為時八年；再上距二十年九月十八日瀋陽之變，為時十四年；再上距清甲午之役，為時五十一年。舉凡五十年間，日本所鯨吞蠶食於我國家者，至是悉備圖籍獻還。全勝之局，秦漢以來所未有也。國立北京大學、國立清華大學原設北平，私立南開大學原設天津。自瀋陽之變，我國家之威權逐漸南移，惟以文化力量與日本爭持於平津，此三校實為其中堅。二十六年平津失守，三校奉命遷於湖南，合組為國立長沙臨時大學，以三校校長蔣夢麟、梅貽琦、張伯苓為常務委員，主持校務。設法、理、工學院於長沙，文學院於南嶽，於十一月一日開始上課。迨京滬失守，武漢震動，臨時大學又奉命遷雲南。師生徒步經貴州，於二十七年四月二十六日抵昆明。旋奉命改名為國立西南聯合大學，設理、工學院於昆明，文、法學院於蒙自，於五月四日開始上課。一學期後，文、法學院亦遷昆明。二十七年增設師範學院。二十九年設分校於四川敘永，一學年後並於本校。昆明本為後方名城，自日軍入安南，陷緬甸，乃成後方重鎮。聯合大學支持其間，先後畢業學生二千餘人，從軍旅者八百餘人。河山既復，日月重光，聯合大學之戰時使命既成，奉命於三十五年五月四日結束。原有三校即將返故居，復舊業。緬維八年支持之苦辛，與夫三校合作之協和，可紀念者蓋有四焉。我國家以世界之古國，居東亞之天府，本應紹漢、唐之遺烈，作並世之先進。將來建國完成，必於世界歷史居獨特之地位。蓋並世列強，雖新而不古；希臘、羅馬，有古而無今。惟我國家，亘古亘今，亦新亦舊，斯所謂周雖舊邦，其

命維新者也。曠代之偉業，八年之抗戰，已開其規模，立其基礎。今日之勝利，於我國家有旋乾轉坤之功，而聯合大學之使命與抗戰相終始，此其可紀念者一也。文人相輕自古而然，昔人所言，今有同慨。三校有不同之歷史，各異之學風，八年之久，合作無間。同無妨異，異不害同，五色交輝，相得益彰，八音合奏，終和且平，此其可紀念者二也。萬物並育而不相害，道並行而不相悖，小德川流，大德敦化，此天地之所以為大。斯雖先民之恆言，實為民主之真諦。聯合大學以其相容並包之精神，轉移社會一時之風氣，內樹學術自由之規模，外來民主堡壘之稱號，違千夫之諾諾，作一士之諤諤，此其可紀念者三也。稽之往史，我民族若不能立足於中原，偏安江表，稱曰南渡。南渡之人，未有能北返者。晉人南渡其例一也，宋人南渡其例二也，明人南渡，其例三也。風景不殊，晉人之深悲；還我河山，宋人之虛願。吾人為第四次之南渡，乃能於不十年間收恢復之全功，庾信不哀江南，杜甫喜收薊北，此其可紀念者四也。聯合大學初定校歌，其辭始歎南遷流難之苦辛，中頌師生不屈之壯志，終寄最後勝利之期望。校以今日之成功，歷歷不爽，若合符契。聯合大學之始終，豈非一代之盛事，曠百世而難遇者哉！爰就歌辭，勒為碑銘。銘曰：

> 痛南渡，辭宮闕。駐衡湘，又離別。更長征，經嶢嶁。望中原，
> 遍灑血。抵絕徼，繼講說。詩書喪，猶有舌。盡笳吹，情彌切。
> 千秋恥，終已雪。見仇寇，如煙滅。起朔北，迄南越，視金甌，
> 已無缺。大一統，無傾折，中興業，繼往烈。維三校，兄弟列。
> 為一體，如膠結。同艱難，共歡悅，聯合竟，使命徹。神京復，
> 還燕碣，以此石，象堅節。紀嘉慶，告來哲。[1]

---

[1] 馮友蘭：〈國立西南聯合大學紀念碑碑文〉，《國立西南聯合大學史料》第 1 卷，第 283 至 284 頁。

目　錄

第一章　動盪年代

　　1937 年 7 月 7 日爆發於北平西南郊的盧溝橋事變，在日本帝國主義的既定侵略政策下，很快由局部衝突演變成全面侵華的導火線。

　　戰爭的突然降臨，首先受到劇烈衝擊的是九一八事變以來一直處於日本南侵前沿的華北地區。這一地區的教育機關，率先遭到日寇鐵蹄的蹂躪。北京大學、清華大學、南開大學，這三所在中國教育界享有神聖殿堂的最高學府，立刻墜入了一場前所未有的巨大劫難。

第一節　戰火初燃

　　七七事變爆發時，正值暑假期間，大部分學生已經離校。一些主要大學的校長和知名教授，這時已接到前往盧山參加蔣介石召集的談話會的通知。北京大學校長蔣夢麟、清華大學校長梅貽琦、南開大學校長張伯苓，此時均不在學校。當時在極度不安局勢下主持校務工作的，只是負責維持工作的部門領導人。儘管他們力持鎮靜，但瞬息萬變的形勢和真假難辨的消息，令他們在這種從未遇到過的情況下，不知怎樣才能順時應變。

　　7 月 10 日，七七事變第三天，清華大學教務長潘光旦、秘書長沈履向正在上海的梅貽琦校長發出戰事爆發以來的第一封電報，電文只有極其簡短的「連日市民、學校均鎮靜，各方安，乞釋念」十五個字[1]，意在請遠離學校的梅貽琦，不要過於擔心。在南京的北大文學院院長胡適，好像也得到了這個判斷。11 日，他亦致電梅貽琦說，據聞「清華平安，僅有日兵官來問有無軍器，並欲購校馬，並勸告校

---

[1]　潘光旦、沈履致梅貽琦電，清華大學校史研究室編《清華大學史料選編》第 3 卷上冊，第 1 頁，清華大學出版社 1994 年 4 月出版。

款勿外匯，以免謠傳日軍提取」。電文中還特別報告「職員出入無阻，攜物者須經檢查，據云日軍尚有禮貌，人心稍安」。[1]

這兩封電報，反映了當時人們對這一事件的最初估計。自從九一八事變以來，日本在華北製造了一個接一個事端，中日間軍事磨擦接連不斷，但歷次衝突最後都通過談判得到緩和。因此，七七事變之初，許多人也抱著同樣的念頭，認為它也和以往事件一樣，是一次雙方駐軍的局部磨擦，經過交涉，事態早晚可以得到平息。清華大學政治學系主任浦薛鳳教授，就持這種分析。他說：「華北局面，忽緊忽弛已非一次」，而駐守北平的第二十九軍軍長宋哲元「雖久已避居樂陵，隱示問題嚴重，然而暗中接洽，相當妥協讓步，似為有識者一致推測，華北局面或不至於不可收拾。」[2]這種推測，的確頗具代表性。

然而，到了7月14日，情況出現變化，這從潘光旦、沈履致教育部辦公處急轉梅貽琦的電報中表現的十分明顯。該電正文只有三句，前兩句為「和平望絕，戰機已迫」，後一句為「盼急設法繞道正太平綏返校」。[3]此時，梅貽琦剛剛到達韄嶺，潘光旦、沈履就要他不惜從太原、大同繞一個大圈子趕快返回北平。眾所周知，盧山談話會是民族存亡日益嚴重、救亡圖存呼聲日益高漲形勢下，由國民黨中央政治會議邀請各黨各派及無黨無派人士商談如何「團結各方，共赴國難」的一次重要會議。第一次談話會於7月9日召開，出席者主要是青年黨、國社黨、鄉村建設派、中華職教社、救國會等在野黨派領袖；第二次會議定於16日召開，邀請對象主要是各大學教授及若干縣以上的官員。對於這樣一次會議，如果不是形勢萬分緊張，潘、沈是絕對不會輕易要求尚未出席一天會議的梅貽琦急速返回的。

由於中日雙方的互相摸底與交涉，平津出現過一段緩和跡象，因此梅貽琦沒有返回北平。誰知，暫短的緩和不過是日本為了統一內部

---

[1]　胡適致梅貽琦電，轉引自《清華大學史料選編》第3卷上冊，第1頁。

[2]　浦薛鳳：《太虛空裏一遊塵——八年抗戰生涯隨筆》，第1頁，臺灣傳記文學出版社1979年7月出版。

[3]　潘光旦、沈履致梅貽琦急電，轉引自《清華大學史料選編》第3卷上冊，第2頁。

和調整部署而施放的一種煙幕。一陣緊鑼密鼓之後，7 月 26 日，日軍佔領廊坊，切斷北平、天津間聯繫，完成了進攻北平的最後部署。隨後，日軍向二十九軍發出最後通牒，限 24 小時內撤退西苑駐兵，48 小時內撤走北平駐兵。

二十九軍，是蔣馮閻中原大戰後，馮玉祥西北軍殘存部隊組成的一支武裝力量，它駐守的平津地區，是其唯一的地盤。軍長宋哲元深知放棄平津，就等於喪失維持部隊的經濟來源，從此再無立足之地。同時，隨著日軍侵略得寸進尺，步步緊逼，要求停止內戰一致抗日的呼聲響徹全國。面對上述形勢，宋哲元一面拒絕了日軍的無理要求，一面加緊佈置固守北平防守，急令保定駐軍星夜馳援。

日軍的最後通牒是 27 日傳到清華園的，這個消息馬上引起校園恐慌。中午，主持學校留守工作的葉企孫教授，在其住宅召集各系負責人商談應付辦法，提出是否讓大家進城暫避。浦薛鳳立即表示贊成，認為凡是有關係者，都應動員入城，理由很簡單，城內有軍隊守衛，總比城外安全。於是，馮友蘭、黃子卿、朱自清、王化成等教授，均於這天匆匆離開朝夕生活的清華園。由於職責所繫，潘光旦顯得較為鎮定。下午 4 時，他在家裡召開了一次各系負責人談話會，除了報告消息、交換意見外，還就留校各家的安全談了些想法。事後，有人說潘光旦不識戰爭為何物或危險已至何種程度，其做法即使不是唱高調也是書生之見。[1] 但是，換位思考一下，如果連教務長都慌亂起來，學校豈不更無主心骨了麼。

由於戰事即起，北平城門自 27 日下午起關閉。消息傳來，來不及入城的清華師生只好準備到外地避難。浦薛鳳、蕭公權教授決定由清華園車站上車，經平綏路轉張家口往大同。他們認為這是唯一可以脫離虎口的途徑。可是，當他們冒著細雨到火車站打聽時，方知次晨 8 時許才有一列快車。浦、蕭兩家 27 日未能走成，而一些人知曉他們的計畫後，亦紛紛要求同行，到了深夜，擬同赴大同的已有 24 家之多，為此，沈履允諾派校車搬運各家行李。各家立刻通宵清理行裝，

---

[1]　浦薛鳳：《太虛空裏一遊塵——八年抗戰生涯隨筆》，第 9 頁。

一夜未眠。浦薛鳳全家自然也是極為忙亂，他懷著複雜的心情與產後未滿月的妻子督促女僕整理箱籠，又「環顧室中陳列，獨自於深夜步行園中」，不免「心頭情緒萬端」，心中默默道：「清華清華，別兮在即，所願不久歸來，再見再見。」[1]浦薛鳳是帶著「所願不久歸來」的心情離開學校的，其實，不止他一人，多數人都把這次離別看成是避難，希望不久仍可重返清華園。

7月28日凌晨，日軍向北平發起總攻。當時，除北平城內仍有第三十七師馮治安部隊堅守外，郊區陣地僅剩南苑駐有四個步兵團和一個騎兵團，因此南苑成為日軍掃除北平週邊的進攻重點。拂曉時分，日軍從西、南兩面向南苑夾擊，切斷南苑與北平的交通，又以數十架飛機低空輪番轟炸，片刻不停。轟炸萬壽山麓的日本飛機從清華園上空掠過，一聲巨響將朦朧中的師生們從夢中驚醒，大家紛紛跑到早就商定好的躲避轟炸的避難所——建築堅固的圖書館和科學館。很快，這兩處便塞滿了表情嚴肅、一臉憂色的人群。此時，清晰的炮聲已經傳到清華園，時稀時密的機關槍聲，由微而著，由遠而近。10時半許，一顆炮彈落在圖書館樓後，雖然陷入爛泥沒有爆炸，卻著實讓人吃驚不小。新南院南側清華車站旁的天豐煤站，也落了一顆炮彈。

28日午後，人們的心情稍有安定，原因是城裡傳來令人高興的消息。有的說豐台已被我軍收復，有的說通縣即將收復，有的說中央軍已至保定，還有的說南京派了50架飛機前來助戰。日軍擔心清華園內有中國守軍，數次低空偵察，有時飛得極低，地面上都能看見飛行員的面目。傍晚，炮聲漸疏，緊張了的人心似乎稍有鬆馳，日機飛過清華圖書館屋頂時，一些學生還仰天觀看，結果遭到敵機一陣掃射。

其實，28日的形勢十分嚴峻。這天，日軍攻佔南苑，二十九軍副軍長佟麟閣、一三二師師長趙登禹，於激戰中陣亡。29日，二十九軍被迫退出北平，六朝古都淪陷了。

---

[1]　浦薛鳳：《太虛空裏一遊塵——八年抗戰生涯隨筆》，第9頁。

28、29 兩日，是北平最危急的兩天，清華園離交戰地區不遠，師生的感受尤其深刻。而進了城的人，同樣也在焦慮心情下熬煎著。朱自清在一篇文章中，回憶當時他在城內的所見所聞和不安心情：

> 28 日那一天，在床上便聽到隆隆的聲音。我們想，大概是轟炸西苑兵營了。趕緊起來，到胡同口買報去。胡同口正衝著西長安街。這兒有西城到東城的電車道，可是這當兒兩頭都不見電車的影子。只剩兩條電車軌在閃閃的發光。街上洋車也少，行人也少。那麼長一條街，顯得空空的，靜靜的。胡同口，街兩邊走道兒上卻站著不少閒人，東望望，西望望，都不做聲，像等著什麼消息似的。街中間站著一個警察，沉著臉不說話。有一個騎車的警察，扶著車和他咬了幾句耳朵，又匆匆上車走了。
>
> 報上看出咱們是打了。我匆匆拿著報看著回到住的地方。隆隆的聲音還在稀疏的響著。午飯匆匆的吃過了。門口接二連三連的叫「號外！號外！」買進來搶著看，起先說咱們搶回豐台，搶回天津老站了，後來說咱們搶回廊坊了，最後說咱們打進通州了。這一下午，屋裡的電話鈴也直響。有的朋友報告消息，有的朋友打聽消息。報告的消息有的從地方政府裡得來，有的從外交界得來，都和「號外」裡說的差不多。我們眼睛忙著看號外，耳朵忙著聽電話，可是忙得高興極了。
>
> 6 點鐘的樣子，忽然有一架飛機嗡嗡的出現在高空中。大家都到院子裡仰起頭看，想看看是不是中央的。飛機繞著彎兒，隨著彎兒，均勻的撒著一搭一搭的紙片兒，像個長尾巴似的。紙片兒馬上散開了，紛紛揚揚的像蝴蝶兒亂飛。我們明白了，這是敵人打得不好，派飛機來撒傳單冤人了。僕人們開門出去，在胡同裡撿了兩張進來，果然是的。滿紙荒謬的勸降的話。我們略看一看，便撕掉扔了。
>
> 天黑了，白天裡稀疏的隆隆的聲音卻密起來了。這時候屋裡的電話鈴也響得密起來了。大家在電話裡猜著，是敵人在進攻西

苑了，是敵人在進攻南苑了。這是炮聲，一下一下響的是咱們的，兩下兩下響的是他們的。可是敵人怎麼就能夠打到西苑或南苑呢？誰都在悶葫蘆裡！一會兒警察挨家通知，叫塞嚴了窗戶跟門兒什麼的，還得準備些土，拌上尿跟蔥，說是夜裡敵人的飛機許來放毒氣。我們不相信敵人敢在北平城裡放毒氣，但是僕人們照著警察吩咐的辦了。我們焦急的等著電話裡的好消息，直到十二點才睡。[1]

29 日這天，關閉了兩天的北平城門開啟，吳有訓、潘光旦、雷海宗、浦薛鳳等教授，方得以入城。其時，搬進北平的有馮友蘭、蕭公權、劉崇鋐、陳達、陳福田、錢稻孫、王化成、朱自清、孫國華、張子高、王明之等教授。他們中有些人顯然沒料到全面戰爭一觸即發，故王明之、陳達僅隻身入城，連一個箱子也沒帶，王化成、劉崇鋐隨身攜帶的也不過少許箱篋。[2]

清華教授進城後散居各處，但始終保持著電話聯繫，體現了清華的團體協助精神。潘光旦、沈履、馮友蘭皆為清華負責人，他們人在城裡，心卻無時不刻惦著清華，幾乎每天早上進城，晚上返校，對留在校園裡的人起了不少安定作用。北平至清華的路上並不太平，8 月初，海淀鎮黃莊就有 7 名中國警察被日軍加害。但是，他們堅持履行職責，不畏危險，相信危急早晚會過去，清華一定要辦下去。馮友蘭曾對圖書館的留守人員說：「中國一定要回來，要是等中國回來，這些書都散失了，那就不好，只要我們在清華一天，我們就要保護一天。」[3]

在城內的教授們，也時時為清華的安危擔憂。7 月 29 日，朱自清接到錢稻孫電話，獲知「清華危急，今晨落轟炸一枚，一般貧民緊閉大門，婦孺皆甚驚恐」，於是立刻與錢稻孫、溫特（清華美籍教授）走訪位於地安門前後門橋白米街的馮友蘭家，遂一起「至公安局請求

---

[1] 朱自清：〈北京淪陷那一天〉，朱喬森編《朱自清全集》第 4 卷，第 402 至 404 頁，江蘇教育出版社 1990 年 12 月出版。

[2] 浦薛鳳：《太虛空裏一遊塵——八年抗戰生涯隨筆》，第 14 頁。

[3] 馮友蘭：《三松堂自序》，第 97 頁，三聯書店 1989 年 4 月出版。

援助」，又「乘兩輛汽車赴清華」查看。30 日，朱自清復得「許多有關清華之可怕消息，令人甚感失望，直至王化成告以清華安然無恙之可靠消息，方覺釋然」。[1]

　　與清華大學一樣，北京大學也始終處在極度不安的狀態下。多次對人說 1937 年是自己生涯中最不尋常一年的鄭天挺，七七事變前擔任北京大學秘書長，事變發生時，校長蔣夢麟、文學院長胡適等都因赴廬山參加談話會離開了北平，法學院長周炳琳教授、課業長樊際昌教授等亦相繼南下，校內事務由鄭天挺負責。日軍包圍北平時，有人建議給學生每人發 20 元，使其迅速離校，鄭天挺採納了這一建議，所以北平陷落的 7 月 28 日，北大校園裡已沒有學生了。

　　但是，蔣夢麟離開北平後一直沒有來信，學校事務如何處理，大家都沒有底，只能臨時應付。8 月初，日本憲兵到北大搜查，在辦公室裡發現抗日宣傳品，日本憲兵問這是誰的辦公室，鄭天挺說是他的。日本憲兵看了看文質彬彬的鄭天挺，有些不相信，但當時各處負責人早已逃散一空，日本憲兵也就沒再追問下去。8 月 8 日下午，尚志醫院大夫、鄭天挺的表姐夫跑來送口信，說日本憲兵要抓他。無奈之下，鄭天挺匆匆跟著表姐夫到西安街尚志醫院三樓病房暫做躲避。但是，心繫學校的鄭天挺害怕校中同仁擔憂，加上原定次日上午要與清華諸人商議要事，於是一早又瞞過護士悄悄離開醫院。[2]

　　在北平的北大同仁無日不在惶恐之中，離開北平的一些人，也曾對和平抱有幻想。胡適承認：「我在 8 月中，做過一次（似不至一次）和平的大努力。」[3]正是帶著這種希望，胡適 9 月初寫信給鄭天挺，勸他留在北平教書。留守北大的教授們接到此信後不知如何是好，鄭

1　〈朱自清日記〉，1937 年 7 月 29 日、30 日，《朱自清全集》第 9 卷，第 476 頁。
2　鄭天挺：〈滇行記〉，蒙自師範高等專科學科、蒙自縣文化局、蒙自南湖詩社編《西南聯大在蒙自》，第 20 至 21 頁，雲南民族出版社 1994 年 12 月出版。
3　胡適致蔣廷黻（1938 年 1 月 12 日），杜春和編《胡適來往書信選》中冊，第 362 頁，中華書局 1979 年 5 月出版。胡適很快放棄了這一幻想，他在同信中說：「我後來漸漸拋棄和平的夢想了。9 月 8 日離京，那天我明告精衛、宗武、希聖三人，我的態度全變了。」

天挺則感到，這麼大的學校，在這戰亂歲月裡，實在無法維持同仁們的生活。[1]

　　至於南開大學，真是令人心痛。暑假開始後，大部分同學先後離校，七七事變發生時，留在學校的學生尚有 50 餘人，加上工友約 100 餘人，校長張伯苓正在南京，校務由秘書長黃鈺生教授主持。事變那天，黃鈺生恰恰在北平，他是乘平津間鐵路恢復運輸後的第一趟車趕回天津的。回到學校後，他馬上與理學院院長楊石先、男生宿舍舍監郭屏藩共商對策。他們先是勸留校學生回家，沒有路費的可以借給，志願到保定勞軍的也給予資助，因交通不便或無家可歸的人，則集中到秀山堂居住，以便照料，但要求女同學一律離校。接著，他們又把留校師生組織起來進行護校，還組織了探訪組和治安組，分別擔任搜集消息、巡邏警衛等任務。教職員也加緊整理圖書、儀器，做轉移他處之準備。那時，天津的汽車多半被日軍強征，幸虧茂達汽車行與南開素有來往，但也僅能提供兩部汽車，而且汽車經過日本兵營時，受到日軍阻攔，搶運貴重物資的工作只能在夜間進行。

　　27 日，傳來豐台已被收復的消息，有人還說二十九軍將奪取天津日本租界。正在大家喜形於色的時候，28 日下午有人報告說日軍在校門北邊的六里台附近丟下一支步槍，大家都覺得這很可能是一個花招，又要找一個生事的藉口，於是馬上通知教職員家眷及學生速速離校。下午 5 時左右，全校上下投入疏散工作，因為大家都感覺到情況緊急，再若遲疑，損失必定不堪設想。果然，29 日凌晨 1 時左右，日軍開始行動了。對於當時的情形，黃鈺生記憶猶新。他說：

> 7 月 28 日夜間，留守在校舍的有楊石先和我，還有幾位職工。29 日凌晨 1 時，我們聽到多處槍聲。拂曉，駐在海光寺的日軍開炮了，第一炮打河北省政府，第二炮打南開大學，接著就

---

[1]　鄭天挺：〈滇行記〉，《西南聯大在蒙自》，第 21 頁。

是對南大各建築的炮轟。又有日軍飛機在校園上空盤旋，觀察投彈命中的情況。[1]

日軍炮擊南開大學，是從海光寺發射的，圖書館圓頂當即被擊中倒塌。29 日上午 11 時，黃鈺生仍堅守在秀山堂，突然一顆炮彈，從屋頂直穿到地官，幸未爆炸。繼續留守已毫無意義，黃鈺生這才與郭屏藩等，率領大家一起撤離。他們從緊挨 23 號教員宿舍的河邊登上一隻小船，黃鈺生和郭屏藩坐在校工鄭師傅的小船上，沿小河向東劃去。上船前，一架日軍飛機就向他們一通掃射，船行途中，飛機又幾次尾追射擊。路上，黃鈺生一直牽掛著學校，於是在王頂堤小村休息後決定返回，郭屏藩、張新波、趙世英三位職員及五個學生，陪同他一起折返。

回到學校，只見「彈殼星布，寂無人聲，一片慘澹情況，不忍卒睹」。當時，學校的物資約有百分之九十已裝車備運，但僅運出十分之五六，故郭屏藩隨黃鈺生巡視校園後，便找人商量用船運書的辦法。他剛走到大中橋，槍聲復起，不得不匆匆回到秀山堂，躲到下面的一個地窖裡。回過了片刻，就聽見芝琴樓的門窗玻璃嘩嘩啦啦地掉下來，顯然是被子彈擊落的。大家馬上臥倒，以免被從窗外射入的彈片擊中。接著，樓頂傳來爆炸聲，眾人知道此地不可久留，隨即從後面的小門扶牆而出。可當到 3 號教員宿舍時，槍聲大作，無法前行，不得已又由原路折回。這時郭屏藩抱著「消耗敵人彈藥主義」念頭，要在秀山堂堅持下去。不一會兒，校工房霍文跑來，說日本坦克車已開到六里台了，要他們早做準備。張新波聽後說，「與其被敵人活活捉去，寧願冒火網衝出」。於是大家開始二次突圍，來到思源堂旁停船處。船行至八里台村小橋附近，日軍飛機迎面飛來，一顆炮彈落在船邊，郭屏藩急忙躲避，船穿一歪，掉進河裡，當同伴把他拽上來，早就成落湯雞了。郭屏藩、張新波等乘船經吳家窯至接近英租界的佟樓，方算入平安之境。他們登上馬場道大橋，「回首西望，秀山堂火焰沖起」，

1　黃鈺生：〈被日軍洗劫的南開大學〉，《南開校友通訊》第 2 期，1983 年，轉引自申泮文：《天津舊南開學校覆沒記》南開大學出版社，1995，第 22 至 23 頁。

「凝視良久，不覺淒然」。[1]「七・二九」，對南開人，對整個天津人，都是一個永遠銘記的日子。

親歷過七七事變歲月的人們，雖然有不同的遭遇，但他們的感受，無一不與緊張、恐懼、擔憂緊緊聯繫在一起。這段被扭曲的人生經歷，深深銘刻在他們的記憶中。

第二節　學府劫難

文化，是一個民族賴以生存和發展的精神基礎。日本軍隊在進攻和佔領北平、天津後，迫不及待對中國的教育機關，進行大規模的摧殘和劫收。在中國高等學校中，天津的南開大學首先遭到滅頂之災，清華大學、北京大學的校園雖未被徹底摧毀，但前者成了日軍的醫院，後者則按日本的帝國大學模式受到改造。

南開大學是一所私立大學，是由張伯苓創辦的包括大學、中學、小學在內的南開學校的最主要部分。被胡適譽為「中國現代教育的鼻祖之一」的張伯苓，1895 年畢業於北洋水師學堂，甲午戰敗的恥辱，民族的災難，國家的腐敗，使他認識到「國家積弱至此，苟不自強，奚以圖存」，而「自強之道，端在教育」，於是立志「創辦新教育，造就新人才」。[2]1898 年底，張伯苓脫離清朝海軍，應天津名士嚴修邀請，主持嚴氏家館。後來，又被聘請為另一天津著名王氏商業家的家館教師。1904 年，張伯苓隨嚴修赴日本考察教育，回國後決定籌設中學，於是將嚴館與王館合併，成立私立中學堂，開啟了南開學校歷史的肇端。1907 年，學校在多方資助下已初具規模，遂於 9 月 22日「南開窪」新校舍落成典禮上，正式改名為私立南開中學堂。1912年 4 月，南開中學堂改名為南開學校。10 月 17 日，南開舉行成立八

---

[1]　郭屏藩：〈南開被炸之追憶〉，原載 1944 年《南開週刊四十周年紀念校慶特刊》，轉引自申洋文：《天津舊南開學校覆沒記》，南開大學出版社 1995 年 7 月第 1 版，第 43 至 44 頁。

[2]　張伯苓：〈四十年南開學校之回顧〉，原載《南開四十年紀念校慶特刊》，轉引自南開大學校史編寫組編《南開大學校史（1919－1949）》，第 2 頁，南開大學出版社 1989 年 10 月出版。

周年紀念會，此後這一天便被南開中學、南開大學、南開女中、南開小學以及抗戰爆發後成立的重慶南開中學作為校慶日。南開學校在張伯苓和師生們的努力下發展很快，教室、宿舍、圖書館、禮堂、食堂等建築拔地而起，操場、網球場、籃球場也相繼開闢，在天津西南形成了一片環境幽雅的校園。1917 年，張伯苓赴美國留學，入哥倫比亞大學師範學院研究教育學。兩年後，設有文、理、商三科的南開大學正式建立。南京國民政府成立後，南開又根據教育部規定，各科改為學院，分設政治、英文、教育哲學、化學、算學、物理、生物、電機工程、化學工程等學系及研究所，還一度設立過經濟學院。抗戰爆發前，「南開」早已聲名遠播，被視為中國近代私立教育的楷模。

南開學校是在國家遭受外強侵侮的時刻誕生的，因而愛國意識和團體精神，始終被作為南開校風的主線。在修身課上，張伯苓講的最多的是他自己親歷的威海衛「國幟三易」[1]等清朝末年以來中國的喪權辱國事實。張伯苓曾所說，「南開學校係外侮刺激下而產生，故教育目的，旨在雪恥圖存；訓練方法，重在讀書救國。關於國際形勢，世界大事，及中國積弱之由，與夫所以救濟之方」，所以他「時對學生剴切訓話，藉以灌輸民族意識，及增強國家觀念」。[2]南開所處的華北門戶天津，歷來被帝國主義列強視為征服中國的咽喉。1898 年清政府與日本訂立《天津日本租界條款》後，日租界成為日本侵略華北的大本營，由於不平等條約，日本在天津還建立了駐屯軍，常年駐紮天津的日本兵數百名，軍營就設在南開附近的海光寺。日軍訓練時的槍聲，常常干擾學校的正常上課，使師生感受到帝國主義的驕橫與野蠻。這一切，激發了師生們的愛國意識，使愛國教育深深紮根於南開校風之中。

---

[1] 中日甲午戰爭後，侵佔威海衛的日本獲得賠款後，答應撤出威海衛。清政府從日本手中收回威海衛時，接收儀式上降下了日本太陽旗，掛起清朝黃龍旗。1896 年，英國向清政府提出租借威海衛要求，清政府滿足了這一要求，派員乘通濟輪赴山東辦理手續，並降下黃龍旗，升起英國國旗。這就是所謂有「國幟三易」。當時，在北洋水師學堂駕駛班學習的張伯苓，正在通濟輪實習，親身經歷了這一奇恥大辱。

[2] 張伯苓：〈四十年南開學校之回顧〉，原載《南開四十年紀念校慶特刊》，轉引自《南開大學校史（1919-1949）》，第 41 頁。

　　正因如此，日本對這所著名學府恨之入骨。七七事變後，它首當其衝遭到日本軍隊的洗劫。1937 年 7 月 31 日，《中央日報》的一則消息至今深深地鑲嵌在許多人的痛苦記憶裡。這則消息報導說：「兩日來日機在天津投彈，慘炸各處，而全城視線，猶注意於八里台南開大學之煙火。緣日方因 29 日之轟炸，僅及兩三處大樓，為全部毀滅計，乃於 30 日下午 3 時許，日方派騎兵百餘名，汽車數輛，滿載煤油到處放火，秀山堂、思源堂、圖書館、教授宿舍及鄰近民房，盡在煙火之中，煙火十餘處，紅黑相接，黑白相間，煙火蔽天，翹首觀火者，皆嗟歎不已。」

　　實際上，日本侵略軍對南開大學的肆意摧殘，遠比消息所報導的要嚴重得多。還在華北事變之時，南開大學所在的天津，形勢就日趨緊張。尤其是 1936 年 4 月日本外務大臣、大藏大臣、陸軍大臣、海軍大臣等人拋出進一步侵佔華北的「華北指導方案」後，日軍便向華北地區大量增兵，並在地處要津的天津設立了以侵佔華北為主要任務的駐屯軍司令部，日軍駐紮在這裡的部隊達 8000 人之多。尚在七七事變爆發的 1937 年上半年，日軍便在平津一帶進行了一系列震懾色彩極其濃厚的軍事演習。

　　7 月 7 日，盧溝橋事變發生。12 日，僅僅離事變五天，日軍便向天津發動了軍事進攻，迅速佔領了天津火車站東站和東局子飛機場等戰略要地。在天津市區，日本關閉了日租界的所有鐵柵門，各個街口也設立起檢查站，堆積起沙袋，設置了鹿砦。而靠近南開大學的海光寺日本兵營，則不斷派兵對學校大加騷擾，甚至還攜槍帶炮到南開大學的秀山堂前進行演習。可見，日軍對南開大學的「七二九」炮擊是蓄謀已久。

　　7 月 29 日下午，日軍的炮擊曾停止了一段時間，事後知道，那是日軍為了搶劫學校的圖書。搶劫後，又恢復炮擊。30 日，日軍先是繼續炮擊南開，進而直接派兵進入學校放火。位於天津市南郊八里台、佔地八百餘畝的南開大學，戰前有建築六幢，實習工廠三座，教員住宅三十餘所。其中圖書館是南開主要建築之一，為天津名宿盧木齋先生捐款 10 萬元，於 1927 年落成。圖書館落成後，盧木齋向南開

捐贈了家藏的中文圖書 3 萬餘卷。其後，藏書家李典臣亦捐贈了 7 萬 5 千餘卷藏書，內含甚為珍貴的明清抄本。加上後來陸續由嚴範孫捐贈的《九通》、二十四史，及李組紳捐贈《圖書集成》等，到 1934 年秋，南開大學圖書館已有中文圖書 12 萬餘冊，西文圖書 2 萬 4 千餘冊，中日文報紙 14 種，西文報紙 8 種，中日文雜誌 230 餘種，西文雜誌 320 餘種。[1]作為一個私立大學，任何人都可以想像這凝結了多麼大的心血。

　　在日本侵略軍的炮擊下，南開大學主要建築六毀其四。全校圖書除搶救出 3 萬餘冊外，餘皆或毀於炮火，或被日寇劫持到日本。[2]至於師生們的財物，自然也損失殆盡。在日軍炮擊南開校園時，站在學校附近馬場道一幢五層樓上的師生們，親眼目睹了這一慘景。他們個個眼淚盈眶，悲憤填膺。學校創辦人張伯苓更是痛心地說「天津淪陷，南開數十年慘澹經營之校舍設備圖書儀器，蕩然全毀」。[3]南開大學是七七事變爆發後，中國教育界第一所被摧毀的高等學府。據不完全統計，財產損失總額達法幣 300 萬元，約佔當時全國高等學校全部戰爭損失的十分之一。[4]抗戰勝利後，南開大學曾從東京找回 1 萬冊左右被劫去的外文圖書，他們在這些書的扉頁上印上「民國二十六年此書被日寇劫去，勝利後由東京收回，刊此以資紀念」，讓讀者永遠記住日本帝國主義的這一罪惡。

　　日本侵略軍對南開的這種毀滅性摧殘，緣於對南開師生抗日意志的報復。30 日下午，日本外務省發言人在東京接見外國記者時，對其罪行毫不隱諱，承認對南開大學進行了野蠻轟炸。但是，發言人又辯解說，此舉「純因中國軍獨立第 26 旅藉南開大學攻擊日租

[1]　董明道：〈今日之南大圖書館〉，《南大半月刊》第 15 期，1934 年 10 月 17 日。

[2]　〈南大圖書館〉，《南開週刊》復刊第 5 號，1947 年 7 月 24 日。

[3]　張伯苓致蔣介石函（1945 年 8 月 11 日），轉引自轉引自王文俊、梁吉生、楊珣、張書儉、夏家善選編：《南開大學校史資料選（1919-1949）》，第 93 頁，南開大學出版社 1989 年 10 月出版。

[4]　南開大學校史編寫組：《南開大學校史（1919-1949）》，第 231 頁，南開大學出版社 1989 年 10 月出版。

界」。[1]其實，這話只不過是藉口，誰都知道，日本對南開的敵視不是一天兩天了。

　　尚在 1927 年，南開校長張伯苓赴東北視察時，便深感日本覬覦東北日亟，故返校後組織「東北研究會」，並派教授團赴東北調查實況，搜集資料。著名物理學家、南開大學教授吳大猷先生曾說：「此事深招日人仇視，故日人佔據後，即圖將他們視為『抗日中心』之『南開』，從地皮上完全的『滅跡』」。[2]由此可見，日本侵略者早就決心要徹底毀滅南開大學。

　　日本侵略軍殘暴行徑，不僅沒有摧殘中國人民抗日救亡的意志，反而更加堅定了人們的抗戰決心。7 月 30 日，張伯苓向《中央日報》記者發表談話，指出：「敵人此次轟炸南開，被毀者為南開之物質，而南開之精神，將因此挫折，而愈益奮勵。」31 日，張伯苓接受蔣介石召見時，亦表示：「南開已被日軍燒掉了，我幾十年的努力都完了。但是只要國家有辦法，能打下去，我頭一個舉手贊成。只要國家有辦法，南開算什麼？打完了仗，再建一個南開。」蔣介石聽了很感動，說「南開為中國而犧牲，有中國即有南開」。[3]

　　天津的南開大學被徹底摧毀了，北平的清華大學，命運也十分悲慘。清華大學位於北平西郊，其前身是清華留美預備學校「清華學堂」，1925 年始設立大學部，次年國文、西洋、歷史、政治、經濟、教育心理、物理、化學、生物、農業、工程等學系開始授課，後來又陸續增設了哲學、社會、東方語言、數學、體育、音樂等學系，成為四年一貫制的正規大學。清華大學的經費來自美國退還的部分庚款，充足的經費使它無論在教學設施還是師資力量上，都堪稱一流。58個研究室、實驗室中，有些設備在當時的國際上也是最先進的。面積

---

[1]　〈廣田口中之「現地解決」，昨在眾院答覆議員問〉，南京《中央日報》，1937 年 7 月 31 日，第 1 張第 4 版。

[2]　吳大猷：〈南開大學和張伯苓〉，原載 1987 年 4 月 6 日臺灣《中央日報》，轉引自轉引自王文俊、梁吉生、楊珣、張書儉、夏家善選編：《南開大學校史資料選（1919-1949）》，第 73 至 74 頁。

[3]　南開大學校史編寫組：《南開大學校史（1919-1949）》，第 232 頁。

達 7300 餘平方米的圖書館，收藏中日西文圖書 33 萬冊，各類雜誌 3 萬餘冊，三個大閱覽室可同時容納 500 人。

由於美國未與日本開戰，所以有人覺得日本不至於對有美國背景的清華園下手。然而，這種幻想馬上被現實打破，清華園終未逃脫劫難。

7 月 28 日晨，日機大舉轟炸西苑，二十九軍與敵激戰於沙河，戰場距清華園不遠，有的炮彈就落進了清華園。29 日，二十九軍退出北平，當天下午便有日軍在清華園內穿行，此後日益增多。9 月 12 日，日本憲兵隊入校搜查，校長辦公室、秘書處、庶務科、學生自治會所及外籍教員住所，無一倖免。10 月 3 日，日本特務機關人員與日軍部隊長竹內等，以參觀為名行檢查之實，離去時用卡車劫走了土木系、氣象臺的圖書、儀器、打字機、計算機等。[1] 自此以後，日軍每日都來「參觀」，公開竊取清華物資，甚至將各館鑰匙也強索去了。

此時，清華大學已經南遷長沙。學校南遷前，校務會議成員陳岱孫、葉企蓀等曾會商應付辦法，決定由傅任敢、汪君健、施廷鏞、陳傳緒、畢樹棠五人留守，組成「清華大學保管委員會」。鑑於畢樹棠為清華秘書處管事務的科長，熟悉校產情況，故對內對外事務，均由其代表，而重大問題則由張子高、葉企蓀兩人決定。因此，負有守土之責的畢樹棠，曾向日方提出兩項抗議。第一，「本校現經維持會委託保管，則任何軍隊不應隨意拿取圖書儀器，且中日兩國雖不幸發生戰事，但未經宣戰，且未斷絕邦交，學校雖屬國立機關，但非戰利品，應絕對制止」。第二，「倘地方維持會認為（其）權利不能干預軍人，則請維持會立刻接收我校，而免名不副實，使本人將來無法對當局交代。」此外，畢樹棠還鄭重聲明：「本校與其他各國立大學情質不同，係因美國退還之庚子賠款，每月之經費 10 萬元係由美國大使館撥交教育部轉發者，且有保管委員會，本校之美國教授兩人如溫德等負監督責任。若日軍此種行動經該委員會等

---

[1] 梅貽琦：〈抗戰期中之清華〉(1939 年 4 月)，《清華校友通訊》第 5 卷第 3 期，1939 年 5 月 1 日。

報告美使館轉告美國，則與貴國之國際信譽頗有影響等情，應請熟加考慮」。[1]

　　然而，交涉的結果對日軍並無約束。在外文系美籍教授溫德先生日記中，保存著 10 月 3 日至 7 日日軍連續四次掠奪學校物資的記載，從中可見一斑：

10 月 3 日，星期日

竹內中佐在北平和平維持會的顧問竹田（Takeda）和橋川（Hashikawa）先生的陪同下，連同約 20 名士兵，乘坐三輛汽車和一輛軍用卡車，來到清華大學。搜查了機械工程系、土木工程系和氣象臺。他們拿走了一大批書籍和儀器，分別如表所列。[2]

10 月 4 日，星期一

木下少尉在一個名叫中安的憲兵和大約 20 名士兵的陪同下，搜查了電機工程系、航空實驗室、科學館、化學系館和圖書館。他們拿走了電機工程館和科學館的鑰匙。其他很多東西被士兵們攫走了，他們沒有立一張收據。電機工程館的兩個工人挨了憲兵的打。

10 月 6 日，星期三

木下少尉和一個名叫前中（Mahenaka）的憲兵，連同約 20 名士兵，乘坐兩輛汽車和一輛軍車再次來校，搜查了圖書館。拿走了兩樣很重要的書籍和 45 把鑰匙，沒有開一張收條。隨後他們搜查了化學系館，拿走了大批儀器、化學原料和書籍，沒有立一紙收據。只給了一張他們佔用館內 20 間屋房門鑰匙的收條。

10 月 7 日，星期四

木下少尉和憲兵隊。連同 15 名士兵，乘坐兩輛汽車再度來校，搜查了氣象臺，拿走了 11 冊書、一張最新的中國地圖，給了

[1]　畢樹棠致沈履函（1937 年 10 月 26 日），清華大學校史研究室編《清華大學史料選編》第 3 卷上冊，第 6 頁，清華大學出版社 1994 年 4 月出版；朱育和、陳兆玲編《日軍鐵蹄下的清華園》，第 3 至 4 頁，清華大學出版社 1995 年 12 月出版。
[2]　按：未見此表資料。

一張收條。大量的私人財物如手錶、繪畫、文房四寶等卻被士兵們據為己有，沒立一張收據。他們還打破了實驗室裡的兩塊大玻璃，隨後他們搜查了化學系館、科學館等等，從這些地方拿走了一些東西，不給收條，憲兵隊卻將館內的許多房間都貼上了封條。從 4 日起。鑰匙一直拿在他們手中。

在最後的三次搜查中，當「參觀者」在搬走財物的時候，沒有允准清華大學當局進入那些館內。

以上消息，來自畢正宣（K. C. BEE）君

1937 年 10 月 8 日

溫德（Robert Winter）（簽名）[1]

　　10 月 11 日，溫德為上述事件致電長沙臨時大學，並報告了他為保護校產的努力。文中說：

10 月 8 日，星期五

聽說日本兵第四次「參觀」了清華並搬走了滿卡車的財物，我即到清華訪晤了畢正宣先生。在他的辦公室裡，我不僅收到一份被搬走的詳細的財產一覽表（這是他想盡辦法為我弄到的），而且收到一份英文的有關幾次事件的概況。這份表並不是完全的，因為日本兵第二次、第三次和第四次「參觀」時，清華當局沒有一人獲准跟隨他們，也沒有看到他們究竟拿走些什麼。

回到北平城裡後，我將一份複製的一覽表給了美國大使館洛克哈特先生和合眾社菲希爾先生，然後我訪晤了日本大使館老摩（Shima）先生。老摩先生的意見是，作為北京和平維持會的兩位日本顧問來說，日本兵的第一次「參觀」，他們是有責任的，而且，也許可以說，其後的幾次「參觀」，他們也是有責任的。他建議我多同他們保持接觸。他還告訴我，他有這樣一個主張：最

1　轉引自唐紀明譯：〈溫德教授的珍貴日記〉，《黨史博采》1994 年第 7 期，
　　第 24 至 25 頁。案：畢正宣即畢樹棠。

負責任的，應該是和平維持會，而不是日本軍部機關，即使是對日本士兵的非法行為，也是如此。

之後我訪晤了和平維持會的一位官員，他應允按照我 10 月 9 日（星期六）交送給他的複製一覽表來調停這件事。

在星期六上午，我訪晤了王府井北大街的日本科學圖書館的莫利先生，據聞他是文化事務委員會的主席。莫利先生告訴我，橋川（Hashikawa）先生雖然持那樣一種立場，但是他欣然願意將此事見告。他不能在電話上跟他說，但可以跟竹田（Takeda）先生談竹田先生說，所有這四次「參觀」都是經他批准的。但是他不相信畢先生的報告是準確的，也不相信士兵們犯了那些被譴責的不端行為。竹田先生要莫利先生告訴我，畢先生作為清華的管理人員，當是撰寫此報告的人之一。我告訴莫利先生，畢先生曾要求允許他伴隨士兵們，但遭到拒絕，從而感到一籌莫展。我又告訴莫利先生，我已經承諾將畢先生的報告遞交給和平維持會，因為我認為我對清華負有責任。第一，我是清華大學的一個成員。第二，我是畢先生的委員會的成員，這個委員會是和平維持會所委任的。第三，我是美國的一位公民，我認為我有責任向我的政府報告該校建築和設備的情形，這些建築和設備都是美國政府根據嚴格的協定捐贈給中國政府的，這就是，它們必須用於教育的目的，而事實上現在它們卻被佔用他途了。

莫利先生勸我等一等和平維持會研究的結果。他也要我代表竹田先生通知畢先生，在幾天之內，負責當局就會佔領清華校園，那麼任何作為也就不再會有什麼犯罪不犯罪的問題了。清華園將完全為日軍官方所管轄。

Robert Winter

1931 年 10 月 11 日[1]

---

[1]　轉引自唐紀明譯：〈溫德教授的珍貴日記〉，《黨史博采》1994 年第 7 期，第 24 至 25 頁。

親歷清華園被日軍強佔全過程的畢樹棠，在日記中也保留了一段苦難的記錄。這是歷史的真實寫照，對瞭解和認識日本帝國主義的侵略行徑，具有極高的史料價值。為了存真，特選錄如下：

（1937 年）10 月 14 日

今日牟田口部隊進駐清華。牟田口本人住甲所，高級軍官住學務處，一擔任聯絡之參謀姓河野，態度無常，時平易，時蠻橫。自此劃河為界，我中國人限守河北，直通西大門，校車經化學館前達四院明齋。（自此河南諸樓館不堪問矣！）

10 月 20 日，下午 4 時

日本華北駐軍司令寺內參觀清華大禮堂、圖書館，一時園內戒備森嚴，軍官十餘人到圖書館略顧即去。通譯傳達：保管員排隊對迎接。嗚呼，亡國之慘，無過於此！

11 月 10 日，午後 4 時

駐校日軍某大尉召集所有保管人員及工警百餘人，到大禮堂石階前聽講話。話畢每人給蛋糕一塊，「慶祝」太原「陷落」。每人手拿著蛋糕，低著頭，排著隊，含著淚，慢慢地回四院，沒有一個吃的。

（1938 年）1 月 28 日

開始轉移科學館、生物館、化學館內之設備，聞將續有日軍駐校。事前牟田口本人招集全體中國人講話，聲明他這一措施乃由於軍事原因，出於不得已。其人態度冷酷，即在盧溝橋放第一槍者！

2 月 8 日

今日駐校日軍某隊長，發怒聲，通譯傳意：有往外透露日軍消息者，殺無赦。

2 月 25 日

今日保委會同人被迫遷居舊南院 16 至 18 號，情形倉促，極為混亂！且受警告：同人此後經過大橋時，不得向大門內窺伺軍情，應俯首疾趨而過。從此園內無處不駐兵矣！

2 月 27 日

自昨日起，無日駐軍通行證已不能出進校門。今日終日在圖書館作封窗鎖戶之最後工作，此後即不能自由再來視察矣！事事須先辦許可，真奇辱也！企孫先生今日來平即日返津。

5 月 14 日至 16 日

現在只剩一圖書館尚未劫空，三天兩頭出事兒，眼看也保不住了！這三天內，圖書館門窗被破開，受日軍駐軍及西苑憲兵隊審問威迫、辱罵，反覆挫折，忍氣吞聲，總算告一段落，疲憊已極了！[1]

　　參與清華校產保管工作的清華大學校長辦公室秘書傅任敢，亦於 1938 年記錄了日軍的強暴行徑。他寫到：

清華的精華部分於去年 10 月 13 日被七七罪魁牟田口率部侵駐。我們實無力，自然無法阻止；美使館方面亦以之國策關係，沒有阻攔。但是我們有一個立場，就是他不完全侵佔，我們便不退出。今年 2 月，敵酋寺內決心將清華改為一個永久的大兵營，強迫我們退出剩餘各館舍，遷往校園外的住宅區。那時敵軍的軍需都已運到，限期邊畢，其勢洶洶。我們同仁中有一位美籍教授把這消息報告給美使館，美使館因為美國政府態度日趨強硬，當即向日使館提出抗議，日使館當時服服帖帖的承認，不再侵佔。可是同時牟田口便在校內召集同人，大大的威脅了一頓，說「清華不是一個教育機關，

---

[1]　畢樹棠：〈清華淪陷期間日記（摘抄）〉，《日軍鐵蹄下的清華園》，第 104 至 105 頁。

是一個抗日的大本營；我在南苑打仗，親眼看見有清華的學生，清華的化學館明明製造毒氣，企圖殺害我們的兵士……現在你們居然還敢勾結美使館……我查出來了要軍法從事，今天下午六點鐘以前務必把人交了出來……」並且擬好文稿，說他們侵駐以後，一切並無損失，清華與美國亦無任何關係等語，強迫我們簽認。我們當然都拒絕了。過了幾天，日使館又悔了。向美使館申言「上次說的可以不再駐兵是喜多少將的意思，但是寺內大將還是要駐。並且老實說，我們恨清華，所以我們要膺懲它」。

文中還寫到：

到今年 8 月 14 日，敵軍駐清華者增至三千多人，又將校外住宅區佔去，於是清華園內，遂不復再有我人之足跡。名園之內，無一片乾淨土矣！此時我們得美使館出面交涉，擬將殘餘圖書儀器遷存燕京大學，日使館也已滿口答允，但是不到幾天，園內寇軍便已下手，把化學館方面的東西搬走，圖書館的研究室和閱覽室（被）破壞，只剩一個書庫，不知命運如何。美使館向日使館質問，問它何以一面答允遷出，一面加緊破壞，它卻諉為完全不知，約定 9 月 9 日同往調查。到時前去，寇軍又說管鑰匙的人出外了，不能進去，直到現在，恐怕還沒有進去得了，遷出云云，那更不必提了！[1]

10 月 13 日，盧溝橋事變之禍首牟田口部隊公然強佔校舍，工學院、辦公樓、工字廳、甲、乙、丙三所、女生宿舍、二院宿舍、大禮堂等，皆被日軍佔用，負責學校保管校產之人員，只得退避至四院（學生宿舍）。這一天，成為日軍全面侵佔清華園之始。

---

[1] 傅任敢：〈痛苦的經驗〉，原載重慶《掃蕩報》，1938 年 12 月 31 日，轉引自黃延復《歷史的見證——日本侵略者破壞清華大學的歷史資料》，清華校友總會編《校友文稿資料選編》第 4 輯，第 32 頁，清華大學出版社 1996 年 7 月出版。

1938 年 1 月 20 日，日軍又要求駐兵於科學館、生物館、化學館，強迫留校員工於 2 月初騰出，並限各員工一律遷出舊校門，保管人員退住舊南院。到了 8 月中旬，日軍入駐清華園者已達 3000 餘人，遂強佔了校外住宅區和舊南院。自此，清華大學完全被日軍佔領，圖書館當做傷兵醫院，體育館、生物館當做馬廄，新南院成為日軍俱樂部。「各館器物圖書，取用之外，復攜出變賣，有時且因搬移費手，則隨意拋棄或付之一炬者」。[1]

關於清華園在抗戰初期的損失，梅貽琦在1938年6月27日致教育部的呈文中這樣寫到：「查本校員自生平變後，除一部未有確息外，尚無傷亡。校產因平校現為敵軍佔據，房舍損失共值350萬元以上。圖書設備被扣在平校者共值250萬以上。其中一部已被敵軍強取及毀壞者確數無法查明。」[2]1939年春，日陸軍一五二野戰醫院進駐清華園，整個學校更加不堪回首了。

抗戰勝利後，陳岱孫奉命先行北上接收清華園，展現在他面前的是滿目瘡痍的淒涼景象。他痛心地看到，「眾多館舍，表面上尚似完全無恙，但一窺其內，則從房屋間架、門窗、地板，以至裝修無不片片毀壞。原有之設備，從圖書、儀器、機器，直至傢俱等，幾乎全部被劫掠無遺。」當年清華大學圖書館分為兩翼，共有三大間普通閱覽室，室內共陳列著60多張的長閱覽桌，配以624張的特製的、舒適的閱覽椅子。而陳岱孫接收圖書館時，閱覽室雖已改為普通病房和手術室，傢俱、設備早已蕩然無存。[3]

對於清華大學的損失統計，1943年9月1日梅貽琦在清華第五十次校務會議上傳達教育部關於編制「淪陷區所受損失及戰後復員所需用費依現值估價列表」時，曾親手核定了各種損失報表。據該報表，知道至製表時清華所受總損失為：校產四十八億七千六百餘萬元（約合戰前1937

[1] 梅貽琦：〈抗戰期中之清華〉（1939 年 4 月），《清華校友通訊》第 5 卷第 3 期，1939 年 5 月 1 日。
[2] 〈梅貽琦手擬關於校產損失情況呈文〉，《清華大學史料選編》第 3 卷上冊，第 351 頁。
[3] 陳岱孫：〈日軍鐵蹄下的清華園・序〉，《日軍鐵蹄下的清華園》。

年的二千四百三十八萬餘元）；教職員私人財產損失總值為一億八千九百九十餘萬元（約合戰前1937年的九十九萬四千餘元）。[1]

日本侵略軍對清華大學的暴行，是蓄意對中國的文化機關的又一摧殘。但是，正如梅貽琦所指出：「物質之損壞有限，精神之淬勵無窮，仇深事亟，吾人宜更努力滅此凶夷」。[2]

在 1902 年成立的京師大學堂基礎上發展起來的北京大學，是近代中國第一所國立大學，它同樣也遭受了一番痛苦折磨。同南開、清華一樣，北京大學也有著悠久的愛國傳統，因反對日本霸佔青島而掀起的五四運動，就是由北大學生發起。在反對華北自治的一二九運動中，北大學生又一次站在了鬥爭的最前沿。

七七事變的爆發，再次激起北大師生的憤慨。7 月 10 日，北京大學學生自治會為盧溝橋事變發表通電：「本會全體同學在此生死關頭，謹掬至誠，向我中央及地方當局作下列請求：（一）本會全體同學擁護中央及地方當局於不喪失國土不損主權之原則下，迅速處理此次事件。（二）請求中央嘉獎此次 29 軍抗戰將領，撫恤陣亡軍民，並繼續進行收復冀東、察北工作。（三）請求地方當局聲明此次保安隊接防宛平，僅為暫時性質，不成列入文字協定，並堅決拒絕日方一切無理要求。最後呼籲北平全市同胞鎮定團結，抱定城存俱存、城亡俱亡決心，作為地方當局及抗戰將士有力後援，予侵略者以嚴重打擊」。[3] 13 日，北大學生帶著慰勞品，分赴各城門及傷兵醫院慰勞抗戰將士。22 日，北大學生會暑期工作委員會又派代表 10 餘人，攜帶暑藥、西瓜等赴永定門外慰勞 29 軍將士。24 日，北大全體教授亦為此次事變發表宣言，歷述日本野心軍閥的暴行，嚴正指出：「中日兩國是否結成永世不解的仇恨，日本是否願意作破壞東亞和平的戎首，

[1] 黃延復：〈歷史的見證——日本侵略者破壞清華大學的歷史資料〉，《校友文稿資料選編》第 4 輯，第 26 頁。
[2] 梅貽琦：〈抗戰期中之清華〉（1939 年 4 月），《清華校友通訊》第 5 卷第 3 期，1939 年 5 月 1 日。
[3] 轉引自王學珍、王效挺等編：《北京大學紀事（1898-1997）》，第 238 頁，北京大學出版社 1998 年 4 月出版。

這都繫於日本政府的態度和日本軍隊的行動，倘使日本還不悔悟麼，那麼舉國上下，唯有犧牲一切，抗戰到底，不幸到了那個時候，我們就要為抵禦暴力而戰，為保全國土而戰，為人道和正義而戰，為人類的自由而戰，為世界的和平而戰。如果人類的大多數都有維持人道和正義的同情，都有愛護自由與和平的決心，我們自信終究會得著最後的勝利。」[1]

7月底，北平陷落，日軍遂對北京大學進行全面劫收。8月25日，日本憲兵強行檢查北大第二院校長室，漢奸組織的地方維持會也約集北大等校負責人前往談話。9月3日，日軍進駐北大第二院和灰樓新宿舍，在中國文學院院長室門外掛起「南隊長室」標誌，而中國文學系也被改作「小隊附屬將校室」。10月18日，北平地方維持會把詭稱保管北京大學的佈告掛在第二院的門口。從此，這所中國近代史上的第一所大學便落入日偽之手，飽經摧殘蹂躪。抗日戰爭的八年間，北大紅樓一度成為日敵寇憲兵隊隊部，地下室亦曾被用作囚禁迫害愛國志士的地方。[2]

北京大學校園被日本劫收後，師生們按照教育部指示，紛紛南下，加入長沙臨時大學行列。日本為了偽裝門面，仍以北京大學名義招收學生，被人斥之為「偽北大」。

---

[1]　〈舉國擁護抗戰將士，滬將成立全國抗敵後援會，平教育界贈旗慰勞〉，天津《大公報》，1937年7月25日，第1張第4版。

[2]　參見蕭超然、沙健孫、周承恩、梁柱：《北京大學校史（1898-1949）》，第214頁，上海教育出版社1981年10月出版。

第二章　慷慨遷徙

　　盧溝橋戰事展開後，國內民眾群情激昂，紛紛要求堅決抵抗，北平各大學教授亦呼籲政府實行抗戰政策。7 月 15 日，北平一些大學的校長和留校主持工作的李書華、陸志韋、李蒸、查良釗、梅貽寶、沈履、潘光旦、鄭天挺等教授，曾聯名急電在牯嶺的蔣夢麟、胡適、梅貽琦，說「就同人觀察，華北局面癥結在地方最高當局對中央尚有疑慮，深恐地方對日決裂後中央反轉妥退，使地方進退失據」，請他們務必向蔣介石進言，希望能「對地方作具體表示」，以「祛除此疑慮」。[1]與此同時，李書華、李蒸、李麟玉、陸志韋、徐炳昶、袁同禮、查良釗、趙畸（太侔）、羅隆基、孫洪芳、方石珊、關頌韜、潘光旦、袁敦禮、梅貽寶、鄭桐蓀、張貽惠、饒毓泰、沈履、樊際昌、鄭天挺等 21 位北平留校主持工作的教授，還於 16 日密電出席盧山會的教育界同仁，說「幾日來忽有天津之舉，敵人重兵深入腹地，城下之盟──求不喪權辱國，豈能倖免」，要求諸同仁「務請一致主張貫徹守土抗敵之決心，在日軍未退出以前絕對停止折衝，以維國權」。[2]這種願望，反映了全國人民要求維護國家主權的意志，接到電報的梅貽琦，旋將盧山會議的動態電告潘光旦，說 17 日早晨盧山已召開重要會議，政府方面對北平地方當局是信賴的，且對事態「已有佈置」。[3]

　　隨著戰事的發展，平津京滬相繼淪陷。但是，這些挫折並沒有削弱中國人民保家衛國的意志。北方及沿海各地民眾，懷著抵禦外侮、爭取勝利的信念，開始了中華民族歷史上氣壯山河的慷慨大遷徙。

---

[1]　北平各大學負責人致蔣夢麟、胡適、梅貽琦密電，《清華大學史料選編》第 3 卷上冊，第 2 頁。

[2]　李書華等 21 教授致盧山談話會諸同仁密電，《清華大學史料選編》第 3 卷上冊，第 2 至 3 頁。

[3]　梅貽琦致潘光旦密電，《清華大學史料選編》第 3 卷上冊，第 3 頁。

第一節 南遷長沙

一、三校合一

　　1937 年 8 月 14 日，清華大學校長梅貽琦接到教育部密電，內云：「政府擬在長沙設臨時大學一所，特組織籌備委員會，敦請先生為委員，定於 8 月 19 日下午 4 時在本部召開預備會，屆時務希出席為盼。」[1]與此同時，北京大學校長蔣夢麟、南開大學校長張伯苓等，也接到了同樣內容的電報。對於這份電報，大概當時誰也沒有想到，它竟會是後來西南聯合大學九年歷史的肇端。

　　實際上，戰爭爆發之初，國民政府似乎還沒有把戰區各高等院校內遷的打算。1937 年 8 月 11 日，蔣介石簽發的《總動員時督導教育工作辦法綱領》，規定：「一、戰爭發生時，全國各地各級學校及其他文化機關，務必鎮靜，以就地維持課務為原則。二、比較安全區域內之學校，應盡可能範圍內，設法擴充容量，收容戰區學生。三、各級學校之訓練，應力求切合國防需要。但課程之變更，仍須遵照部定範圍。四、各級學校之教職員暨中等學校以上學生，得就其本地成立戰時後方服務團體，但需嚴格遵照部定辦法，不得以任何名義妨礙學校之秩序……。」[2]因此，有學者認為該綱領對於就地維持課務和維持學校秩序的嚴厲規定，是擔心各院校師生捲入群眾抗日救亡運動的陰暗心理，當時只是考慮非戰區院校吸納因戰爭流離的學子。[3]國民政府在頒發《總動員時督導教育工作辦法綱領》之前，還頒發了《戰

---

[1]　教育部致梅貽琦、顧毓琇密電，《清華大學史料選編》第 3 卷上冊，第 4 頁。

[2]　〈總動員時督導教育工作辦法綱領〉(1937 年 8 月 27 日頒佈)，國民政府教育部教育年鑒編纂委員會編《第二次中國教育年鑒》第 1 編第 2 章，第 8 頁，上海商務印書館 1948 年 12 月出版。

[3]　侯德礎《抗日戰爭時期中國高校內遷史略》，第 47 頁，四川教育出版社 2001年 12 月出版。

區內學校處理辦法》、《各級學校處理校務臨時辦法》等法令，這些法令的基本精神，都是一致的。

但是，隨著戰事擴大不可避免。為了挽救教育，國民政府終於決心內遷各校。梅貽琦接到電報中所說的長沙臨時大學，就是實行上述辦法的具體措施之一。於是，「為使抗敵期中戰區內優良師資不至無處效力，各校學生不至失學，並為非常時期訓練各種專門人才以應國家需要起見」，教育部決定選擇適當地點，籌設臨時大學若干所[1]，而遭受日本侵略軍肆意摧殘的北方各大學與文化機關，是組織各臨時大學的主要對象。最初，教育部計畫首先設立一至三所臨時大學，其中第一區設於長沙，第二區設於西安，第三區另外選擇。為此，特組織各臨時大學籌備委員會，主持校址勘定、科系設置、師資吸收、學生容納、設備利用與增添等事項。[2]為了使這項工作順利進行，8 月 30 日教育部致函中英庚款董事會，商籌借款 100 萬元開辦費。中英庚款董事會因一時難以籌足，答應各先撥 25 萬元。於是，教育部於 9 月 10 日正式發出第 16696 號令，決定以北平大學、師範大學、北洋工學院、北平研究院等校院為基幹組成西安臨時大學；以北京大學、清華大學、南開大學為基幹組成長沙臨時大學。同時，派定張伯苓、蔣夢麟、梅貽琦、楊振聲、胡適、何廉、周炳琳、傅斯年、朱經農、皮宗石、顧毓琇等為長沙臨時大學籌備委員會委員，以張伯苓、蔣夢麟、梅貽琦為常務委員，清華大學教授楊振聲作為教育部代表，擔任秘書主任職務。

教育部之令，要求兩所臨時大學於「最短期內，一部分院系當可先行開學」，根據這一精神，兩校籌備委員會討論確定了收納學生、科系設置及教育等問題。其要點略為：1. 臨時大學所收納的學生，除以上平津校院原有學生外，並收一部分他校借讀生（各院校原有學生

---

[1] 〈教育部設立臨時大學計畫綱要草案〉（1937 年 8 月），北京大學、清華大學、南開大學、雲南師範大學編《國立西南聯合大學史料》第 1 卷，第 53 頁，雲南教育出版社 1998 年 10 月出版。

[2] 〈教育部設立臨時大學計畫綱要草案〉(1937 年 8 月)，《國立西南聯合大學史料》第 1 卷，《國立西南聯合大學史料》第 1 卷，第 53 頁。

亦得向他校借讀），且得招若干新生，其詳細辦法由常委會擬定報部核定。2. 科系由常委會開會決定，惟科系相同者合併設置。3. 教員俟科系決定後，即以臨時大學名義就各該院師資中遴聘，亦得向外聘請其他師資。4. 圖書儀器等，除利用各該校院遷出之設備及當地原有高等教育機構之設備外，並由常委會向其他方面籌購。[1]

　　長沙臨時大學的校址選擇，與清華大學有關。早在戰爭爆發前兩年，鑒於日本侵佔東北、覷覦華北，平津時時處於危急之中，清華當局估計中日間戰事不可避免，遂決定用原擬修建文法學院大樓的 50 萬元購買了長沙湘江西岸嶽麓山下一大片臨江地皮作為分校，以備戰爭一旦爆發學校南遷的一立足之地。隨後，清華開始在這裡修建包括教室、實驗室、宿舍等一整套的應變校舍，並且在 1936 年冬，已將經過選擇的一批書籍、儀器運往武漢暫存，以備遷校後使用。[2]

　　當時，湖南已經是眾所矚目的戰略要地。九一八事變後，華北深陷中日兩國對峙狀態，無論什麼人都意識到這場戰爭不可避免，因而國民政府自 1935 年始，便將湖南列入抗戰後方戰略基地著手建設。到抗戰爆發時，湖南已經修通了湘桂、湘黔、川湘等公路，形成了連接與江西、湖北、廣東、貴州省的公路網。鐵路方面，經過三年建設，不僅粵漢線全線貫通，還修建了湘黔鐵路、湘桂鐵路，完成了湖南與浙江、江西鐵路在湖南的交軌。此外，水路運輸也有很大改善，疏通了漢口至常德、長沙至衡陽、長沙至常德的水道。這些建設，不僅加強了湖南的戰略基地地位，也使它成為進出西南大後方和連接抗戰前線的交通樞紐。由於上述原因，也由於清華在長沙已經建立有分校作基礎，教育部方選擇這裡作為長沙臨時大學的校址。

　　但是，長沙臨時大學能否成立，當時似乎還受到懷疑。1943 年 11 月，陳序經教授在紀念西南聯大成立六周年的一篇文章中說，他是教育部與北大、清華、南開負責人決定三校合併為長沙臨時大學的

[1]　〈教育部第 16696 號令〉（1937 年 9 月 10 日），轉引自李鍾湘：《國立西南聯合大學始末記》（上），臺灣《傳記文學》第 39 卷第 2 期。

[2]　陳岱孫：〈西南聯大校舍的滄桑〉，西南聯大北京校友會編《西南聯大北京校友會簡訊》第 12 期，1992 年 10 月印行。

次日,離開南京赴長沙的。他到長沙時,因籌備臨時大學的負責人還未抵達,又因住在旅館不方便,便向湖南省教育廳廳長朱經農表示希望搬入長沙聖經學校居住。朱經農則說:「聖經學校雖已商定為臨大校址,可是臨大能否成立,還是一個問題。」陳序經寫到這兒時,特別強調:「我要指出,在那個時候,不只是朱先生不能預料臨大能否成立,就是一般的教育界的人士,以至北京、清華與南開這三個大學的同人,也很懷疑臨大的能夠成立。因為這三個大學,不只因為歷史、環境、學者有不同之處,而且因為經費上的支配,課題上的分配,以及其他的好多問題,並不容易解決。」[1]但是,經過兩個多月的籌備,國立長沙臨時大學仍於 11 月 1 日正式開課。即便是南京失守,長沙恐惶,教育部主管當局人員更動,外間紛傳長沙臨時大學即將解散,這所大學也依然堅持了下來。

長沙臨時大學由北大、清華、南開三校合組而成,組建之初,確如校名一樣,是「臨時」性質。這種臨時性,首先體現在臨大不設校長,三校校長均為常委,共同負責;其次體現在三校雖然合組,各自依然保存著自身系統,各有獨立於臨大之外的各校機構,教授、學生亦分屬各校。後來學校遷到昆明,各校又分別恢復或創辦了各自的研究機構。這種做法,是由於三校師生都堅信抗戰一定會勝利,那時各校一定會回到各自的校園,繼續各自的辦學事業。

雖然長沙臨時大學是臨時性的,但三校關係並不一般。從歷史上說,三校本來就是「你中有我,我中有你」,素有「通家」之譽。[2]比如:校級負責人中,南開大學校長張伯苓擔任過清華董事,曾為全美清華同學會總會長的北京大學教授胡適又是南開校董,而清華大學校長梅貽琦是南開第一班的畢業生,長沙臨時大學籌備會秘書主任楊振聲則畢業於北京大學,曾擔任過清華大學文學院長。學校級負責人如此,院系級負責人也是這樣。清華大學文學院長馮友蘭、中文系主任

[1]　陳序經:〈聯大六周年感言〉,重慶《大公報》1943 年 11 月 1 日。
[2]　〈梅貽琦、黃子堅、胡適在聯大校慶九周年紀念會上的講話摘要〉,轉引自西南聯大校友會編《笳吹弦誦在春城——回憶西南聯大》第 514 頁,雲南人民出版社、北京大學出版社 1986 年 10 月出版。

朱自清均畢業於北京大學；南開大學教務長教授黃鈺生、北京大學哲學心理系主任湯用彤和政治學系主任錢端升，均畢業於清華學校；而北京大學算學系主任江澤涵、物理系主任饒毓泰，又都擔任過南開大學教授。至於教授，三校互棲者更是比比皆是。所以，北京大學校長蔣夢麟總是很客氣地稱張伯苓為「老大哥」，張伯苓也常幽默地對蔣夢麟、梅貽琦說：「我請您們兩位『代我的表』」。[1]

　　為了加強和密切三校關係，長沙臨時大學在建校之初的人事分派上，即有所考慮。1937 年 10 月，臨大決定共設四個學院，其中文學院院長由北大胡適擔任，理學院、工學院院長由清華吳有訓、施嘉煬擔任，商法學院由南開方顯亭擔任。各校均有人出任院長。[2]其時，臨大設有 17 個學系，各學系未設系主任而設主席，它也是由三校教授分別充任，其中清華人，北大 6 人，南開 3 人。[3]校務方面也是這樣，其中總務長由北大周炳琳擔任，教務長由清華潘光旦擔任，建設長由南開黃鈺生擔任，三校各有一人。[4]

二、匯合長沙

　　1937 年 10 月 7 日，從天津遷移至漢口的《大公報》在廣告欄中首次刊登《長沙臨時大學通告》。通告云：「本大學現由北京大學、清華大學、南開大學在長沙正式成立。茲將三校學生入校辦法規定如下：報到：10 月 18 日起至 10 月 24 日止。開學：10 月 25 日。報到

---

[1] 陳序經：〈聯大六周年感言〉，重慶《大公報》1943 年 11 月 1 日。
[2] 據〈長沙臨時大學關於行政領導機構設置等問題的佈告〉（1938 年 1 月），《國立西南聯合大學史料》第 1 卷，第 61 頁。
[3] 1937 年 10 月，長沙臨時大學推定各學系主席，屬於清華大學的為：中國文學系朱自清、歷史社會系劉崇鋐、哲學心理教育系馮友蘭；生物系李繼桐、土木系施嘉煬、機械系李輯祥、電機系顧毓琇、經濟系陳岱孫；屬於北京大學的為：外國文學系葉公超、物理系饒毓泰、算學系江澤涵、地質地理氣象系孫雲鑄、政治系張佛泉、法律系戴修瓚；屬於南開大學的為：化學系楊石先、化工系張子丹、商學系方顯亭。據〈長沙臨時大學各學系設置〉（1937 年 10 月），《國立西南聯合大學史料》第 1 卷，第 58 頁。
[4] 據〈長沙臨時大學關於行政領導機構設置等問題的佈告〉（1938 年 1 月），《國立西南聯合大學史料》第 1 卷，第 60 至 61 頁。

地點：長沙韭菜園一號聖經學校各大學辦事處。註冊選課：10 月 25 日起至 10 月 27 日止。上課：11 月 1 日。本學期應繳各費：學費 10 元，理工實驗預償費 5 元，制服費 5 元。附聲明：一，各校原有公費生及其他待遇暫停。二，本大學暫不設研究院課程。三，開學後逾一星期不到者，本校不予保留名額。」[1]

自建立長沙臨時大學的決定頒佈後，不願意留在淪陷區的三校師生，便懷著抗戰必勝的信念陸續向長沙集中。途中，他們經歷了從未有過的險阻，不僅對「逃難」有了切身體驗，而且目睹了戰爭給中國社會帶來的災難。

清華大學教授潘光旦原本準備 7 月中旬南下，先到上海主持北大、清華聯合招生考試，然後至江西參加廬山談話會。但是，由於校長梅貽琦先期南行，加上校務冗雜，時局又日趨險惡，不得不一再推遲行期，直至接到向長沙集中的消息後，方與陳福田、沈履等教授於 9 月 16 日啟程。途中，他開始寫《圖南日記》，記錄其自北平至長沙的經歷。文中說：「圖南一詞原出莊子，鵬鳥置身九萬里之上，謀徙於南冥，餘固不足以當之，惟『圖南』與『逃難』，為一音之轉，亦可謂完全同音，曰圖南，不曰逃難者，較蘊藉耳。」[2]話雖這麼說，然亦可從中感受到路中處處充滿的危險與艱辛。

潘光旦離開北平時，京漢線鐵路早已中斷，赴長沙者都須先到天津，再乘輪船至青島，然後轉道濟南南下。清華大學附近有清華園火車站，潘光旦到時，見到急於疏散的人群受到日方檢查人員的百般刁難和敲詐，「旅客不從後門入賄，彼即不由前門出票」。開車後，至永定門車站時，日本憲兵又登車逐節檢查，耗時頗多。在天津，清華已預訂了法租界 10 號路六國飯店作為清華同仁的過津寓所，並派定周培源教授負責接洽聯絡。但潘光旦等到天津下車時，卻未見周氏。後來知道，周培源去火車站的路上，在一橋頭遭日軍

[1]　〈長沙臨時大學通告〉，漢口《大公報》第 1 張第 1 版廣告，1937 年 10 月 7 日。此廣告自是日起連續刊登多日。

[2]　潘光旦：〈圖南日記〉，潘乃穆、潘乃和編《潘光旦文集》第 5 卷，第 198 頁，北京大學出版社 1997 年 10 月出版。

扣留盤問甚久，才延誤了接站時間。這一道上，不時可見日本軍隊。
火車經過豐台、廊房、楊村時，就見日軍糧械堆積，其他小站也總
有日軍上上下下，「統觀全路，蓋已完全成為敵人軍事工具」。[1]9
月20日，潘光旦一行搭乘駁輪向停靠在海邊的嶽州輪駛去，途中亦
見小輪滿載日兵西上，船過塘沽時，還看到加緊建築之日軍大營房。
塘沽位白河之口，「河中風帆上下，亦無非敵方之人馬糧械，大抵
每一小輪必拖二三駁船，皆滿載」，而「白河口外當更有巨大之運
輸艦」。在這裡，潘光旦還看見一艘名長江丸的大輪船，船舷欄杆
上掛一丈許長的白布條，上有「北支派遣皇軍戰歿男子之遺靈」之
字，這顯然載的是日軍士兵的屍體或骨灰。潘光旦心想：「敵人於
此等所在本多隱秘，而於此特表襮之，豈其意以為津沽一隅水陸既
已全入其掌握，可不復有所顧忌歟？」[2]

　　途中的艱苦自不待言。在去嶽州輪的駁船上，已「倍形擁擠，皆
席地坐」。上了嶽州輪，情形更是惡劣。潘光旦描寫當時的情景時說：
「在人叢中來復排擠而行，約十分鐘，始發見余等所定之東官艙，艙
在船尾極端，而余所得之鋪位尤為極端之極端。全艙鋪位凡十二，余
等入時，早已被其他乘客之行李所塞滿，余鋪位地屬下風，更於無形
中成為天然堆疊；交涉良久，始由物主呼茶房稍稍撤去，撤至最後，
居然騰出半席之地，以報余所出 45 元之代價；然入夜蛇行而入，仍
不能無『身臥萬山中』之感！」接著，潘光旦又說：「東官艙之芳鄰
為廁所，過此則又為廚房，除所謂大菜間之客人別有大菜可嚼外，全
船千餘人之飲食無不於焉仰給；於是 20 小時之間，所有煮水、燜飯、
燒油鍋所蒸發之熱氣，幾全部順風向東官艙輸送；而油脂、醬醋、臭
蝦、鹹魚等諸色香味更襲人而來，不稍間歇，其全盛時，幾可使人窒
息。艙中有電扇，又有兩三小窗，可得微風，以驅遣熱氣與臭氣，然
余既安宅於層巒疊嶂之間，與世隔絕，亦殊不敢作非分想矣。」[3]潘
光旦生於清末翰林之家，無論在清華學校求學、赴美留學，還是回國

---

[1]　潘光旦：〈圖南日記〉，《潘光旦文集》第 5 卷，第 195 頁。
[2]　潘光旦：〈圖南日記〉，《潘光旦文集》第 5 卷，第 199 頁。
[3]　潘光旦：〈圖南日記〉，《潘光旦文集》第 5 卷，第 200 至 201 頁。

在各大學任教，生活環境畢竟優越，從未遇到過此類「逃難」，故感受與印象，格外深刻。

船過煙臺，逗留一夜，22 日下午啟碇，當晚至威海，23 日下午抵青島，24 日晚登火車，沿膠濟線赴濟南。若說此途所慮者，第一為平津途中被日軍截留，第二為海輪上之水火之厄的話，那麼最為擔心的則是青島至長沙路上火車被襲擊。尤其是車過濟南後，「同行者咸惴惴有戒心，以為敵機轟炸，必卜晝不卜夜」，因為兗州、鄒縣、濟寧、徐州等地，二日前剛遭轟炸，而作為山東省府所在地的濟南，自然是敵機一大目標，難免挨炸厄運。好在路上尚屬平安，眾人皆額首相慶。在濟南轉車後經隴海線西行，26 日至開封、鄭州。到達後，再換乘平漢線火車，於 27 日抵漢口，28 日到長沙。至此，大家才徹底鬆了一口氣。

潘光旦此途，還是乘坐火車，而晚走者，則膠濟線已斷絕。北大鄭天挺、羅常培、羅庸、魏建功、陳雪屏、邱椿、趙迺摶、周作仁、王烈等教授，是 11 月 17 日離開北平的，到青島後，不得不接著乘船至香港。上岸後，又因粵漢鐵蹄被轟炸，復乘船至梧州，取道貴縣、柳州轉桂林，由公路入湘。潘光旦自北平至長沙歷時 13 天，而鄭天挺等 12 月 14 日到長沙，路上花了 27 天。[1]

三校教師畢竟各有所屬，沿途多少還能受到學校事先安排的接待，而學生們就沒有這麼幸運。這裡，僅舉北京大學的馬伯煌同學南下經過，便可窺見一斑。

馬伯煌是上海「八‧一三」抗戰後，從朋友處借了 20 元錢，才帶著瘧疾未痊癒的身體離開北平的。到天津後，他乘一艘英國貨輪方通過日軍關卡駛出大沽口。船上，「大家坐臥在貨艙蓋上，吃著硬而不熟的冷飯，啃著鹹菜頭，男女擠在一起，互無猜忌，互相照顧」，終於在顛沛流離中到了青島。從青島到濟南，平津流亡出來的學生可以乘坐免費軍車，他乘坐的是運載士兵和軍馬的悶罐車。到了濟南，住在一所中學的教室裡。在這裡，他們受到較好接待，「大饅頭，白

---

[1] 鄭天挺：〈滇行記〉，《西南聯大在蒙自》，第 23 頁。

菜粉條，隨便吃，但以三天為限，好讓後來的流亡學生進住。臨走時，每人還發了兩塊錢作零用。有人說這是馮玉祥將軍的主意，所以還保留有西北軍的派頭。」從濟南到浦口，他與同行者見車就乘，見空就坐，車上的士兵也時常給他們讓座。

但是，到了浦口就沒有這種待遇了。穿黃呢軍裝和黑色皮鞋、戴潔白手套的憲兵，神氣十足的把他們召集在一起，訓話似地告訴他們過江到南京後應遵守的紀律。接著，又要同學們把行李包裹全部打開，逐個檢查。大家對此十分反感，覺得「當局者竟把我們這些流亡南下的丘九，看作是晚唐時期魏博的牙兵和成都的突將了」。於是有人說：「在山東，允許我們不花錢乘軍車，對丘八、丘九一樣看待；到南京，派憲兵來『迎接』我們，也是對丘八、丘九一樣看待；但一個是救濟，一個是管束。日本侵略者對天津下車的流亡學生實行檢查，國民政府對浦口站下車的流亡學生也實行檢查；日本侵略者檢查的是『危險分子』，國民政府檢查的又是什麼？」

渡江到了南京，馬伯煌先到教育部，可是偌大的一個教育部竟無一人。在會議室裡，大家看到臺布上、牆壁上都寫滿了字，其中有的指責教育部對流亡學生沒有妥善安排。後來，終於來了一個辦事員，指定他們到一個中學去住，但要先辦登記手續，還要出示學生證件。同學們議論紛紛，反問如果攜帶證件還能逃出北平、天津嗎？辦事員又要同學相互保證一下，大家七嘴八舌頂得辦事員毫無辦法，只得不了了之。第二天，北大、清華、南開三校聯合辦事處來了人，告訴大家將在長沙成立臨時大學，並給每人發給一張船票，有人帶隊和大家一同前往。

次日，馬伯煌一行登船啟航。不久，有幾架敵機飛臨，大家眼睜睜地看見飛機的俯衝和投彈，炸彈把甲板都震動了。為了防備敵機轟炸或掃射，甲板上多數人都一轟而下到江輪的鍋爐房去，果然一會兒敵機就在江輪上空盤旋，但未投彈、掃射。看著這場面，遠望大江南北，荊吳上下，馬伯煌不覺怒火中燒，心想「在敵機轟炸下，不知有多少平民百姓喪失生命，其肢體傷殘的更不知有多少」。他感慨萬分，「回想我們中華民族的祖先們，披荊斬棘，平土安民，創造出大好錦

繡河山；落到現在這些不肖子孫手裡，弄得華北陸沉，中原版蕩，三吳烽火，九夏蜩螗。我們這些青年學子，竟至累累若喪家之犬，逴逴如漏網之魚，前途茫茫，流亡何處！」[1]

　　向長沙集中，是為了暫避戰火，是為了不做亡國奴。但是，並不是不願做亡國奴的人都心甘情願離開熟悉的校園，離開舒適的生活。清華大學外文系教授吳宓，在日記中就記錄了這種多事之秋下的複雜心境。他在 7 月 14 日日記中寫到：「閱報，知戰局危迫，大禍將臨。今後或則（一）華北淪亡，身為奴隸，或則（二）戰爭破壞，玉石俱焚。要之，求如前此安樂靜適豐舒高貴之生活，必不可得。」「今後或自殺，或為僧，或抗節，或就義，無論若何結果，終留無窮之悔恨。」[2]吳宓十分留戀故都的一草一木，而當時的形勢又讓他無可奈何。7 月 18 日，日軍飛機轟炸西苑，中日兩軍戰於沙河清河之間，炮聲機關槍聲，時遠時近傳到清華園。留在學校的師生和家屬，多避於科學館、圖書館樓下。吳宓則「和衣蒙被」，仰臥屋內，「願畢命於此室」。[3]8 月 2 日，吳宓從《世界日報》上得知清華將遷長沙，他不願前往，於是致函燕京大學校長司徒雷登及陸志韋、梅貽寶等，希望能為他謀一英文講師之職。[4]他坦言自己「留戀此美麗光明之清華、燕京環境」，因此「欲隱忍潛伏，居住北平，靜觀事變，置身局外，苟全性命」，也「不思他去，不願任移，不屑逃避」，即使「脫離清華團體」，也欲「為自營之計」。[5]吳宓一直「不以清華教授之紛紛離校離平為然」[6]，曾「決擬留平讀書一年，

[1]　馬伯煌：〈徒步三千，流亡萬里——由北大到臨大和聯大的回憶〉，西南聯大校友會編《笳吹弦誦在春城——回憶西南聯大》，第 27 至 30 頁，雲南人民出版社、北京大學出版社 1986 年 10 月出版。

[2]　吳學昭整理：《吳宓日記》第 6 冊，第 168 頁，三聯書店 1998 年 3 月出版。

[3]　吳學昭整理：《吳宓日記》第 6 冊，第 180 頁。

[4]　吳學昭整理：《吳宓日記》第 6 冊，第 191 頁。此後，9 月 3 日，吳宓還致函英千里，要求在輔仁大學英文系得一講師教職，功課鐘點隨便。

[5]　吳學昭整理：《吳宓日記》第 6 冊，第 192 頁。

[6]　吳學昭整理：《吳宓日記》第 6 冊，第 195 頁。

即清華實行開學，亦擬不往」[1]。直到 10 月 6 日，朋友同事促其南下長沙臨時大學，他方覺得「雖欲留平，而苦無名義及理由以告世俗之人」，「今似欲留而不可，故決不久南下」。[2]長沙臨時大學決定 11 月 1 日開學，吳宓是 10 月 26 日夜才最後做出南下決定，次晨正式告之葉企孫。[3]

　　吳宓的這番翻騰，反映了戰爭爆發初期部分人的內心世界。但是，不管他們當初產生過什麼樣的想法，不管他們曾經抱過什麼樣的念頭，最終還是擺脫了種種羈絆，匯入到抗日戰爭的時代洪流。

第二節　再遷昆明

　　長沙臨時大學僅存在了一個學期。1937 年 12 月，南京失守，武漢緊張，隨著戰事發展，長沙也面臨戰爭的威脅。

　　尚在 10 月 8 日，剛剛抵達長沙不幾天的朱自清教授便聽到了空襲警報，此後警報聲不斷驚擾著這位學者，以致為了躲避空襲，20 日都未能如約參加一位朋友的邀宴。[4]11 月 24 日，日本飛機首次轟炸長沙，火車站附近小吳門一帶中彈六枚，成為火海，死傷者 300 餘人。於是，本為後方重鎮的長沙漸漸充滿了火藥味，人心開始浮動。1938 年 1 月初，不僅師生們已無法安心上課，就連本來嚴格的軍事管理也鬆弛了下來。[5]

　　這一形勢，迫使長沙臨時大學當局不得不考慮再次搬遷。關於搬遷的地點，廣西當局曾表示歡迎到桂林或其他城市，但經濟系教授秦瓚則主張遷往昆明，認為雲南地處大後方，加之群山疊嶂，日軍難以進犯。再說，昆明有滇越、滇緬兩條國際鐵路，無論是搬遷

[1]　吳學昭整理：《吳宓日記》第 6 冊，第 206 頁。
[2]　吳學昭整理：《吳宓日記》第 6 冊，第 227 頁。
[3]　吳學昭整理：《吳宓日記》第 6 冊，第 239 頁。
[4]　見朱喬森編：《朱自清全集》第 9 卷，第 489、491 頁，江蘇教育出版社 1997年 9 月出版。
[5]　長沙臨時大學一直實行軍事管理，每天早晨都要點名。但 1938 年 1 月 6 日集合號吹過後，來到操場上的已不到 10 位同學。見〈董奮日記〉，張寄謙編《中國教育史上的一次創舉——西南聯合大學湘黔滇旅行團紀實》，第 353 頁，北京大學出版社 1999 年 12 月出版。

還是今後對外聯絡，都比較方便。說起來，秦瓚對雲南情有獨鍾，他的父親秦樹聲在清末時擔任過雲南學台，秦瓚隨父前往，對雲南印象極深，而且還有父親的許多關係可以利用。臨大常委採納了秦瓚的建議[1]，1938 年 1 月任命他為先遣隊長，與遷校籌備委員楊石先（南開大學）和王明之（清華大學）赴昆明探勘。秦瓚到昆後，他的關係果然起了很大作用，不僅教育廳長龔自知極為支持，雲南省主席龍雲也表示甚為歡迎。

不過，當搬遷目標鎖定在遠離戰爭威脅的春城時，教育部卻提出了質疑。剛剛出任教育部長的陳立夫對前來說項的聯大常委、北京大學校長蔣夢麟說蔣介石擔心影響士氣，不願大學遷來遷去。[2]蔣介石的這個態度，如其說擔心加重社會動盪，削弱人們的抗戰信心，倒不如說對和平解決中日爭端，還抱著一廂情願的幻想。然而，隨著形勢的日趨嚴重，最高當局最終接受了搬遷計畫。1938 年 1 月上旬，陳立夫表示教育部基本同意長沙臨時大學搬遷昆明，19 日又轉達了軍委會內容大致相同的決議。次日，長沙臨時大學常委會舉行第 43 次會議，做出全校遷往昆明的決議。

出於國民政府和三校校長的信任，出於個人前途與學校命運緊緊相連，多數教職員贊成西遷雲南。但是，慷慨激昂的多數學生，則站在了反對的立場。

一、遷滇論爭

戰事爆發以來，長沙臨時大學師生們便圍繞應否實施戰時教育問題展開著激烈爭論。「同學中一部分覺得應該有一種有別於平時的戰

---

[1]　無論是國民政府，還是北大、清華、南開三校，都深信抗戰必定最終勝利，故各校在長沙臨時大學及西南聯合大學時期，均保留了各自獨立體系，學校亦未設校長，校務由三校校長與教育部代表等人組成常委會負責。

[2]　朱自清在 1937 年 12 月 25 日日記中寫到：「教育部長告訴北京大學校長說，總司令不願意大學遷來遷去。」見朱喬森編《朱自清全集》第 9 卷，第 503 頁，江蘇教育出版社 1997 年 9 月出版。

時教育，包括打靶、下鄉宣傳之類。教授大都與政府的看法相同，認為我們應該努力研究，以待將來建國之用，何況學生受了訓，不見得比大兵打得更好」。[1]雙方各執己見，結果願意參加直接抗戰的同學不斷離校，有的到了前線，有的去了軍校，留下的雖然堅持上課，卻極力反對遠離戰場。反對意見的理由，主要有「時間費時太長，金錢所花太多」；「長沙之不能安心上課，因抗戰關係，非懼敵機關係，故至昆明仍不能安心上課」；「我們要監督政府，我們先跑太不像話」；「畢業同學到滇只能上二月課，畢業後還得回來」等等，[2]而最主要的理由，則是認為逃難式的搬遷無疑就是逃跑，是視救國的責任於不顧。為此，學生中曾組織過反對搬遷或緩遷的簽名活動。

一時，反對遷校的意見在學生中成為主流，各種壁報貼滿了校門內的走廊。一位學生回憶說：「燕趙本多慷慨悲歌之士，加之此時此情，大字報的內容與措辭當可想像如何了。綜其內容要義，不僅指責學校應知國破山河在，庸人何必自擾之，以及立足方定，正期弦歌不輟，不料竟有勞師動眾，西遷昆明之議，實屬荒廢學時，勞民傷財，莫此為甚之類。在大字報中也確有娓娓陳辭，文情並茂之作。記得有一篇大字報是在提出反對遷校的理由之後，提醒全校師生勿為四季如春，景色宜人的昆明所惑，文中有『須知大觀樓不是排雲殿，昆明湖不在頤和園』之句，倒也引起一些人的鄉愁，使我至今不忘。」[3]

反對搬遷的不僅是學生，不久剛剛出任湖南省政府主席的張治中也站在反對立場。1月18日，長沙臨時大學常委會做出搬遷決議前兩天的上午，張治中冒著小雨到校講演，表明不贊成臨大離開湖南的態度。他在講演中說：「我們不否認戰場上的失利，然而為了國家的榮存，我們

[1] 聞一多談話、際戡筆記：〈八年的回憶與感想〉，西南聯大除夕副刊主編《聯大八年》，第4至5頁，西南聯大學生出版社1946年7月出版。
[2] 〈董霱日記〉，張寄謙編《中國教育史上的一次創舉——西南聯合大學湘黔滇旅行團紀實》，第359頁，北京大學出版社1999年12月出版。
[3] 高小文：〈行年二十步行三千〉，張寄謙編《中國教育史上的一次創舉——西南聯合大學湘黔滇旅行團紀實》，第233頁。

應當死中求生。我們已經過了許多年的不生不死,以至國家成為如此。現在不容許我們再不生不死的下去了。」說到湖南省的抗戰打算,張治中說他準備停辦高中以上的學校,連同教師招集 5 萬人,全部送到鄉下,讓這些知識份子領導全湘人民抗擊日軍。講演中,他還舉了不久前的一件事,說:「我告訴你們一個笑話,我有一個朋友,他太太在牛頭洲住,他見了我說:『主席,你得給我保險的』,我說『那倒可以,你家出了門不就是湘江嗎,湘江裡面我想是可以容好幾十萬人的』,結果我的朋友大罵我而散。」談到蔣夢麟代表長沙臨時大學求援的事,他說他的回答是:「汽車也沒有,船也沒有,最好要到那裡去,就用兩條腿走,這也是一種教育。」末了,張治中再次表示無論如何不贊成學校搬家。[1]

長沙臨時大學圍繞是否遷滇的辯論,不僅是戰事爆發以來學校對於如何對待戰爭的第一次大討論,也是當時教育界關於怎樣投身抗戰討論的一個重要組成部分。綜觀這一時期的輿論媒體,在這個問題上都發表了許多不同意見。不過,截然對立的意見並沒有動搖長沙臨時大學當局的搬遷決心。學校認為,選擇雲南「並不是專以安全為原則,因為單純為安全可以到西藏的喜馬拉雅山。但是過份閉塞的地方,不是學校所在的目的地,到雲南,是因為有滇越與滇緬兩條路可以通到國外,設備儀器容易運到」。[2]為了說服同學,2 月間蔣夢麟特邀請軍委會政治部部長陳誠來校講演。陳誠在講演中說:對日作戰是長期的,政府深信抗戰一定勝利,接受高等教育的大學生們,理應承擔更艱苦更困難的使命,現在政府為了抗戰組織青年從軍是必要的,但培養未來的建國人才也很必要。[3]

[1] 〈董奮日記〉,張寄謙編《中國教育史上的一次創舉——西南聯合大學湘黔滇旅行團紀實》,第 356 頁。

[2] 〈梅貽琦黃子堅胡適在聯大校慶九周年紀念會上的講話摘要〉,西南聯合大學北京校友會校史編輯委員會編《笳吹弦誦在春城——回憶西南聯大》,第512 頁,雲南人民出版社、北京大學出版社 1896 年 10 月出版。

[3] 馮鍾豫:〈四十年來〉,原載《清華校友通訊》(臺灣新竹)新 67 期,轉引自楠原俊代著《日中戰爭時期中國知識份子研究》,第 99 頁,〔東京〕研文出版公司 1997 年 2 月出版。

　　陳誠的講演傳遞了這樣一個資訊，即：國民政府認為抗戰固然緊迫，但建國更需人才，大學生的主要任務應是後者。這種表態與詮釋多少起了些穩定人心的作用，其實人們內心也很明白，繼續接受高等教育與直接投向抗戰工作並不矛盾，目的都是為了救國，並且大學生作用是普通士兵無法代替的。這些分析不無道理，以至有些同學「聽某一人說話以後，覺著救國對，然而當與另一個人辨認以後，立刻改變了主見，於是覺著讀書對了」。[1]

　　看來，西遷昆明的決定已經不可更改、勢在必行了，它迫使每一個人必須做出選擇。於是，儘管在反對西遷聲明上簽名的同學超過全校學生的二分之一，但填寫赴雲南入學證者仍佔全校三分之二。[2]這表明除了離校參加抗戰工作的同學外，留校的大部分學生最終選擇了隨校搬遷。這個現象，反映了中國知識份子在抗戰爆發的初期，便開始從現代意識上思考如何處理抗戰與建國彼此關係這一重大問題。

二、艱難搬遷

　　任何一個單位的動遷，即使在平時，也是件十分棘手的工作，何況戰時環境下，這就更顯得艱難異常。長沙臨時大學西遷時面臨的最實際問題，是怎樣才能平安抵達雲南。學校是個集體，不僅有教師學生，還有不少眷屬，這麼多人的整體搬遷，絕非易事。

　　困擾西遷的主要困難有三種，即：經費、交通、安全。這三項困難中，首當其衝的問題是經費的嚴重不足。1938 年 1 月 22 日，長沙臨時大學在遷校佈告中規定教職員學生於 3 月 15 日前到昆明報到，路費與津貼為教職員每人 65 元，學生每人 20 元，沿途各辦事處人員外加食宿費和每人每日辦公費 5 元。可是，學校的補貼不足以解決赴滇旅費。當時，有人向旅行社打聽，得知長沙至昆明的

---

[1]　〈董奮日記〉，張寄謙編《中國教育史上的一次創舉——西南聯合大學湘黔滇旅行團紀實》，第 357 頁。

[2]　〈董奮日記〉，張寄謙編《中國教育史上的一次創舉——西南聯合大學湘黔滇旅行團紀實》，第 360 頁。

路費至少需要 55 元，即使乘汽車走顛簸的陸路，至少也要 35 元。據有關統計，抗戰爆發時一些大城市的基本物價若以白米、豬肉、木炭論，分別是每石（120 斤）8 元，每斤 0.18 元，每百斤 2.4 元。換言之，也就是說每人每月的只需要 5 元，生活就相當不錯了。照此計算，赴滇經費所缺之 35 元，差不多相當於一個人七個月的基本生活費。這個數目，對於多數學生來說，確實是不小的負擔。

沉重的路費壓力，讓一些學生頗生怨氣。不知是哪個同學，曾用黑油漆把學校的遷滇佈告框起只有悼念死人才用的黑圈，馬上又有人在黑框加上「放屁」兩字。這當然是個別學生的惡作劇，但它反映了一個實際問題，即除了少數家庭富裕的學生外，多數人很難以區區 20 元應付赴滇費用。戰時的大學生，經濟上已與過去不能同日而語，而長沙臨時大學為了接納戰區學生，接受了相當數量其他大學的插班生。這些失去家庭資助的戰區學生，到達長沙時幾乎人人兩手空空。一位學生回憶說，他的室友當年考取清華大學，戰爭爆發後倉促由石家莊搭乘末班火車輾轉到長沙，而他隨身攜帶的河北省銀行發行的鈔票，過了黃河就不能使用了，以致到了長沙已身無分文。[1]

長沙臨時大學當局十分瞭解這些實情，步行入滇計畫就是在此情況下應運而生的。1 月 22 日學校的搬遷佈告雖然沒有提到步行入滇事，但它實際上已在醞釀之中了。2 月 4 日，學校發出組織體檢合格的男生步行入滇的佈告，重點強調「本校遷滇原擬有步行計畫，藉以多習民情，考查風土，採集標本，鍛煉體魄，務使遷移之舉本身即是教育」。[2]文中還有步行學生「沿途食宿之費用由學校擔任」之句，顯然意在消除學生赴滇經費的顧慮。其實，不僅是學校當局，一些學生也在盤算步行赴滇。前面提到了那位攜帶河北省銀行鈔票的同學，聽說學校要搬遷昆明時，就說自己只能步行去

[1] 余樹聲：〈湘黔滇旅行花絮〉，張寄謙編《中國教育史上的一次創舉——西南聯合大學湘黔滇旅行團紀實》，第 323 頁。
[2] 《長沙臨時大學關於遷校步行計畫的佈告》（1938 年 2 月 4 日），《國立西南聯合大學史料》第 1 卷，第 63 頁，雲南教育出版社 1998 年 10 月出版。

了。當時大家聽了覺得未免不切實際，迢迢幾千里，怎麼能走著去呢。可是，讓大家都沒料到的是，這位同學的話竟然成了現實。

實際上，不僅是學生，即便一些教授也同樣有著經費捉襟見肘的難言之隱。

七七事變爆發後，南開大學成為中國第一個罹難的高等學府，損失極其嚴重。南開大學是私立學校，教師薪俸原本就比不上國立院校，這時自然更加拮据。北京大學雖為國立，但戰事爆發，累及國家財政，教職員收入亦不能按時足額發給。以美國退還之部分庚款為後盾的清華大學，因經費有海關撥付作保障，故歷來無後顧之憂，可既然學校融入長沙臨時大學這一整體，就不能不與北大、南開兩校同甘共苦。1937 年 11 月，清華大學教職員薪金只領到 10 月份，且還是七成，加上扣除的救國公債，所剩不多，後來的薪水也曾遲遲未能領到。長沙臨時大學給教職員的入滇川資為 65 元，這只夠乘汽車走最短的公路費用，要想稍舒服，只有走海道，那麼至少還需個人彌補四五十元。這個數字，還是表面上的，因為事實上教師們的赴滇經費，這時需要全部自理。

這種情況，源自外文系教授葉公超的一個提議。葉公超是北大外文系主任，同時擔任長沙臨時大學外文系主任，他提議將發給的教職員的 65 元赴滇津貼，全數捐給來自戰區或體弱的學生。[1]這雖然只是提議，但鑑於教師們的經費狀況，無論如何總比學生寬裕，因此不管是否內心情願，教師們均表贊成。[2]這樣一來，個別教授亦出於經濟考

---

[1]　〈董奮日記〉2 月 15 日條雲：「學校公佈凡走海道者，若身體不好，年級高，家窮者，可以請求領教捐的錢，每名 20 元，凡 80 名。證明人可請一位教授或五位同學。」見張寄謙編《中國教育史上的一次創舉──西南聯合大學湘黔滇旅行團紀實》，第 364 頁。又，聞一多 1938 年 1 月 30 日致妻子信中亦說：「學生將由公路步行入滇，教職員均取道香港、海防去。校中津貼 60 餘元，但有多人將此款捐寒苦學生作津貼，此事系公超發起，我將來恐亦不得不捐出。如此則路費須自己擔負矣。」見《聞一多書信選集》，第 273 頁。

[2]　吳宓日記中寫到：「由湘邁滇，校中津貼旅費＄65，已隨眾捐助學生」，「但六月中又發還」（吳學昭整理《吳宓日記》第 6 冊，第 325 頁）。據此可知，長沙臨時大學教師為戰區或體弱學生赴滇捐助的 65 元，在抵達昆明後的 1938 年 6 月，由學校如數發還。

慮加入了步行團。中文系教授聞一多在一封家信中說到他參加步行團的原因時，便說：「學生將由公路步行入滇，教職員均取道香港、海防去。校中津貼 60 餘元，但有多人將此款捐助寒苦學生作津貼，此事系公超發起，我將來恐亦不得不捐出，如此則路費須自己擔負矣。」[1] 在另一封給兄長的信中，他又說：「此間學生擬徒步入滇，教職員方面有楊金甫、黃子堅、曾昭掄等五六人加入，弟亦擬加入，因一則可得經驗，二則可以省錢。」[2]西南聯大教師們的筆捐款，不足解決學生入滇的經費困難。1938 年 2 月中旬，學校發出佈告，稱走海道者，且身體不好，年級高，家窮者，可以請求領教授的捐款，每名補助 20 元，名額共 80 名，證明人需有一位教授或五位同學。[3]

可見，其後的湘黔滇 3500 里長途跋涉雖然可歌可泣，但它卻不是為了名載史冊而發起的，實在是非常時期因經費拮据而採取的一種無奈措施。號稱抗戰教育史上的「小長征」，就在此背景下而出現。

三、跋涉山水

為了順利遷徙，長沙臨時大學特組織了「湘黔滇旅行團」。這個名稱，首次出現在 1938 年 2 月長沙臨時大學發出的《關於步行赴滇路線之佈告》中。[4]此前，大家將步行入滇的組織稱作「步行團」，學校將其改為「湘黔滇旅行團」，似乎想淡化途中的艱險，有意給「小長征」添加一層相對輕鬆的色彩。

---

[1]　聞一多：〈致高孝貞〉（1938 年 1 月 30 日），聞銘、王克私編《聞一多書信選集》，第 237 頁，人民文學出版社 1986 年 10 月出版。

[2]　聞一多：〈致聞家騄〉（1938 年 2 月 1 日），《聞一多書信選集》，第 274 頁。

[3]　董奮：〈董奮日記〉，1938 年 2 月 15 日，張寄謙編《中國教育史上的一次創舉——西南聯合大學湘黔滇旅行團紀記》，第 364 頁，北京大學出版社 1999 年 12 月出版。

[4]　〈長沙臨時大學關於步行赴滇路線之佈告〉（佈告 67 號）云：「本校旅行團計畫，重在選擇體格健好之學生二百至三百人，組織湘黔滇旅行團，自湘西入黔赴滇」。見《國立西南聯合大學史料》第 1 冊，第 64 頁。這個佈告僅注明月份，沒有具體日期，但聞一多 2 月 16 日家信記錄的赴滇路線與日程與此佈告內容完全相同，可知「湘黔滇旅行團」之名至少在 16 日之前就確定了。

　　從長沙步行到昆明，即便在道路通暢的今天也不是輕易之事，何況當時多少還帶有些冒險成分。因此，長沙臨時大學當局對湘黔滇旅行團的組織實施極其重視，佈置十分周密。

　　2月7、8兩日，全體男同學進行體格檢查，凡是合格者都發給「甲種赴滇就學許可證」，並必須步行赴滇，沒有條件可講。至於步行入滇的路線與辦法，在〈關於步行赴滇路線之佈告〉中也有規定，即全部行程分七個階段：第一段長沙至常德，193公里，步行；第二段常德至芷江，361公里，乘船；第三段芷江至晃縣，65公里，步行；第四段晃縣至貴陽，390公里，汽車；第五段貴陽至永寧，193公里，步行；第六段永寧至平彝，232公里，汽車；第七段平彝至昆明，273人公里，步行。[1]細心者曾統計了一下，途中全程雖為1707公里，但內中983公里是乘車或乘船，這就免除了一多半的步行勞頓。同時，學校決定湘黔滇旅行團的經費全部由學校提供，這在相當程度上也打消了學生對步行赴滇的顧慮。於是，不僅原先彼此互問的「去昆明乎」迅速被「步行乎，海道乎」替代，甚至還有三位首次體檢未能通過的學生，在堅持要求複查後，方得以加入湘黔滇旅行團。[2]

　　保證旅途安全，也是必須處理好的一個問題。湘黔滇之途，最令人擔心的是常有土匪出沒的湘西地帶。為了順利通過湘西，學校曾請湖南省政府指派一位熟悉湘西情況的人為旅行團開道。[3]張治中雖然不贊成長沙臨時大學遷離長沙，但委派了軍委會參議黃師嶽中將擔任湘黔滇旅行團團長。

　　值得重視的是，湘黔滇旅行團採用的是軍事組織形式。學校委派南開大學教務長黃鈺生教授為團長，以軍訓主任教官毛鴻上校任參謀長。全團下設兩個大隊，大隊長由另兩位軍訓教官鄒鎮華、卓超中校

---

[1]　〈長沙臨時大學關於步行赴滇路線之佈告〉（佈告67號），《國立西南聯合大學史料》第1卷，第64頁，雲南教育出版社1998年10月出版。

[2]　據〈長沙臨時大學遷滇體弱不能步行學生名單〉（1938年2月10日）「編者按」，張寄謙編《中國教育史上的一次創舉——西南聯合大學湘黔滇旅行團紀實》，第118頁。

[3]　余道南：〈三校西遷日記〉，張寄謙編《中國教育史上的一次創舉——西南聯合大學湘黔滇旅行團紀實》，第378頁。

分任；每大隊又設三個中隊，每中隊有三個小隊，中隊長、小隊長均從體格健壯、認真負責的學生中遴選。

　　這種建制，是適應長途行軍的必要措施，故後人多以為這種形式是專為湘黔滇跋涉而採取的，也有人推測這與黃師岳行伍出身有關。其實，情況也不完全如此。事實是，1937 年暑假平津地區的部分大學生已經開始軍訓，戰爭爆發後，軍訓體制不同程度延續了下來。長沙臨時大學開學後，學生們就仍採用軍訓時的編制，連床上也一律鋪著軍訓時使用的床單，上除印有「臨大」二字外，還印著軍訓時的編號。不啻如此，鑑於相當部分學生來自戰區，湖南省政府為瞭解決他們的衣著困難，在他們報到時就發給了定制的軍服，包括兩套黃色制服、帽子、皮帶、綁腿和一件黑色棉大衣。當然，這些不是全部免費的，正式生需交納 5 元，借讀生則交納 14 元。[1]由於這一緣故，湘黔滇旅行團採取軍事編制也就不難理解了。

　　後勤保障方面，長沙臨時大學也做了最大努力。考慮到學生們不可能像正規軍人一樣自己背著行李，於是想盡辦法搞到兩輛十分缺乏的卡車，用來裝載全團行李、器材和伙食班用具與食品。此外，為了及時瞭解形勢，學校還為旅行團配備了一台收音機，由幾位同學每晚收聽新聞節目，如有重要消息，便以黑板報或大字報的方式於次日早晨公之於眾。[2]

　　參加湘黔滇旅行團的學生究竟有多少，各種記載不盡一致，一般對外號稱300人。根據入團者皆為長沙臨時大學所發甲種赴滇就學許可證者，學校公佈正式的名單為284人，但有些人是名單公佈後方報名參加的，[3]故有人考證加入者共有288人，後又各小隊行軍途中的合

1　李象森：〈憶湘黔滇旅行團〉，張寄謙編《中國教育史上的一次創舉——西南聯合大學湘黔滇旅行團紀實》，第 306 頁。

2　高小文：〈行年二十步行三千〉，張寄謙編《中國教育史上的一次創舉——西南聯合大學湘黔滇旅行團紀實》，第 234 頁。

3　南開大學化學系二年級的申泮文，因報到較晚，後由南開大學辦事處代付經費，補入湘黔滇旅行團。見申泮文〈長沙臨時大學湘黔滇旅行團的故事〉，雲南西南聯大校友會編《難忘聯大歲月》，第 71 至 72 頁，雲南教育出版社 1998 年 10 月出版。

影，進一步考證出由於中途因病因傷減員，最後步行到昆明者實為253人。[1]不管怎樣，佔旅行團全部人數88%的團員走到了昆明，這個比例對從未經受過長途跋涉鍛煉的大學生來說，真是了不起。今天，翻開湘黔滇旅行團名冊時，可以看到許多兩院院士和學者專家，如查良錚（穆旦）、任繼愈、何善周、季鎮淮、丁則良、唐敖慶、屠守鍔、楊起、劉兆吉、劉重德、孫昌熙、王玉哲等等。另外，根據有人記載，湘黔滇旅行團從長沙出發時的總人數為335人，[2]這大概包括了輔導團成員及隨團的徐行敏等三位醫生，及臨時招募的雇工、伙夫等。

湘黔滇旅行團中還有11位自願加入的教師，他們是中文系教授聞一多、教員許維遹、助教李嘉言；生物系教授李繼桐、助教吳徵鎰、毛應斗、郭海峰；化學系教授曾昭掄；地學系教授袁復禮、助教王鍾山。學校請聞一多、李繼桐、曾昭掄、袁復禮組成的旅行團輔導團，由黃鈺生擔任輔導團主席。這些教師中，除黃鈺生途中因公幾次離去外，餘皆步行到昆明。

長沙臨時大學赴滇路線有三種。一是沿粵漢鐵路至廣州，到香港乘船至海防，再由滇越鐵路經蒙自抵昆明；一是沿剛竣工通車的湘桂公路經桂林、柳州、南寧，過鎮南關（今友誼關）至河內，再由滇越鐵路經蒙自入昆明。這三條路線中，最讓人魂牽夢繞的是湘黔滇旅行團的 3500 里長途跋涉。1946 年 11 月，胡適在西南聯合大學九周年校慶紀念會上說：「臨大決遷昆明，當時有最悲壯的一件事引得我很感動和注意：師生徒步，歷 68 天之久，經整整三千餘里之旅程。後來我把這些照片放大，散佈全美。這段光榮的歷史，不但是聯大值得紀念，在世界教育史上也值得紀念。」[3]可見，這次湘黔滇長途跋涉，當時就令世人欽佩不已。

---

[1]　張寄謙：〈中國教育史上的一次創舉‧序〉，第5、7頁。
[2]　楊式德：〈湘黔滇旅行團日記〉，張寄謙編《中國教育史上的一次創舉——西南聯合大學湘黔滇旅行團紀實》，第 430 頁。
[3]　〈梅貽琦、黃子堅、胡適在聯大校慶九周年紀念會上的講話摘要〉，轉引自《笳吹弦誦在春城》，第 514 頁。

　　湘黔滇旅行動員是 1938 年 2 月 14 日開始的。這天，團長黃師嶽與團員們見面並訓話。這位年約五十開外的將軍原是東北軍的師長，西安事變後調到軍委會任參議虛職。黃師嶽也許讀過些書，故能從文化層面理解長沙臨時大學的西遷意義，甚至還能將此次搬遷與西漢時期張騫通西域聯繫起來。他在訓話中說：「此次搬家，步行意義甚為重大，為保存國粹，為保留文化……在中國你們算第四次，張騫通西域為第一次，唐三藏取經第二次，三寶太監下西洋為第三次」，現在，你們是「第四次的文化大遷移」。[1]大約就是這次集會上，張治中贈送旅行團數百份水壺、乾糧袋、草鞋、裹腿等行軍用具，還送了五隻豬，湖南省教育廳長朱經農也送了二隻豬。會上，宣佈啟程日期定在19 日。[2]

　　19 日下午 5 時，湘黔滇旅行團在長沙臨時大學租用的聖經學院操場舉行開拔儀式，湖南省政府秘書長陶履謙代表張治中致歡送詞，黃師嶽帶領大家呼口號。儀式結束後，戎裝的教官們率領團員出發。團員們身著軍裝，打著綁腿，佩帶「湘黔滇旅行團」臂章，背著水壺、乾糧袋、搪瓷飯碗和自購的雨傘，整隊來到中山西路西端的湘江邊。

　　按照原定計劃，從長沙到常德是步行。但為了節省體力，決定改乘民船經洞庭湖至常德。沒想到第一天就出師不利，事先準備的 5 隻民船根本載不下 300 餘人的隊伍，結果遲至第二天晚上 7 時許大家才乘著 11 艘民船，在兩隻汽船拖拽下離開長沙。22 日午，旅行團到達甘溪港，本計畫出甘溪港後由沅水至常德，但又沅水中有一段水太淺不能行船，只好臨時再次改變路線，溯資水赴益陽。像這樣的情況，一路上碰到過好幾次。

　　湘黔滇旅行團的實際行程為：2 月 26 日抵常德，28 日至桃源，3月 6 日至沅陵，14 日至晃縣，17 日抵玉屏，20 日至鎮遠，22 日至施秉，24 日渡重安江，28 日到貴定，30 日入貴陽，4 月 4 日到清鎮，6

[1] 董奮：〈董奮日記〉，張寄謙編《中國教育史上的一次創舉——西南聯合大學湘黔滇旅行團紀實》，第 363 至 364 頁。
[2] 聞一多：〈致父親〉（1938 年 2 月 16 日），《聞一多書信選集》，第 278 頁。

日至安順，8 日至鎮寧，11 日至安南，14 日到普安，16 日渡盤江，19 日至平彝，22 日抵曲靖，24 日至馬龍，26 日至楊林，28 日入昆明。綜觀全程，共 1671 公里。當晚，旅行團抵達距益陽 5 里的小鎮清水潭。23 日晨 7 時，旅行團在細雨中整隊出發，一小時後抵達益陽，正式步行亦由此開始。

　　長途跋涉對多數大學生來說都是平生第一次，而行武出身黃師嶽將軍，也從來沒有率領這樣隊伍行軍的經驗。2 月 23 日旅行團從益陽到軍山鋪的第一天行軍，隊伍沒有行軍要求，加上有些人還穿著皮鞋，腳底板磨出血泡，隊伍自然而然地散亂了。第二天出發前，黃師嶽訓話說：昨天隊伍太不整齊，大家散著走非常危險，以後每走一小時休息十分鐘，到適當地點再休息 40 分鐘，用於喝茶與午餐。他還規定隊伍分成兩列，沿公路兩側慢步勻速行進，每人間拉開一定距離。這種行軍方式，適合於正規軍隊，對大學生卻不合適，沒有多久大家就耐不住了，覺得枯燥無味，結果 24 日離開軍山鋪沒多遠，隊伍還是自發散開了，有人急步前行先到目的地，有人一步一步慢慢蹭，攔也攔不住，自此開了先例，黃師嶽怎麼糾正也不行。後來，他也想開了，由團員們去吧，只要到達目的地不出漏子，怎麼走都行，帶丘九跟帶丘八就是不一樣。此後，除了每天早晨出發前整隊集合，檢查人數外，出發令一下隊伍就自然散開，天馬行空獨自行走的，三三兩兩邊走邊聊天的，只有兩位黃團長相偕殿後[1]，督促檢查掉隊人員，以至有人戲言「聯大的自由空氣就是從旅行團開始形成的」。[2]當然，也有比較規矩的時候，那就是每逢當地政府組織歡迎時，就不能像叫花子進城，於是打尖休息後，列隊入城。

　　3500 里的路途，任何人都辛苦備嚐。出發前，團員們對旅途中可能出現的情況做了不少準備。如為了便於長途行軍，有些同學準備了不少線襪、布襪、球鞋、草鞋、麻鞋等，甚至在麻鞋後跟還釘了鐵釘，

---

[1]　兩位「黃團長」是張治中委派的黃師岳中將，與長沙臨時大學委派的黃鈺生教授。

[2]　申泮文：〈長沙臨時大學湘黔滇旅行團的故事拾遺〉，西南聯大北京校友會編《西南聯大北京校友會簡訊》第 23 期，1998 年 4 月印行。

以備耐磨。有的團員為防止瘴氣，聽說煙葉可以避瘴，於是買了些煙葉邊走邊抽。不過，這些書生措施的效果並不理想。本以為釘上釘的麻鞋套在球鞋外面，走起路來肯定極富彈性，沒料想不到兩天先是鐵釘透過麻鞋底，再是刺穿鞋直紮腳跟，於是最後乾脆光腳穿草鞋。[1]而叼著煙斗的兩個團員，沒過幾天就直犯噁心，不得不把煙葉丟掉。[2]

　　至於行軍，「是不分晴天和落雨的，除了在較大的城市，為了顧及同伴們考察，多停留一、二天外，哪怕是下著傾盆大雨，當集合的號音吹響之後，也只得撐開雨傘，讓雨滴飄灑在衣服上出發了。」[3]3 月 5 日夜，一晚上都是狂風暴雨，次日晨仍未止，旅行團就在是大風大雨中奔向沅陵的。到沅陵後，不僅暴風雨未停，滿天還飄起棉花大的雪朵，時而夾著冰雹，使旅行團在這裡受阻四天。3 月 17 日，旅行團也是在細雨中離開晃縣。進入貴州省境，更嚐到「地無三尺平，天無三日晴」的滋味，有時天雖無雨，但道路卻泥濘難行。4 月 11 日渡盤江後，本計畫在涼水井（哈馬莊）宿營，但到後方知三天前這裡被一場大火燒得精光，根本找不到住家，不得已又走了 18 華里，半夜才到安南縣城。因為行李車未能過江，那天晚上大家只好在縣府大堂裡坐了一夜，結果這天共行了 53 公里，一天走了兩天的路，還沒能得到休息。[4]

　　說到途中的住宿，只能稱得上是將就和對付。到沅陵之前，不僅學生，就是輔導團的教授，也「皆在農舍地上鋪稻草過宿，往往與雞鴨犬豕同堂而臥。」[5]60 多天裡，團員們的宿營地除了個別是學校或客棧外，有時是破舊古廟，有時是老鄉家。住在老鄉家時，與豬、牛陪睡是經常的事，陣陣難聞的腥臭氣撲鼻更是司空見慣。這些經歷的多

[1] 楊啟元：〈湘黔滇旅行團雜憶〉，張寄謙編《中國教育史上的一次創舉——西南聯合大學湘黔滇旅行團紀實》，第 341 頁。

[2] 楊啟元：〈湘黔滇旅行團雜憶〉，張寄謙編《中國教育史上的一次創舉——西南聯合大學湘黔滇旅行團紀實》，第 339 頁。

[3] 向長清：〈橫過湘黔滇的旅行〉，《烽火》第 20 期，1938 年 10 月。

[4] 吳征鎰：〈長征日記——由長沙到昆明〉，《聯大八年》，第 15 頁；李象森：《憶湘黔滇旅行團》，楊啟元：〈湘黔滇旅行團雜憶〉，張寄謙編《中國教育史上的一次創舉——西南聯合大學湘黔滇旅行團紀實》，第 309 頁、第 340 頁。

[5] 聞一多：〈致父母親〉(1938 年 3 月 12 日)，《聞一多書信選集》，第 282 頁。

了，大家也就都不在乎了。有一次，一大隊二中隊六分隊分到的屋子太小，分隊長只得睡到停放在屋裡的棺材蓋裡。[1]鄉村艱苦的條件，有些是團員們從未遇到過的。一次，晚上熄燈不久，就聽見牆上沙沙作響，打開手電筒一照，只見糊在牆上的舊報紙上血跡斑斑，成千上百的臭蟲在紙上亂爬，嚇的住在這個屋裡的團員們逃到露天過了一夜。[2]這樣的條件，自然談不上有什麼床，大多是鋪上一層稻草，放倒頭就做些甜蜜的夢，彷彿這就是天堂。

在行軍中，團員們通過實踐總結出一些經驗。如穿草鞋的竅門，是將新草鞋用水浸一下，再找塊鵝卵石敲打一遍，路遇有水的地方就沾點水，讓草鞋總帶點濕潤，這樣穿在腳上就比較舒服了。[3]再如，進入多山的貴州省後，公路多盤山而建，如果沿公路走，要多走好多路。於是一些同學便儘量抄小路。小路沒有路標，細心的團員發現電線桿雖是依陡坡而建，但為了維修方便大多是沿過去馬幫所走的山路或立在離山路不遠處。這樣，他們就順著電線桿走，一般十拿九穩，因為電線桿最終都會與公路接通。[4]但是，這個竅門有時也會不管用。一次，一位同學沿著電線桿獨自抄小道，沒想到有個地方電線杆過得去，人卻過不去，結果不得不重新回到正路，到宿營地時已經很晚了，弄得精神過度緊張，回來大病一場。[5]

輔導團諸位教師的表率作用，也值得稱讚。旅行團的人都知道，曾昭掄教授走起路一絲不苟，即使遇到有小路的地方，他也必沿著公路走之字形，因此被人稱之是全團走路最多的人。旅行團的同學，由

---

[1] 楊啟元：〈湘黔滇旅行團雜憶〉，張寄謙編《中國教育史上的一次創舉——西南聯合大學湘黔滇旅行團紀實》，第 341 頁。

[2] 楊啟元：〈湘黔滇旅行團雜憶〉，張寄謙編《中國教育史上的一次創舉——西南聯合大學湘黔滇旅行團紀實》，第 341 頁。

[3] 楊啟元：〈湘黔滇旅行團雜憶〉，張寄謙編《中國教育史上的一次創舉——西南聯合大學湘黔滇旅行團紀實》，第 341 頁。

[4] 余樹聲：《湘黔滇旅行花絮》，張寄謙編《中國教育史上的一次創舉——西南聯合大學湘黔滇旅行團紀實》，第 325 頁。

[5] 《洪朝生來信》，張寄謙編《中國教育史上的一次創舉——西南聯合大學湘黔滇旅行團紀實》，第 304 頁。

於輪流擔任宿營、購置、押運等任務，平均坐了一天或一天以上的汽車，教師們卻都是一步一步走過來的。[1]

途中，教師沒有忘記自己為師責任。一位本來抱著遊山玩水念頭參加旅行團的同學，正是在聽了聞一多說「你們是天之驕子，應看一看老百姓的生活」的話，受到很大啟發，改變了上大學是天經地義的觀念，開始關心觀察百姓們的生活。[2]旅行團在常德時，袁復禮教授對學生們講旅行的重要意義，說自己有 17 年的旅行經驗，認為科學的記載地名、高度、氣候、地質構造及收集化石，並堅持每天寫日記，必會有所收穫。[3]

團長黃師嶽是旅行團中年齡最大的長者，學校為了照顧他，特給他準備了一匹馬和一輛腳踏車作為專用代步工具。可是，黃團長極少使用它們，總是讓給腳上打泡的或是身體不適的同學。[4]途中的前些天，黃師嶽與外界接洽使用的是「國立長沙臨時大學湘黔滇旅行團團長」名義，但效果不佳，很多人不予理睬。後來，他乾脆亮出「陸軍中將黃師嶽」，竟然一呼百諾，有求必應。[5]

相比途中遇到的困難，記憶猶深者莫過於驚險。首次驚險是通過湘西地區時。3 月 2 日，旅行團進入湘西山區前，黃師岳在集合訓話時特別說他已給土匪頭目寫了信，但危險仍是有的，故隊伍要整齊，不許爭先也不許落後。次日上路前，村裡的百姓也對團員們說：「前面多綠林朋友，你們要當心些啊！」當時，傳言湘西土匪甚為猖狂，商旅視為畏途，裹足不前。據說沅陵、芷江一帶山谷裡有好幾萬「替

[1]　吳徵鎰：〈長征日記〉，西南聯大除夕副刊主編《聯大八年》，第 17 頁，西南聯大學生出版社 1946 年 7 月出版。

[2]　〈惲肇強來信〉，張寄謙編《中國教育史上的一次創舉——西南聯合大學湘黔滇旅行團紀實》，第 321 頁。

[3]　楊式德：〈湘黔滇旅行日記〉，張寄謙編《中國教育史上的一次創舉——西南聯合大學湘黔滇旅行團紀實》，第 430 頁。

[4]　高小文：〈行年二十步行三千〉，張寄謙編《中國教育史上的一次創舉——西南聯合大學湘黔滇旅行團紀實》，第 235 頁。

[5]　蔡孝敏：〈舊時行處好追尋——湘黔滇步行雜憶〉，西南聯合大學北京校友會編《茄吹弦誦情彌切——國立西南聯合大學五十周年紀念文集》，第 338 頁，中國文史出版社 1988 年 10 月出版。

天行道」者，其中一個大頭目是某軍官學校第 8 期學生，畢業前三天被開除，於是懷著怨恨投身草莽。[1]這天，旅行團從毛家溪向西南方向行進，公路愈來愈曲折，兩旁峭壁矗立，眼界頓時縮小，左右前後都是山，稍高些的就被雲霧吞沒，加上叢叢密密的樹林，給人一種強人隨時可能出沒的感覺。

　　3 月 4 日，過了官莊不遠，遇到中央軍校第 14 期學生兵，他們說 13 期學生兵路過這裡時曾與土匪相遇，有三個學生兵死於接火中，大家聞之頓時緊張起來。當晚深夜，黃師嶽召集各小隊長開會，說他剛從軍校宿營地回來，據聞有二、三百土匪渡過沅江向這邊開來，深恐綁票徵求大家意見。又問是馬上起床到軍校宿營地受他們保護，還是留在原處不動。由於天色已黑，情況不明，最後決定團員們穿好衣服，等待命令。[2]

　　這段經歷，在團員們筆下描寫的有聲有色。一位團員寫到：一天晚上「把鋪蓋攤好睜著矇矓的眼睛正想倒下頭去，忽然間傳令兵傳來一個可怕的消息，說就是那一批土匪快要迫近這裡了。頓時山腰間佈滿了緊張恐怖的空氣，燈放射出的黃光，到後來索性吹滅了，變成一片漆黑。最初有人主張放哨，可是赤手空拳的那有什麼用，幸而我們的大隊長挺身出來願獨當一切。時間一分一秒地爬去，土匪卻沒有來。恐懼終究是擋不過疲倦的，大家終於都昏昏入睡了。因此當第二天那破裂的號音在屋角吹響的時候，我們才知道已經平靜地度過了一夜。」[3]3 月 5 日，旅行團在提心吊膽中啟程，經過文昌坪時，「人家多閉戶，從小路上坡後並聞槍聲一響」，晚上宿營時，行李車到得較遲，「恐匪驚動，禁用手電筒，黑路走細田埂三里，來回扛行李，甚苦」。[4]所幸的是，除了聽到這幾聲槍響外，受了一場虛驚外，一路還算平安。

[1]　錢能欣：《西南三千五百里——從長沙到昆明》，第 16 至 17 頁，商務印書館 1939 年 6 月出版。

[2]　楊式德：〈湘黔滇旅行團日記〉，張寄謙編《中國教育史上的一次創舉——西南聯合大學湘黔滇旅行團紀實》，第 439 至 440 頁。

[3]　向長清〈橫過湘黔滇的旅行〉，《烽火》第 20 期，1938 年 10 月。

[4]　吳征鎰：〈長征日記〉，《聯大八年》，第 9 頁。

　　旅行團始終沒有與土匪正面接觸過，據說這是湖南省政府事前給「湘西王」打了招呼，說將有一批窮大學生「借道」去雲南讀書云云。[1]不過，旅行團的著裝也確實容易引起誤會，看見這批穿著黃色軍服、外表與大兵沒有區別的隊伍，連老鄉都以為他們是吃糧當兵的「糧子」。但是，見到隊伍裡許多人戴著眼鏡，便又猜他們是警察，是憲兵，是航校學生兵，是從前線退回的隊伍等等，常常被老鄉問到：「前線的消息怎樣？」「你們的槍呢？」。不僅老鄉這樣，就連路上遇到的軍隊，也有這種誤解。進入雲南省的第一天，旅行團與滇軍六十軍迎面而過，滇軍士兵看著旅行團個個制服嶄新，隊容整齊，誤會他們是航空部隊。一位團員親耳聽到滇軍士兵罵到：「他媽的！我們步兵正在開往前線去打仗，他們『航空兵』卻躲在後方享福！」[2]

　　湘黔滇旅行團的第二次驚險，來自於大自然的威力。4 月 11 日，旅行團來到盤江渡口。盤江為西北至東南流向，將黔西南切為兩截，是貴州通往雲南的必經之地，早在清康熙年間江上就修建了鐵索橋，湘滇公路通車後，盤江橋為重要孔道。但這年 3 月大橋突然斷裂，正在橋上行駛的一輛汽車墜入江中，40 多位乘客僅得救 22 人。這個情況，是旅行團前不可能估計到的，於是只能採古老的擺江辦法，用小船載人過江。這天，團員們來到江邊，只見「滾滾洪水為兩山所夾，由於江面到此突然收縮，因之水流湍急，漩渦連片」。小船狹窄，頭尖尾截，只有二三隻。每船每次只能載五六人，上船後都須面向前方，一個挨一個蹲在船內，雙手緊扶船舷。船頭船尾各有船工一人，各持長篙，先將船逆水慢行沿岸上溯，撐至 10 餘米外的近橋時，雙篙一點江岸，小船便順流而下，勢如飛鳥，隨波逐流進入一片旋渦。一眨眼，只見小船已近對岸，距對岸登下游 20 米左右停住，再撥轉船頭上溯，當乘客還在驚恐中，船工已將船撐到「碼頭」。船在中流時，

[1]　劉重德：〈跋山涉水赴聯大，讀書寫詩為中華——獻給聯大蒙自分校〉，《西南聯大在蒙自》，第 34 頁。
[2]　向長清：〈橫過湘黔滇的旅行〉，《烽火》第 20 期，1938 年 10 月。

最為驚險，膽小者多不敢抬頭，站在岸上看的人也個個提心吊膽，情不自禁地發出驚恐聲。[1]

4月28日，旅行團到達湘黔滇旅途的終點昆明。入城的莊嚴與隆重至今還縈繞在團員們心裡。實際上，27日到距離昆明19.7公里的大板橋時，許多人都希望一鼓作氣趕到昆明，但團部不願意讓春城人民看見面帶疲勞的隊伍，特在此休整。第二天，大隊距昆明10多里處，便見先期到達的同學或騎馬，或騎自行車前來迎接。行至一個叫賢園的地方，學校已經在這裡備下茶點，設立了招待處，由北大校長蔣夢麟夫人陶曾谷女士帶著幾位教授夫人和女同學殷勤款待。

午後，旅行團整隊出發，接近城區時，街頭已有舉著橫幅、呼著口號歡迎的男女同學，而清華校長梅貽琦和獻花藍的女同學則在拓東路等候多時了。大隊人馬軍容整齊地由金碧路經近日樓，一直開到圓通公園。在這裡，團長黃師嶽按照軍規定，一一點名後，將花名冊鄭重交給蔣夢麟，湘黔滇旅行團的「小長征」宣告勝利結束。此行，全程1663.6公里，號稱3500里，除去途中休息、天氣阻滯及以舟車代步外，實際步行40天，每天平均步行約65里。[2]

68天的3500里長途跋涉，使團員們經受了一次生平從未有過的磨煉。儘管行人們的想法各有不同，有人預言「以數百名四體不勤、五穀不分的讀書人組成如此龐大的隊伍，一步步地踏越湘黔滇三省，這可算是歷史上的一次創舉，如果成功的話，必將在我國教育史上寫下光輝的一頁。」[3]有人把它當做一次遊山玩水的機會，如果錯過了，一輩子不會再有。[4]但大家一旦踏上旅途，境界便都得到不同程度的昇華。1940年10月25日，重慶《大公報》「綜合」副刊登載了穆旦的

---

[1]　吳征鎰：〈長征日記〉，《聯大八年》第14至15頁；高小文：《行年二十步行三千》，張寄謙編《中國教育史上的一次創舉——西南聯合大學湘黔滇旅行團紀實》，第246頁。

[2]　吳征鎰：〈長征日記〉，《聯大八年》，第17頁。

[3]　余道南：〈三校西遷日記・前言〉，張寄謙編《中國教育史上的一次創舉——西南聯合大學湘黔滇旅行團紀實》，第369頁。

[4]　〈惲肇強來信〉，張寄謙編《中國教育史上的一次創舉——西南聯合大學湘黔滇旅行團紀實》，第321頁。

一首題為《原野上走路》的詩，該詩副標題即「三千里步行之二」。
從這首詩中，可以窺見當年湘黔滇旅行團同學們的若干暢想：

　　我們終於離開了漁網似的城市，
　　那以窒息的、乾燥的、空虛的格子
　　不斷地撈我們到絕望去的城市呵！
　　而今天，這片自由闊大的原野
　　從茫茫的天邊把我們擁抱了，
　　我們簡直可以在濃鬱的綠海上浮游。

　　我們泳進了藍色的海，橙黃的海，棕赤的海……
　　噢！我們看見透明的大海擁抱著中國，
　　一面玻璃圓鏡對著鮮豔的水果；
　　一個半弧形的甘美的皮膚上憩息著村莊，
　　轉動在陽光裡，轉動在一隊隊螞蟻的腳下，
　　到處他們走著，傾聽著春天激動的歌唱！
　　聽！他們的血液在和原野的心胸交談，
　　（這從未有過的清新的聲音說些什麼呢？）
　　噢！我們說不出是為什麼（我們這樣年青）
　　在我們的血裡流瀉著不盡的歡暢。

　　我們起伏在波動又波動的油綠的田野，
　　一條條柔軟的紅色帶子投進了另外一條
　　繫著另外一片祖國土地的寬長道路，
　　圈圈風景把我們緩慢地簸進又簸出，
　　而我們總是以同一的進行的節奏，
　　把腳掌拍打著鬆軟赤紅的泥土。

　　我們走在熱愛的祖先走過的道路上，
　　多少年來都是一樣的無際的原野，
　　噢！藍色的海，橙黃的海，棕赤的海……）
　　多少年來都澎湃著豐盛收穫的原野呵，

如今是你，展開了同樣的誘惑的圖案
等待著我們的野力來翻滾。所以我們走著
我們怎能抗拒呢？噢！我們不能抗拒
那曾在無數代祖先心中燃燒著的希望。

這不可測知的希望是多麼固執而悠久，
中國的道路又是多麼自由遼遠呵……[1]

　　這是一個戰火正熾的年代，它讓每一個人都會把自己與民族生存聯繫起來。離開長沙在湘江過夜的那天晚上，一位團員與船上的水手聊天。水手是位中年人，參加過護法時代的棉田堡戰役，參加過北伐戰爭，還參加過抗擊日寇的喜峰口戰役、一二八戰役。八一三事變時，他在大場，正面對著敵人，七八個晝夜，沒有進過一口水，沒有睡過一個囫圇覺。後來腿負了傷，在後方醫院被鋸掉一隻腳。[2]聽著水手的訴說，團員們感受到蘊藏在下層民眾心底的保家衛國情操。

　　前方的戰事，時時連著團員們的心。4 月 13 日，旅行團在貴州安南獲知台兒莊大捷消息。這消息令大家興奮不已，當晚與縣政府聯合舉行祝捷大會，全體師生與縣城學生、警察、民團 700 餘人冒雨集會，黃師嶽、縣長、民眾代表、旅行團代表登臺講話，各處放起鞭炮，大家齊呼口號，高唱救亡歌曲。會後冒雨中舉行的火炬遊行，居民傾城而出，歎為該縣從未有過之盛況。[3]

　　近距離瞭解社會，可以說是這次旅行的最大收穫。出發前，不少人擬定了社會調查計畫，每過一地，都留心觀察收集各種資料，有的採集植物標本，有的考察地質礦產，有的記錄風俗民情。後文再加以

[1]　穆旦：〈原野上走路——三千里步行之二〉，杜運燮、張同道編選：《西南聯大現代詩抄》，第 496 至 498 頁，中國文學出版社 1997 年 10 月出版

[2]　林蒲：〈湘黔滇三千里徒步旅行團日記二則〉，原載 1938 年春《大公報》副刊《小公園》，轉引自張寄謙編《中國教育史上的一次創舉——西南聯合大學湘黔滇旅行團紀實》，第 125 頁。

[3]　楊式德：〈湘黔滇旅行日記〉；余道南：〈三校西遷日記〉，張寄謙編《中國教育史上的一次創舉——西南聯合大學湘黔滇旅行團紀實》，第 480 頁、404 頁。

介紹的曾得到文學界極高讚譽的《西南採風錄》，便是劉兆吉同學在這次旅行的結晶。

社會實踐有助於解開團員們心中的某些疑團。在人們印象中，湘西是個土匪出沒的恐怖世界，但是造成這種現象的原因是什麼呢？一次，一個團員在茶館休息時向掌櫃問到這個問題。「這個年頭嘛，真要命啦。幾個月裡頭就抽幾次壯丁，五個丁要抽四個，抽的抽走了，逃的逃上了山啦。」經過貴州亦資孔那天，一個老鄉也對團員說，「出了錢就是匪也可以保出來，沒有錢你就千真萬確地是匪」。[1] 還在經過桃源的路上，團員們就看到有用繩子綁著的壯丁迎面走過。當時，個別團員覺得現在是抗戰救國時期，不該逃兵役。聽了老掌櫃的話，才對捨棄家小跑到深山餐風雪地受苦者們產生了同情。

農村的鄉土觀念與封建陋習，則撞擊著團員們的心。3月初，旅行團在沅陵停留期間，見碼頭上有成群中青年婦女用背簍從船上、車上駄運貨物，有的鹽包重三四百斤。團員們從來沒見過這樣的女裝卸工，不免奇怪。經尋問，方知此地婦女多從事體力勞動，而一般男人則或吃閒飯，或在家燒飯帶孩子。然而，婦女在家庭和社會上的地位仍然很低，男尊女卑的傳統觀念毫無改變。[2] 沅陵旁有辰溪舊城，城內小學生仍讀念四書五經。與沅陵相接的晃縣城裡，兩個最大的旅舍皆為娼寮匪窟，禹王宮內還供奉著皇帝萬歲牌位。[3] 沅陵是辰州府治，晃縣也是湘西門戶，這些地方尚且如此，鄉村就不必說了。

戰亂給社會造成的災難，也給團員們上了一課。2月20日，旅行團抵達貴州省鎮遠縣。鎮遠為黔東重鎮，地扼黔湘要孔，由於是軍事必爭之地，故累遭兵災。清咸豐同治年間，這一帶苗族起義，遭到清政府鎮壓，鎮遠遭難最重，雖經六七十年經營，元氣尚未恢復便又

[1] 向長清〈橫過湘黔滇的旅行〉，《烽火》第20期，1938年10月。
[2] 余道南：〈三校西遷日記〉，張寄謙編《中國教育史上的一次創舉——西南聯合大學湘黔滇旅行團紀實》，第384頁。
[3] 吳征鎰：〈長征日記〉，《聯大八年》第10頁。

遇上 1924 年至 1925 年的旱災瘟疫。旅行團到這裡時，感覺是「城廂是空虛的，人民經濟的困難，不可言喻」。[1]

　　鴉片之害，禍國殃民，人所共憤，貴州境內卻時常可見開著紅色白色的罌粟花。在黔東小縣青溪，城門旁高懸「青溪縣戒煙所」招牌，可一旁又貼著「青溪民與恒土煙膏店」的廣告，這種背道而馳的組合，讓人啼笑皆非。[2]過了貴陽，罌粟更是舉目可見，路邊一個 16 歲小孩，說每天要吃兩錢煙膏。至於黔西南鎮寧縣，儘管政府已表示禁煙，事實上卻「愈禁則價愈高，獲得愈大，以至地方軍閥強令農民種煙，以煙稅收入充作內戰資本，有的還直接經營煙土買賣，或派軍隊為商人押運煙土，收取高額報酬。」[3]一個團員驚呼：「我彷彿覺得是一條蛇或者一隻猛虎扼住了一個人的咽喉，誰知道什麼時候才能得到解脫？」[4]這些親歷親聞，使很少接觸下層生活的大學生們，不由得感到肩負的社會責任。

　　社會是萬花筒，是教科書。旅行團所經之地，有許多是少數民族生活的區域，這為有志社會學的同學提供了寶貴的考察機會。在湘西，接觸最多的是差不多佔當地人口一半的苗族，不過公路附近的苗族同胞多接受漢族文化，生活習慣也與漢族基本相同，直到 3 月 20 日旅行團到了貴州省鎮遠縣，一些團員才首次訪問了一個苗寨。寨子名「大土寨」，當時已編入保甲，故又稱二十四保。苗寨在山腰，寨門前懸有木牌，上書：「現當時局不靖，本寨公議於寨周圍栽有竹簽，並放有弩箭，凡我鄉人，以及外處人等，請勿黑夜入寨，免遭誤傷，倘有強橫不信或被簽傷或被弩死，不與本寨相干。恐人不知，特此懸牌通告。」[5]這顯然是處於弱勢的苗民採取的一種自衛措施，旅行團團員一行 12 人，是由專員公署副官和區公所主任引導下才得以入寨。

---

[1]　錢能欣：《西南三千五百里》，第 31 頁。
[2]　余道南：〈三校西邊日記〉，張寄謙編《中國教育史上的一次創舉——西南聯合大學湘黔滇旅行團紀實》，第 391 頁。
[3]　余道南：〈三校西邊日記〉，張寄謙編《中國教育史上的一次創舉——西南聯合大學湘黔滇旅行團紀實》，第 400 頁。
[4]　向長清〈橫過湘黔滇的旅行〉，《烽火》第 20 期，1938 年 10 月。
[5]　錢能欣：《西南三千五百里》，第 33 頁。

　　進入苗寨後，只有少數會客家話的男子前來招呼，婦女們則紛紛躲進茅屋。團員們受到兩個苗家的款待，大家圍在一張方桌上吃了一頓苗家飯——煮飯和青菜。飯是自家種的白米，青菜由於缺鹽淡而無味。

　　這次訪問苗寨，與其說是考察，莫如說尋找新鮮更確切。飯後，團員們坐在草地上唱歌，歌聲漸漸把苗族婦女引了出來，於是她們也唱了起來，歌詞大意是：「你們離別了家鄉，老母親思念你們；室中暖，野外涼，可是你們做了官，老母親在家也欣歡。」團員希望為苗族婦女照相，她們高興地答應，六個少婦盛裝打扮，束了頭髻，裹著繡有細紅花的青布，穿起百折長裙，戴起銀項圈、銀耳環、銀戒指。臨別時，她們又唱大意為「大人們到這裡來，恕我們招待不周，又蒙你們賞賜錢，真是感激不盡」的歌。[1]

　　旅行團沿途還見到不少苗民，團員們目睹到他們保持的固有風俗，也深感苗民生活的貧苦。3 月 23 日經過的黃平縣，本是苗族生活的地區，明末清初才有漢人開始移來。但雜居數百年，苗民很少與漢人來往，不僅衣食住行不求人，就是一切生活用品也都自己製造，唯有食鹽非得向漢人購買。這正如一首苗諺道：「米不難，包穀紅薯也可餐；菜不難，蘿蔔白菜也送飯；酒不難，穀酒也把盞；柴不難，荊棘枝椏也燒飯；只有官鹽實為難，沒有白銀買不來。」[2]這樣諺謠，不親身到這裡是不可能體會到的，真是「行萬里路，勝讀萬卷書」。

　　實踐是最好的學習，對於從事民族學研究的人來說，西南地區猶如一座富礦。途中，旅行團曾數次遇到趕集，不同言語、不同服飾的西苗、佧兜、木老、猓玀、侗家等民族，展示了一幅既新鮮又生動的民族分類與民族風情畫面。旅行團到達昆明後，曾將沿途拍攝的照片張貼公佈，任大家選擇洗印。其中數量最大的除了行軍生活外，就是各種少數民族的生活場景。有些同學，就是經過這番經

1　錢能欣：《西南三千五百里》，第 34 頁。
2　錢能欣：《西南三千五百里》，第 41 頁。

歷激發了研究邊疆的興趣，有些人後來的論著，也利用了這次長征中收集到的材料。聞一多在《伏羲考》中引用的苗族神話與傳說，也與這次旅行有關。

接受實業教育的學生，對與學業有關的事物尤為關心，雖然行程與條件不允許作規範考察，但他們仍非常留心沿途的地質、地理、氣候、礦產等自然情況。3 月 4 日，旅行團經過楠木鋪，有人拾到一種形如卵石的金黃色礦石，據說附近山上俯拾即是，經地質系同學辨認是黃鐵石。大家深感，貨棄於地，無人開採，殊屬可惜。半個月後的 3 月 18 日，旅行團向青溪縣進發途中經過木馬坳，見有 20 餘座民辦煉鐵爐，可惜是用土法冶煉，日產生鐵僅 800 斤。[1] 潕水東岸也有一座鐵廠，團員們瞭解到這座鐵廠建於清末光緒年間，是當時一個姓潘的撫台興辦的，花費了許多錢購買機器和修建廠房。但是機器買的是舊貨，附近又不產煤，以致很久不能開工。辛亥革命後，一個姓李的縣長乾脆把機器當廢鐵賣了 5000 元，廠址改為監獄，使這座全國較早的鐵廠成為僅存三根煙囪的廢墟。[2]

輔導團教師的表率作用，也給同學們留下深刻印象。袁復禮教授是地質學專家，他經常手提地質錘，腰繫羅盤，見到沿途感興趣的岩石露頭，就取出隨身的小本子，或記錄地質現象，或素描露頭，認真考察湘黔一帶地層構造。有時，袁復禮俯身觀察時，有同學湊上去觀看，就一些難以命名的岩石向他請教，他便不厭其煩地告訴同學這些岩石大致的生成時代，興致高的時候還談到湘西有名的汞礦等知識。[3] 同時，他還經常結合實地情況，給同學們講解河流、地貌和岩層的構造變形等知識，加深了他們對地質文獻重要性的認識。在潕水附近，有人發現寒武紀三葉蟲化石，引起大家極大興趣，紛紛去

---

[1]　余道南：〈三校西遷日記〉，張寄謙編《中國教育史上的一次創舉——西南聯合大學湘黔滇旅行團紀實》，第 383 頁。

[2]　錢能欣：《西南三千五百里》，第 29 至 30 頁。

[3]　曹國權：〈熱愛地球科學追求真知的教授——記袁老師二三事〉，楊遵儀編《桃李滿天下——紀念袁復禮教授百周年誕辰論文集》，第 14 頁，中國地質大學出版社 1993 年 12 月出版。

尋找。[1]一位同學至今還清楚地記得湘西板溪群沿新開公路和受溪流割切的構造剖面形態，以及黔西的岩溶地貌、地文發育等。[2]

　　化學家曾昭掄教授則非常關心國防工業，3 月 21 日他為貴州省立鎮遠師範學校講演「國防工業問題」，從量、質、原料一直講到人才培養。[3]在貴陽停留期間，團員們參觀了貴州省建設廳的化驗室，瞭解到當地煤、石油、鐵、銻、辰砂、汞、銅等礦產的分佈與儲量；在地質調查所，還看到了從震旦紀到第三紀的礦藏標本。[4]

　　凡是參加了這次跋涉的人，對途中的許多事都記憶猶新，民眾對知識青年的信賴和期望，就給他們極為深刻的印象。3 月 17 日，旅行團進入貴州省的第一個縣城玉屏縣，「有一隊小童子舉手歡迎，還有民眾代表模樣的幾個人也敬禮」，「街上貼標語歡迎住宿，每家還掛出國旗來」。[5]這個場面讓大家受寵若驚，當他們看到縣政府前一日為迎接他們而專門發佈的佈告時，不禁心生感慨。佈告上寫到：「查臨時大學近由長沙遷昆明，各大學生徒步前往，今日（十六）可抵本縣住宿。本縣無寬大旅店，茲指定城廂內外商民住宅，概為各大學生住宿之所。凡縣內商民，際此國難嚴重，對此振興民族領導者——各大學生，務須愛護借重，將房屋騰讓，打掃清潔，歡迎入內暫住，並予以種種之便利。特此佈告，仰望商民一體遵照為要！」[6]4 月 22 日到達曲靖縣也是如此，不僅受到城門大開、黃土淨路、家家懸掛國旗的高規格迎接，勝峰小學還放假三天，騰出校舍作為旅行團

[1]　楊式德：〈湘黔滇旅行日記〉，張寄謙編《中國教育史上的一次創舉——西南聯合大學湘黔滇旅行團紀實》，第 451 頁。

[2]　王鴻禎：〈師道長存，功勳永在〉，楊遵儀編《桃李滿天下——紀念袁復禮教授百周年誕辰論文集》，第 24 頁。

[3]　楊式德：〈湘黔滇旅行日記〉，張寄謙編《中國教育史上的一次創舉——西南聯合大學湘黔滇旅行團紀實》，第 453 頁。

[4]　楊式德：〈湘黔滇旅行日記〉，張寄謙編《中國教育史上的一次創舉——西南聯合大學湘黔滇旅行團紀實》，第 463、465 頁。

[5]　楊式德：〈湘黔滇旅行日記〉，張寄謙編《中國教育史上的一次創舉——西南聯合大學湘黔滇旅行團紀實》，第 450 頁。

[6]　據該佈告之照片，《學府紀聞·國立西南聯合大學》圖片插頁，臺灣南京出版有限公司 1981 年 10 月出版。

的宿地。[1]這一幕幕的親身感受，和把自己稱做「振興民族領導者」厚望，怎能不讓莘莘學子的心靈受到震動。

　　抗戰爆發後，從前線和東南地區避居內地的人成千上萬，西南地區已成為抗戰建國的重要腹地，認識西南、開發西南，已是堅持抗戰的重要組成部分。團員們的深思著，西南地區雖然「是一個資源豐富的地方，將來開發，前途遠大」，卻也「高山峻嶺，急川湧流，只利於自守，而不宜於向外方發展」。一些團員不由心情沉重，國家已經失去江浙、華北及沿海專區，若只是固守西南「而不思收回失地，則生命上所受的威脅，便無解脫」，「蜀漢的往事，可引以為鑒」呀。[2]4 月 28 日，旅行團到達昆明當天，黃鈺生教授在總結中說：「同學們在我們祖國的部分山區行走了三千多里，親眼看到山區的同胞過著封建愚昧，沒有文化，極度貧困的原始生活。如何改變這種情況？每個同學都應意識到自己的責任，發憤有為來振興我們的國家。」[3]這種戰時環境下的思考，給「小長征」增添了一層不尋常的意義。一位團員說：「三千多里走完了，在我心頭留下了一些美麗或者慘痛的印象。恐怖的山谷，罌粟花，苗族的同胞和瘦弱的人們，使我覺得如同經歷了幾個國度。」他頗有感觸地說，對於抗戰而言，邊遠地區還遠遠沒有動員起來，「一路上簡直就看不出什麼戰時的緊張狀態，只不過大都市裡多了幾個窮的或者富的流浪者！鄉村充滿了抽丁的麻煩或者土匪的恐怖而已」。[4]可見，知識份子的責任，已在「小長征」中逐漸得到昇華，正如一位團員後來說：在西南聯大的精神結構中，也有徒步 3500 里的因素在內。[5]

　　西南聯大的湘黔滇旅行，被稱為中國現代教育史上的一次「小長征」，它使每個參加者都經受了不同程度的鍛煉，並且為他們日

[1]　楊式德：〈湘黔滇旅行日記〉，張寄謙編《中國教育史上的一次創舉——西南聯合大學湘黔滇旅行團紀實》，第 487 頁。
[2]　錢能欣：《西南三千五百里・自序》。
[3]　夏胤中：〈回憶步行三千〉，張寄謙編《中國教育史上的一次創舉——西南聯合大學湘黔滇旅行團紀實》，第 251 頁。
[4]　向長清：〈橫過湘黔滇的旅行〉，《烽火》第 20 期，1938 年 10 月。
[5]　馬伯煌：〈徒步三千，流亡萬里〉，《笳吹弦誦在春城》，第 41 頁。

後成學立業奠定了不怕艱險、不怕困難、敢於突破一切障礙的精神基礎，三千里都走過來了，還有什麼困難不能克服！艱苦的磨煉增添了抗戰必勝的勇氣，4 月 27 日旅行團進入昆明的前一日，李繼桐、聞一多兩教授鬍鬚都有一寸多長，他們合影留念，相約抗戰不勝利決不剃去。

可歌可泣的橫越湘黔滇三省「小長征」值得西南聯大自豪，最初對「小長征」的記錄，便出自參加者之筆。[1] 近十餘年，一些史學工作者也將目光投向了它。[2] 值得重視的是，較早對「小長征」進行系統介紹者來自國外。美國費吉尼亞大學歷史系教授約翰‧伊斯雷爾所著的《1938-1946 年的西南聯合大學：抗日戰爭時期中國最卓越的高等學府的寫真》中，有一章的標題就是《從長沙到昆明：西南聯大的長征是歷史也是神話》。[3] 日本同志社大學楠原俊代教授，更

---

[1] 最早報導這次旅程的是長沙臨時大學外文系三年級學生林振述，1938 年春他以林浦為筆名在《大公報》副刊《小公園》上發表了旅途中的日記二則。同年 10 月，中文系二年級向長清也在巴金主編的《烽火》雜誌第 20 期上發表了〈橫過湘黔滇的旅行團〉。與這些短小文章相比，1939 年商務印書館出版的《西南三千五百里──從長沙到昆明》一書，則是政治系二年級錢能欣根據途中日記整理而成，這部著作第一次較為完整地介紹了湘黔滇旅行團的全貌，從而使人們對這一事件留下深刻印象。1946 年夏，西南聯大復員前夕，該校學生出版社出版的《聯大八年》亦收入了參加這次「小長征」的生物系教師吳征鎰先生的〈長征日記──由長沙到昆明〉，這篇長文隨著其書的流傳，曾被各種著述所徵引。

[2] 1996 年，西南聯大北京校友會歷經 13 年耕作的《國立西南聯合大學校史──1937 至 1946 年的北大、清華、南開》問世，書中雖然對湘黔滇旅行團的記述僅有一小節，但由於作者的身份，無疑使其在同類著作中具有最可信的權威。該書主要編輯者北京大學歷史系教授張寄謙先生曾就學於西南聯大歷史系，1999 年 12 月，她在西南聯大北京校友會和西南聯大校友通力支援協作下，完成了《中國教育史上的一次創舉──西南聯合大學湘黔滇旅行團紀實》。該書由兩部分組成，第一部分「真實的記錄」為圖片資料，收有湘黔滇途中所攝之 200 幅珍貴照片；第二部分「歷史的進程」為文字資料，收入檔案文獻、湘黔滇旅行團參加者的回憶、書信、日記等大量第一手資料，是目前記錄這一史實之集大成者。

[3] 約翰‧伊斯雷爾教授（John Isreal）中文名「易社強」，哈佛大學博士，美國著名中國近代史學者費正清教授的學生。一次偶然的機會，他看到 1946 年西南聯大學生出版社出版的《聯大八年》一書，受到很大震動，隨後在對西南

是在其長達 350 餘頁的《日中戰爭時期中國知識份子研究》一書裡，用幾乎一半篇幅介紹這次「小長征」，乃至該書副標題都名之為「又一次長征，通往國立西南聯合大學之路」。[1]

第三節　三設分校

　　長沙臨時大學與西南聯合大學都是在緊急時刻匆匆建立起來的，不可避免地遭遇到物質資源的嚴重不足。作為教學機關，首先面對的問題就是校舍。為此，長沙臨時大學時期，曾將文學院設在南嶽衡山。西南聯大遷至昆明後，也因一時難於覓到校舍，將文、法兩學院暫設在邊城蒙自。1940 年，越南、緬甸危急，雲南成為前線，國民政府令學校遷往四川，於是西南聯大又在敘永建立了分校。一所高等學府多災多難，時分時合，正是日本侵略中國罪孽的又一筆記錄。

一、初設衡山

　　前文曾述，選擇長沙為臨時大學的校址，是由於清華大學於戰前已在這裡設有分校。但是，清華分校的內部裝修尚未全部完工（末期工程預計 1938 年春才可完成），戰爭就爆發突然了。因此當三校師生匆匆南遷後，長沙臨時大學和其他流亡大學一樣，同樣面臨著尋覓臨時校舍這一問題。經過多方努力和湖南省教育廳長朱經農的協助，學校終於租借到因戰事驟起而暫時停辦的基督教會的長沙聖經學校

　　聯大進行多年研究之後，完成了《1938-1946 年的西南聯合大學：抗日戰爭時期中國最卓越的高等學府的寫真》。該書在美國出版後，曾由雲南師範大學譯成中文，但未印行，不過其部分內容，則載入《中國教育史上的一次創舉》與《西南聯大在蒙自》兩書。此外，易社強還在《抗日戰爭研究》1997 年第 1 期上發表了〈抗日戰爭中的西南聯合大學〉。

[1]　楠原俊代為日本同志社大學教授，其《日中戰爭時期中國知識份子研究——又一次長征，通往國立西南聯合大學之路》一書，1997 年 2 月由日本研文出版公司出版。

校舍及其在南嶽的暑期校舍。這些校舍，前者供法、理、工各學院與校本部使用；文學院則遷至南嶽，並命名為「長沙臨時大學南嶽分校」。[1]

南嶽即著名的衡山，為中國五嶽之一，位於白龍潭附近的長沙聖經學校南嶽暑期校舍，習稱「聖經書院」或「聖經學校」。白龍潭是南嶽風景之一，潭涯寬廣，天晴時平坦無水，一旦有雨，便萬壑爭流，江洪濤湧，吸引人們駐足遠眺，觀賞讚歎。這裡風景優美，遠離前線，可謂不可多得的一片寧靜之處。馮友蘭曾對這裡有這樣一段描寫：「這座校舍正在南嶽衡山的腳下，背後靠著衡山，大門前邊有一條從衡山流下來的小河。大雨之後，小河還會變成一個小瀑布。地方很是幽靜，在兵荒馬亂之中，有這樣一個地方可以讀書，師生都很滿意。」[2]白龍潭風景甚佳，卻也地勢險要，北京大學國文系四年級學生何與鈞就是 11 月 6 日觀賞白龍潭瀑布時，失足墜入數丈崖底，不幸身亡。[3]

南嶽分校雖然幽靜，但戰爭造成的各種困難在這裡也顯露出來。劉崇鋐說他到南嶽時，分校的學生共約 190 人，其中男生 160 餘人，女生 20 餘人。男同學宿舍「每室 5 人，頗為擁擠，室內不能看書作字，只能以課室兼作自修室」。至於「教員所居之樓更在山上，須行石階三百數十級始達，每日數往返矣」。[4]

劉崇鋐所說的這處宿舍，是初到南嶽時教員們住的地方，那個高高的臺階，共有 384 級。它是座西洋式的二層小樓，兩人一屋，每人一個木架床，一長漆桌，一把椅子，一煤油燈，陳設雖然簡陋，但房間還比較寬暢。聞一多在一封家信中也說到這個居住的房間，他說：「住的地方是在衡山上的一所洋房子，但這房子是外國人夏天避暑住

[1] 陳岱孫：〈西南聯大校舍的滄桑〉，西南聯大北京校友會編《西南聯大北京校友會簡訊》第 12 期，1992 年 10 月印行。

[2] 馮友蘭：《三松堂自序》，第 99 頁，三聯書店 1984 年 12 月出版。

[3] 據〈劉崇鋐函梅常委報告南嶽情況〉（1937 年 11 月 6 日），《國立西南聯合大學史料》第 1 卷，第 60 頁。

[4] 〈劉崇鋐函梅常委報告南嶽情況〉（1937 年 11 月 6 日），《國立西南聯合大學史料》第 1 卷，第 59 至 60 頁。

的，冬天則從無人住過，前晚起風，我通夜未睡著。有的房間，窗子吹掉了了，陽臺上的欄杆吹歪了。」[1]在另一封信中，他又說：「我們現在住的房子，曾經蔣委員長住過，但這房子並不好，冬天尤其不好。這窗子外面有兩扇窗門，是木板做的，刮起風來，劈劈拍拍打的響聲很大，打一下，樓板就震動一下，天花板的泥土隨著往下掉一塊。」[2]

教師們在這裡住的時間不長，12 月中旬，傳來蔣介石擬來南嶽的消息，聖經學校要把這座小樓騰出來。於是大家搬到山下，與遷到那裡的中央研究院擠在一起。這時，南來的教師已陸續增多，宿舍改為四人一間，這對過慣優越生活的大學教授來說，適應起來並不那麼容易。

長沙臨時大學是 11 月 1 日開學的，南嶽分校則直到 11 月 18 日才開學。開學後，一些學生雖然人在學校，但心境仍在浮動。教師們上課前，總要做番安定人心的說服工作。聞一多上第一堂課時說：「抗戰不是短期間可以獲勝的，救國要有分工，直接參加抗戰，固然很需要，學習本領，積蓄力量，為將來的抗戰和建國獻身也很必要。各人可以根據自己的身體條件志趣，迅速決定去留。留下來就要安心學習，不安心是不好的。」[3]

教師們要求學生安心讀書，自己也在艱苦條件下堅持研究工作。馮友蘭說那時「湯用彤先生寫他的《中國佛教史》，聞一多擺開一案子書，考訂《周易》，學術空氣非常濃厚」。[4]錢穆也記得他和吳宓、聞一多、沈有鼎合居一室時，聞一多「自燃一燈置其座位前」，「勤讀《詩經》、《楚辭》，遇有新見，分撰成篇，一人在燈下默坐撰寫」。[5]

[1] 聞一多：〈致妻子〉(1937 年 11 月 8 日)，《聞一多書信選集》，第 261 頁，人民文學出版社 1986 年 10 月出版。
[2] 聞一多：〈致聞立鶴聞立雕聞立鵬聞名〉（1937 年 11 月 8 日），《聞一多書信選集》，第 262 頁。
[3] 陳登億：〈回憶聞一多師在湘黔滇路上〉，《聞一多紀念文集》，第 275 頁。
[4] 馮友蘭：《三松堂自序》，第 99 頁。
[5] 錢穆：《八十憶雙親・師友雜記》，第 182 頁，嶽麓書社 1986 年 7 月出版。

　　研究是這樣，教學也是這樣。南嶽分校開學後，雖然三校教師到的還不齊全，但個個都是知名學者，所以同學們都很滿意。一位同學回憶說：那時，「朱自清老師講陶潛詩，聞一多老師講詩經，羅莘田老師講語音學，羅膺中老師講杜甫詩，魏建功老師講中國音韻學史，可謂各盡其妙。當時，雖然教學設備非常簡陋，甚至連個小型圖書館也沒有，然而老師們憑著他們的講稿，照樣把古代的文學、語言知識傳授給下一代，而同學們則憑著一支鋼筆，幾個筆記本就把這些文學、語言知識繼承了下來。使人感到這名山中的臨時教學場所，並不次於北京沙灘紅樓裡寬敞的教室。特別是老師們和同學們隨時見面，更增進了彼此之間的情誼，大有古代書院教學的風味。」[1]

　　與後來的日子相比，南嶽的生活還是比較安定和平淡的，但大家對戰局的關切絲毫沒有減少。聞一多回憶說：「記得教授們每天晚上吃完飯，大家聚在一間房子裡，一邊吃著茶，抽著煙，一邊看著報紙，研究著地圖，談論著戰事和各種問題。有時一個同事新從北方來到，大家更是興奮的聽他的逃難的故事和沿途的消息。大體上說，那裡教授們和一般人一樣只有著戰事剛爆發時的緊張和憤慨，沒有人想到戰爭是否可以勝利。既然我們被迫得不能不打，只好打了再說。人們對於保衛某據點的時間的久暫，意見有些出入，然而即使是最悲觀的也沒有考慮到最後戰事如何結局的問題。那時我們甚至還不大知道明天要做什麼事。因為學校雖然天天在籌備開學，我們自己多數人心裡卻懷著另外一個幻想。我們腦子裡裝滿了歐美現代國家的觀念，以為這樣的戰爭一發生，全國都應該動員起來，自然我們自己也不例外。於是我們有的等著政府的指示：或上前方參加工作，或在後方從事戰時的生產，至少也可以在士兵或民眾教育上盡點力。」[2]

　　聞一多所說的「幻想」，實際上是對全民總動員的期待。然而，教書育人不僅是抗戰，更是建國的重要前提。長沙臨時大學就是在這種形勢下搬遷至昆明的。

---

[1]　向長清：〈衡山暫駐〉，西南聯大校友會編《笳吹弦誦在春城——回憶西南聯大》，第48頁，雲南人民出版社、北京大學出版社1986年10月出版。
[2]　聞一多講、際戡筆錄：〈八年的回憶與感想〉，《聯大八年》，第3頁。

二、再設蒙自

　　春城昆明是雲南省省會，省政府主席龍雲對包括西南聯大在內的許多教育、科研、文化機關遷滇，都表示了熱情歡迎。在這些機關中，西南聯大較早遷至昆明，因此受到格外重視。1938 年 4 月 5 日，湘黔滇旅行團團長黃師嶽電呈云南省政府，云旅行團「不日將循京滇公路入滇，為避免沿途發生意外計，擬請通令沿途各縣，派團予以保護」。雲南省政府當日便「通令曲靖等縣，遵照辦理」。[1]

　　雲南人民以寬廣的胸懷迎接莘莘學子，雲南省政府主辦的《雲南日報》與國民黨雲南省黨部主辦的《民國日報》等地方主要報紙，不斷報導西南聯大遷移昆明的動態。如《雲南日報》4 月 9 日消息稱：「國立臨時大學名稱，現經行政院會議，及國防最高會議通過，更名為國立西南聯合大學，常務委員梅貽琦，已離桂林取道越南來滇，十日內即可到達。其餘職教員二百餘人已到滇，一部分圖書儀器，約八百餘箱，亦由香港運來，圖書將運至蒙自，儀器則運來昆明。至於由粵港一帶而來之男女學生，陸續到達蒙自昆明者，已有數百人之多。此外步行學生，於本月四日已離貴陽，月內即可完全到滇雲。」[2]4 月 12 日又報導：「西南聯大教授黃子堅君，及教職員男女學生，一行七十一人，於昨晚由長沙乘汽車抵省，下榻第三招待所。又，日前（七日）該校女生八十餘人，乘滇越車抵蒙自，關於一切食宿事宜，該校負責人，均預為籌備，一切均辦理妥善云。」[3]4 月 24 日復刊載三條消息，一云：「聯大理工兩院第一批海道來滇同學一百八十餘人，頃於昨日（二十三日）乘車直抵省。該團由同學呂桂彤君領隊，每十人為一小隊，共十八小隊，分批押運行李，迤赴西門外農校該校理學

[1]　〈臨大學生行將抵滇，省府通令保護〉，《雲南日報》1938 年 4 月 6 日，第 4 版。

[2]　〈臨大更名為西南聯合大學，梅貽琦先生日內將蒞滇，教職員學生亦紛紛抵省〉，《雲南日報》1938 年 4 月 9 日，第 4 版。

[3]　〈聯大學生紛紛抵滇〉，《雲南日報》1938 年 4 月 12 日，第 4 版。

院院址。事前該校負責人已預為籌辦，食宿均無問題云。」二云：「聯大湘黔滇旅行團三百五十人，由黃師嶽師長，及黃子堅、曾昭掄、無袁復禮、李繼桐諸教授領導，約可於二十七日中午刻達昆明，步行三千里，費時七十日，沿途考察，深入民間，誠屬難能可貴。聞該校先到員生，定於是日全體預到迤西會館迎候，並導由金馬大街、正義路觀光昆明市後，逕赴圓通公園休息，屆時該校常務委員親往致訓，並全體攝影。聞住宿地點，亦定為西門外農校云。」三云：「該校代理文學院長馮友蘭先生，亦於昨日乘快車到昆，前因在廣西憑祥乘車撞傷臂部，留河內醫治月餘，已漸痊可，頃以校務重要，特扶病趕來，精神如昔，惟美髯增長耳。」[1]除上述外，《雲南日報》還於 4 月 28 日與 29 日，接連刊登了《三千里長征竣事，聯大旅行團今午抵省，全團三百人由黃師嶽領導，已抵省師生準備熱烈歡迎》，與《聯大旅行團長征抵省印象記，英勇精神賽軍隊，熱情流露動人心》的特寫與通訊。而 5 月 11 日，《雲南日報》還為西南聯大抵昆發表專題社論《謹獻給聯合大學》，文中稱讚由北大、清華、南開三校合併而成的西南聯大，「在中國的文化上，在中國民族的解放史上，都有著光榮偉大的貢獻」，它們「從五四運動直至盧溝橋事件發生，在每一次國內的救亡運動中」，「始終是很英勇的站在全國民眾，全國學生的最前線」，這次抗日戰爭發動以後，師生們繼續在救亡浪潮空前高漲中，「始終保持著自己的崗位，絲毫沒有退縮、落後，表現出他們為國家民族而向敵人拼鬥的英勇邁進的精神」。[2]

　　但是，兩千多師生的突然來到，使校舍矛盾一下子突出起來。西南聯大派往昆明的先遣人員，最緊迫的任務就是在籌畫自建新校舍前，先尋覓租借可供暫時使用的房屋。在雲南省政府大力協助下，西南聯大租賃了昆明城東南隅迤西、江西、全蜀會館為立足點，接著向

---

[1]　〈聯大學生紛紛抵省，馮友蘭先生昨亦抵滇〉，《雲南日報》1938 年 4 月 24 日，第 3 版。按：「抵滇」原標題作「抵步」，疑誤，徑改之。

[2]　〈謹獻給聯合大學〉，《雲南日報》社論，1938 年 5 月 11 日，第 4 版。

西北城外的昆華師範學校、昆華工業學校、昆華農業學校、昆華中學等校，商借到若干教室、宿舍。

然而，昆明的房屋還是不能安置全部師生，於是不得不擴大尋找範圍。使先遣人員感到欣慰的是，他們在邊城蒙自縣近郊找到了連成一片的空閒房屋。

蒙自分校的勘察，始於 1938 年 3 月初。當時，西南聯大常委、北京大學校長蔣夢麟親至蒙自，巡視後覺得比較理想。15 日，即蔣夢麟返昆後第二天下午，在四川旅行社與西南聯大常委、南開大學校長張伯苓及周炳琳、施嘉煬、吳有訓、秦瓚、鄭天挺等人聚議，便決定將工學院設在昆明城東南隅的會館，將理學院設在城北和西北城內外商借到的一些校舍，同時在蒙自設立分校，將文學院、法學院遷至那裡。隨後，北大鄭天挺、清華王明之、南開楊石先作為三校代表先後赴蒙自，辦理有關籌設事宜。這樣，初到雲南的西南聯大，便在不得已的情況下分散於兩地多處。

居住著漢、彝、苗、壯、回等民族的蒙自縣是滇邊重鎮，也是雲南六大壩子之一。蒙自縣始設於元至至十三年（1276 年），縣名一直沿用未改。蒙自北距省城昆明 320 公里，南至中越邊境河口鎮 168 公里，自古以來便是滇東南物資的重要集散地，明清以後成為軍事重鎮。中法戰爭後，根據《中法續議商務專條》，蒙自於清光緒十三年（1887 年）闢為商埠，光緒十五年（1889 年），清政府在蒙自設立了雲南的第一個海關，法國亦在此設立領事署，法、英、意、日、德、美、希臘七國在此設領事。一時，國內外富商巨賈紛至遝來，蒙自海關、法國領事館、法國東方彙理銀行、法國醫院、歌臚士洋行等建築一個個拔地而起，外國商人在這裡開設的洋行、銀行、公司、酒店達 40 多家，中國商人開設的貨倉、馬店、飯店、糧店等，亦超過百家，使蒙自得到了「滇中第一對外貿易商埠」的聲譽。

1903 年，中法簽訂《中法會訂滇越鐵路章程》，法國攫取了滇越鐵路的修築權與管理權。法國殖民主義者原計劃滇越鐵路從蒙自經過，但遭到當地民眾的強烈反對，不得不將鐵路移至草壩鎮碧色寨。1910 年 4 月，近代中國第一條國際鐵路滇越鐵路全線通車，由於鐵

路改道，法國領事館與銀行、洋行相繼關閉，蒙自經濟地位受到極大影響。不過，恰恰由於這個原因，蒙自方空閒出一片房屋，使西南聯大有可能在這裡建起分校。當時，從昆明到蒙自，先要乘快車 5 個小時到開遠，然後換車經 50 多分鐘至碧色寨，再轉乘碧個（舊）鐵路，半小時後才能至蒙自。因此，自昆明到蒙自一般需要一天，若是慢車或動身較晚，還得在開遠住宿一夜。[1]

西南聯大租借的是蒙自縣城東門外租界址的海關大院，它包括海關稅務司署（即蒙自海關）、法國領事署、滇越鐵路局、東方彙理銀行等處。這些房舍約有百餘間，且基本完好，經過簡單維修便可作為辦公室、教室、圖書館使用，只是 1938 年 4 月 4 日西南聯大第一批學生 92 人由海道經安南抵達蒙自時，維修工作還未完成。[2]不必諱言，文、法兩學院師生歷經艱難到達雲南，有些人還沒有看到昆明的模樣便在蒙自下車了，對此不能沒有想法。陳岱孫回憶說：「不能否認，文、法兩學院的同仁、同學，在初聞兩學院不能在昆明而要遠遷蒙自，這當時被認為一邊陲小邑時，不少人都有點失落之感。」[3]

蒙自是座小城，一下子來的 300 多學生與幾十位教師，只能分散居住。由希臘商人歌臚士經營的洋行，這時成為師生主要宿舍之一。歌臚士洋行位在縣城東門口西側，法國式建築，有南北兩翼，西南聯大租借的是作為暑期旅館的南翼，樓下為男生宿舍，樓上為教師宿舍，陳寅恪、鄭天挺、陳岱孫、陳序經、劉文典、樊際昌、聞一多、朱自清、浦薛鳳、邱椿、王化成、沈乃正、余肇池、李卓敏、丁佶、邵循正等都住在這裡。和南嶽分校早期一樣，這裡也是兩位教師合住一間。另一處教師宿舍在城外東村的法國醫院，曾經住過錢穆、吳宓、湯用彤等教授。法國醫院是所小院，環境清靜，後來蒙自分校撤銷，沈有鼎、賀麟等七位教授繼續住在這裡，直至秋季開學始赴昆明。有些攜帶家眷的教授，則自尋房屋，如馮友蘭、

1　鄭天挺：〈滇行記〉，《西南聯大在蒙自》，第 23 頁。
2　據〈臨大學生九十二名已抵蒙自〉，《雲南日報》1938 年 4 月 7 日，第 4 版。
3　陳岱孫：〈西南聯大在蒙自・序〉，《西南聯大在蒙自》，第 2 頁。

陳夢家兩家曾合住在桂林街王宅一樓，馮家在樓上，陳家在樓下。[1]
武廟街周柏齋宅院古榕成蔭，典雅幽靜，院內有一單簷硬山頂的三
層樓房，建築風格頗有地方特色。該樓名「頤樓」，但住在這裡的
西南聯大女同學，因樓高風大，戲稱「聽風樓」。

在戰時環境下，蒙自條件雖然無法與平津相比，但已經十分不
易了。師生們也很快就適應環境，將精力轉到教學與研究方面。這
正如聞一多在家信中所說，那時「對國家前途只抱樂觀，前方一時
之挫折，不足使我氣沮因而坐廢其學問上之努力也」。[2]勿庸諱言，
蒙自分校的教學設備很差，雖然有一個圖書館，可「書籍甚至報刊
都少得可憐」。更重要的是，「沒有起碼的參考書，有時連教材都
十分欠缺。教師上課只能憑以前授課的記憶或一些以前殘缺的講
稿、筆記在講堂上對學生們進行講授」。[3]為了克服這些困難，一些
教師加緊著述，以補教材之不足。錢穆的《國史大綱》即因此而著
手的；馮友蘭的《新理學》，也於這裡殺青，並特在扉頁上題詩了
一首詩：「印罷衡山所著書，躊躇四顧對南湖[4]。魯魚亥豕君莫笑，
此是當前國難圖。」

蒙自分校建立時，本以為至少可以維持一年，故租用蒙自海關
稅務司、幫辦、外勤等人員的住宅，簽訂的期限是自 1938 年 4 月
1 日至 1939 年 6 月 30 日。[5]租用蒙自法國領事館的時限，也是至
1939 年 7 月 1 日[6]。但是，開學兩月有餘，便接到中央航校來函，
稱國防急需在蒙自設立航校分校，欲徵用西南聯大分校全部校舍以
及附近空地闢為機場。西南聯大深明大義，服從抗戰大局，決定蒙

[1]　宗璞：〈夢回蒙自〉，《西南聯大在蒙自》，第 166 頁。
[2]　聞一多：〈致張秉新〉（1938 年 5 月 26 日），《聞一多書信選集》，第 297 頁。
[3]　陳岱孫：〈西南聯大在蒙自·序〉，《西南聯大在蒙自》，第 2 頁。
[4]　南湖，在蒙自城外，歌臚士洋行位於湖畔。這裏是師生們常常遊憩的地方。
[5]　〈西南聯大租用蒙自海關關員住宅空屋合約〉（1938 年 3 月 21 日），《國立
西南聯合大學史料》第 6 卷，第 190 頁。
[6]　〈蒙自法國領事署空屋租與西南聯大合約〉（1938 年 5 月 13 日），《國立西
南聯合大學史料》第 6 卷，第 192 頁。

自分校 7 月底舉行學期考試畢即宣告結束。這樣，蒙自分校雖說存在了一個學期，實際上只有三個月。文、法兩學院返昆後，暫時與理學院擠在一起，顯得非常擁擠。其時，有人說昆明 40 多公里外的晉寧縣盤龍寺可容兩千人，但經勘察除幾個殿堂可闢為五六個教室外，其餘房屋只能容二、三百人作為宿舍，與所需相差甚遠，故未實現。[1]

　　西南聯大蒙自分校雖然只存在了三個月，但在當地產生了極大影響，尤其是同學們發動的移風易俗活動，給蒙自民眾留下深刻印象。多年後，一些當地老人還對清潔運動記憶猶新，而這些活動在當年報紙裡也能找到蹤跡。如《雲南日報》一則消息說：「西南聯大文法學院，自遷來蒙自後，於五月一日聯合蒙自各界舉行清潔運動與滅蠅運動大會，事前由聯大向蒙自當局提議，蒙自縣政府就聯合教育局等各公共機關舉行籌備會，由聯大擔任宣傳事宜，分為文字宣傳組、演講宣傳組、化裝宣傳組，及圖書宣傳四組，擴大徵求會員，五月一日晨，分組往各街張貼標語圖畫，同時演講組亦分赴各門演講，同時又有街頭劇，成績甚好。十一時，在民眾教育館開滅蠅大會，下午又有化裝表演，均由蒙自中學同學擔任，其中有很多演劇天才。尤其熱心的是小學裡的小朋友，他們排隊到各處遊行，每個小手裡拿一個蠅拍，見著蒼蠅就打，情形甚為熱烈。」[2]

三、復設敘永

　　除了南嶽、蒙自分校，西南聯大在四川省敘永縣還設立過第三個分校。南嶽、蒙自兩個分校，是文、法兩學院的整體搬遷，而敘永分校則不同，它是作為全校搬遷的先頭部隊，將 1940 年暑後入學的整整一個年級全部遷往那裡。

---

[1]　陳岱孫：〈西南聯大校舍的滄桑〉，西南聯合大學北京校友會編《西南聯大北京校友會簡訊》第 12 期，1992 年 10 月印行。

[2]　〈聯大會同地方舉行清潔運動〉，《雲南日報》1938 年 5 月 13 日，第 4 版。

　　抗日戰爭爆發後，教育部曾令淪陷區及受到威脅的一些大學向大後方轉移。除了北大、清華、南開，及北洋國民大學遷往長沙外，還計畫中央大學、復旦大學、國立醫科大學遷往重慶，武漢大學遷往四川嘉定，同濟大學遷往桂林，浙江大學遷往江西泰和，交通大學遷往湖南湘潭，廈門大學遷往福建長汀，南京大學、光華大學遷往成都，大夏大學遷往貴州，北平朝陽大學遷往湖北沙市，國立藝術專門學校遷往湖南。[1]其後，政治大學也遷至重慶，金陵大學遷至成都，東北大學遷至四川三台，同濟大學、華中大學遷至雲南。遷移過程中，一些學校一遷再遷，倍受熬煎。由北平大學、北平師範大學、天津北洋工學院三校合組的西北聯合大學，就是先遷西安，再遷陝南城固縣。浙江大學更是動盪不定，前後搬遷了六次之多，最後落腳在貴州遵義。這些學校的屢屢搬遷，原因各異，但大體上還是為了克服交通不便、校舍不足等困難，出於改善教育環境方面的考慮。而西南聯大敘永分校，則是受到戰爭的直接影響才設立的。

　　1940 年，德國擴大歐洲戰火。5 月，德軍侵入荷蘭、比利時、盧森堡，8 月 15 日又派出 1300 餘架飛機，對英國倫敦地區首次實施大規模的轟炸。德國在歐洲的軍事擴張，讓採取綏靖政策的英國吃盡苦頭，而一直虎視眈眈盯著英法等國在東南亞殖民地的日本，利用英國遠東兵力有限的弱點，向英國政府施加壓力，要求封鎖中緬交通。英國難以兩面應付，遂於宣佈自 7 月 17 日起封鎖滇緬公路三個月，企圖藉此與日本討價還價，挽救其遠東屬地利益。8 月初，已經屈從德國的法國政府，亦指使越南政府單方面破壞商約，停止中越間貨運。但是，這些屈服並未阻止日本對越南的侵略步驟。8 月底，日軍大批軍艦雲集海南島，完成了進攻越南的部署。面對日軍兵臨城下，法國當局應允給予日本若干資源。然而，對日本保持警惕的美國，則向日本發出警告，聲稱如果日本將戰火燃至越南，美國即對日實施禁運。可是，日本南進政策已經確定，其先是迫使法越允許日軍假道，給日

---

[1]　〈抗戰以來各大學八十所遷往內地〉，《雲南日報》，1938 年 10 月 17 日，第 4 版。

軍南進提供便利，繼之於 9 月下旬在越南登陸。日本侵佔越南的目的，是既想獲得整個越南，更欲利用越南作為進一步南侵的根據地。9 月 27 日，德意日三國協定在柏林簽字，德國、義大利承認日本建立所謂「大東亞新秩序」。

　　日本對越南的侵佔，使與越南相鄰的雲南形勢頓然緊張。西南聯大再次遷徙的計畫，就是在此背景下出現的。尚在 7 月中旬，輸入戰略物資的中緬國際交通線一度切斷之時，在華日軍便窺伺湘桂諸省，大有從東、南兩個方向進攻中國西南大後方的意向。鑒於這一形勢，教育部 7 月間曾致電西南聯大，稱「安南現為我國通海唯一交通，暴敵時思佔領，昆明毗連越境，威脅堪虞」，故「宜做萬一之準備」。同時，電令西南聯大將「員生人數、圖書儀器材料噸數，及遷移後所需房屋間數，於電到後三日內詳細具報」。教育部次長顧毓琇也致函西南聯大，強調「時局變化不定」，要求學校在必要時「應作遷徙之準備」。[1]

　　西南聯大剛剛在昆明安頓下來，很難在短期內再做一次大規模搬遷，所以接到教育部電函後，本不想搬得太遠。當時，距昆明 50 公里的澄江縣正好有一些空房，於是派教務長樊際昌、事務主任畢正宣前往那裡視察。[2]樊際昌、畢正宣視察的這些房屋，是中山大學的一些校舍。中山大學原在廣州，原校在 1938 年 6 月 5 日的日軍轟炸中被毀，於 1939 年 2 月遷至雲南澄江。1940 年夏，中山大學計畫回遷粵北，故西南聯大希望借用他們留下的校舍。

　　8 月，國民政府行政院會議討論昆明各機關遷移問題，教育部提出的西南聯大擇地搬遷的意見在會上得到通過。[3]行政院的議決是正

---

[1]　〈長沙臨時大學、國立西南聯合大學常務委員會會議記錄·第一四九次會議〉（1940 年 7 月 17 日），《國立西南聯合大學史料》第 2 卷，第 145 頁，雲南教育出版社 1998 年 10 月出版。

[2]　〈長沙臨時大學、國立西南聯合大學常務委員會會議記錄·第一五〇次會議〉（1940 年 7 月 31 日），《國立西南聯合大學史料》第 2 卷，第 146 頁。1938 年 6 日 5 日，中山大學在日機轟炸中被毀，於 1939 年 2 月遷至雲南省澄江縣。1940 年夏，中山大學計畫回遷粵北，故西南聯大希望借用他們留下的校舍。

[3]　〈顧毓琇電蔣（夢麟）梅（貽琦）關於遷校事〉（1940 年 8 月 13 日），《國立西南聯合大學史料》第 1 卷，第 170 頁。

式決定，它逼迫西南聯大不得不馬上考慮搬遷之事。在這種情況下，學校打算尋覓新址，先將即將入學的一年級學生安頓下來，至於其他各學院則暫留昆明，根據形勢變化再向澄江轉移。然而，此時越南形勢已岌岌可危，中山大學能否回遷粵北實在難說。

一個個現實問題接踵而來，它迫使西南聯大不得不到遠離邊境的地方尋找新址。葉企孫、周炳琳、楊石先，帶著這樣的使命前往四川西南部勘察，先後到了敘永縣城、敘永縣興隆場、李莊張家苑子、宜賓三峨山、峨嵋西波寺、白沙、樂山牛華溪等處，打算必要時遷往上述合適地點。[1]9 月 27 日，《雲南日報》首先披露西南聯大遷川消息，稱「西南聯大遷川事經蔣校委夢麟來渝接洽，聞當局已決定准予遷川」。[2]

全校動遷不僅事關重大，而且費資頗巨，西南聯大做出的搬遷預算為 200 萬元。但是，教育部只答應給 100 萬元，且第一筆僅有 34 萬元。[3]巧婦難做無米之炊，但新的學年又開學在即，面對這種情況，學校決定先將一年級新生遷至四川擇定之新校址，其後再以理、工、文、法商、師範學院為序，相繼遷移，法商學院本學期則暫時遷往澄江上課。[4]為了落實這個計畫，學校大成立了以陳序經為主席，以鄭天挺、查良釗、吳有訓、施嘉煬、黃鈺生、楊石先、嚴文郁、畢正宣為成員的「遷校委員會」。11 月中旬，學校當局大經過周密考察與研究後，決定在四川敘永設立分校，以楊振聲為分校主任及分校校務委員會主席。同時，決定一年級新生與先修班學生，於 12 月 10 日前至敘永分校報到。[5]這樣，繼 1937 年的南嶽分校、1938 年的蒙自分校之後，西南聯大歷史上又出現了第三個分校。

1　〈西南聯大急電教育部關於遷校地點事〉（1940 年 9 月 12 日），《國立西南聯合大學史料》第 1 卷，第 171 頁。

2　〈聯大同濟准予遷川〉，《雲南日報》1940 年 9 月 27 日，第 4 版。該消息同時說，決定從雲南遷至四川的還有同濟大學。

3　〈西南聯大急電教育部關於遷校地點事〉（1940 年 9 月 12 日），《國立西南聯合大學史料》第 1 卷，第 171 頁。

4　〈長沙臨時大學、國立西南聯合大學常務委員會會議記錄‧第一五四次會議〉（1940 年 9 月 9 日），《國立西南聯合大學史料》第 2 卷，第 151 頁。

5　〈長沙臨時大學、國立西南聯合大學常務委員會會議記錄‧第一六一次會議〉（1940 年 11 月 13 日），《國立西南聯合大學史料》第 2 卷，第 159 至 160 頁。

　　1940 年入校的新生，按習慣稱做 1944 級。與從平津到長沙和從長沙到昆明一樣，西南聯大 1944 級學子也是抱著抗戰必勝的信念，竭盡其能，克服重重困難，負笈敘永的。

　　從昆明至敘永有 800 多里，途經曲靖、宣威、威寧等地。學校雖與西南運輸處取得聯繫，為學生獲取了搭乘便車的免費證，但搭乘的車輛卻要各自尋找解決。開車的司機總是托詞各種理由，因為多佔一個位置，他們就少得一份中途上車的「黃魚」外快。另外，即便搭上了車，也常常出現拋錨。特別是川黔邊界的營盤山、赤水河、七十二拐一帶，地勢險峻陡峭，道路狹窄不平且坡度甚大，稍有不慎，汽車就四輪朝天。劉育倫同學就在半途遭遇翻車，雖然保住了性命，卻掉了半隻耳朵。[1]

　　1940 年的 660 多位新生，是通過統考從昆明、重慶、桂林等地以及淪陷的上海招收的，許多人要從昆明以外的地方前往。如有些在湖南考取的同學，就是從湘潭出發，經桂林、柳州、貴陽、畢節，他們抵達敘永已是 1941 年的新年元旦了。[2]這些同學途中遇到的艱難，不用描述也可以想像。

　　位於川、滇、黔三省交界的四川省敘永縣，是一個偏僻閉塞的小縣，永寧河（長江的一條小支流）從城中穿過，把縣城分為東西兩半。敘永分校的校舍，借用的是城西的南華宮、春秋祠和城東的帝王宮、文廟等處。

　　供奉劉備塑像的帝王宮，被作為分校全部女生的宿舍，男生則分別住在春秋祠和南華宮兩個地方。春秋祠是個大廟，進門後有樓，樓上是戲臺，大殿左右為東、西兩廂，無論是兩廂樓上樓下，還是大殿，都住滿了人，有的同學就睡在大殿神龕旁，與或坐或立的關羽、周倉、關平等塑像相伴。南華宮的房屋也已陳舊，一些同學只能住在回廊裡。

[1]　吳銘績：〈聯大生活瑣記〉，西南聯大北京校友會編《西南聯大北京校友會簡訊》第 26 期，1999 年 8 月印行。
[2]　龍堯霖：〈憶亡友〉，《國立西南聯合大學一九四四級通訊》第 2 期，第 73 頁，1997 年 3 月印行。

　　說起敘永分校的教室，也真是寒酸。最大的教室要算是南華宮樓下那可容幾百人的大廳，分校的中國通史、經濟學、生物學、邏輯等共同科目講授以及軍訓等，都在這裡進行。城西春秋祠的大成殿，也是間較大的教室，小型共同科目如微積分等便在這裡上課。其他教室，則分散在城西春秋祠東面的各個耳房，那裡原來是鄉賢祠、名宦祠或當作儲藏室用的地方。另外，凡是可以利用的小屋，也都闢作教室了。[1]

　　儘管條件艱苦，但教師仍然認真教學、學生同樣刻苦讀書。西南聯大非常重視一年級的必修課，這種傳統在敘永分校也得到發揚。中國現代文學史上第一部長篇小說《玉君》的作者楊振聲，教授各系學生必修的公共課大一國文，主講現代文學。他身材高大，滿口北京腔，講解認真，滔滔不絕，引人入勝。解放後出任雲南大學校長的李廣田，當時剛剛來到西南聯大，職稱是比副教授還低一級的教員。這位已經出版過《畫廊集》、《銀狐集》、《雀蓑集》三本散文集的青年作家，為大一國文講授作文課。一位同學清楚地記得，李廣田修改作文十分認真，「不僅改正錯別字、亂用的標點符號和不通的詞句，而且加眉批，結尾有總批；有些好的句子則用紅筆加圈點」。在課堂上，他還對每次作文做認真評講，課外則和一些愛和文學的同學研究寫作的問題，幫他們改稿，並推薦給報刊發表。[2]

　　敘永分校的大一英文，是專為外語系學生開設的，講授者除陳嘉教授外，其餘都是教員或助教。不過，這些年輕教師均有相當強的教學能力，如王佐良、楊周翰、李賦寧、查良錚、歐陽采薇等，日後都成為大師級的人物。

　　中國通史是文學院、法學院全體學生的必修課，講這門課的只有吳晗一人，所以聽課人數甚多。早在清華大學讀書時，吳晗就有才子之稱，不僅主辦過校刊，還主辦過天津《益世報》的《史學》雙週刊。

---

[1]　周明道：〈三十年雜記補〉，西南聯大北京校友會編《西南聯大北京校友會簡訊》第 7 期，1990 年 4 月印行。

[2]　彭國濤：〈難忘母校恩師〉，《國立西南聯合大學一九四四級通訊》第 2 期，1997 年 3 月印行。

1935 年，吳晗畢業後留校任教，1937 年應熊慶來邀請，到雲南大學任教授，敘永分校成立時被聘請到西南聯大任教。他講授中國通史與眾不同，不是按朝代，而是分成政治、經濟、文化等，從縱的角度著重講授各種制度的變遷。1941 年 4 月底，敘永分校歷史學會請他做紀念五四專題講演，聽眾十分踴躍，就連不上歷史課的工學院學生，也被吸引來了。[1]

在敘永分校講課的教師，還有很多，僅以教授而言，就有李繼桐講授生物學，袁復禮講授地質學，吳之椿和龔祥瑞講授政治學，滕茂桐講授經濟學，張蔭麟講授邏輯學等等，這裡就不一一介紹了。

敘永地域較小，大家上課、學習甚至遊玩都在一起，因此與西南聯大其他各年級相比，1944 級學生之間來往機會較多，關係密切，感情融洽，互助合作，於是被人稱為「敘永哥」。1944 級是西南聯大最特殊的一級，不僅因為他們一年級在敘永分校住了 8 個月，而且還由於他們畢業的那年又趕上軍事徵調，所有 1944 年畢業的男同學，都應徵從軍，大部分擔任美軍英文翻譯，直接投入了抗日戰爭。這些，將在後面再做介紹。

綜上所述，在強敵深入、國家危難的歷史時刻，北大、清華、南開三校師生懷著抗戰必勝的堅強信念，短短數年間從平津一遷長沙、南嶽，繼遷昆明、蒙自，再於敘永設立分校。他們以大無畏的精神，克服重重困難，頑強堅持抗戰建國，充分體現了中華民族威武不屈的堅強意志和豪邁氣概。這種精神，是最為寶貴的財富和遺產，它在任何時候都是激勵人們前仆後繼、攻克險阻的偉大動力。

---

[1] 彭國濤：〈難忘母校恩師〉，《國立西南聯合大學一九四四級通訊》第 2 期，1997 年 3 月印行。

第三章　直面轟炸

西南聯大的戰時生活是多方面的，師生們對衣食住行有過不少回憶與記述。本章僅對西南聯大所受戰時影響最為直接的日軍大轟炸，做以介紹。為了有助於對這一問題較為全面的瞭解，有必要就相關問題做以選擇介紹。

第一節　日軍空襲

對於抗戰時期生活在昆明的人來說，「九・二八」和七七事變一樣，是個無論如何也不會忘記的日子。1938 年的 9 月 28 日，日本侵略軍首次對昆明發動空襲，一直寧靜的後方春城，從這天起開始切切實實感受到戰爭的來臨與殘酷。

對於日寇轟炸雲南，地方當局是十分重視並早有準備。尚在 1938 年 4 月中旬，昆明防空司令部就制定了全省《國土防空演習》方案，決定舉行擴大防空演習。4 月 14 日，參加防空演習的隊伍在光華體育場舉行檢閱，工務大隊不知何故沒有到達，20 日召開的昆明防空司令部第十一次部務會議，便對工務大隊隊長趙象乾做出「酌予處分」的決定。[1] 5 月上旬，《雲南日報》刊登昆明防空司令部所屬的防空協會制定公佈的《防空人員獎懲條例》，對各個部門的獎勵與懲罰做出明確規定。[2] 6 月初，根據國民政府軍事委員會指示，昆明防空機構擴大為「全省防空司令部」，遂公

---

[1] 〈全省防空演習，俟方案核准即定期舉行，司令部派員檢閱救護大隊〉，《雲南日報》1938 年 4 月 15 日，第 4 版；《防空司令部昨天第十一次部務會議》，《雲南日報》1938 年 4 月 22 日，第 4 版。

[2] 〈防空協會公佈施行，防空人員獎懲條例，如遇臨難死傷暫依陸軍撫恤辦理〉，《雲南日報》1938 年 5 月 8 日，第 3 版。

佈了《全省防空司令部組織簡章》，並由航空委員會頒發了關防
與官章。[1]

　　6 月 5 日，日軍三批共 44 架飛機大舉轟炸廣州，受災地區十餘
處，毀壞民房百餘間，殘餘平民百餘人。這次轟炸中，中山大學被
毀，損失甚大，校長鄒魯為此通電全國各教育文化機關，譴責日軍
暴行，報告損失情況。[2]8 日晚，日機六批再炸廣州，先在市區上空
施放照明彈，繼之狂轟濫炸，致使西村電廠被毀，全市停電，嶺南
大學亦落彈三枚。[3]廣州的被炸，引起雲南當局高度重視。6 月 24
日，《雲南日報》發表社論《都市人口的疏散問題》，指出：上海、
南京，「經過敵機一再轟炸後，不只積極的不生作用，消極的反為
敵所用。這是我們最痛心的事」。現在，「前方的戰區越更展開，
後方的人口越更集中在少數的幾個城市。使敵人的炸彈，隨便投擲，
都可收到預期的效果：炸死更多的人與毀損更多的房屋。這是一種
極大的危機，目前廣州被炸後的悲慘情形，即此事實的最好說明」。
社論提醒到，無論是軍事上、政治上，還是日常生活上，「故都市
人口的疏散，實為目前最重要的一個問題」。[4]為此，7 月 6 日，防
空司令部召開第十九次部務會議，討論了人口疏散、加緊防空宣傳
等事項，做出制定防空標語、圖畫宣傳、模型宣傳，及「所有疏散
到鄉人民，由縣長督飭各鄉村負責人員認真清查，詳細登記，按旬
報部」等決議。[5]8 月中旬，防空協會又通令全省嚴密注意防空，要
求迅速組織警報、警備、消防、救護等隊伍，切實落實防空器材與

[1]　〈市防空機構決擴大為全省防空司令部〉，《雲南日報》1939 年 6 月 3 日，
　　　第 4 版。

[2]　〈敵機昨又狂炸廣州，中山大學被毀鄒校長電告全國，災區遍及全城，昔日
　　　鬧市今廢墟〉，《雲南日報》1938 年 6 月 6 日，第 2 版。

[3]　〈敵機又一再狂炸廣州，西村電廠被毀全市電流停止，嶺南大學落下三彈幸
　　　未傷人〉，《雲南日報》1938 年 6 月 9 日，第 3 版。

[4]　〈都市人口的疏散問題〉，《雲南日報》社論，1938 年 6 月 24 日，第 2 版。

[5]　〈防空司令部議決，人口疏散應認真查記，積極加緊防空宣傳，隱蔽房屋顯
　　　注〔著〕目標〉，《雲南日報》1938 年 7 月 8 日，第 4 版。

通訊設置。[1]9 月 3 日，因近來「敵機到處肆虐，屠殺民眾，本市為後方重鎮，亟宜加緊戒備，設法疏散民眾，以減少無辜犧牲」，防空司令部召集有關機關開會討論應付辦法。會議做出公務員及家屬迅速離開市區、外來避難人士限期遷往外縣等決議。[2]

昆明市空響起空襲警報，是 1938 年 9 月 21 日。那天，日機從廣西邕寧向西飛來。據觀察，從這條路線來的敵機，目的地不外貴陽、昆明兩處，於是防空司令部決定發出空襲警報。[3]雖然這只是一次「虛警」，敵機並沒有飛至昆明，但它預示日軍轟炸昆明的時日不會太遠了。當天，綏靖公署與省政府「以最近戰事情況，日愈嚴重，為顧慮空襲時之危害起見」，決定「自現時起實行先期疏散」。遂之公佈了包括十項具體措施之《昆明市防空疏散辦法》，要求「市民一體周知，迅速自行疏散，以減危害，而策安全」。[4]與此同時，23 日省府第五七四次會議，還議決自 26 日起各機關辦公時間一律改為午後 3 時至 9 時。[5]

1938 年 9 月 25 日，日機對貴陽、清鎮的空襲，表明日軍轟炸昆明已近在眼前。那天上午 10 時許，敵機空襲貴州的消息傳到昆明，「一時人心大感不安，扶老攜幼，紛紛向城外隱蔽」。當時，防空司令部分析，敵機尚無襲滇可能，故未發出警報。但是，「少數街警，不明真像，未待警報音響，竟自撞鐘，並勸告閉市」，致使「市面益感不安」，直到《雲南日報》發出號外，方漸有安定。[6]接連兩次的虛警，日機雖然沒有竄入雲南境內，但人們意識到，「自抗戰以來，

[1] 〈防空協會通令嚴密注意團體防空，迅速組織警報警備消防救護等班，充分設置防空器材切實通訊〉，《雲南日報》1938 年 8 月 16 日，第 4 版。

[2] 〈防空司令部設法疏散本市人口，公務員家屬迅速離開本市，外來避難人士限期遷往外縣〉，《雲南日報》1938 年 9 月 4 日，第 1 版。

[3] 〈昨晨警報的教訓〉，《雲南日報》社論，1938 年 9 月 22 日，第 2 版。

[4] 〈署府佈告本市防空疏散辦法，機關公務員家屬市民外來人口，均須一律照規定地點疏散〉，《雲南日報》1938 年 9 月 21 日，第 4 版。

[5] 〈省府改定各機關辦公時間，午後三時至九時，疏散辦法丙項廢止〉，《雲南日報》1938 年 9 月 24 日，第 2 版。

[6] 〈敵機首次襲黔，在清鎮貴陽投彈多枚，損失情形尚在調查中〉，《雲南日報》1938 年 9 月 26 日，第 4 版。

昆明一直在太平洋裡過日子，像一湖平靜的湖水一樣。我們的敵機終於要在這一湖靜水裡拋下幾個炸彈。這個日子是不遠的，也許在下個月，也許就是明天。」[1]

果然，9 月 28 日，日本炸彈第一次落在了昆明城裡。這天早晨 9 時左右，日軍一個空軍中隊 9 架九六式重型轟炸機排成三個品字形，由黑林鋪方向侵入昆明上空，當時情形，可從以下消息窺知大略：

> 昨晨八時三十分，敵機九架，竟敢由桂竄滇，防部於八時四十分據報，當即發出空襲警報，我飛將軍即應聲起飛，前往截擊，並於防空佈置天羅地網，嚴陣以待。嗣又據報，敵機已竄至距昆明市一百五十公里之處，防部立即發出緊急警報，飛將軍及高射炮手，鹹本滅此朝食之心，準備迎頭痛擊，故九時十四分鐘敵機竄入市空時，我高射炮手發炮如彈珠，不准其低飛作惡，而我忠勇無敵之飛將軍，亦於此時，向其進剿。歐機窘急，乃於西門外昆華師範及潘家灣苗圃一帶，大肆轟炸。一時黃灰沖天，血肉橫飛，文化機關，竟成瓦礫場所，運動場中到處屍骸狼藉，死傷達八十餘人。歐機於毀我文化機關及慘殺平民後，即欲逃逸，我飛將軍鐵陣早已布就，豈能讓其逃逸，乃秉其英勇報國之精神，由四面合圍過來，槍聲軋軋，聚而殲之。歐機不敢還擊，負傷狼狽而逃，隨即解除警報。[2]

日機對昆明的這次空襲遭到有力反擊，位於市中心五華山與各城樓上的高射炮猛烈向空中射擊，中國空軍也進行了迎擊。自日軍對我後方空襲以來，還沒有遭遇過空中打擊，這次轟炸昆明也沒有戰鬥機掩護，結果執行轟炸任務的九架，竟被中國空軍擊落了三架。擊落這三架敵機的情況，防空司令部均有報告：其一：「下午一時據報，有敵機一架，落於宜良之狗街，距該地三十里近地方燒毀。該機號碼為

---

[1]　吳洛正：〈關於本市防空的建議〉，《雲南日報》1938 年 9 月 26 日。

[2]　〈敵機冒險犯滇，被我鐵鷹擊落三架，餘六架負傷狼狽逃去，龍主席嘉慰舊幣兩萬，後援會代表民眾慰勞〉，《雲南日報》1938 年 9 月 29 日，第 4 版。

九六二六號,並有『泰文』二字。」其二:「下午二時,又據報稱:
敵機一架,落於滴水上邊路南屬之紅米珠地方,機件完全燒毀,燒斃
機師五人,在逃一人,當地人員正派人偵緝中。該機號碼為『臺灣二
〇四』號。機中有機槍三挺已壞,及未爆炸彈一枚。」其三:「又據
報稱:有敵機一架,落於路南屬之密枝柯,距村前二里許地後旋即爆
炸,黑煙沖天,全部已成灰燼。機師五人,燒死機內,尾部有『國報
臺灣九號』等字樣,尚可辨認明白。該縣縣長,立即派員前往該鄉派
團看守。」[1]經調查,墜落在宜良的敵機,為姚傑擊落;墜落在路南
的兩架敵機,為周庭芳、楊紹廉、苑金函、黎宗彥協同擊落。[2]

「九‧二八」空戰,是抗戰爆發後敵我兩軍在雲南境內的首次作
戰,我軍竟能取得如此戰果,的確鼓勵人心。被我擊落的敵機殘骸,
不久運至昆明,放在文廟供人參觀。參戰的飛行員被視為空中勇士,
受到英雄般的頌揚。

這次空戰中,還俘虜了日軍轟炸機的一名投彈手。這個投彈手是
墜落在路南縣境內的敵機機組人員,機上除他一人跳傘外,其餘五人
全部喪生。這個俘虜中等身材,光頭,面孔紅潤清秀,第二天被防空
司令部押解到昆明。到昆明時,民眾爭先恐後圍觀,人人怒目而視,
萬分憤恨。而坐在人力車裡的俘虜,則頂著毯子,狼狽不堪。審訊時,
他初默不作聲,經講明我俘虜政策,不傷害其人格和性命後,始交代
說他叫池島業希索,日本九州熊本縣人,空軍中尉,時年27歲。[3]他
還交代說,他們是28日早晨6時接到命令由海南島起飛,到雲南省
會昆明市區執行轟炸任務。他希望給他留條活路,若有機會還要回去
與妻子見面。[4]

[1] 〈我英勇空軍,擊落敵機三架〉,《雲南日報》1938年9月29日,第4版。
[2] 〈創造「九‧二八」偉績的五位空軍勇士〉,《雲南日報》1938年10月7日,第4版。
[3] 〈「九‧二八」慘殺案劊子手池島被俘〉,《雲南日報》1938年10月1日,第4版。
[4] 孔慶榮、段昆生:〈憶日機首次轟炸昆明〉,中國人民政治協商會議雲南省昆明市委員會文史資料研究委員會編《昆明文史資料選輯》第6輯,1986年6月印行,第123頁。

　　「九・二八」是昆明第一次被炸，當炸彈落地時，硝煙彌漫，彈片橫飛，死者屍橫遍野，倖存者呼天嚎地，慘叫之聲不息。關於這次轟炸的損失，次日《雲南日報》報導云：「經市府警局調查結果，大西門外勝因寺前，被四彈，昆華師校被彈八，校內死亡八人，傷二人，建廳苗圃被八彈，長耳街被二彈，苗圃附近死亡三十三人，傷十一人，潘家灣死亡十一人，負傷三人，鳳翥街死亡八人，負傷七人，慶豐街機槍掃射負傷三人，其計死亡六十人，負傷二十六人，大西門城牆垛口震兩個，拓東路八十二號住戶山牆一堵。」[1] 這則消息只是初步統計，時任昆明市民政局科員的孔慶榮，當時參與賑濟救災工作，他回憶說：事後民政局派人到大西門、小西門和潘家灣查看登記，獲悉這一帶共死亡 94 人。[2] 至於其他地方的死亡人數，還未包括在內。

　　日本空軍對昆明的「九・二八」轟炸帶有試探的性質，經此次轟炸，見到昆明防空力量薄弱，便開始為所欲為，不久就連續不斷進行了八天的大轟炸。那些天，每天上午 8 時防空警報都準時響起，30分鐘後日機便飛臨市空。第一次來的有轟炸機 27 架，沿石橋鋪、書林街、南強街、曉東街、南昌街、金鳳花園、一窩羊一線轟炸，投彈後從滇池上空經呈貢、晉寧等縣出境。第八次轟炸，早晨 7 時敵機就飛抵市空，而由於幾輛卡車阻塞，致使大東門擠滿了疏散人群，敵機發現後不僅投擲炸彈，還用機槍掃射，造成屍骨橫飛，肢體滿掛電線桿，炸死炸傷 500 餘人。那天，巫家壩機場停有歐亞客機一架，臨時起飛向小壩、金殿方向逃避，敵機發現後緊追不捨，把它擊落於小壩橋附近。[3] 面對日軍的空襲，中國軍隊也展開了抵抗。第二次轟炸時，

1　〈敵機之暴行，炸我文化機關〉，《雲南日報》1938 年 9 月 29 日，第 4 版。

2　據孔慶榮、段昆生：〈憶日機首次轟炸昆明〉，中國人民政治協商會議雲南省昆明市委員會文史資料研究委員會編《昆明文史資料選輯》第 6 輯（《抗日戰爭時期史料專輯》上冊），第 122 至 123 頁，1986 年 6 月印行。孔慶榮當時是昆明市民政局的科員，參與了賑濟救災工作。

3　據馬伯良：〈抗戰時期雲南的防空〉，中國人民政治協商會議雲南省昆明市委員會文史資料研究委員會編《昆明文史資料選輯》第 7 輯（《抗日戰爭史料專輯》下冊），第 129 至 130 頁，1986 年 6 月印行。馬伯良時任昆昭師管區副司令。

雞鳴橋右前方河堤上的一挺高射機槍，毅然開槍還擊，終因暴露目標，機槍被炸碎，機槍手英勇犧牲。這種不甘屈服的精神，表現了中國人民的堅強意志。

　　當年在雲南省政府擔任過民政廳主任秘書等職的謝潔吾，曾對1939 年 9 月 28 日至 1943 年底敵機襲擊昆明的傷亡情況做有記載。下面的統計表格，是筆者根據其記錄整理而成。

日期	轟炸地點	敵機數量	死傷人數		
			死亡	重傷	輕傷
1938.9.28	小西門外潘家灣、苗圃	9	190	173	60
1939.4.8	巫家壩機場附近禾店營	12	17	13	10
1940.5.9	巫家壩機場、香條村	19	11	53	40
9.30	東南郊	19	187	186	90
10.7	南郊	11	60	58	40
10.13	西北郊	27	70	105	90
10.17	南郊雲南紡紗廠、西郊馬街	18	29	18	20
10.28	東郊	5	6	3[1]	2
1941.1.3	市中心	11	32	19	31
1.5	市內東南區	9	12	8	11
1.20	市內西區	18	32	30	37
1.29	市內東區	11	21	40	8
2.9	茨壩中央機器廠	18	2		
2.20	小東門	11	1	27	11
2.26	東郊蘇家村	[2]	121	80	20
3.8	干海子軍營	9	3	1	1

---

[1]　內含美國機械師 1 人。

[2]　此日僅記有敵機來襲，未記架數，但據《梅貽琦日記》是日空襲昆明的敵機前後兩批，各 27 架，見黃延復、王小寧整理《梅貽琦日記（1941-1946）》，清華大學出版社 1991 年 4 月出版，第 12 頁。

日期	轟炸地點	敵機數量	死傷人數		
			死亡	重傷	輕傷
4.8	市內翠湖	18		31	20
4.26	南城外西嶽廟	8	7	11	3
4.29	市區、南城外瓦倉莊	10	90	103	30
5.8	北門外沙溝埂大涵洞	18	80	79	18
5.11	東門席子營	9	11	3	1
5.12	市內南區	9		16	11
8.10	茨壩、馬街	18	6	48	3
8.11	茨壩	18			
8.12	黃土坡、茨壩	27	33	37	19
8.13	市中心區	18	50	44	20
1942.5.14	市內拓東路、西北區	10	23	21	17
5.17	市中區、省政府	27	5	7	4
12.18	交三橋	10	145	199	43
1943.4.28	禾店營阮家村	27	89[1]	47	38
5.15	苜蓿村	44	6	19	8
9.20	苜蓿村	43	6	8	11
12.18	黑土鄉、小板橋	27	1	2	1
12.22	禾店營	42	4	1	7

資料來源：據謝潔吾遺稿、謝德宜整理：〈抗戰時期敵機襲昆傷亡簡記〉，《昆明文史資料選輯》第 7 輯（《抗日戰爭史料專輯》下冊），1986 年 6 月印行。

　　這份表格記錄的只是冰山一角，而且來敵機的架次也不甚準確。一位美國空軍志願隊隊員在記錄 1940 年 5 月 9 日的空襲時，說當時來的敵機是 27 架，而非 19 架。同年 9 月 30 日的空襲，亦為前

---

[1]　內含美軍上校機械師 1 人。

後三批，每批 9 架，共 27 架。[1]有些空襲，在表格中也有遺漏，現存並不完整的梅貽琦日記，在 1941 年中就記有 1 月 2 日「午飯後 1：05 警報，1：40 敵機八架來，4：00 解除。聞所炸為巫家壩及石龍壩。」2 月 26 日，「午飯後一點餘忽有警報，敵機來兩批各有 27 架，所炸為拓東路一帶及城內綏靖路以南，聞人民死傷頗多，龍公館亦落一彈。」[2]

表格裡僅記錄了數位，未能反映被炸情形。梅貽琦的日記在某些方面便較其詳細。如 1941 年 4 月 28 日，「12：45 緊急警報，1：05 敵機二十七架由南而北，炸彈聲數連續過後，而見城中起黑煙二三處，以後北方亦有炸聲，聞為沙朗一帶……。4：45 解除，五點餘與諸孩至市中查看：翠湖東南西三面均落彈，一老人在橋邊炸死，勸業場及大眾電影院炸後延燒一空，武成路關嶽廟對面燒數家，民生街炸二三處，光華街炸二三處，正義路馬市口南炸……。西倉坡東頭以南有一未炸之彈，故行人不許經過。」4 月 29 日，「敵機二十七架斜排由南向北飛來，故西面由甘公祠附近至翠湖，東面由威遠街至小東門外均有炸毀。」[3]

1940 至 1941 年，日軍肆無忌憚對昆明實施了兩年大規模的轟炸。這種狀況直到 1941 年 12 月初太平洋戰爭爆發，同月 20 日日機在昆明上空遭到陳納德指揮的美國空軍志願隊的重創之後，才逐步扭轉。

日本飛機對雲南的空襲和雲南人民在空襲中的損失，抗戰勝利後的 1945 年 9 月省防空司令部結束前，司令官祿介卿曾對報界專門發表過一次談話。談話指出：「數年來敵機進襲本省各軍事、交通、工業目標及轟炸城市區域，共計二百餘日，每日少則一批，多達九批，總共五百〇八批。」進入雲南省境的敵機，共「三千五百九十九架」，其中「偵察機二百九十三架，驅逐機七百五十架，轟炸機二千五百五

---

[1] 〔美〕傑克·薩姆森著、石繼成、許憶寧譯：《陳納德》，第 62、65 頁，東方出版社 1990 年 5 月出版。

[2] 黃延復、王小寧整理：《梅貽琦日記（1941-1946）》，第 1、7 頁，清華大學出版社 1991 年 4 月出版。

[3] 黃延復、王小寧整理：《梅貽琦日記（1941-1946）》，第 26 至 27 頁。

十六架」。祿介卿提到的這些數位，是根據確切統計而來，按一般常理，應該還一些遺漏。對於空襲警報，祿介卿說從 1938 年 9 月 28 日至 1944 年 12 月 26 日止，「共發警報二百三十二次」，「中間因困難判定其企圖而難免使本市民眾精神特質上之無謂犧牲，決定不發警報者，約五十日」。此外，1944 年 5 月以後，我軍在怒江西岸展開反攻，敵機亦在這一地區活動，但因情報無法獲得，沒有記錄。在這些空襲中，日軍「投彈七千二百八十八枚」，造成我「死四千二百四十人，傷二千九百四十人，毀房屋二萬九千七百○四間」。談話還講到敵我雙方空戰，說：「敵機曾屢與盟我飛機發生空戰，先後被我擊落於境內者共達八十二架，而此間敵偵察機二架亦被擊落」。

　　關於日機對雲南的空襲，祿介卿認為可分四個時期：第一個時期為試航時期，時間為 1938 至 1939 年。第二個時期為破壞我國際交通線時期，時間開始於 1940 年上半年，此間空襲目標集中於滇越鐵路一帶。第三個時期為威脅時期，時間起於 1940 年 9 月，這時日軍實行「所謂疲勞轟炸政策，殘殺我無辜民眾，並同時截斷我滇緬國際交通，以希冀我中途屈服」。第四個時期為擾亂時期，即 1943 年以後，由於我空軍力量日趨強大，敵寇日形沒落，使 1943、1944 年「所有之數次空襲，實不過垂死之掙扎而已」，日本反而「犧牲其殘餘飛機至三十八架」，實在得不償失。[1]

第二節　轟炸災難

　　日機狂轟濫炸，給昆明人民造成了巨大災難，西南聯大在轟炸中也受到嚴重損失，其中損失最大的是租用為教職員宿舍的省立昆華師範學校。昆華師範學校是 1935 年 8 月方由光華街舊校舍遷至大西門外新校區[2]，所有建築落成不久，西南聯大蒙自分校決定遷回昆明時，為教師棲身，於 7 月中旬函請省教育廳商借四間教室作為教員臨時宿

---

[1] 〈血債必須同物償還，敵機襲昆統計，共投彈七千五百八十枚，人民死傷七千八百一十〉，《雲南日報》1945 年 9 月 29 日，第 3 版。
[2] 余湘：〈省立昆華師範〉，《雲南日報》1944 年 4 月 10 日，第 3 版。

舍。[1]「九‧二八」大轟炸，日機目標本是昆明城東南郊巫家壩機場，那是昆明唯一的機場，戰爭爆發後第一批從內地遷到昆明的中央航校昆明分校就設在那裡。當時，巫家壩機場僅有 20 餘架教練機，還不是正規的作戰部隊。但是，沒有空中掩護的敵轟炸機，沒有到達目的地就受到我空軍截擊，於是在城西北一帶便急匆匆地把炸彈扔了下去。昆華師範學校恰在城西北，因此損失慘重。報載：

> 建立起不久的昆華師範學校，這時也彷彿成了一個殉道者，作為敵人轟炸的中心了。一進校門，在空場上矗立著的禮堂、校舍已變成了一座殘敗的廢墟，四處散滿著破碎的瓦礫。敵人的炸彈至少是一百公斤的，每一個炸後的深坑，直徑在兩公尺以上，而深度竟有半公尺左右。許多爆裂的破片把灰黃的土牆炸成深密的蜂窠，而在教員休息室的右側，卻掘著一段令人酸鼻的血塊，這血塊已經失去了腦袋和四肢，在陽光下變成頹黑的顏色。據說：這是集訓總隊長劉琨的屍體，為了營救在禁閉室裡的同學，為了要保護光榮的國旗（聽說當時他是奮不顧身地去頭〔摘〕下那幅飄揚著的國旗而死難的），他終於在敵人的狂炸下和著自己五歲的孩子喪失了生命！而曾經跋涉過千里長途的聯大同學，也同時死傷了四個，她們沒有實現了滿懷的抱負，竟至把自己底血流在遙遠的天南了。[2]

這次轟炸，昆華師範學校中彈 14 枚，幸而該校奉令疏散晉寧，學生兩日前乘車前往新址，故雖建築多有損失，學生尚無傷亡。[3]但是，借住或留在學校的人員卻不可避免遭到損失。當天，朱自清在日記中寫到：「日機來襲，炸毀了師範學校。犧牲者不少，內有數

---

[1] 〈聯大蒙自分校本月底決遷昆明，昨函教廳撥借昆師課室〉，《雲南日報》1938 年 7 月 14 日，第 4 版。

[2] 醉秋：〈一筆屠殺的血賬〉，《雲南日報》1938 年 9 月 29 日，第 4 版。

[3] 〈昆華師範呈報被炸情形，省府准予備案〉，《雲南日報》1938 年 11 月 24 日，第 4 版。

名學生。去該校看炸後情景，死者靜躺在地上，一廚師血肉模糊，慘不忍睹。」[1]

日軍對昆明的空襲，使西南聯大屢遭劫難，尤以 1940 年 10 月與 1941 年 8 月的兩次轟炸，損失最為嚴重。

1940 年 10 月 13 日晨 6 時 45 分，日軍偵察機一架由越南竄入雲南境內，盤旋至 8 時 33 分方出境。10 時 40 分，防空觀察所發現敵機 6 架向昆明飛來，11 時 7 分，昆明發出預行警報；11 時 15 分，發出空襲警報；11 時 23 分，發出緊急警報。11 時 45 分，敵機飛至市郊上空，用機槍掃射後，由原路出境。未久，又有偵察機 1 架、驅逐機 8 架、重型轟炸機 27 架，由越南向昆明飛來。下午 1 時 57 分，昆明響起短音緊急警報，十餘分鐘後，敵驅逐機便由東北角侵入市空，在西南郊外俯衝投彈。同時，敵重型轟炸機群也以密集隊形飛至城西，投下輕重炸彈百餘枚。這次轟炸時間甚長，直至下午 3 時 25 分方離去。[2]

這次轟炸，雲南大學與西南聯大受到嚴重損失。雲南大學全體師生在致全國的快郵代電中憤怒控訴到：

> 本月十三日午後，敵機三十餘架進襲昆明，狂施轟炸，其慘烈為前數次所未有，計在本校範圍內，投彈大小近三十餘枚，校舍泰半破壞，有歷史價值之至公堂（即本校現在大禮堂），中彈全毀，實驗科學工作所在之科學館，崩裂不可復用，落成未久之醫學院，屋宇大部夷為平地，巍峨宏壯之會澤院，屋簷亦中彈，並四面被彈片損傷，其他各屋宇，仰塵門窗，多已殘破，教職員及學生宿舍與零星房屋，被震化為瓦礫場者，約計五六十間，圖書儀器，大部分雖已疏散，而存校部分，亦頗有毀損，總計建築約在一百五十餘萬元，圖書儀器約在十餘萬元，校具約在七萬餘元，

[1]　朱喬森編：《朱自清全集》第 9 卷，第 553 頁，江蘇教育出版社 1997 年 9 月出版。
[2]　〈寇機四十二架，昨分三批襲昆明，不顧國際道義掃射美德使館，被我擊傷多架遺下油箱二隻，龍主席親率各官長慰問災區〉，《雲南日報》1940 年 10 月 14 日，第 4 版。

其他私人損失尚未計入。幸本校全體員生聞警報迅速疏散，尚屬無恙。觀察敵機轟炸情形，係以本校為主要目標，作有計劃之摧殘，查本校係一純粹學術機關，並無軍事設備，而敵機濫施轟炸，至於此極，其出於暴日蓄意摧殘我文化，阻撓我學術進步之一貫政策，毫無疑義。此種野蠻暴行，實為有文化民族所不幸。本校創設二十載，經營慘澹，今乃瘡痍滿目，實深痛心。惟全校師生，經此激刺，當愈益奮勵，以為我前線抗戰將士之後盾，而謀於建國前途有所貢獻。除將被炸詳情，另電呈我最高領袖及主管機關外，特電奉聞。國立雲南大學校長熊慶來暨全體師生叩。[1]

這次大轟炸的次日上午，國際反侵略大會雲南支會舉行反轟炸大會，強烈抗議日軍轟炸無設防的教育文化機關。會上，雲南大學校長熊慶來演講中怒斥「敵寇之暴行罪惡，無可恕饒，實令人為之髮指」。「雲南大學為西南各省最高學府，歷年經營，設備漸臻完善，此次轟炸，至公堂中彈一枚，已全部損壞，會澤院屋頂及左右均中彈」，「理學院科學館已震塌，醫學院房屋及宿舍亦毀一部」，「幸大部重要儀器已經遷移，人亦疏散，尚無多大損失，此不幸中之大幸者也」。會後，大會致函重慶國際反侵略運動中國分會轉日內瓦國際反侵略大會，函云：「自日寇首釁侵華以來，戰禍遂爾蔓延全球，飛機轟炸不設防城市，殘殺平民婦孺，層見疊出，流毒所至，使全世界文明都市，變為修羅，此項暴行，如無法制止，則人類滅絕，文化湮滅，均將無可避免，滇省人士為謀消除此種滅絕人道之暴行，特舉行反轟炸大會，尚望一致主張發動全世界人士，以實際行動制止濫行轟炸，以謀挽救文明之劫運，及維持人道之主張，謹此電達，諸希垂鑒。」[2]

---

[1]　〈雲大全體師生代電痛斥敵機暴行，二十載經營一旦瘡痍滿目，全體師生今後愈益奮勵〉，《雲南日報》1940 年 10 月 23 日，第 4 版。

[2]　《反侵略支會昨開反轟炸大會，張委員報告敵人之暴行籲請世界援助，熊校長望各國聯合主持正義制裁日寇，致電總會請以行動挽救文明劫運》，《雲南日報》1940 年 10 月 16 日，第 4 版。

對於西南聯大在這次大轟炸中的遭遇，當時報紙沒有報導，但梅貽琦在 1940 年 12 月的告清華大學校友書中，則寫到學校在這次轟炸中受損情形：

> 1940 年 10 月 13 日，敵機襲昆明，竟以聯大與雲大為目標，俯衝投彈，聯大遭受一部分損失，計為師範學院男生宿舍全毀，該院辦公處及教員宿舍亦多處震壞。緣該院校舍係借省立昆華中學之一部，房屋稍舊，而環學校四周，落彈甚多，故損毀特巨。清華辦事處在西倉坡之辦事處，前後落兩彈，幸好該房屋建築尚堅固，僅玻璃屋頂有相當損壞。本校在辦事處自建一防空洞，原為存儲重要卷宗，築在屋之後身荒園內，而屋後所落之彈，即緊逼此洞，遂全部震塌，經發掘後，對象受損不大，卷宗完好，惟有工友二人，平素忠於職守，是日匿避該防空洞內，竟已身殉，實堪惋惜。此外全體同仁及眷屬與聯大全體師生，均各無恙。聯大翌日照常上課，本校辦事處即將整理，過去工作部分遷移鄉間辦理，其他部分，均恢復常態矣。[1]

同年 11 月，西南聯大在給世界學生服務社救濟中國學生專款管理委員會的一封代電函件中說：「此次本校被炸，受害最烈者為師範學院，計中數十彈，房屋全毀；此外總務處及女生宿舍亦被震塌一部分，附近教職員寓所亦多損毀，幸員生工友聞警疏散，受傷者僅十餘人。惟師範學院學生百餘人之衣物書籍蕩然無存，值茲物價高昂，殊感補置為難，除於事後收到校外捐款二千元並由本校墊撥數千元趕為購備棉被等物分發應用外，正詳查情況，呈部請予救濟。」[2]

西南聯大還有一份關於此次被炸房屋損壞記錄，其情形為：

---

[1]　〈梅貽琦校長告校友書〉，清華校友總會編《校友文稿資料選編》第 4 輯，第 36 至 37 頁，清華大學出版社 1996 年 7 月出版。

[2]　〈西南聯大關於空襲受損代電世界學生服務社〉（1940 年 11 月 6 日），《國立西南聯合大學史料》6 卷，第 22 頁，雲南教育出版社 1998 年 10 月出版。

北院正廳 3 間　西首 1 間房頂及裝修全毀　東連 2 間震損

正廳西耳房 2 間　裝修震毀

正廳東耳房 1 間　全毀

正廳院內西廂房 3 間　房頂及裝修全毀

過廳全部房頂略有震損，即本校師院閱覽室

正廳後面小樓房　房頂及裝修略損

天君殿巷過街橋全部　全毀

東寢室全部　全毀

師範學院女生宿舍（即南寢室）全部房頂及裝修略毀，東圍牆全毀，已由本校修復

西寢室全部　裝修震毀、房頂略損、圍牆震塌一部，裝修部分已由本校大部修復

南食堂教室全部裝修震毀，大部房項略損，已由本校修復

師範學院食堂全部房頂及裝修震毀，裝修部分已由本校修復

廚房全部　全毀

南院南天一柱全部　房頂後坡震毀

南天一往西連小房 2 間　房頂及裝修大部震毀

乾坤正氣全部　房頂大部震毀

乾坤正氣對向過廳東半部房頂震毀

乾坤正氣東連小樓房 4 間　房頂震毀裝修略損

戲樓　房頂及天花板略損[1]

　　1941 年 1 月 3 日，日機再次空襲昆明，西南聯大工學院助教郭世康、沈元，學生李彥蕃、黎思煒，及一位繪圖員，疏散至拓東路附近，被炸彈彈片擊中受傷。[2]類似情形不勝枚舉，難以羅列。

---

[1]　〈西南聯大關於租用校舍被炸函昆華中學・附件〉(1940 年 11 月 30 日)，《國立西南聯合大學史料》第 6 卷，第 270 至 271 頁。

[2]　據 1941 年 1 月 8 日〈長沙臨時大學、國立西南聯合大學常務委員會會議記錄・第一六六次會議〉，北京大學、清華大學、南開大學、雲南師範大學編：國立西南聯合大學史料》第 2 冊，第 165 頁，雲南教育出版社 1998 年 10月出版。

　　1941 年 8 月中旬，日軍對昆明進行了連續 8 天的瘋狂大轟炸。這次轟炸給當地民眾造成的巨大災難罄竹難書，僅從《雲南日報》以下消息的標題中，便可見一斑。這些報導有：《敵機二十七架，昨狂炸市郊工廠，茨壩馬街子工廠均遭轟炸》（8 月 11 日）；《敵機二十九架擾滇，在昆明西南方投彈，本市發緊急警報於二時解除》（8 月 12 日）；《敵機二十八架，昨濫炸昆明郊外，黃土坡被炸死傷四十餘人起火燃燒，茨壩投彈七十餘枚共毀屋數百餘間》（8 月 13 日）；《敵機二十七架，昨又狂炸昆明市區，炸毀房屋千餘棟殺傷同胞七十九人》（8 月 14 日）；《敵機二十七架昨又向市區肆虐濫炸，毀屋八百八十餘間，共死傷平民五十人》（8 月 15 日）；《敵機十八架，昨首次狂炸下關，兩次投彈關外損失嚴重，本市發緊急警報》（8 月 16 日）《敵機三十三架，昨又狂炸市中心區，繁榮街道文化機關多成一片瓦礫，中央民國兩報及運動社均遭損壞》（8 月 18 日）。

　　在上述轟炸中，8 月 14 日又是以西南聯大和雲南大學為轟炸目標。這天清晨 7 時 42 分，敵偵察機由越南境內侵入雲南，8 時 35 分飛至昆明市上空，旋向西飛去，一直飛至大理下關一帶方轉向東南，10 時 15 分由原路出境。敵偵察機飛離昆明後，27 架轟炸機於 9 時由越南侵入，10 時 15 分到達昆明。10 時 18 分在市區西北角及東南郊分三批投彈。據報載，敵機這次襲昆投彈 156 枚，內有重磅炸彈多枚，炸毀房屋 880 餘間，死傷平民 50 人。[1]西南聯大位於昆明西北角，是敵機投彈的重點地區，故損失尤重。當時一家報紙以〈摧殘我高等學府，敵機炸西南聯大，校舍圖書儀器損失重大〉為題，報導道：

> 　　昨敵轟炸機二十七架襲昆，對我最高學府國立西南聯合大學作有計劃之轟炸，以圖達到其摧殘我教育與文化事業之目的。前四日敵機轟炸市區或市郊時，其機群均同時出現，而昨日則分批而來，每批九架，相距時間約五分鐘。第一批約十點十分自西南竄入，直抵大西門外聯大校舍上空，投彈約三十餘枚，即

---

[1]　〈敵機二十七架昨又向市區肆虐濫炸，毀屋八百八十餘間，共死傷平民五十人〉，《雲南日報》1941 年 8 月 15 日，第 4 版。

行逸去；第二批旋即自原路竄入，抵達市區東部拓東路底一帶，盲目投彈約二十餘枚，該處臨近之聯大工學院僥倖安然無恙；繼則第三批竄入，仍抵達聯大校舍上空，又復投下大批爆炸彈，旋即逸去。炸後各部出動人員甚為努力，聯大同學自郊外疏散者返抵該校，協同整理善後，當在校內發現受傷者還有二人，一為同濟學生，一為該校校警，旋即分送醫院治療。該校舍各部幾無不遭炸彈波及。[1]

可見，日軍此次轟炸，不僅將目標對準西南聯大，而且有計劃地分三批接連轟炸。轟炸中，西南聯大的損失在校舍方面計有「新舍男生宿舍第 1、2、28、32 等號被毀，其餘受震。師院女生宿舍第 2 號被毀，男生宿舍第 1、2 號亦被毀，教職員宿舍被毀，損失甚重。南院女生宿舍飯廳整個被炸，其餘臥室多受震而有倒塌之勢。」圖書與儀器方面，為「第 7、8 教室被毀。南區生物實驗室 1 棟全毀，內有儀器多件。圖書庫被毀，內有清華名貴圖書甚多，悉成灰燼。其餘，常委辦公室、出納組、事務組、訓導處、總務處均被夷為平地，法律系、政治系等辦公室亦受震不能應用。」此外，西南聯大新校舍的籃球場與北院，還各有 2 枚尚未爆發的炸彈。[2]

西南聯大當局在給教育部的代電中，對這次轟炸的損失有進一步的統計數字。其文云：

> 本校新校舍炸毀房屋 64 間，震壞房屋 210 間。計常務委員會、教訓總三處、事務出納兩組、圖書庫全部毀壞，生物及地質實驗室各毀一所；此外各辦公室、教室宿舍或全所炸毀，或毀壞一二間不等。房屋部分按照時價，損失 35 萬餘元，傢俱部分損失 11 萬餘元，電料等項損失 15 萬餘元，三共約 62 萬元。圖書及儀器部分因在暑假期內，大多裝箱存放安全地方，所損

---

[1]　〈昆明報刊關於西南聯大校舍被炸的報導〉（1941 年 8 月），《國立西南聯合大學史料》第 6 卷，第 272 至 273 頁。

[2]　〈昆明報刊關於西南聯大校舍被炸的報導〉（1941 年 8 月），《國立西南聯合大學史料》第 6 卷，第 273 頁。

失者，按照原購置價，不過 2200 餘元。又師範學院及附屬中學係租借雲南省立工業職業學校校舍，此次被炸，倒毀房屋 89 間，女生宿舍係租借昆華中學校舍，此次倒毀房屋 48 間。上列兩處房舍被震裂者共約 190 餘間。[1]

　　西南聯大的損失，不僅僅在昆明一地，清華大學一批或轉運或暫存他處的圖書、儀器，也遭到嚴重損失。1938 年 4 月，清華曾將珍版圖書 417 箱裝運至重慶北碚，托存於經濟部中央工業試驗所。這些圖書計有：西文 193 箱（圖書 15348 冊，雜誌 131 種 5472 冊），中文 224 箱（圖書 6660 種，12764 冊），中文雜誌 53 種（330 冊又 6 函）。1940 年 6 月 24 日下午，日機在北碚上空投擲大批炸彈和燃燒彈，投彈地區約 12 里長 5 里寬。清華存放在這裡的圖書幾遭滅頂之災，最後僅存西文 307 冊，中文 4477 冊。[2]事後，中央工業試驗所的顧毓泉先生寫信給梅貽琦，報告說：「貴校存書處所中燒夷彈數枚，頓時冒煙起火，……及至警報解除火已蔓延全部」，經搶救，僅「救出所存珍版中國書籍約一千餘本，損失之大，惋惜無已」。[3]

　　日軍的狂轟濫炸，使一些師生也受到人身傷害。「九•二八」首次轟炸中，住在小西門附近的中文系教授聞一多頭部受傷，成了西南聯大教師中第一個在轟炸中的受傷者。那天，當敵機侵入昆明前的警報拉響後，聞一多趕忙讓保姆到城外實驗小學接兩個在那裡上學的兒子。保姆去後不久，就傳來了敵機飛臨市區的緊急警報，聞一多心急如焚，親自出城尋找，行至半路遇見保姆，知孩子已隨學校教師疏散到郊外，遂返回。此時，城門已經關閉，准出不准進，他只好再折返郊外，行至一木材場，九架敵機已迎面而來連續投彈。聞一多躲在一堵牆下，被牆頭震下來的一塊磚砸中頭部，當即衣襟

---

[1]　〈西南聯大關於校舍被毀代電教育部〉(1941 年 8 月 29 日)，《國立西南聯合大學史料》第 6 卷，第 271 頁至 272 頁。

[2]　〈清華大學圖書損失情況表〉（1943 年 10 月 9 日），《國立西南聯合大學史料》第 6 卷，第 454 至 455 頁。

[3]　轉引自陳兆玲：〈歷史不能忘記——長沙臨大、西南聯大屢遭日軍轟炸之實證〉，《北京檔案》1997 年第 7 期。

遍染血漬，幸好救護隊趕到做了臨時緊急包紮，後送往醫院後縫了數針，一星期後方癒。[1]

　　一年後的 1940 年 9 月 30 日，聞一多又一次在轟炸中死裡逃生。那時，他與弟弟聞家駟（西南聯大外文系教授）兩家住在昆明城東節孝巷，附近怡園巷則住著外文系馮至教授一家。這裡緊挨市區制高點五華山，聞一多家後面就是山坡，坡下建有一座防空洞，當警報響起時，馮至跑到聞家，三家人一起躲了進去。緊接著敵機就來了。馮至回憶說，當時「大人小孩都摒息無聲，只聽著飛機的聲音在上邊盤旋，最後拋下幾枚炸彈，都好像落在防空洞附近。飛機的聲音去遠了，又經過較長時間，才解除警報。大家走出洞口，只見一顆炸彈正落在洞門前，沒有爆炸」。[2]事後想想，真是危險，如果這枚炸彈真的爆炸，那後果便不堪設想了。

　　數學系教授華羅庚，也遇到過一次驚險。一天，華羅庚與同系的青年教師閔嗣鶴在閔家的防空洞裡談論數學問題，日本飛機突然飛來，一串串炸彈沿山谷傾瀉下來，整個山谷黃土飛濺，大樹也被彈片削倒了一片。其中一枚炸彈正好落在洞口附近爆炸了，落下的土把洞中的人都掩埋了。華羅庚家的防空洞就在附近，洞裡的人也被半截土埋身，子女們掙扎出來後，立刻跟著其他人趕到閔家防空洞，用雙手挖土救人，最後費了兩三小時才把華羅庚等挖出來。[3]這次，華羅庚差一點送了命，好在搶救及時，否則世界學術界就會少了一位數學大師。

　　前述 1940 年 10 月 13 日的日機轟炸，住在文化巷的費孝通教授家的鄰居一家五口，便全被炸死；另一家鄰居有一個反鎖在屋裡的丫頭，也死於這次轟炸。[4]那次，費孝通家雖未中彈，但也十分悲慘，多年後他對當時的情形仍難以忘掉：

[1] 此事經過，詳見拙著《聞一多年譜長編》第 558 頁，湖北人民出版社 1994 年 7 月出版；《聞一多傳》，第 168 頁，人民出版社 1992 年 10 月出版。

[2] 馮至：〈昆明往事〉，《新文學史料》1986 年第 1 期。

[3] 華順：〈父親在西南聯大〉，西南聯合大學北京校友會編《西南聯大北京校友會簡訊》第 4 期，1987 年 5 月印行。

[4] 費孝通：〈疏散——教授生活之一章〉，西南聯大除夕副刊編《聯大八年》，第 58 至 59 頁，西南聯大學生出版社 1946 年 7 月出版。

當我們進城時一看，情形確是不妙。文化巷已經炸得不大認識了。我們踏著磚堆找到我們房子，前後的房屋都倒了。推門進去，我感覺到有一點異樣：四個鐘頭前還是整整齊齊的一個院子，現在卻成了一座破廟。沒有了顏色，全屋都壓在有一寸厚的灰塵下。院子裡堆滿了飛來的斷樑折椽，還有很多碎爛的書報。我房裡的窗，玻璃全碎了，木框連窗檻一起離了柱子，突出在院子裡。可是房裡的一切，除了那一層灰塵外，什麼都沒有變動。我刷去桌上的灰，一疊稿子還是好好的。一張不缺。所損失的只是一個熱水瓶。這是難於相信的。一切是這樣的唐突，這樣不近於事先的想像，場面似乎不夠動人。

「著了，著了。」我好像是個旁觀者，一件似乎已等待很久的事居然等著了。心情反而輕鬆了一些，但是所等著又是這樣一個不太好看的形景。我太太哭了，也不知道為什麼哭。我自己笑了，也不知道有什麼可笑的。

和我們同住的表哥，到廚裡端出一鍋飯菜來，還有一鍋紅燒肉。飯上也有一層灰，但是把灰夾（挾）走，還是雪白的一鍋飯，我們在院子裡坐下來，吃了這頓飯。麻煩的是這一層罩住了一切灰塵。要坐，要睡，先得除去這一層。這一層被炸彈所加上去的，似乎一拿走，就是原有的本色一般。可是這樣是幻覺，整個房屋已經動搖，每一個接縫都已經脫節，每一個人也多了這一層取不去的經驗：一個常態的生活可以在一剎那之間被破壞，被毀滅的。[1]

況仁民同學對日軍轟炸的情形也記憶猶新，他在回憶中說：

我經歷過的最危險的一次是炸聯大。事先日本就廣播過要炸昆明的最高學府，但我不知道。那天天很晴朗，空襲警報後隔好久都沒響緊急警報，因後山近，我和不少人充膽子大，回來睡覺。緊

---

[1]　費孝通：〈疏散──教授生活之一章〉，西南聯大除夕副刊編《聯大八年》，第 58 頁。

急警報一響，出門才上坡日機就來了，18 架一齊扔炸彈，炸彈響時我就伏在地上，感到地在抖。……炸完後偵察機還繞聯大看，連我這個 500 度的近視眼都能看到駕駛員的頭，它比椰子大。警報解除後我回來一看，都是 500 磅的大炸彈，共 25 枚。在我住的 25 號宿舍向南，正門 20 公尺處就丟有一個炸彈。[1]

另一個同學也在一篇回憶中記錄了轟炸時的感受。他寫到：

飛機聲音來得近了，彷彿就在頭上，抬頭看看卻不見，一排樹正擋著。我們躺在堤邊的淺溝裡，有一半身體是沒有掩護著的。轟的一聲，震得好不可怕。但並不如想像中的震耳。本能地把耳朵掩著，期待著命運的佈擺。

連續著十多聲炸彈響，沙飛石走，滿天煙土紛紛落下，好像天氣忽然變成淒陰而可怕。身上被樹枝土粒打著，似痛似癢。然而，隔著這一切陰慘之景象是藍色的晴空中，高高的在頭上的幾架敵機逍遙地飛著。

在十多聲炸彈響中，似乎有什麼壓了我的腿部。若是問我那時的感覺，請你就設想，假使自行車的氣門皮是有知覺的，那麼打氣時，氣門皮驟然漲開，後又收縮。它會有什麼感覺呢？假如你的想法和我一樣，你就會明白，彈片打進腿裡的感受如何了。

但是，我還沒有完全確定我是受了傷，直到最後，我看到，我的兩條腿上多了三個窟窿。在那極短的一瞬間，彈片已穿過左腿 3 英寸厚的肉，又打進右腿裡的感受了。

……

以後在睡夢中，仍時見到日本鬼子拋炸彈時的冷酷。[2]

---

[1] 況仁民：〈回憶日機轟炸昆明〉，西南聯大北京校友會編《西南聯大北京校友會簡訊》第 19 期，1996 年 4 月印行。

[2] 原載《清華大學 12 級校友通訊》第 2 期，第 119 頁，轉引自趙新林、張國龍《西南聯大：戰火的洗禮》第 58 頁，上海世紀出版集團、上海教育出版社 2000 年 12 月出版。

　　西南聯大與雲南大學被炸後，社會各界一致譴責日本暴行，同時及時伸出援助之手。1940 年 10 月 13 日西南聯大遭到日機轟炸的消息傳到成都，華西協和等五大學同學莫不憤恨萬分，遂於 21 日發起募捐大會，由各校分班進行募集捐款救濟聯大受災同學。[1]10 月下旬，華西協和高級中學教職員既全體學生首批捐款 456.65 元匯到西南聯大。[2]未久，成都華西協合神學院學生會匯來 238 元，華西聯合中學也匯來 456 元，昆明市敘昆鐵路局亦募集了 1008 元。[3]此外，雲南省地方當局也劃撥了 2300 元，用於救濟滇籍學生。[4]這年年底，國民政府亦撥款 8 千元，作為西南聯大和雲南大學的學生救濟金。[5]

[1]　〈蓉五大學募款救濟聯大受災同學，各校學生捐款極為踴躍〉，《雲南日報》1940 年 11 月 5 日，第 4 版。

[2]　據 1940 年 10 月 30 日〈長沙臨時大學、國立西南聯合大學常務委員會會議記錄·第一五九次會議〉，北京大學、清華大學、南開大學、雲南師範大學編：《國立西南聯合大學史料》第 2 冊，第 158 頁，雲南教育出版社 1998 年 10 月出版。該記錄雲：「梅主席報告：華西協合高級中學教職員暨全體學生為本大學被敵機轟炸來函慰問，並寄來捐款肆佰伍拾陸元陸角五分。

[3]　〈聯大雲大受災學生，各方捐款救濟，成都華西大學同學共捐七百餘，敘昆鐵路局職員捐一千零八元，學生救濟會正辦理分發〉報導：「自上月十三日敵機轟炸本市聯大、雲大後，各方對兩校被難同學，均深表關注，或來函慰問，或捐款救濟，並昆明學生救濟委員會辦理分發。截至昨日止，該會先後收到成都華西協合神學院學生會二百三十八元，成都華西聯合中學四百五十六元，本市敘昆鐵路局一千〇八元，又李君五元。該會除分別去函致謝外，並正妥謀分發救濟。」（《雲南日報》1940 年 11 月 20 日，第 4 版。）

[4]　〈聯大受災學生，教廳撥款救濟，龔廳長並派慰問，學生極為感奮〉報導：「西南聯大師範學院於十月十三日，不幸慘遭敵機轟炸，該院滇籍學生所有衣褲書籍等物，頓成灰燼，頗有輟學之虞。當經校方轉請教廳設法救濟。龔廳長對此極為軫念，在經濟萬分困難中，特提出特別救濟金新幣二千三百元，請陳代院長雪屏具領轉發，並於昨日派周科員國楨代表前往殷切慰問。聞被災者對廳長之關懷拯救，頗為感奮，當較前倍加奮勉，以副雅望。」（《雲南日報》1940 年 11 月 17 日，第 4 版。）

[5]　〈聯大雲大被炸，中央撥學生救濟金，省賑濟會昨已收到發放〉報導：「中央軫念前次雲大聯大敵機轟炸，發給賑款國幣八千元，作學生救濟金，省賑會昨已如數收到，統交空襲救濟聯辦處及難民總站辦理。聞省賑會已致函賑辦處、難民總站前來領取發放。」（《雲南日報》1940 年 12 月 21 日，第 4 版。）

　　社會各界關心愛護西南聯大，西南聯大也向受災同胞伸出救援之手。1940 年 10 月 13 日大轟炸後的當晚，三民主義青年團聯大分團便發起「一角錢施粥運動」。報載「同學踴躍捐輸，南院、新舍兩處共收到國幣三百九十七元七角整」，全部用於救濟大西門附近的被炸同胞。14 至 15 日，他們募得的捐款買來大米，在西南聯大南院和承華小學兩處設立粥棚，連續施粥數天。[1] 此外，他們對受災最重的某街道進行逐戶調查，並於 10 月 25 日公佈賑濟名單，根據各戶不同損失，發給一定數量的米糧。[2]

　　在日軍狂轟濫炸中，西南聯大教師雖未直接被炸身亡者，但外文系英籍教授吳可讀，卻在空襲中被汽車撞倒，跌傷膝部，遂即發炎。後送至羅次休養，但治療無效，不幸於 1940 年 10 月 24 日逝世。吳可讀戰前即在清華大學任教，為中國教育事業辛勤服務了 17 年。他雖為英國人，但始終支持中國抗戰，曾表示「偉大的中華民族之神聖抗戰，一定能得到最後勝利，奠定世界之真正和平，如中國不繼續抗戰，則世界永無和平之日」。[34] 吳可讀教授的逝世，是日本侵華暴行的又一筆血債。

　　喪心病狂的日軍，對空中的民用航空飛機也不放過。1938 年 8 月 24 日，中國航空公司桂林號客機由香港起飛赴重慶，飛機飛臨廣東省中山縣上空時，突然遭到五架日本飛機的截擊，被迫降落海面後，又遭敵機機槍掃射。飛機上的乘客 13 人、職員 5 人中，除一位飛機師，一位乘客，一位無線電員僥倖脫險外，其餘全部犧牲在暴敵毒手之下。這是日寇對國際公法的公然挑戰。戰事爆發後，中航公司於 1938 年 8 月 1 日恢復昆明至重慶、漢口、香港的航線，這條航線的飛機每週往返一次，機型為道格拉斯巨型飛機，由美國

[1]　〈聯大青年團發起一角錢施粥運動，分別救濟被炸難民〉，《雲南日報》1940 年 10 月 16 日，第 4 版。

[2]　〈聯大青年團發放賑糧〉，《雲南日報》1940 年 10 月 26 日，第 4 版。

[3]　〈清華名教授英人吳可讀病故，在校服務十七年努力職責，生前甚同情我國對日抗戰〉，《雲南日報》1940 年 10 月 25 日，第 4 版。

[4]　〈聯大消息〉，《雲南日報》1940 年 11 月 8 日，第 4 版。

人吳茲與巴特迷斯兩人駕駛，機械師也是美國人。[1]因此之故，美國駐華當局曾與日本達成諒解。但是，日寇仍對表有明顯標識的中航飛機實施攻擊，暴露了其滅絕理性的殘酷獸行。事件發生後，不但中國人民，就是世界各國也感到極為震驚。[2]當時，日本曾狡辯說視線不清，出於誤會等等，但是，日寇對中國民航的攻擊沒未停止。1940 年秋，西南聯大化工系孫毓駟同學乘坐的客機途中遭到日本飛機的襲擊，和客機上的旅客全部遇害。孫毓駟同學倒在日寇屠刀之下，激起西南聯大師生的強烈憤慨。8 月 10 日，西南聯大化學會在新校舍南區舉行追悼會，沉痛弔唁孫毓駟同學，憤怒聲討日寇的暴行。[3]

第三節　對應措施

日軍空襲昆明，早在人們意料之中，「九‧二八」日機首次轟炸昆明的前數一周，綏靖公署與省政府便頒佈了《昆明市防空疏散辦法》，指出：「最近戰事情況，日愈嚴重，為顧慮空襲時之危害起見，自現時起實行先期疏散，庶使市內人民減少，空襲時不致發生重大損害，當經令飭防空協會及防空司令部會擬疏散辦法，茲據呈擬昆明市防空疏散辦法前來，核尚可行，昨特將該辦法佈告本市市民一體周知，迅速自行疏散，以減危害，而策安全。茲將昆明市防空疏散辦法志後。」該辦法共十條，具體規定了機關人員、公務員眷屬、市民、外來人口、學校師生的疏散細則[4]，其後，省府有關部門對疏散辦法又進行多次修訂補充。

為了普及防空知識，雲南大學還編了一首《防空歌》，詞云：

[1]　〈中航公司昆渝港線昨日順利通航，原機定今晨返港，每週暫往返一次〉，《雲南日報》1938 年 8 月 2 日，第 4 版。
[2]　〈中航機被擊事件〉，《雲南日報》社論，1938 年 8 月 27 日，第 2 版。
[3]　〈聯大消息〉，《雲南日報》1940 年 11 月 8 日，第 4 版。
[4]　〈署府佈告本市防空疏散辦法，機關公務員家屬市民外來人口，均須一律照規定地點疏散〉，《雲南日報》1938 年 9 月 21 日，第 4 版。

日本小鬼好兇暴，飛機到處瞎胡鬧，
炸彈亂投機槍掃，害我百姓不真小。
同胞同胞不要怕，聽我說個躲避法，
只要避法想周全，自然不會有危險。

頭個法子真正好，家家挖個防空壕。
三尺寬來一丈深，越深越好保安穩。
上用木板蓋起來，再加厚土平均勻。
留下幾個通氣孔，免得被塞難容身。
飛機來了鑽進去，炸彈落下可放心。

第二件事要記牢，飛機來了莫亂跑。
更忌人多在一處，指指畫畫看熱鬧。
快快走進屋子裡，床鋪底下去躺好。
若是恰在田野裡，趕快就往地下倒。
靠近田埂或樹下，陰影地方藏更好。
路旁若有田和溝，兩手撲地快臥倒。
躲好千萬不要動，一動會被人看曉。

第三件事要記清，夜裡防空要吹燈。
煙頭火柴不要點，手裡電筒一旁扔。

第四有些零碎事，大家也要細心聽。
衣服莫穿鮮顏色，大白大紅最顯明。
煙囪灶火要蓋好，火煙不要往上升。
哪家若有婚喪事，鑼鼓喇叭都要停。
莫說這些是小事，遇到危險就不輕。
以上大家能照辦，包管各位得安寧。[1]

　　西南聯大對應付轟炸也制訂了一些必要措施。「九‧二八」轟炸後的 1938 年 10 月，學校擬定了挖掘小型防空洞辦法數項，要求學校教職

---

[1]　雲大時事研究會編：〈防空歌〉，《雲南日報》1938 年 10 月 6 日，第 4 版。

員、家屬、學生自動組成6人或10人小組，在校舍及居住地附近挖掘防空洞。學校還特別撥給費用，每洞支付20元，另提供挖掘工具，並要求將防空洞選擇地點及小組負責人名單，報送學校備案等等。[1]

　　1939年3月14日，西南聯大常委會第104次會議通過《防空委員會組織大綱》，規定由常委會邀任教職員若干人組成，直屬常委會領導。防空委員會下設警備、救護、避難指導三組，各組均有明確職責。其中警備組負責警戒、保衛，具體任務七項，分別為：「空襲時哨所之固定」、「空襲警報時必要疏散門之開啟」、「緊急警報後出入門之關閉及交通管制」、「偷竊及火災之防止」、「漢奸行動之監視與漢奸之捕捉」、「其他燈火之限令熄滅」、「燈火管制紀律之維持」。救護組負責醫療及傷者收容，任務六項，為：「空襲後急療所之開設」、「被災地點受傷害者之救護與收容」、「對建築物壓蓋下之受傷害者掘尋與救護」、「對輕傷者由被災地點至急療所之搬運」、「對重傷者由被災地點或由急療所至醫院之輸送」、「關於救護之通訊聯絡」。避難指導組負責維持避難秩序，指導避難場所的管理，任務亦六項，為：「警報之傳達」、「避難地點及經過路線之指示」、「避難地點防空紀律之維持」、「防空壕內救險器具之管理」、「空襲警報時防空壕出入門之開啟」、「解除警報後防空壕內之清查與出入門之鎖閉」。《組織大綱》還規定，依具體情況可分別成立警備隊、救護隊、避難指導隊，由校警、校工、校醫、軍事教官、學生、教職員等編成。[2]

　　1940年10月大轟炸後，西南聯大學生自治會召開幹事會，決定立即組織4處11個隊、組，學校亦給予物資和事務上的協助。其設置為：（一）空襲救護隊，下設野外急救所、空襲救護隊、空襲消防隊；（二）物資疏散處，下設登記組、運輸組、保管組；（三）膳食管理處，下設調查分配組、採辦貯藏組、膳務組；（四）住宿管理處，

1　〈西南聯大員生分組挖掘小型防空洞辦法〉（1938年10月），《國立西南聯合大學史料》第6卷，第452至453頁。
2　〈西南聯大防空委員會組織大綱〉（1939年3月14日），《國立西南聯合大學史料》第6卷，第454至455頁。

下設住屋組、宿位分配組、被褥借貸組、飲水物品供應組。[1]月底，為避免無謂犧牲，學生會還發出公告，提示疏散時應注意之事項：「一，空襲警報發出後應立即出外疏散。二，遵守駐軍指揮，切勿引起衝突。三，注意攜帶物品及衣服顏色。四，檢點自己行動勿引起旁人反感。五，疏散時最好能與二三人同伴，免發生意外後無人知悉。」[2]次年 1 月中旬，鑑於日機頻繁轟炸，西南聯大常委會決議設立「空襲損害救濟委員會」，聘請鄭天挺、潘光旦、馮友蘭、吳有訓、黃鈺生五人為委員。[3]

　　在應付空襲的諸措施中，都貫穿了戰時自護自救原則，體現了全民抗戰、全民動員的精神。事實上，即使不動員，人們也會自動採取防護措施，哲學系教授馮友蘭就是身體力行者之一。馮友蘭回憶住在昆明小東門內靠近城牆一帶時，說曾「雇人把城牆挖空，裡面架上木料，就成了一個防空洞」。這個防空洞挖得很科學，它「通向城牆外邊，城牆內外各有一個洞口，如果一個洞口被堵塞了，還可以從另一個洞口出動」，所以「人們一看都說很好，只要不是直接命中，是很保險的」。這個洞修好後，不僅馮友蘭全家，還有左鄰右舍，「一聽見空襲警報，都鑽進這個防空洞」。[4]這樣的情況，差不多家家如此。

第四節　疏散歲月

　　疏散，是西南聯大戰時生活的重要組成部分，也是人民大眾在戰爭環境下被迫的流動與遷徙。這種疏散，開始是被動的消極的，但是

---

[1]　〈聯大學生組織救護隊及物資疏散處〉，《雲南日報》1940 年 10 月 18 日，第 4 版。

[2]　〈聯大青年團發放賑糧〉，《雲南日報》1940 年 10 月 26 日，第 4 版。

[3]　〈長沙臨時大學、國立西南聯合大學常務委員會會議記錄・第一六七次會議〉（1941 年 1 月 15 日），北京大學、清華大學、南開大學、雲南師範大學編：《國立西南聯合大學史料》第 2 冊，第 166 頁，雲南教育出版社 1998 年 10 月出版。

[4]　馮友蘭：《三松堂自序》，第 105 頁，三聯書店 1984 年 12 月出版。

經過了磨煉的人們，不但逐漸適應了這種生活，逐漸產生了樂觀態度，並對如何以正確的態度對待疏散進行了思考。

一、「跑警報」

遠離前線的昆明，能夠受到戰爭直接威脅的自然首先是空襲。空襲打亂了正常的生活秩序，使躲避警報成為昆明人的家常便飯。

昆明人把躲警報叫做「跑警報」。這個名詞，中文系學生汪曾祺在一篇散文中有段惟妙惟肖的描寫。他說：

> 我剛到昆明的頭二年，1939、1940 年，三天兩頭有警報。有時每天都有，甚至一天有兩次。昆明那時幾乎說不上有空防力量，日本飛機想什麼時候來就來。有時竟至在頭一天廣播：明天將有二十七架飛機來昆明轟炸。日本的空軍指揮部還真言而有信，說來准來！一有警報，別無他法，大家就都往郊外跑，叫做「跑警報」。「跑」和「警報」聯在一起，構成一個語詞，細想一下，是有些奇特的，因為所跑的並不是警報。這不像「跑馬」、「跑生意」那樣通順。但是大家就這麼叫了，誰都懂，而且覺得很合適。也有叫「逃警報」或「躲警報」的，都不如「跑警報」準確。「躲」，太消極；「逃」又太狼狽。唯有這個「跑」字於緊張中透出從容，最有風度，也最能表達豐富生動的內容。[1]

然而，不管怎樣，跑警報畢竟是西南聯大生活的一個部分。太平洋爆發前，日軍轟炸機是從武漢起飛，到達昆明一般是上午 10 時左右。根據這一規律，學校將上課時間提前，每天 10 時前後就把上午的課講完了，這以後直到下午 3 時，是躲避空襲的疏散時間，過了這段間再講授下午的課。太平洋爆發後，日本佔領越南，昆明變成前方

---

[1] 汪曾祺：〈跑警報〉，馮至主編《世界散文精華（中國卷）》，江蘇文藝出版社 1994 年 2 月出版，第 661 至 662 頁。

重鎮。這時，日軍轟炸機改從河內出發，飛抵昆明時間早了些，但基本還是中午的那段時間。

　　昆明的防空警報系統，是「九・二八」轟炸後方逐漸建立起來的。1938 年 10 月上旬，防空司令部印發《市民防空須知》，對空襲警報、緊急警報、解除警報的施放做了如下規定：「敵機一到本省邊界，本部就放第一個警報，這種警報是每次一聲長音，兩聲短音，繼續的響好幾次，意思是敵機向本市來了，大家趕快避難，所以叫做『空襲警報』。若是敵機來到離本市不遠時，本部就放第二個警報，這種警報是一聲長音後，一大串短音，意思是敵機就要到頭上了，大家立刻藏好身體不要再動，免被他們發現，所以叫做『緊急警報』。及至敵機投完炸彈走後，或是沒有到本市就趄回去，離開本省邊界時，就放第三個警報，這種警報是一聲長音直響到底，意思是敵機已去，沒有危險了，所以叫做『解除警報』」。[1]後來的實踐中，又在此基礎上做了調整。大體情況是：開始時，只要敵機進入雲南境內，防空司令部便派出自行車隊，手持小紅旗馳行市中，以示預行警報。待敵機臨近郊區，則鳴警報器，表示空襲警報，警報聲間隔稍長。而敵機距市區不遠時，就再次以短而急的間隔鳴響警報，表示這是緊急警報。敵機離去後，除警報器長鳴外，並由自行車隊持小綠旗遍示城鄉，以示警報解除。這種方法需要不少人，故未能普及。其後，改為在五華山頂設一瞭望塔，在各街口警察崗樓懸掛布製的燈球作為警報。此種警報亦分若干類型：掛一個紅燈為預行警報；掛兩個紅燈為空襲警報，這時開始鳴警報器；緊急警報則為短鳴警報器，同時收回兩個紅燈，這時敵機已飛臨市空了。當敵機離開市區之初，亦掛兩紅燈，直到敵機出境方改懸一個綠燈，此刻表示警報解除，同時警報器作長鳴。幾分鐘後，將綠燈球改為長形布桶，謂之危險過去。

　　最初，人們對轟炸的憂慮不免過分誇大，說像昆明這樣的大城，用五百磅的炸彈，四角各扔一個，這座城就全完了[2]，所以對待空襲

---

[1]　〈防空司令部印發市民防空須知〉，《雲南日報》1938 年 10 月 5 日，第 4 版。

[2]　馮友蘭：《三松堂自序》，第 106 頁。

很認真。昆明市民，一般是一見預行警報，就開始向郊外疏散。西南聯大剛到昆明，借用的校舍大部分在城外西北角，這一帶疏散的人群多從大西門出城，常常從學校門口經過。因此，預行警報發出時，校門前的路就熱鬧起來，不同方向來的人都湧向這裡，形成一條人河。走出去後，離市較遠時，再分散到兩旁的山野，各自尋找一個合適的地方，開始等待後面的空襲警報。

西南聯大新校舍由於地處城外，故師生見到預行警報一般還不著急，照常上課。直到聽到一短一長的汽笛聲才動身，從北邊圍牆的後門出去，過一條鐵路就是一片墳地，大家各找一個墳頭，就算是跑警報的終點了。西南聯大師生經常跑警報的另一個地點，是四五里外一個較高土山上的橫斷山溝。這道溝深約三丈，溝口寬二丈餘，溝底寬六七尺，溝內可容數百人，溝壁上有一些私人挖的防空洞，形式不一，大小不等。汪曾祺說「這是一個很好的天然防空溝，日本飛機若是投彈，只要不是直接命中，落在溝裡，即便是在溝頂上爆炸，彈片也不易蹦進來。機槍掃射也不要緊，溝的兩壁是死角。」汪曾祺記得有一個姓馬的同學最善於跑警報，每天早起看天，只要是萬里無雲，不管有無警報，就背一壺水，帶點乾糧，夾一卷古詩向郊外走去。直到太陽偏西，估計日本飛機不會來了，才慢慢地回來。[1]

社會學家費孝通也很善於總結跑警報的經驗。他說：當跑警報已成日常課程並有所經驗之後，他便把翻譯《人文類型》的工作安排早間，因為翻譯不需要有系統的思索，斷續隨意，很適合警報頻繁時期的工作。一般說來，大概 10 點左右最可能放警報，一跑起來就可能要三四個小時，到下午一二點鐘才能回來。所以，吃過早點，他的太太就開始煮飯，當警報響起時，飯也熟了，等跑警報回來熱一熱就可以吃。那時，費孝通住在靠近城門的文化巷，一有預行警報，街上行人的聲音就嘈雜起來，一聽到這種聲音，他便把譯稿疊好，起身到隔壁麵包房買麵包，以備疏散時充饑。他的太太則到廚房把火滅掉，再

---

[1]　汪曾祺：〈跑警報〉，馮至主編《世界散文精華（中國卷）》，第 661 至 662 頁。

把重要的東西放入「警報袋」。總之，10 分鐘以內就都準備好了，等空襲警報一響，立刻就能開拔。

費孝通跑警報的路線，總是從文化巷出來直至通往聯大的城牆缺口，向北繞過新校舍和英國花園，在一個小山後面的空地上坐下來，等緊急警報發出後再躲到溝裡去。最初的時候，費孝通並不太討厭跑警報，一是這一路有不少西南聯大和雲南大學的熟人，跑警報給了他們聚談的機會。二是昆明深秋和初冬天和日暖，有警報的日子天氣也必然特別晴朗，趁著跑警報可以到郊外走走。

大概由於昆明在空襲中所受的損失並不像當初想像的那麼嚴重，日子久了，人們也就漸漸習以為常。思想麻痺了，跑起警報也不像最初那樣手忙腳亂，甚至還說：「哈哈！原來聽說只要五個炸彈就把昆明炸成平地，到了現在掉下來的炸彈至少有五千個，可昆明還是這個樣子。」[1]而躲避到前面說到的那道溝裡的人，也覺得過早躲進洞太無聊，大都先在溝上曬太陽、看書、閒聊、打橋牌。很多人聽到緊急警報還不動，因為緊急警報後敵機並不一定來，有時常常折飛別處。這些人直到看見敵機的影子，才不慌不忙地下溝、進洞。躲進溝後，有些人還用碎石子或碎瓷片在防空洞裡嵌出些圖案，甚至還綴成幾幅對聯，以打發跑警報的時光。有幾個做小買賣的，也是聽到警報就挑著擔子到趕到郊外，兜售用麥芽現做現賣的「丁丁糖」，或者叫賣事先準備好的炒松子什麼的。[2]可見跑警報的經驗豐富後，人的膽子也大了起來。某次跑警報時，馮友蘭聽到人們議論說：「哈哈！原來聽說只要五個炸彈就把昆明炸成平地，到了現在掉下來的炸彈至少有五千個，可昆明還是這個樣子。」[3]這種氣氛裡，就有人編出一些嘲弄日軍藉以自慰的笑料，比如說：日本轟炸昆明是為了練習，敵機駕駛員到昆明飛一趟，回去就可拿文憑，算是畢業儀式的一部分。[4]

[1]　馮友蘭：《三松堂自序》，第 106 頁。
[2]　汪曾祺：〈跑警報〉，馮至主編《世界散文精華（中國卷）》，第 664 頁。
[3]　馮友蘭：《三松堂自序》，第 106 頁。
[4]　費孝通：〈疏散——教授生活之一章〉，西南聯大除夕副刊編《聯大八年》，第 56 頁。

　　也有些人警報來了也不跑。汪曾祺記得西南聯大至少有兩個這樣的人，其中一位是姓羅的女同學，一有警報，她就洗頭，因為別人都走了，鍋爐房的熱水沒人用，她可以敞開洗。另一位是姓鄭的愛吃蓮子的廣東籍同學，聽到警報就用一個大漱口缸去鍋爐火口煮蓮子，警報解除了，蓮子也爛了。某次炸彈扔在西南聯大附近，他依然在守在鍋爐上神色不動地攪著冰糖蓮子。[1]這些現象，一定程度上反映了跑警報年代裡人們努力適應環境的樂觀心態。

　　這種跑警報的生活，不僅是西南聯大師生們的一門必修課，也留在了一些人的作品中。外文系學生趙瑞蕻在 1940 年春季寫過一首詩，詩中從校園宿舍的午休寫到紅燈籠掛起來，再寫到跑警報中的所見所聞。這首詩，為我們瞭解當年跑警報留下了一幅生動的畫像。其中有些詩句是這樣寫的：

> 有人急忙地從外邊跑進來，報告：
> 已掛上紅燈籠了！人們開始往外逃，
> ……
>
> 啊，昆明震動了！昆明站起來顫抖，
> 昆明再一次愁眉苦臉。
> 下午三點又三刻。人們惶恐，
> 走，一塊兒走吧，別太緊張，
> 帶副樸克、象棋，一本浪漫派小說，
> 今兒可糟了，真來了嗎？空襲！
>
> 一口氣跑了兩里半，流著大汗，
> 沿著公路兩邊田溝裡走，
> 懷著希望，疑懼，躲進柏樹林裡吧；
> （媽呀，我怕！日本鬼子又來炸啦！
> 孩子，別怕，爹還在地裡幹活啊，

---

[1]　汪曾祺：〈跑警報〉，馮至主編《世界散文精華（中國卷）》，第 667 至 668 頁。

緊拉著媽的衣襟，這兒安全，放心！）
……

這會兒，遛進一個防空洞，
竟有人開著話匣子：紅鬃烈馬；
織布的阿嬌感到悶熱，要嘔吐，
她說得出去，但怕死神伸出血手；
……

這會兒，我遇見好幾位教授，
多可敬的老師啊，艱苦環境中，
堅持講學著述，顆顆熱摯的心！
抽煙鬥的，低頭深思的，
凝神看書的，跟同學們聊天的；
什麼也沒帶，只是筆記本、講義，
一塊灰白布裹著一部手稿，
幾本心愛的書；還有比這些更珍貴的嗎？
提只破皮箱，智慧在裡面歡唱；
邏輯教授笑眯眯的，踱來踱去……[1]

　　跑警報是身體運動，而警報本身也啟發了人們的思考。一位同學說：「每當空襲警報拉響時，老師和學生們就會默默地夾起書本，向新校舍後一片野地荒墳散去，但沒有什麼能打斷他們對真理的沉思，即使在敵機從頭上飛過，眼見炸彈落下，他們也仍在思考，思考中國的明天。那時的課堂已變成墳堆間的空地，飛機過去後繼續看書，討論。在生活與學術間幾乎沒有什麼空隙。」[2]華羅庚就曾利用跑警報的時間，輔導幾個孩子趣味數學之類的算術題。當然，頻繁的跑警報，

---

[1]　趙瑞蕻：〈一九四〇年春：昆明一畫像──贈詩人穆旦〉，杜運燮、張同道編選《西南聯大現代詩鈔》，第 413 至 416 頁，中國文學出版社 1997 年 10月出版。

[2]　鄭敏：〈憶馮友蘭先生的「人生哲學課」〉，馮鍾璞、蔡仲德編《馮蘭友先生百年誕辰紀念文集》，336 頁，清華大學出版社 1995 年 12 月出版。

也曾給一些人造成了意想不到的損失。哲學系教授金岳霖最重要的著作《知識論》，在昆明就已經寫完了，卻在跑警報中不慎遺失。他回憶這段情形時說：「《知識論》是一本多災多難的書。抗戰時期，我在昆明時已經把它寫完了。有一次空襲警報，我把稿子包好，跑到昆明北邊的蛇山躲著，自己就席地坐在稿子上。警報解除後，我站起來就走。等到我記起時，返回去稿子已經沒有了。」這是一部幾十萬字的著作，金岳霖說是他「花精力最多、時間最長的一本書」，彙集了多年研究心得。不得已，他只好重新撰寫，直到 1948 年 12 月才交給商務印書館。[1]

「日本人派飛機來轟炸昆明，其實沒有什麼實際的軍事意義」，汪曾祺認為，對昆明的轟炸「用意不過是嚇唬嚇唬昆明人，施加威脅，使人產生恐懼。他們不知道中國人的心理是有很大的彈性的，不那麼容易被嚇得魂不附體。我們這個民族，長期以來，生於憂患，已經很『皮實』了，對於任何猝然而來的災難，都用一種『儒道互補』的精神對待之。這種『儒道互補』的真髓，即『不在乎』。這種『不在乎』精神，是永遠征不服的。」[2]

的確，日軍的轟炸只不過表現了一種無可奈何。《雲南日報》把這種轟炸稱之為「無聊的轟炸」，說：「敵寇發言人自稱，它們這種廣泛轟炸，目的在達成種種幻想，以圖使我屈服，這真是白日夢囈，試想敵寇與百餘萬大軍，戰爭四年餘，淪我廣大領土，奴我萬千同胞，到今天，我們都毫無懈怠之意，今以幾架飛機，丟下幾枚炸彈，毀壞我幾間舊平房，我們就會屈服投降了嗎？老實說，要投降，我們早就該投降了，何至於還堅決抗戰到今天。」該報還不無嘲笑地說：「敵寇空軍，既不能作陸戰，又不能作海戰，既不足以破壞我後方建設，又不足以阻滯我後方交通，於是它百聊無賴，便專門和我荒山原野，舊宇平房，作其發洩獸慾的對象，專門和我手無寸鐵的老弱及非戰鬥員的平民，作交戰的敵手。」日本這樣對待中國百姓，實際上是一種

---

[1] 〈作者的話〉，金嶽霖學術基金會學術委員會編：《金岳霖文集》第 3 卷，第 1 頁，甘肅人民出版社出版。案：該書無出版日期。

[2] 汪曾祺：〈跑警報〉，馮至主編《世界散文精華（中國卷）》，第 668 頁。

虛弱的表現，因為敵機「和我荒山原野老弱平民作戰，既保險又安全，既痛快又適意，只消濃煙一起，轟隆一鳴，則它們的責任就算盡了，於是揚長而去，得意忘形。」《雲南日報》認為日本以為「這種做法是至巧，其實是至拙，敵寇發言人，以為它這做法可以使中國屈服，其實倒不是中國屈服，而是徒暴露其無辦法，表現其自暴自棄而已。」對此，「我們無以名之」，只能「名之曰『無聊』！」[1]

事實上，無論日軍對昆明怎樣狂轟濫炸，都不可能達到恐嚇的目的，只能更加激起中國人民對日本侵略者的仇恨。這正如趙瑞蕻在前邊那首詩中所寫的：「從地上來的，從地上打回去！／從海上來的，從海上打回去！／從天上來的，從天上打回去！／這是咱們中國人的土地！／這是咱們中國人的海洋！／這是咱們中國人的天空！」[2]

二、疏散生活

在日本飛機對昆明進行頻繁轟炸的日子裡，西南聯大雖然仍然堅持上課，但一些教師則不得不陸續疏散到鄉間居住。為此，學校決定改變作息時間，1940 年 10 月 2 日西南聯大常委會第 157 次會議，議決即日起改變作息時間，決定上課時間「自每日上午七時起至十時，下午三時起到六時、七時（起）至九時止」，「如遇有空襲警報時，應一律停課疏散，於警報解除後一小時內，仍照常上課」。行政部門的辦公時間，亦改為「上午七時起至十時，下午三時起至六時」，並規定「如遇空襲警報時，除負責留守人員外，一律停止工作疏散，於警報解除後一小時內仍照常工作」。為了保證行政運轉正常，如下午 4 時後解除警報，則當日辦公時間「延長由夜七時至九時止」。[3]上課

[1] 〈無聊的轟炸！〉，《雲南日報》社論，1941 年 8 月 16 日，第 2 版。
[2] 趙瑞蕻：〈一九四○年春：昆明一畫像──贈詩人穆旦〉，杜運燮、張同道編選《西南聯大現代詩鈔》，第 418 頁，中國文學出版社 1997 年 10 月出版。
[3] 〈長沙臨時大學、國立西南聯合大學常務委員會會議記錄・第一五七次會議〉（1940 年 10 月 2 日），北京大學、清華大學、南開大學、雲南師範大學編：《國立西南聯合大學史料》第 2 冊，第 155 頁，雲南教育出版社 1998 年 10

時間調整後，教師的授課時間也相應調整為每週相連的幾天內，以利集中授課。於是，大規模的疏散生活由此開始。

　　前面說到費孝通在文化巷的住宅在 1940 年 10 月 13 日轟炸中受損後，屋子被炸出一個窟窿，躺在床上可以穿過屋頂看到月亮。第二天一早，他就把妻子送到呈貢縣朋友家，接著在附近村子裡尋找房子。費孝通之所以選擇呈貢，一是有火車可通昆明，雖然車站距縣城步行約要一小時，但交通總算還方便；二是清華大學的國情普查研究所就設在呈貢，從事社會學研究的費孝通，在這裡更便於與研究所同仁交流學術；三是與費孝通關係密切的南開大學社會學系教授陶雲逵，曾在呈貢城內的魁閣住過，和當地人士相當熟，容易找房子。後來，也正是陶雲逵的幫助，使他在這裡找到一間屋子。

　　對於尋租這間小屋以及租借的過程，費孝通記憶猶新。10 月 14 日，費孝通送即將分娩的妻子到呈貢朋友家後，就在陶雲逵帶著到了一位姓李的保長家。李保長算是當地農村的小康之戶，其家院子正屋為四開間的樓房，已有一半租給也是南遷到這裡的同濟大學三家人，經過反覆商量，費孝通只能租二層的一間廂房。這間廂房，說來也讓人頭痛。首先，廂房有一半的板壁還沒有完全蓋好；其次，廂房下面一半是房東的廚房一半是豬圈，樓下的炊煙和豬圈的氣味都能透過樓板之間的縫隙鑽進這間廂房。費孝通提出兩個要求，把豬圈敞開，把板壁砌好。這兩件事最後只做到半件，即用竹編的籬笆糊上紙當做板壁；至於豬圈，房東很不客氣地說沒有什麼可商量的，因為豬的收入比全部房租還要多好幾倍。逃難者沒有討價還價資本，況且李保長為人爽氣，在租金上從沒讓人難堪，出租這間廂房也是為了交情。就這樣，費孝通把家搬到了李保長家，連同房東，這個院子住了五家，連本來放柴禾的小屋也騰出來住人，相比而言，費孝通說「我們這間在豬圈上的廂房還算是二等包廂」。[1]

月出版。又，有報導說西南聯大改變辦公時間始於 1941 年 4 月 24 日，見《聯大動態》（《雲南日報》1941 年 4 月 24 日，第 4 版）。

[1]　費孝通：〈疏散——教授生活之一章〉，西南聯大除夕副刊編《聯大八年》，第 59 至 60 頁。

　　像費孝通一樣，在日軍轟炸昆明最猖狂的那些年，許多教授都搬到了鄉下。前邊說到，華羅庚在日軍轟炸中幾乎喪命，是聞一多在他走投無路時，將華羅庚全家接來與自己一家同住。聞一多全家七口，加上人北平帶來的保姆，共有八口；華羅庚全家，也有六口。14 個逃難者在昆明北郊陳家營開始了難忘的朝夕相處日子。華羅庚回憶說：「一多先生熱情地讓給我們一間房子，他們一家則住在連通在一起的另外兩間房子裡，兩家當中用一塊布簾隔開，開始了對於兩家人都是畢生難忘的隔簾而居的生活。」[1]當時，聞一多埋頭做古代神話研究，華羅庚伏首探討數學的奧秘。就是在這極其簡陋的寒舍裡，前者寫下了《伏羲考》等論文，後者完成了《堆壘素數論》寫作。後來，學術界對這兩位大師的這兩項工作，給予了極高的評價。為了紀念這段歲月，華羅庚特寫了一首古詩：「掛布分屋共容膝，豈止兩家共坎坷。布東考古布西算，專業不同心同仇。」[2]

　　大規模的疏散有利有弊，它雖然對正常的教學秩序不無影響，卻也無形中形成了若干文化中心。昆明東北郊的龍泉鎮，就集中了一些疏散單位和人家，在那裡，不僅有西南聯大的一些教授，還有北大文科研究所、清華文科研究所，以及中央研究院歷史語言研究所的學者。其中「有些人就在老鄉們的房前屋後空地上蓋了簡易的房子，同老鄉們訂下合同，將來走的時候，所蓋的房子就無償地歸此地主人所有。」[3]住在龍泉鎮的有聞一多、朱自清、向達、蔡希陶等，鎮附近的落索坡、黑龍潭等地也有不少疏散人家，這樣龍泉鎮便很自然成了當時的一個文化中心。[4]

　　除了龍泉鎮外，西郊的大普吉也是一個文化中心，清華大學的幾個理工科研究所就設在那裡。大普吉是個鎮，也叫梨煙村或梨園村，

[1] 華羅庚：〈知識份子的光輝榜樣——紀念聞一多烈士八十誕辰〉，王康、王子光編《聞一多紀念文集》，第 138 頁。
[2] 華羅庚：〈知識份子的光輝榜樣——紀念聞一多烈士八十誕辰〉，王康、王子光編《聞一多紀念文集》，第 136 頁。
[3] 馮友蘭：《三松堂自序》，第 104 至 105 頁，三聯書店 1984 年 12 月出版。
[4] 趙紹熊：〈解放前吳晗幫助我進步〉，西南聯大校友會編《笳吹弦誦在春城——回憶西南聯大》，第 113 頁，雲南人民出版社、北京大學出版社 1986 年 10 月出版。

疏散到那裡的有姜立夫、吳有訓、楊武之、趙忠堯、吳達元、任之恭、趙九章、趙詔熊等，他們合租了一個院子，現在已視列為歷史文物保護了起來，門口立有「惠家大院」的石碑。[1]梅貽琦全家，也在大普吉住過，租的是一位退休將軍的院落。

有些人疏散得比較遠，如周培源教授就搬到離市區 30 里左右的西山滇池畔一個小村子。他每週來校一次，住兩天，到學校的交通工具是一匹棕褐色馬，來校後總是拴在一定的地方，同學們一看到這匹馬，就知道周先生來了。[2]

西南聯大的疏散生活當然是被迫的，但它體現的適應環境、頑強不屈的精神，使人們回憶起這段歷史時，被其樂觀主義情緒所感染。有關這方面的記錄已經很多，無需多做重複。

三、疏散態度

「跑警報」與疏散生活，在人們心裡本來印象就極深刻，再加上場景式的文學、戲劇化描寫，產生的影響可想而知。不過，相比人們熟悉的疏散生活而言，知識份子在疏散中應當保持什麼態度的問題，似乎還很少受到注意。然而，一直被認為是文弱書生的沈從文，卻很早就要求知識份子對這個問題進行反省。

1938 年 10 月中旬，「九·二八」轟炸後兩個星期，沈從文在《雲南日報》上發表了一篇題為《知識份子的反省》的文章。文中說：自從昆明經過了一次小小的轟炸後，城區的居民，上自各機關負責人，下至車夫小販，都好像有點兒亂了神，把每天出城避難當成唯一課程。於是四周鄉村倒是頓時繁榮活潑顯得有了生氣，可昆明卻成了一個死城，一切鋪子關門歇業，多數住戶大門反鎖，「以

[1]　姜淑雁、葉楷：〈懷念慈愛的叔父姜立夫教授〉，西南聯大校友會編《笳吹弦誦在春城──回憶西南聯大》，120 頁，雲南人民出版社、北京大學出版社 1986 年 10 月出版。
[2]　郭沂曾：〈聯大教授周培源先生二三事〉，雲南西南聯大校友會編《難忘聯大歲月──國立西南聯合大學在昆建校六十周年紀念文集》第 25 頁，雲南教育出版社 1998 年 10 月出版。

為大難將臨，若不趁早出城，敵機一來，自己寶貴生命就會連同這個美麗的城市毀去」。於是，「四鄉廟宇中或村落中，我們可以發現公務員、大學教授、學生、商人、土娼、王八」。另一部分從淪陷的北平、上海等地來昆明的青年，這時「居然走回頭路，反身向平滬求安全」。對於這種現象，沈從文認為他們「多數人平時從不思索生存的意義，更不打量怎樣活，方活得有意義，只是一個『混』。到無可奈何混不下去時，徒然怕死」。沈從文說：逃生是人生存的本能，但「受過相當教育，在社會上負有責任的人，也同樣如此無知識，如此膽小，似不應該」。他引古人的「君子臨危不亂」一語，對這種行為進行了批評，說：尤其是「受了國家委託，來到後方領導青年的，和負有特別重大責任的，或必需作青年人表率，或必需與典守事物共存亡，事變欲來未來，都以一跑了之，凡稍有羞恥心的責任感，就應當覺得這種行為如何可恥，如不以為可恥，那是過去做人的教育，受得不夠。他即或是一個專家，可不配稱為中國良好公民。」

沈從文接著說：

> 過去一年以來，在最前線敵人炮火下，為民族爭光榮，謀解放，犧牲的中國官兵，不下一百萬。直到現在，各地戰場上，為同一目的，在那裡忍受饑寒，疲勞，痛苦，扒（趴）伏在簡單工事裡，土坑裡，污水裡，以及敵人炮彈掘成的孔穴裡，讓敵人用各種猛激炮火摧殘，五十架八十架飛機還整天在上空輪流轟炸和低飛掃射！死去的沉默死去，腐了爛了完事。受傷的或不及退後，也還是同樣沉默死去，腐了爛了完事。誰不是血肉作成的身體？誰無家人恩愛？誰不對生存覺得可戀，抱有幻想和昧心？這些人知道國家事大，個人生命渺小不足道，軍人的責任是守土，盡職，他們因此都死在所守的一片土地上，壯烈而沉默，各在自己分（份）內掙扎，犧牲，不逃避，無怨言。我們若試把這種勇敢犧牲情形，和自己當前懍怯慌張情形對照對照，京應當作何種感想？再求其次，據報載，廣東境內每天在

　　警報中，飛機一來常是八十架一百架，無處不炸，可是負責者
應進行的事，一切還依然照常進行。就拿這個比較比較，大家
應當作何感想？

　　反觀昆明，離敵人直接炮火數千里，敵機長距離飛到昆明進行空
襲，實際上「對於破壞工作毫無把握，目的本在威脅擾亂，減少我們
對於持久抗戰的勇氣和信心」。但「如今一經轟炸，我們就百事陷於
停頓，正是敵人求之不得的現象」，更要不得的是，「一部分知識階
級如和無知市民一樣，放下責任職分不管，終日下鄉作一個流浪漢，
豈不是無形中為敵人張目」。還有，那些耗費國家許多金錢到歐美留
學多年的人，在社會上所得物質待遇特別高，自應記得歐洲所謂公民
應當具有的「本分」，這種人更應該想想，「這種無知識無責任的行
為，是不是在丟國家的醜，丟讀書人的醜」。沈從文主張知識份子「實
不妨從小處作起」，「從議論多，意見多，在社會上物質待遇最優的
知識階級作起」。要知道，「知識階級到雲南來，不是純粹逃難，是
作事！」縱使不能率領青年到城廂內外挖些簡單露天的防空壕，「至
少也必需鎮靜自處，不輕易離開職務，學習戰勝自己的懦怯！」[1]

　　沈從文的認識，是從知識份子應有的責任這一角度，對疏散中的
逃生態度和行為的批評。這種批評，對一般百姓來說也許有些苛刻，
但沈從文首先想到的是知識份子的責任，強調知識份子應當用積極的
態度對待消極的事物。沈從文寫這篇文章時，還不是西南聯大成員，
他是 1939 年暑假後才進入西南聯大的。但是，沈從文並沒有忘掉知
識份子的責任，他是對疏散中的消極逃難行為實在看不下去，才用坦
率尖刻的文字，說出了讓人感到沉甸甸的話。

　　和沈從文不一樣，潘光旦是以社會學家的眼光，從社會學角度，
闡釋他對疏散的認識。他認為，應提倡用積極的態度進行疏散，因為
從都市向鄉村的疏散，有助於改變社會人口佈局，促進鄉村進步。

　　潘光旦說：「抗戰開始以後，疏散二字很早就成為一個新名詞，
它是官廳廣告的大題目，報紙宣傳的好資料，也是民眾相見時寒暄的

[1]　沈從文：〈知識階級的反省〉，《雲南日報》1938 年 10 月 13 日。

口語」。可是，為什麼要疏散呢，不論何種回答，總不出「避敵人轟炸，免無謂犧牲」幾個字。可是，「性命人人要，就是有時候不能不為國家捨身，也總須捨得有個名色，捨得有點代價」，否則，「白白地舍在敵人彈片之下，既不是慷慨赴死，又不是偷竊就義，當然是誰都不甘心的」。因此，潘光旦認為這種回答雖然「不是錯」，卻是「太消極」了，而消極的疏散很可能導致兩種不良結果。第一，是「疏散時不踴躍」，因為「住慣都市的人根本不肯下鄉，他有他的惰性，敵機一日不來，就一日不想走。今日有警報，便打算明日走，但若敵機終於未來，他又把走的念頭暫擱下。」第二，是「這種疏散不免引起不良的選擇影響」，因為膽小者急急忙忙疏散了，而膽大者不聽勸告留守在都市，一旦敵機大舉來臨，膽大者多多少少會受到犧牲。「因疏散不踴躍而發生的犧牲是量的，因選擇作用而發生的犧牲是質的，無論質與量，總是犧牲，總是民族不利」。結果，「為的要『避敵人轟炸，免無謂犧牲』而發動的疏散運動」，就會「適得其反」。根據上述兩種分析，潘光旦認為「只是用消極的理由來教人，是不夠的，是不行的」。

對於疏散，潘光旦認為應該提出一些「很積極與富有建設性的理由」。經濟學家可以從「發展鄉村與一般的經濟」方面思考，教育學家可以從「提高鄉村與一般的文化」方面思考。作為社會學家的潘光旦，主要從「增加鄉村與一般人口的活力」方面進行觀察。潘光旦說：都市人口與鄉村人口在品質上不很一樣，一般來說，前者品質要比後者為高，因為都市是爭取功名富貴的中心場合，不僅刺激的種類多，程度也劇烈，引起的反應也相當複雜，一個體格虛弱、神經脆薄、智慧低劣的人無法適應這種環境。但是，都市也是「殺人滅種的地方」，「都市化的程度越高」，「破壞的力量越大」。如初入都市的人要爭名奪利，在自由也要享樂，便不結婚或遲結婚，不生子或少生子。都市人家的子弟也有同樣現象。「結果，就個人論，無論他的成就如何偉大，聲勢如何煊赫，就血系論，這種成就與聲勢，多亦不過幾世，少則及身而止。一人如此，人人如此，一家如此，家家如此，都市不就等於一個殺人不見血的屠宰場麼？」於是，遲婚傾向、出生率低，

加上嬰兒死亡率大、一般疾病率與死亡率高，使得講求民族衛生的人口口聲聲的說「都市不是人口的生產者，而是人口的消耗者」。都市靠年富力強、體魄健旺、品貌整齊、思想靈敏的人才不斷遷入得到補充，而年齡老大、疲癃殘疾、智慧低下、眼光狹小、保守成性的人不會自動遷往都市，繼續留存鄉村。這種長期下去，比較健全與優秀的分子一批批往城裡跑，便對鄉村造成了經濟凋敝、文化落後、一般團體生活難以維持等影響。進了城的人，如能功成一時，並且裕垂後世，倒也不妨，然而事實上他們在都市至多掙扎四、五代之後，終究不免被淘汰。這樣一來，「就引起了整個的民族健康的問題了」。因為「從整個民族的立場來看，這種淘汰多一分，民族的品質的善良程度就減低一分。而同時鄉村人口產生優良分子的能力也自有其限度，不能無限制的向城裡輸送」，因此「這樣日子一多，一個民族的品質會降落到一個無法競存的地步」。

正因如此，潘光旦指出「近代民族衛生學者的一致的結論是：都市的發展不宜過度；已經有過度的危險的國家應當設法疏散」。當然，對中國來說，鄉村人口只佔全國總數的百分之八十以至八十五，從發展現代化的角度看，還需要提倡與工商業發展並行的都市化。不過，「畸形發展的危險是不能不防的」，尤其是就近些年教育發展的形勢而言，「凡屬受過這種教育的鄉村優良子弟，於原有的輕去其鄉的傾向而外，又平添一層留城不去的理由」，弄得「都市有才剩之憂，鄉村有才難之歎」。

潘光旦認為：「鄉村經濟的凋敝、文化的落伍、以及土劣的把持、與民生的愁苦所喚起的社會革命，總有一大部分，直接可以推原到人才的缺乏，而間接可以推原到不健全的教育制度所引起的青年都市移動。」鑒於上述憂慮，潘光旦對疏散持積極態度，因為「它可以教一部分優秀的都市人口，重新回到鄉村」。如果實行得力，「一方面可以替鄉村增加經濟的生產力與文化的創造力，從而提高一般的經濟生活與文化生活；一方面更可以培養個人的生存與生殖的力量，從而促進整個民族的活力。」潘光旦認為這才是疏散運動最積極的意義，並認為只有認識到這一點，「疏散運動才會踴躍，才可以避免不良的選

擇作用，才有希望可以維持到抗戰結束以後，作為建國時期裡都鄙人口彼此協調發展的張本」。[1]

　　為躲避敵機轟炸而進行的疏散，是大後方戰時生活的組成分部分。不過，在沈從文眼中，疏散除了躲避轟炸外，還是一種檢驗人生生活態度的尺規。而潘光旦的著眼更為深入，他想到的是如何在戰時環境下，以積極的態度對待社會性的人口流動。這些思考，對於災難來臨時的應變心理，具有可貴的啟發意義。

---

[1]　潘光旦：〈論疏散人口〉，昆明《益世報》「星期論文」，1939 年 9 月 3 日，第 2 至 3 版。

第四章　反對妥協

　　抗日戰爭是在敵強我弱條件下被迫進行的一場自衛戰爭，雙方力量的懸殊人所皆知。九一八事變後，日本不斷擴大對華侵略，中國的主流民意充滿了對中國政府忍讓妥協政策的不滿，維護國家主權與領土完整的要求成為響徹大江南北的時代強音。但是，一些知識精英通過對敵我力量的分析，提出務實性的「避戰」主張。他們希望以妥協換取暫短和平，利用這段時間加緊各項建設的「備戰」，在經濟上、軍事上充實「應戰」實力。

　　這種態度曾被斥之為妥協，但其本意是以屈求伸，與悲觀情緒的名為妥協實為投降的論調不同。因此，當日本發動全面侵華戰爭後，持這種主張的知識精英紛紛投入抗戰事業，為爭取勝利獻計獻策。不過，悲觀情緒主導下的妥協論調仍然存在，汪精衛就是最顯著的代表，以致最終走上叛變投敵的卑鄙道路，墮落為可恥的民族敗類。

　　對於這種歷史的內存邏輯，人們早有警惕。因此，抗戰爆發後，批判對日妥協便成為堅定抗戰信心、堅持抗戰到底的一項重要任務。這場鬥爭中，也活躍著西南聯大的英姿，師生們共同書寫了以實際行動堅持抗戰的重要一頁。

第一節　同仇敵愾

　　在中國近代史上，日本自甲午戰爭後就成為中國的首要敵人。組成西南聯大的北大、清華、南開，均地處華北北部，九一八事變後，自然成為日本帝國主義蠶食侵略的首要目標。對此，三校師生對日本的殘暴更是有著切身的感受。

　　九一八事變後，華北已成國防前線，平津一帶籠罩在山雨欲來風滿樓的緊張氣氛中。駐紮北平的日軍，常常耀武揚威，何兆武同學清楚地記得：1936年9月18日早晨9時許，日本軍隊開進北平，從東

長安街走到西長安街，大隊坦克車從新華門前開過，柏油路上留下坦克車軋過的深深痕跡。[1]

三校中，南開大學的體會最為深刻。1932 年 4 月初，駐紮在南開大學旁邊的日本軍隊，借愚人節之名，進入校園，以科學館為中心，進行摹擬進攻。當時，環繞南開者，幾乎都是沒有理性的日本士兵，學校以教育機關為由，請其改換攻擊中心，交涉一個多小時，日本士兵才轉往別處。[2]

日本的侵略行徑自然遭到南開師生反對，手無寸鐵的知識份子，用不同的感情支持抗戰行動。1933 年 3 月 15 日，二十九軍在喜峰口與日軍展開一場惡戰中獲勝，但也付出慘重代價，犧牲軍人後被葬於北平東面 240 餘里的石門鎮山根下。一年後的 4 月 9 日，南開大學校長張伯苓特派學生趙宜倫、沈士傑、郭榮生三人，代表全校師生前往掃墓、獻花、植樹，紀念喜峰口戰役一周年。三人於 10 日下午到達石門鎮烈士墓前，行禮後，由趙宜倫致祭辭，文云：

> 今天兄弟沈士傑、郭榮生、趙宜倫三人代表天津南開學校大、中、女、小四部全體師生，由天津特意到這裡來看看諸位。諸位都好嗎？他們說你們死了，其實你們並沒有死呀！說你們死了的人們正是死了，而諸位仍然是健康的活著。去年的今天是你們哭的時候，而今年的今天是我們哭的時候了。兄弟還記得去年在三河，南開師生和你們講話時候的情景？臺上的我們在那裡瘋子般的狂喊：「……你們的父母就是我們的父母，你們的子女就是我們的子女，你們的妻子就是我們的姊妹……」；台下鐵人般的你們在那裡流著熱淚。後來，你們得到命令，半夜工夫便從三河跑到喜峰口，一夜就立下千古不朽的奇功。你們的血染紅了長城，你們的血塞住了日軍的坦克車。現在你們

[1] 何兆武口述，文靖撰寫：《上學記》，第 50 至 51 頁，三聯書店 2006 年 8 月出版。
[2] 〈日本兵竟擾八里台〉，原載《南大週刊》「副刊」第 5 期，1932 年 4 月 5 日。轉引自王文俊、梁吉生、楊珣、張書儉、夏家善選編：《南開大學校史資料選（1919-1949）》第 668 頁，南開大學出版社 1989 年 10 月出版。

的骨頭在這裡休息。我們哭的不是你們，而是你們的熱血振作不起將亡的民族。唉！你們諸位在這裡靜靜的養傷吧，你們的骨頭一樣可以舉起大刀和敵人廝殺的。諸位，等著吧！[1]

致祭後，大家高唱岳飛氣壯山河的《滿江紅》。當時，附近前來參加的人極多。次日晨，三人在東牆下種下 25 棵白楊樹，並書寫木牌作為紀念。

北大、清華師生也以不同形式進行抗日宣傳。在一二九愛國學生運動中，清華、北大學生始終站在鬥爭前列，這已為人熟知，不用贅述。

抗日戰爭是日本侵略者強加在中國人民頭上的戰爭，三校師生南遷的壯舉就表現出中華民族不屈不撓、抗戰到底的信念。正如抗戰初期從清華大學調任教育部次長的顧毓琇教授所言，「這次的全面抗戰，乃是為求民族生存而戰，必須求其持久。我們並非不愛和平，但是到了最後關頭，我們不容猶豫，不能退縮。我們惟有準備犧牲，不屈不撓，以求最後的勝利。在未來的歲月中間，我們不免要遭遇挫折，但是這種挫折正足以磨練我們的志氣，增強我們的決心。我們要再接再厲，鼓起精神，奮鬥到底。」[2]1937 年 10 月 17 日，張伯苓從湖南經漢口到達重慶，在重慶南渝中學親自主持南開學校復興紀念會（即南開中學建立 33 周年，南開大學建立 19 周年，南開女中建立 15 周年，南開小學建立 7 周年，及南渝中學建立 1 周年紀念）。行前，他致電給予南開很大精神支援的《大公報》。電文中云：

> 教育報國，苓之夙志，此身未死，此志未泯，敵人所能毀者，南開之物資，敵人所未能毀者，南開之精神。茲當南開學校周年紀念之日，極望全國南開校友紀念學校，本南開苦幹之

---

[1]　〈掃墓〉，原載《南大週刊》「副刊」第 43 期，1934 年 4 月 24 日。轉引自王文俊、梁吉生、楊珣、張書儉、夏家善選編：《南開大學校史資料選（1919-1949）》第 671 頁，南開大學出版社 1898 年 10 月出版。

[2]　顧毓琇：〈非常時期的認識〉，漢口《大公報》「星期論文」，1937 年 9 月 26 日，第 1 張第 1 版。

精神，為國家民族努力。現敵焰仍熾，國難嚴重，我全國民眾，均應有前方將士壯烈犧牲之精神，一致奮起，共同抗敵，矧正義人道自在人心，國際情勢已逐□轉，□我能真誠團結，繼續奮鬥，任何犧牲，在所不惜，則最後勝利，必屬我國，中國之自由平等，必可得到，津校復興，深信亦必能於最短期內實現也。[1]

一年後的 1938 年 10 月 5 日，時任國民參政會副議長的張伯苓，在赴重慶參加一屆二次參政會大會前偶遇一雲南日報社記者。採訪中，張伯苓「暢論國內外局勢」，「對我國抗戰前途，表示極為樂觀」。他說：「我國自決定長期抗戰以來，全國上下，無不一致悉力以求貫徹此項國策，中途誓不妥協，誓不屈服」，「吾人對於最後勝利之信念，已堅定不移。」談到歐洲局勢時，他認為：自慕尼克協定成立後，歐局已見緩和，暫時和平可保。但是，我國抗戰係本自力更生之旨，無論世界大戰爆發與否，都不受其影響。[2]

張伯苓的談話，代表了西南聯大師生的意志。1938 年 5 月 4 日，西南聯大蒙自分校開學第一天，在蒙自中學大禮堂舉行五四運動 19周年紀念會。紀念會於下午 3 時召開，參加者除西南聯大師生外，還有蒙自中學同學，共 400 餘人。紀念會充滿了「繼續『五四』的精神，消滅漢奸，抗禦暴敵，打回老家去」的氣氛。會前，全體靜默 5 分鐘，哀悼抗戰陣亡將士及死難同胞。會議主席報告開會意義和籌備經過後，朱自清、張佛泉、羅常培、錢穆教授相繼發表演講，同學們亦自由發言，最後由參加湘黔滇旅行團的同學報告長沙至昆明的跋涉經過及湘黔滇三省狀況。[3]

---

[1] 〈南開學校復興紀念，今在重慶盛大舉行。張校長勗全國校友繼續奮鬥，深信津校復興短期必能實現〉，漢口《大公報》，1937 年 10 月 17 日。

[2] 〈參政會會期已近，張伯苓將飛渝籌備，與記者談抗戰前途極樂觀〉，《雲南日報》，1938 年 10 月 6 日，第 4 版。

[3] 〈繼續五四的精神，消滅漢奸抗禦暴敵，聯大同學熱烈紀念五四〉，《雲南日報》，1938 年 5 月 9 日，第 4 版。

同日，北大同學發出呼籲抗戰到底的《告全國同胞書》。文中寫到：

> 在對日抗戰最緊張的今日，當我們同學中一大半已經跑上前線，直接參加對日抗戰的今日，我們來到了雲南蒙自。在蒙自父老兄弟姊妹之前，紀念中華民族解放鬥爭史上劃時代的先驅——五四運動。
>
> 在十九周年前的五月四日，為了反抗日帝國主義的壓迫，為了回答凡爾賽會議中列強加於我們的欺凌，為了打擊漢奸曹汝霖輩的賣國行為，在北京大學的領導下，全國進步的知識份子和青年，衝破了數千年傳流的桎梏，對世界，對中國，對全國同胞，發出了為民族解放而鬥爭的呼號。這號召，這行動，第一次表現了民眾所具有的偉大的力量，揭開了他們身上的所擔負著的歷史的使命。
>
> 五四運動第一次（使）全國同胞覺悟到中華民族的安危，第一次明白地揭露了時代的真相。它挽救了當前的政治的危機，更進而在社會上要求一種新的文化，一種反抗的、自由的、積極的精神。它要打破一切舊的、陳腐的、封建的束縛和偶像，建設起一個自由、平等、進步的社會。從這時，不絕的鬥爭的浪潮，就一天比一天有力地（在）社會各階層掀動、怒吼了。
>
> 在五四運動開始到現在這十九年中，我們無時不刻不在鬥爭，不在準備：我們有時群相聚訟，有時交互攻訐，因為我們要求一個最後的決鬥，排除掉壓迫者加在我們身上的一切暴行。這最後一步終於到來了。踏著五・卅、五・四、九・一八、一・二八的血跡，中華民族在去年發動了全面的對日抗戰。
>
> 全面的對日抗戰，是我們十九年來所期望的最後一步。在這一步中，我們要完整地建設起一個新的、光明的中國。但是我們不能忘記，這一連串鬥爭的開端，是五四運動。五四運動在十九年前所提出的任務，現在並沒有完全完成。我們需要自由，需要解放，需要新的建設，這些都是五四所要求的，而現在還

是需要。五四運動啟發了今日的鬥爭，我們要在爭取抗戰的勝
利中，完成五四運動所提出的任務。

我們懷著滿腔悲憤，眼看著我們的文化之都，五四運動的肇基
地──北平，在受著敵人的蹂躪。我們自身更不得不在敵人的
鐵蹄的踐踏下，離開北平。但是我們同時感到欣慰，感到慶幸，
因為我們久所期望的決戰已經實現了，而且正在一步步走上勝
利之途。

我們一刻不敢忘記，我們母校的先輩們曾經在五四運動中完成
了無比的功績，我們誓必承襲他們的精神，在面前的鬥爭中擔
負起我們應盡的任務。我們流亡，我們後退，但是我們深自警
惕，我們這次流亡，決不是為了逃避，為了偷取安樂。我們面
前有的是全國父老兄弟姊妹和正在前線作戰的同學，我們敢在
這個偉大的紀念日誓言：

我們知道我們的責任，我們決不放棄這種責任。我們不畏艱
難，不慕安樂，不為惡習所染。我們要深入到全國各地，為中
華民族的對日全面抗戰，擔負起各方面需要的工作。[1]

　　文中所說「全面的對日抗戰，是我們十九年來所期望的最後一
步」，「我們懷著滿腔悲憤……離開北平。但是我們同時感到欣慰，
感到慶倖，因為我們久所期望的決戰已經實現了，而且正在一步步走
上勝利之途。」以及「我們這次流亡，決不是為了逃避」，「我們知
道我們的責任，我們決不放棄這種責任。我們不畏艱險，不慕安樂，
不為惡習所染。我們要深入到全國各地，為中華民族的對日全面抗
戰，擔負起後方的需要的工作。」這些抒發著豪邁氣概的文字，生動
體現了具有五四光榮傳統青年們的抗日決心，表達了全體師生為民族
獨立與民族解決奮鬥到底的堅強意志。

　　5 月 8 日，蒙自清華師生舉行 27 周年校慶紀念。會上，一位
女同學獻旗，上書「壽與國同」四字，下為「經茲國難，寄跡滇南；

---

[1] 　〈繼續五四精神，擔負救亡責任，北大同學紀念五四，大聲疾呼喚醒國人〉，
　　《雲南日報》1938 年 5 月 12 日，第 4 版。

西山蒼蒼，永懷靡已」[1]，這些話，同樣寄予了抗戰必勝、重返校園的信心。這天是星期日，北大同學走上街頭，開展擴大宣傳救亡運動，報載「男生在街頭茶館宣傳，女生則訪問家庭」，「使蒙自全城人民知道些抗戰消息及防空防毒與通俗的國際智識」由於「宣傳方法是談話式的，故收效極好」。[2] 兩個月後的 1938 年 7 月 7 日，為紀念盧溝橋事變一周年，西南聯大舉行七七獻金，全校共捐金 4523 元。[3]

1939 年 7 月 7 日上午，西南聯大在昆師生在昆華農校大操場舉行七七抗戰二周年紀念大會，全體一致響應常務會議議決，將教職員一個月薪金的百分之六作為七七獻金[4]，計共 3300 元[5]。這些，還未包括學生捐獻的數位。

這一天，《雲南日報》「抗建二周年紀念特刊」上刊登朱自清充滿樂觀情緒的《這一天》。文中豪邁地寫到：

> 這一天是我們新中國誕生的日子。
>
> 從二十六年這一天以來，我們自己，我們的友邦，甚至我們的敵人，開始認識我們新中國的面影。
>
> 從前只知道我們是文化的古國，我們自己只能有意無意的誇耀我們的老，世界也只有意無意的誇獎我們的老。同時我們不能不自傷老大，自傷老弱；世界也無視我們這老大的老弱的中國。中國幾乎成了一個歷史上的或地理上的名詞。

---

[1] 〈清華師生在蒙自開會紀念母校新生〉，《雲南日報》，1938 年 5 月 13 日，第 4 版。

[2] 〈清華師生在蒙自開會紀念母校新生〉，《雲南日報》，1938 年 5 月 13 日，第 4 版。

[3] 〈西南聯大致七七獻金運動委員會〉，北京大學、清華大學、南開大學、雲南師範大學編《國立西南聯合大學史料》第 1 卷，第 201 至 202 頁，雲南教育出版社 1998 年 10 月出版。

[4] 〈西南聯大致本校全體教職員為紀念抗戰二周年舉行紀念日箋函〉（1939 年 7 月 1 日），北京大學、清華大學、南開大學、雲南師範大學編《國立西南聯合大學史料》（一），第 201 頁。

[5] 〈西南聯大關於 1939 年七七獻金呈教育部的快郵代電〉（1939 年 7 月 11 日），北京大學、清華大學、南開大學、雲南師範大學編《國立西南聯合大學史料》（一），第 201 頁。

從兩年前這一天起，我們驚奇我們也能和東亞的強敵抗戰，我們也能迅速的現代化，迎頭趕上去。世界也刮目相看，東亞病夫居然奮起了，睡獅果然醒了。從前只是一大塊沃土，一大盤散沙的死中國，現在是有血有肉的活中國了。從前中國在若有若無之間，現在確乎是有了。

從兩年後的這一天看，我們不但有光榮的古代，而且有光榮的現代；不但有光榮的現代，而且有光榮的將來無窮的世代。新中國在血火是成長了。

「雙十」是我們新中國孕育的日子，「七七」是我們新中國誕生的日子。[1]

抗戰到底的信念，也凝聚在《國立西南聯合大學校歌》中。1938年10月6日，日軍對昆明進行「九二八」首次大轟炸的一周後，西南聯大常委會決議成立「編制校歌校訓委員會」，聘請馮友蘭、朱自清、羅常培、羅庸、聞一多為委員。[2]他們五人最初擬定的校訓為「剛健篤實」四字，11月26日常委會討論時，結合北大「博學審問、慎思明辨」，清華「自強不息、厚德載物」，南開「公能」的校訓，並考慮到抗戰教育的需要，確定校訓為「剛毅堅卓」四字。校歌歌詞，很快創作出來，於1939年7月11日經常委會通過，24日公佈。[3]

校歌採取《滿江紅》曲牌，由羅庸作詞、張清常譜曲。它以沉雄、渾厚的語句，抒發了師生們抗戰到底的決心，凝結成中國抗日戰爭史和抗戰教育史上的不朽篇章。

萬里長征，辭卻了五朝宮闕。
暫駐足，衡山湘水，又成離別。

[1] 佩弦（朱自清）：〈這一天〉，《雲南日報》1939年7月7日，第4版（「抗建二周年紀念特刊」）。（聞案：原文末行之「雙十」，《雲南日報》為「雙七」，今據朱喬森編《朱自清全集》第4卷，第405頁（江蘇教育出版社1990年12月出版）改之。
[2] 〈長沙臨時大學、國立西南聯合大學常務委員會會議記錄·第八十九次會議〉，《國立西南聯合大學史料》第2卷，第70頁。
[3] 〈國立西南聯合大學關於校歌的佈告〉，《國立西南聯合大學史料》第2卷，第38頁。

絕徼移栽楨幹質，九州遍灑黎元血。
盡笳吹弦誦在春城，情彌切。

千秋恥，終當雪，中興業，須人傑。
便一成三戶，壯懷難折。
多難殷憂新國運，動心忍性希前哲。
待驅除仇寇復神京，還燕碣。

　　這首校歌歌詞，有人說是編製校歌校訓委員會主席馮友蘭所作，但也有不同說法。兩種說法各有所據，不過馮友蘭的確創作過一首現代詩體的歌詞，它同樣體現了抗戰到底的決心。其歌詞為：

碧雞蒼蒼，
滇池茫茫，
這不是渤海太行，
這不是衡嶽瀟湘。
同學們：
莫忘記失掉底家鄉；
莫忘記偉大底時代；
莫耽誤寶貴底景光。
趕緊學習，
趕緊準備，
抗戰建國，
都要我們擔當。
同學們：
要利用寶貴底景光，
要創造偉大底時代，
要恢復失掉底家鄉。[1]

[1]　馮友蘭：〈擬國立西南聯合大學校歌錄作「七七」二周年紀念〉，《雲南日報》1939 年 7 月 7 日，第 4 版。

西南聯大公佈羅庸、張清常創作的《國立西南聯合大學校歌》，與馮友蘭發表《擬國立西南聯合大學校歌》的 1939 年 7 月，大後方正在發起一場給前線士兵寫慰問信的運動。西南聯大如何開展這項活動，未見記載，但曾昭掄給前線一位士兵的慰問信，則被保留了下來。這是一份非常珍貴的史料，特錄全信如下：

　　××同志：

　　　你們在前線為國家辛苦，是不是常收到後方寄來的信件？近來後方各重要城市，都有一種運動，讓多數同胞，參加寫信，去慰勞我們前線的戰士。這點解釋了為什麼你從一位素不相識的人接到了這封信。

　　　我們彼此素來沒有見過面。讓我猜猜你是怎樣一個人。接到這信以後，請你回信告訴我，猜對了幾分。我想你是一位中等身材，但是很壯健的青年。在你面部的表情上，很明白地顯出勇敢和毅力。我想你大約有二十三歲左右的年齡，家裡父母雙存，有好幾位兄弟姊妹，但是並沒有結過婚。我想你受過初等教育，現在一定很喜歡看報，而且愛看小說。

　　　現在且說我吧！假設你常看報紙或看雜誌，也許你會知道我是誰，也許你看過我的作品。但是無論如何，我自己簡單的介紹，或者對於你不是過多。我是湖南人，現在四十歲。我很忌妒你，因為我沒有機會，像你一樣，在青春的時候，站在最前線，替國家爭榮譽。我是許多同胞們所羨慕的：正途出身的，文化界的一份子。從坐搖籃的時候起，幸運常常對我微笑著。讀罷了小學、中學、大學以後，得著機會，到美國去讀了六年書。對於各種學問，我有嗜好。但是一個人總得選一種職業來吃飯，結果偶然地選定了化學做我終身的事業。因為環境的限制，我並未能變成當初所夢想的化學家，但是現在並不後悔這職業的選擇。回國以後，差不多全部的時間，是在大學教書。這職業也是我自己選定的，不過近年來國難的嚴重，常常令我懷疑，一個富有血氣的中國人，是不是應該做這種慢性的工作。我有過世界上一般人所希

望的一切——美滿的家庭，稱意的收入，也許太多一點的名譽。但是布爾喬亞的社會，常常會在我心中引起反感來。在職業以外，我很愛好音樂和文學。三年前偶然被一位朋友拉著寫了一篇遊記。從此不由自主地，先後拉雜地寫了幾十萬字。這些事述來未免過於瑣碎。但是我想，當前線有戰事的時候，讀一些這種瑣碎的私人歷史，也許可以幫助解解悶。

人們都把你稱作「英雄」，「勇士」，對於一天到晚在英雄生活中過日子的戰士，這種空頭銜的有無，或者是無關緊要。也許在你那坦白謙虛的心靈中，常常會想：「我不過是在盡國民的天職，沒有什麼可以讚揚的地方。」但是這次抗戰的重要性，從縱的和橫的兩方面看起來，實在都是異常偉大。物的重要，遠超過你心中所能想像的。抗戰洗淨了我們一百年來的恥辱，喚醒了多年來在半睡狀況中的國魂，完成了全國的統一，開發了偏僻的內地，剷除了各族間和省界間的成見。論起規模的宏大，犧牲的壯烈來，我們的抗戰，在世界歷史上，佔了重要的地位，在中華民族的歷史上，是對付外來侵略空前的奮鬥。兩年來的成績，已經把我們的國家，從一個半殖民地狀態，素來為別人所看不起的國家，變成一個全世界景仰的強國。同時也把敵國，從一等國降到了二等國。抗戰勝利以後，世界上的侵略國，當然受到最嚴重的打擊。到那時我們四萬萬五千萬受過血的洗禮的同胞，可以協同其他愛好和平的民族，共同建設全世界的新秩序，讓世界變成人類可以安居的行星，不是吃人的野獸可以縱橫的處所。

同志，你不要把你自己對於抗戰的關係，估計得太低，雖然你不過武裝同志中幾百萬分之一。我們要想得到最後勝利，當然也需要軍火、資源，和其他別的方面的準備。但是假設沒有英勇的武士，來築成血肉的長城，別的準備，有什麼用呢？建築這個保衛國家的長城，每塊磚和其他一塊一樣地重要，少一塊也不成。

同志，跟著你足跡的後面，有成千成萬熱血的青年。他們全都想，得著機會，為國家上前線。敵人軍隊中，不斷地發生

厭戰的事例；我們全民族的血，卻永遠在沸騰著。在我們用血
來寫成新的歷史的時候，沒有直接參加過戰鬥，對於大時代的
兒女，誰都認為是一種恥辱。好多人想，抗戰已經兩年，還沒
有能夠上前線打過仗，真是枉做了一世人。我自己就是作這樣
想的一個。少數意志薄弱的人，不免有時會歎息著問道：這仗
倒底還有好久可以打得完。我們的回答是，抗戰就是生活。

　　因為前方作戰屢次失利的關係，敵人的飛機，帶來屠殺的
使命，有時常飛到後方城市來狂炸，為的是滿足他們吃人的嗜
好。不可避免地，我們受著一些物質和生活上的損失。但是假
若他們以為這樣可以破壞我們抗戰的心理，那就真是大錯。我
們抗戰意志的牢不可破，正和我們前方的陣線一般。屠殺平民
的行為，徒然更加堅強了我們的意志。在後方一切仍然是照常
地工作，只是每個人的心中，更加認識了國家的可愛，和自己
對於國家的責任。

　　同志，在兩年前，你能夠相信中國可以打敗日本嗎？中國
和日本單獨作戰，在十年前大家都認為（是）一件不可能的事。
兩年以前，戰爭剛剛開始的時候，一般的同胞，雖說是一致擁
護政府的抗戰政策，對於戰事的前途，心裡卻總不免懷著危懼
的觀念。一年以前，多數人對於最後勝利的獲到（得），還只
是抱著宗教式的迷信。現在呢？誰都看得到，日本帝國主義走
上崩潰的悲運，不過是時間問題。你們在前方努力，已經改變
了世界的歷史。我們現在用不著佩服西班牙共和軍怎樣地死守
馬德里城兩年。我們也用不著景仰俄國人怎樣地能夠堅壁清
野，讓拿破崙的大軍，全軍覆沒。我們的勇士們，已經創造了
世界上從來未有的奇跡。

同志，再會了。祝你為國家自重。

　　　　　　　　　　　　　　　　　　　「七七」兩周年紀念日。[1]

1　曾昭掄：〈給一位前線的戰士〉，昆明《益世報》，1939 年 7 月 8 日，第 4 版。

　　日寇對中國的侵略，使每個中國人都時刻面臨著生存威脅。淪陷區人民的命運，撞擊著西南聯大師生的心靈，讓他們時時刻刻關心著日寇鐵蹄下的亡國奴遭受。

　　1938 年 5 月，歷史系教授劉崇鋐從北平來到蒙自分校。一到學校，「北平情況怎樣？」，大家一個個迫切地問到。為了滿足人們對淪陷後的北平的急切瞭解，清華政治學會向劉崇鋐發出邀請，請他做了一次「北平現況」報告。

　　劉崇鋐是 1938 年 3 月從天津到達北平的，那時日本佔領平津剛剛半年，因此劉崇鋐主要講的是公眾場合的殖民地變化。他說，在火車上，頭等車廂和二等車廂裡十之八九為日本人，中國檢票員查票時，也先用日語說話。到了北平，霞公府住宅西口新開了一家日本商店，店內收音機放送的都是日本音樂，讓人精神上感到異常窒迫。第二天，他到街上，見王府井、東安市場添了很多日本貨。公園裡，碰來碰去儘是日本人；大一點的飯館，也常聽到日本軍歌；電影院經常放映的也是日本影片。日本人佔領了北平，以為從此可以永久霸佔，於是馬上踴躍投資，好一點的店鋪、房屋，日本人都要買。大方家胡同有座房子，被日本人以 15 萬元的價格買去。南河沿的歐美同學會，已被日本人強租；位於絨線胡同的韓復渠私宅，已經被改為「日本同學會」。北平唯一的英文報紙《北平英文時事日報》，亦被日本收買，改名為《北京英文時事日報》。說到北平給他的第一印象，劉崇鋐用一句話做了概括：「北平比前幾月更進一步為日本人的世界」。[1]

　　北平是這樣，天津同樣如此。劉崇鋐報告後兩個月，南開大學傅恩齡教授也到了蒙自。南開大學注重培養實用型人材，因此 1938 年 7 月 10 日傅恩齡在西南聯大報告平津近狀時，比較側重經濟方面。傅恩齡是七七事變後才匆匆結束朝鮮考察趕回天津的，他於 1938 年 5 月底離開天津，在日本佔領下生活了十個月，對日本的

---

[1] 〈鐵蹄下的北平——劉崇鋐先生在臨大報告〉，《雲南日報》1938 年 5 月 26 日，第 4 版。

侵略行徑感受尤深。他首先介紹工業方面，說華北工業全部落入日本人手裡，保定的麵粉廠，石家莊的紡紗廠，塘沽的製城廠，都被日本人以「合作」之名，強行霸佔。塘沽的永利、久大、黃海等制城公司，設備相當現代化，機器也是新式的，現在原封不動被日寇強佔。唐山啟新洋灰公司擔心也被日本人強佔去，最後賣給了瑞典，成為華北唯一未被強佔的產業。然而，日本正在千方百計要求和它「合作」。

傅恩齡接著講到金融，說到日寇令偽組織設立的偽聯合準備銀行時，認為這個銀行發行大量不兌換的偽鈔，完全是「軍用手票」性質。其因是「九一八事變」後，日寇在大連、營口等地發行軍用手票，載明戰事結束後可向日正金銀行換大洋票。但是，日鈔發行得太多，有引起通貨膨脹的危險。於是，日寇佔領平津後，就命令偽組織自行發行不兌現的偽鈔，一切偽鈔由傀儡組織負責，即使將來被打敗了，亦與其無關。此外，日寇還可利用偽鈔套換法幣購取外匯，致使所有淪陷區域全部發行偽幣。偽幣紙張、鑄版非常低劣，券紙大而無當，使用者雖然厭惡，卻不能不用。因為平津法幣有 2000 萬左右的白銀在天津儲存，故法幣實值遠在偽幣之上，但 1000 元法幣只能兌換 1020 至 1050 元偽幣，這簡直是強取豪奪。

作為教育工作者，傅恩齡對教育狀況更加留心。他說：日寇強迫平津的小學教授日文，連天津租界內的小學也不例外，並且經常有便衣到校「考察」。日文課本，由日寇「奉送」，甚至連教員的薪水，也由特務機關支給。從下學期起，地理、歷史課本絕對不准用國人編的，其他各科亦須經嚴格檢刪。天津的租界裡有天津中學和天津女中兩個中學，學生上街必須攜帶「學生證」，否則不准放行。

說到高等學校，傅恩齡說：天津有北洋大學已經開學，但四個年級的學生合起來只有 38 人，只好停止，打算暑假招生後再開課。租界內的匯文中學僅有學生 8 人，中西女中報到的學生也不過 12 人。在北平的北大、師大、中國學院，除文法二學院外，其餘雖然開學，但教授不全，學生太少，只有燕京、輔仁、協和等教會學校，還勉勉強強。

　　傅恩齡說到他在天津十個月的感受，說「所看到聽到的幾全是令人傷心慘目的現象與事情」。但是，「平津這樣美好的地方，我們哪能就讓敵人強佔去？淪陷區域的同胞這樣痛苦，也正待我們去拯救」。這些責任，落在我們身上。他重複了張伯苓先生「我們現在除了和敵人拼命外，更無其他道路可走」的話，表示要抱著必死的決心，爭取中國的光明前途。[1]

　　淪陷區的同胞，在苦難中掙扎、反抗。1939 年，何兆武同學的幾個北京師範大學附中畢業的同學，歷經千難萬苦考入西南聯大。見面後，何兆武便問他們在北平兩年的生活，同學告訴他：「日本人一來就把英文課廢止了，來了一個日本人教日文，又是學校的總監。」何兆武說：「你們學了兩年，日文應該不錯了？」他們回答：「什麼不錯，一個字都沒學，字母都不認得。」因為大家誰也不念日文，結果考試全班都不及格，全得了零分。他們還說：「1937 年底日軍攻佔了南京，敵偽下令要全北京市學生參加慶祝遊行。消息一宣佈，全班同學都哭了。」[2]何兆武是憑著記憶，講述上面這番話的，而《雲南日報》則刊登過一篇介紹北平現狀的文章。

　　1940 年，一位從北平考入西南聯大的同學，幾經波折，闖過許多險關來到昆明。朋友見到他，都爭先恐後打聽北平情況，結果這位同學說自己就象馬可‧孛羅回到義大利一樣，一遍又一遍地給大家講個沒完。後來有人說：「許多人都關心著北平，不如寫出來給大家看看。」於是，他用「申青」筆名，寫下了《淪陷後的北平》，《雲南日報》非常慷慨地分兩天把它全文刊登出來。

　　文章開頭部分用沉痛的語氣寫到：

　　　　北平已經失掉了光輝，高級文化機關搬走了，領袖人才也都離
　　　　開了，北平已經丟掉了靈魂，在倭寇蹂躪之下，已經成為血腥、
　　　　恐怖、陰慘的世界。不過，這富有歷史價值，文化淵藪的古城，

[1]　蓓君：〈暴日鐵蹄下的平津——傅恩齡昨在聯大報告〉，《雲南日報》1938　年 7 月 11 日、12 日，第 4 版。
[2]　何兆武口述，文靖撰寫：《上學記》，第 52 頁，三聯書店 2006 年 8 月出版。

並沒有完全黑成一團，因為一般青年的愛國熱，不斷的發出「星星之火」，燎燃著這陰霾的死城。

一個生來就活在自由田野的人，永遠不知道自由的可貴，一旦失去了自由，才真的瞭解自由。在北平一般的青年心靈上，都燃燒著熾熱的火焰──到「自由中國」去，要為民族復興去流光榮的血，爭取民族的自由。大沽口儘管是鬼門關，儘管有多少青年為了出來流血，被打到海裡，關在牢裡，被處刑，被槍斃，但是這樣絲毫不足以動搖青年人鐵的意志。所以每到暑假，成批的青年風起雲湧的流到這裡來！

接著，他介紹了北平的學生，說：日本在北平辦學校，不是為了教育，而是麻醉教育，奴化教育。小學校就設立了日文課，課本裡充斥了「中日親善」、「同文同種」、「共存共榮」、「日本出兵是代民伐異，是救中國」等等。對學生的課本也是亂改一氣，有一點不利日本的就統統刪去。學校經常開展的活動是和日本小學生交朋友，除寫信外，還由學校負責把小學生的手工或圖畫寄到日本小學去交換。此外，就是與在北平的日本小學生聯歡，方式是兩個學校或多所學校集中在一個禮堂，有唱歌舞蹈演講，但「歌是『親善』歌，舞是『親善』舞，演講自然是『親善』演講了」。申青說，「這樣相處久了，中國小孩雖然變成了日本小孩的奴隸，自己卻誤認為是日本小孩的朋友。抗日情緒消逝了，永沒有翻身的日子。這種毒計，這種殺人不見血的方法，實在慘忍到萬分。」

中學也是這樣，而且更嚴格。每個學校都有一個既非教員，又非職員，更非校長，但權力非常大的日本人。學校裡上自校長，下至聽差，無一不受他的支配。這個太上皇不只權力大，薪金也多，每人每月三百元四百元不等，而且薪金由北平偽市教育局直接支給。

日本人對北平學生採取特務方式的控制。在著名的第四中學，日本人除了有前面說過的所謂教員外，又加入了一些非常真奇怪的日本「學生」。這個學生不上課，不聽講，每天做的事就是當偵探，哪裡有同學「聊天」，他便湊近去聽聽，同學們上課時，他便到人家屋裡

亂翻，偶爾發現一點他認為形跡可疑的，便通知偽特務機關。被特務機關逮到獄裡的同學，鞭打為便飯，一個被弄成廢人，嫌疑稍重或口供不好的，還會被刀殺或放出獵犬咬死。

中學裡的奴化教育也是花樣翻新。申青說：「最討厭的是全市有什麼紀念大會，或演講比賽會，每到這時候學生總是決議不參加，但是學校當局為了學校總是勸同學參加。」這個時候，最難的問題是「誰去參加」，常用的辦法是讓大家抓鬮。抓鬮前，每個人都提心吊膽，像大難來臨一樣，抓到鬮的同學像倒楣蛋似的，常是痛哭，不吃飯，「可是每哭一次，便深深的刻上一層恨，加強一分抗敵的決心」。

北平本是中國的文化中心，但是抗戰爆發後，國立大學紛紛遷到後方去了，留在北平且保持原有作風的只有燕京大學和輔仁大學兩所教會學校，因為它們的背後有美國和法國勢力。燕京大學素有「世外桃源」之稱，但覆巢之下無完卵，一出校門，便如同階下囚，出入西直門也同樣受到日本人的污辱、踢打，甚至扣留。日本人曾幾次要求到校內搜查，幸虧沒有得到校長司徒雷登同意，所以一直日本人視為眼中釘，規定凡是偽官立學校的同學，一律不准報考燕京大學。至於輔仁大學，因為設在城內，受日本的干涉更多。

對於大家都很關心的北京大學，已經淪為偽北大了。申青說文學院雖然很早就開始招生，但始終沒有多少學生。工學院的許多機器，都運到日本去了。醫學院宣稱新購了儀器、藥品若干，卻皆非為學生而設，精深一點的科目都設立了研究室，但都是日本人的專利室，不許學生入內。學生可活動地區，只是幾間課堂。其他地方則高懸「閒人免進」牌子。可見，「所謂新的發展新的建設，是純為倭寇預備的，中國的學生只是做了學校的點綴品，中國的教授只做了他們的奴隸」。

與此同時，為了培養漢奸，日本辦了幾所漢奸學校，最有名的是「新民學院」。這個學校採取重金收買政策，學生在校期間除供給膳宿服裝外，每月還有不少津貼。學生畢業前，學校惟恐他們意志不堅定，於是讓他們去一次日本，美其名曰見習、觀光，實際上是讓人死

心踏地做日本的走狗。此外，日本在北平還建立了男女兩個師範學院，也不收學生的學費宿費膳費，可是這兩個學校的學生參差不齊，有漢奸，有半漢奸，也有革命青年，所以日本人對這兩個學校並不以為漢奸學校而客氣些。

　　淪陷的北平在日本人統治之下，但是，日本的統治只限離城十里以內，十里以外就是另一番情景。申青說他在長辛店火車上遇見帶著三個孩子的夫婦，大孩子約八歲，最小的才四歲，他們興起的時候唱了一首歌，第一聲竟是「起來！不願做奴隸的人們」。「這便是中國不會亡的偉大力量！抗戰的情緒不只有力的存在於成人的腦海裡，同時也成為小孩們生活的一部分了！中國不會亡！北平是被濃厚的抗戰力量包圍著！是死城！」申青用這樣的文字作為全文的結束語。[1]

　　這篇文章的作者署名「申青」，是 1940 年從北平考入西南聯大的。在這年新生名冊中，沒有找到「申青」這個名字，可能用的是筆名。這年，來到昆明的還有不少淪陷區青年，其中有後來成為中國兩彈一星元勳之一的鄧稼先。鄧稼先的父親鄧以蟄是北京大學哲學系教授，七七事變爆發後，他因患有嚴重肺病未能隨校南遷，一直在北平隱居不出，靠往日的積蓄過著清貧生活。當時，鄧稼先在西單絨線胡同內一所的英國人開辦的教會學校崇德中學讀書。1940 年春，北平市偽政府強迫市民和學生為「慶祝皇軍勝利」舉行遊行和慶祝會。鄧稼先感到這是奇恥大辱，大會結束後就把手中的紙旗子扯得粉碎，後竟被歹人告發。崇德中學的校長是鄧以蟄的朋友，他雖然把這件事搪塞過去，但建議鄧稼先最好遠離北平。於是，鄧以蟄決定讓長女鄧仲先帶著鄧稼先遠走昆明。離開北平的前兩天，鄧稼先與弟弟騎著自行車到了東四、景山、故宮、北海、西四，古都的文化沉澱，使他感慨萬千。鄧稼先是從天津乘船經上海、香港，到越南的海防，再經河內，從老街進入雲南。姐弟倆到昆明後，住在鄧以蟄的老友湯用彤的家裡。據

---

[1]　以上據青申：〈淪陷後的北平〉，《雲南日報》1940 年 9 月 6 日、7 日，第 3 版。

說當晚鄧以蟄的好友楊武之、張奚若、聞一多等就來看望，張奚若一進門就高聲道：「聽說又來了兩個小難民，快讓我來看看。」[1]見面後，大家免不了問到北平的近況，鄧稼先也肯定會講述他這次出走的原因，以及途中的千辛萬苦。

劉崇鋐、傅恩齡的報告和申青的文章，使人們對淪陷區的瞭解逐漸具體、細微。每一個都能從日本對淪陷區的高壓、盤剝、奴役中，感受到亡國奴的悲慘境遇，進而轉化為打回老家去、收復失地的動力。

第二節　怒斥投降

在堅持抗戰的各項工作中，反對妥協投降無疑是最重要任務之一。九一八事變發生後，最高統治集團內部就蔓延著一種悲觀氣氛。七七事變後，對日妥協的空氣並沒有由於全面抗戰的出現而中止。1938年底，國民黨副總裁汪精衛叛逃出走，淪為民族敗類，演出了一場遺臭萬年的醜劇。汪精衛的叛逃，再次將如何看待形勢，如何堅持抗戰的問題，嚴肅地擺在每一個人的面前。在這場反對妥協投降的鬥爭中，西南聯大和全國人民一樣，表現出極大的蔑視。他們和全國人民一起，拿起了批判的武器，顯示了威武不屈的民族氣慨。

1938 年 12 月 19 日，昆明一片藍天白雲，但是在這晴朗的天空下，卻出現了一陣陰霾。這天，汪精衛帶著周佛海、陶希聖、陳璧君等，悄悄地經昆明出走河內；20 日，陳公博亦自成都經昆明轉飛河內，追隨汪精衛去了。

汪精衛叛逃是個非常嚴重的事件，尤其是在中國艱苦支撐抗戰的形勢下，它給社會造成影響和危害不言而喻。為了挽救汪精衛，國民政府曾派當時正在河內的外交部長王寵惠勸汪，繼之又派陳佈雷前往勸其改弦易張，卻都遭到了汪精衛的拒絕。蔣介石雖然與汪精衛矛盾很深，但還是出於大局考慮，囑王世杰通過與汪精衛關係友好的胡適

---

[1]　這裏關於鄧稼先的記述，均據江蘇文藝出版社 1999 年 8 月出版的斯雲、耕夫著《鄧稼先》一書之〈逃離北平〉、〈西南聯大的優等生〉。

轉達了三點意見，希望汪精衛不要做反對國策的公開表示，不要與中央斷絕關係，並提出汪可以赴歐洲但不要到香港。然而，這些都沒有阻止住汪精衛的一意孤行。

汪精衛到河內後的第三天，12 月 22 日，日本首相近衛發表第三次對華聲明，聲稱：「日本只要求中國作出必要的最低限度的保證，為履行建設新積序而分擔部分責任。日本不僅尊重中國的主權，而且對中國為完成獨立所必要的治外法權的撤銷和租界的歸還，也願進一步予以積極的考慮。」這是日本對國民政府當局開出了又一個誘降條件，其五點內容的中心是願與「新生的中國」調整關係，否則便以「武力掃蕩抗日的國民政府」。

對此，蔣介石於 26 日在重慶國民政府總理紀念周發表的長篇演說中認為：近衛第三次對華聲明，「是敵人整個的吞滅中國、獨霸東亞、進而以圖征服世界的一切妄想陰謀的總括；也是敵人整個亡我國家、滅我民族的一切計畫內容的總暴露」。蔣介石演說中給汪精衛留有餘地，稱其至河內是「轉地療養，純係個人行動，毫無政治意味」，「不僅與軍事委員會無關，即於中央與國民政府亦皆毫無關係」。但是，叛國決心的已定汪精衛，卻於 28 日在河內發出《致中央常務委員會、國防最高會議書》，要求接受近衛聲明三原則，與日本恢復「和平」。繼之又於 29 日在致「中央黨部蔣總裁暨中央執、監委員諸同志」的「豔電」中，聲稱近衛對華第三次聲明是「欲按照中日平等之原則，以謀經濟提攜之實現」，國民政府與國民黨「應以此為根據，與日本政府交換誠意，以期恢復和平」。31 日，汪精衛更是將上述觀點公佈於香港《南華日報》。

汪精衛曾多次發表過有背民族生存的言論，曲解「焦土抗戰」，主張對日議和，說全面抗戰是「遊來遊去」等。因此，汪精衛叛國不是孤立事件，它證明悲觀情緒很容易演變為投降，因而堅定抗戰意志、反對妥協投降，再次成為擺在人們面前的嚴肅問題。

汪精衛是從昆明飛往河內的，他的叛逃在昆明引起的震動自然尤為強烈。汪精衛 1938 年 12 月 18 日下午飛抵昆明時，雲南省政府主席龍雲率領省政府各機關負責人至機場列隊歡迎。汪精衛在昆明僅逗

留了一天，但與龍雲會談了兩次。次日，汪精衛便帶著周佛海、陶希聖、陳璧君及曾仲鳴、陳春圃等乘坐龍雲代包的專機飛往河內。離去時，龍雲亦親往機場歡送。[1]

　　為了這次叛逃，汪精衛等蓄謀已久，周佛海於 12 月 5 日便提前飛到昆明。在昆期間，周佛海受到熱情接待，並與省府要人李培天（龍雲的小舅子、省民政廳長）、隴體要，省黨部委員陳廷璧、裴存藩等多次會談。12 月 7 日下午，周佛海拜會龍雲，就抗戰前途與如何收拾時局等問題交換了意見，周佛海在日記中說他們談了一個半小時，「所見大約相同」。[2]8 日，交通銀行董事長錢新之、中匯銀行總經理杜月笙、上海商商會主席王曉籟、新華銀行總經理王志莘一行，由河內飛抵昆明。[3]9 日，周佛海便與錢新之、杜月笙會談，兩人亦贊成與日本議和，惟意見與周稍有出入。[4]

　　12 日，應國民黨雲南省黨部邀請，周佛海在擴大紀念周上講演「抗戰前後之形勢」，鼓吹「中國之目的始終為和平」，凡是「合乎正義光榮的和平」都不應反對。13 日下午，他復赴省黨部向新聞界、出版界報告軍事、外交、財政、內政形勢，並對宣傳方針有所指示。

　　汪精衛到昆明後，本想拉攏龍雲，欲由龍雲發表擁汪通電，再由廣東張發奎回應，並將廣西、四川等地方實力派調動起來，以便與日本進行所謂的和平交涉。據說 18 日夜，龍雲曾表示過擁汪傾向，汪精衛離昆時，《雲南日報》消息稱其飛返重慶，並未如實報導飛河內。但汪前腳走，龍雲後腳便電告了蔣介石。電文云：「汪先生此次匆匆離滇，曾以效電略呈在案。查汪到滇之日，身感不適，未及深探，其態度亦不似昔日之安樣，不無詫異。臨行時，始道出真語，謂與日有約，須到港商洽中日和平事件，若能成功，國家之福，萬一不成，則

---

[1]　〈汪副總裁離滇飛渝，同行者有周部長佛海陶希聖先生〉，《雲南日報》1938 年 12 月 21 日，第 4 版。

[2]　蔡德金編注：《周佛海日記》，中國社會科學出版社 1986 年 7 月出版，第 200 頁。

[3]　〈滬金融實業界聞人杜月笙等聯翩抵省，龍主席派楊副官長代表前往歡迎〉，《雲南日報》1938 年 12 月 8 日，第 4 版。

[4]　蔡德金編注：《周佛海日記》，第 201 頁。

暫不返渝，亦不作離開鈞座之工作。職觀其言行，早有此種心理，惟關係甚大，未識在渝時與鈞座切實討論及此否？現陳公博繼續赴港，鈞座致汪馬電，因無從探轉，已交其攜住矣。」[1]龍雲的這種做法反映了其內心的矛盾。一方面，龍雲希望依靠汪精衛的勢力，保存他在雲南的實力；另一方面，他也很清楚這種不顧民族大義的行為必然千夫所指。權衡利弊後，龍雲才決定繼續留在抗日陣營中。

　　周佛海在昆明時，也與數位聯大教授見面，錢端升兩次往晤，17日還請周午宴，作陪者有蔣夢麟、張奚若、楊振聲等。當然，這些都是禮節性的，他們不可能知曉汪精衛集團的叛逃陰謀。隨汪精衛一起至河內的陶希聖是 12 月 10 日由成都飛抵昆明的，比周佛海晚五天到雲南。由於陶希聖身為北京大學教授，故受到西南聯大的歡迎，而且報載其來昆是應西南聯大之請前來講學，講題為「抗戰以來國際外交概述」與「中國社會經濟發展概論」。[2]前者是對西南聯大政治學系的講演，12 月 19 日《雲南日報》以〈英美法與太平洋問題，陶希聖先生在聯大講詞〉為題，刊登了講演內容。12 月 17 日下午 2 時，北京大學 300 餘人假雲南大學大禮堂召開建校 40 周年紀念會，北京大學校長蔣夢麟、清華大學校長梅貽琦、西南聯大主任秘書楊振聲及馮友蘭、羅常培等均出席，陶希聖亦受邀出席，並在會上做了致詞。[3]

　　西南聯大沒有料到他們熱情接待的周佛海、陶希聖，竟與汪精衛一起叛逃，因此引起的反響尤為強烈。憤慨的聯大學生最先對此投降行徑進行抨擊。1939 年 1 月 1 日，國民黨中央執行委員會常務委員會召開會議，做出開除汪精衛國民黨黨籍的決議。次日，西南聯大1019 名同學聯名致電蔣介石，要求通緝汪逆，並處以極刑。該電同時發給中央通訊社，請轉全國同胞。這份表達了西南聯大學生決抗戰

---

[1]　〈龍雲致蔣介石之馬電〉（1938 年 12 月 21 日），蔣介石總統府機要檔案。轉引自黃美真：《汪精衛集團叛國投敵記》，河南人民出版社，1987 年版，第 115 頁。

[2]　〈陶希聖抵滇講演〉，《雲南日報》1938 年 12 月 11 日，第 1 版。

[3]　〈北大四十周年，昨開紀念會，蔣夢麟等均致詞〉，《雲南日報》1938 年 12 月 18 日，第 4 版。

到底心的電文，也是一分沉寂多年的珍貴文獻，即使作為資料，也有
必要保存如下：

> 重慶蔣委員長鈞鑒：汪逆兆銘，通敵求降，消息傳來，舉國髮
> 指，今日抗戰已入第二階段，我全國上下賴鈞座德威，莫不堅
> 持抗戰到底之決心，方期勝利曙光，隨新年以俱來，乃汪逆以
> 中樞重寄，忽發為此極狂悖荒謬之行動，喪盡天良，危害黨國。
> 生等恨不能生食其肉，以洩國恨。敬祈轉呈中央，迅予通緝，
> 處以極刑，以彰國法，而安民心。生等誓以至誠，擁護鈞座抗
> 戰到底，殲彼國賊，還我河山。敬候驅策，萬死不辭。昆明國
> 立西南聯合大學學生一千零十九人同叩。冬。[1]

　　西南聯大的同學們，對汪精衛叛逃事極為關注，希望瞭解這一事
件的背景與後果，1月3日晚，羅文幹、錢端升應西南聯大時事研究
會邀請，在昆華農校做了報告。當時媒體說「到同學數百人，擁擠一
堂，全體情緒頗為緊張」，但他們究竟講了些什麼，消息僅稱「羅、
錢二氏，對汪投降近衛問題，分析解釋，頗為詳盡」，[2]只是未做詳
細報導。

　　汪精衛叛逃之時，也是日本積極向國民政府展開「誘和」之際。
4月17日蔣介石發表「斥和」談話，日本見「誘和」不成，遂改而
造謠，一會兒說英國大使將出面調和，一會兒說蔣介石飛昆明與英
國大使會晤。對此，錢端升指出：「敵人的目的無非要使友邦與我
國、中央與地方互相猜疑。要使友邦疑我有講和之意，而停止助我。
要使我國政府疑友邦將調和，而對於抗戰消極。要使地方疑中央將
和，而工作不緊張。要使中央疑地方有主和者，而感覺繼續抗戰之
困難。」但是，事實上英國大使來了，也與地方及中央當局會見了，
結果是「我們知英方絕無調和意，英方也知我方絕無屈降意」，日

[1]　〈聯大學生電請領袖通緝汪逆處以極刑〉，昆明《益世報》1939年1月3
日，第2版。
[2]　〈羅文幹錢端升講汪叛國，情緒頗為緊張〉，昆明《益世報》1939年1月3
日，第2版。

本關於「和議」的謠言破產了。錢端升強調:「凡是認識敵人及國際情勢者決不會主『和』。與敵人言『和』就等於降,真正的和平必在摧破敵國中的侵略勢力之後,更必須經過國際會議的程式。」[1]日本極力散佈謠言,目的無非是欲動搖人心,製造恐惶,正如教育學系陳雪屏教授所說:「謠言大都流行於非常時期。大眾正經受心理上的劇烈變化,一齊在等待著消息,任何消息同樣被歡迎。往往不容傳播者僅就他所見,所聞,和所能回憶的,作一簡單報告,便可了事。」[2]因此,駁斥謠言也是反對投降的工作之一,西南聯大在這方面,做了許多工作。

　　1939 年 7 月 8 日,汪精衛發表聲明,「宣佈與蔣介石絕緣,進行和平救國運動」,堅持「中日提攜」,接著從上海飛至青島,與偽維新政權梁鴻志、王克敏續商組織新傀儡政權事。大漢奸周佛海也為組織新傀儡政權大造輿論,7 月 22 日,他在汪偽《中華日報》發表長文《回顧與前瞻》,宣揚投降賣國論調,說「戰爭初期,南京有三種觀察,一是戰必大敗,和必大亂;二是和必大亂,戰未必大敗;三是戰必大敗,和未必大亂。」對於這三種觀察,他認為第三種是對的,因此主張停戰議和、對日和平。

　　面對投降濫言再次甚囂塵上,西南聯大的國民參政會參政員羅文幹、陶孟和、張奚若、楊振聲、周炳琳、傅斯年、羅隆基、錢端升,於 7 月 15 日以快郵代電形式致函國民政府主席林森和國民參政會議長蔣介石,發表討汪通電。這個通電雖然是西南聯大國民參政會參政員共同發表的,但也代表了西南聯大全校師生的一致立場。鑒於這個通電亦未收入西南聯大各類史料,特將全文轉錄於下:

> 重慶國民參政會秘書處轉呈林主席蔣議長鈞鑒,並轉各報館公鑒:自汪兆銘出走以來,其行動如中魔狂奔,國人由駭怪而悲憤,由悲憤而痛惡。政府既兩度處分,似足以防隱消患,遮蔽

[1]　端(錢端升):〈雲南龍主席斥「和」〉,《今日評論》第 1 卷第 20 期,1939年 5 月 14 日。
[2]　陳雪屏:〈談謠言〉,《今日評論》,第 1 卷第 8 期,1939 年 2 月 19 日。

其辜，不意彼之行動，愈變愈醜，其事若全出情理之外，其情
乃足徵此夫之惡。本月八日，即抗戰兩周年之次日，全國上下，
皆在痛中思痛，心懷殉難之將士，而自耻未喪其元，瞻念勝利
之前途，而益覺光明在望。乃汪竟於是日親口廣播，其電臺不
報名號，要當在倭寇侵佔之區，此一廣播，以誣中山先生始，
繼之以誣死節之將士，在役之官兵，受災之士民，凡我國家民
族，徹上徹下，盡為所誣。而於倭賊則備致其稱頌，是真集無
耻之大成，而甘心為倭寇之爪牙矣。汪之平素，不少覆雨翻雲，
然未有如此次之甚者。前年七月，彼在廬山倡為全國焦土全民
殉國之論，一年有餘，抗戰緊張之時，遽而出走，倡其投降之
說。又如參政會第二屆開會時，彼應詢問，為和平作一解說，
謂中國素重和平，戰端乃由倭賊侵略而起，侵略愈甚，和平愈
無望，倭寇一日不放棄其侵略，即一日不能和平，以侵略中之
和平，全非和平，而是投降也。今又一反其說，以投降為倡。
凡此前後顛倒，足知此夫之心中，實無定見，只是以其無名之
惡氣，思得傀儡之高官，更以國家民族之前途，為其嘔氣之物
耳。前言猶在我輩之耳，正義早離此夫之心，此夫豈特未具政
治之素養，抑亦全無人類之心肝。夫立國於世，士氣為基，立
身之本，知節為要。今汪造此奇耻，固為民族之羞，然彼既如
此自毀，實於抗戰前途，絕無影響。所恨者中國竟出此人耳。
汪之行事，外人見之，偶不免於惶惑，淪陷區人民聞之，實增
其無盡之悲痛。政府現已將其通緝，尤應迅速將其捕獲，以泄
普天之憤。全國血氣之倫，有知之士並宜論其罪惡，以申大義，
而示子孫，國家前途，實利賴之。謹述衷誠，伏乞垂察。羅文
幹、陶孟和、張奚若、楊振聲、周炳琳、傅斯年、羅隆基、錢
端升叩。[1]

---

[1] 〈羅文幹等憤慨陳詞，痛斥汪逆叛國無恥，此夫不要名節全無人類心肝，希
政府從速捕獲究辦〉，《中央日報》「重慶各報聯合版」1939 年 7 月 20 日，
第 2 版。

　　這個表現了中華民族浩然正氣的討汪通電，旗幟鮮明地呼出了全國人民的共同心聲。通電上署名的是八位西南聯大參政員，從領銜者與行文語氣看，它應出自羅文幹之筆。這位深孚眾望的老資格學者，並不以此為滿足，23 日他又發表了《和與戰》，對投降主義進行了嚴厲批判。

　　羅文幹說，中國自古以來就有「非戰」之訓，「不論儒墨道，皆以和平教人」。但是，戰爭有「義」與「不義」兩種性質，「倭寇侵略我土地，殺戮我人民，姦淫我婦女，我起而抗戰，是義乎？抑不義乎？是我攻倭寇乎？抑倭寇攻我乎？」接著，他針對 7 月 9 日香港英文《華南早報》刊登的幾種妥協觀點，逐一分析批判。

　　妥協投降者的第一個理由，是「孫中山先生曾謂民國革命之成功，全賴日本之諒解，此說甚確；現日本已躋於強國之列。中國方始進步，故中國與日本戰，是無異以卵擊石」。羅文幹說：「孫中山先生曾否有此語，外人不得而知；我們所知道的，康梁兩先生談憲政而失敗，孫中山先生倡革命而成功，其不同者，盡在所倡之民族主義，若謂倭強我弱，是以卵擊石，則歷史當不許弱國國強，小國圖存，皆要學奧捷降德方對了。」

　　妥協投降者的第二個理由，是「如中日對外交軍事有共同政策，又根據平等互助原則，經濟合作，則中國可致富強，中國富強，日本自蒙其利，然若此（日本之利）是損害中國主權，可答曰：必非也。」羅文幹批駁說：「倭寇之『興亞院』，與我舊制之『理藩院』何異？與各國之『殖民部』何別？滿洲國之主權，與各獨立國之主權，有無異同，不辯自曉。倭奴平沼七月七日演說，曾聲明倭奴在內蒙華北及其他有防共必要地帶，仍須駐兵；又謂各國如有不明事理，仍助蔣政府，直接或間接防阻倭寇設立東亞新秩序者，倭寇對各該國必取有效之方法以應付之；再謂中國新中央政府成立，日滿必即予承認等語。」羅文幹嘲弄地說，這種日本所謂的平等、互助、合作，其實不過是自欺欺人，看看溥儀的兒皇帝地位，就不用再多解釋了。

　　妥協投降者的第三個理由，認為「中日合作，有無侵害第三國權利？可答曰：無之，因中日共存共榮，與第三國之合法權利，並無妨

礙。」對此，羅文幹以國際法學者的身份，指出「各國在華權利義務，九國公約，規定甚明，倭寇亦為簽字國之一。倭吞併我，有無利害衝突，九國當自知之，何勞他人代謀」。

對於妥協投降者提出的第四個理由，即「蔣介石將軍根本拒絕日本和議，並以高壓獨裁手段，不准在國民黨內及中國境內言和；此六月間，較前尤甚。」羅文幹說：「按和戰大計，兩年來皆係依法定程式決定，今日即有變更，亦惟有依法辦理；國人曰戰則戰，國人曰和則和，以一己之意言戰固不可，以一己之意言和亦不可。昔年談政治者，託庇租界，已受外人譏笑，謂為租界政治家，今身入敵境，順敵言和，恐更貽羞後世。」

至於妥協投降者的第五個理由，「不談和平，輕言抗戰，究因何故？今回戰爭，須知我軍民已顯出中國之民族覺悟精神，更須知共產黨正在陰謀利用此種新出世之民族覺悟，以顛覆我民族。」羅文幹運用以彼之矛攻彼之盾，說：「上文甫言中國與倭寇交戰，是以卵擊石，此處忽又向我軍民，備極恭維，真不可解。至謂共產黨之陰謀利用，尚屬未然，近似誅心之論。至倭寇之滅亡東省，則為已然，天下有目共見，倭寇借防共為名，行侵略之實，我豈可甘自墮其術中。」

妥協投降者的第六個理由，是「現惟有兩路可走：一路是隨蔣介石將軍之抗戰，然歸其指揮之部隊，已無力與日本抵抗，並無力統轄共產黨；另一路是實現孫中山先生之遺教，先與日本言和，再謀東亞秩序之維持。蔣介石將軍之路，是使令民族滅亡，其他一路，則使令中國再生及東亞繁榮。」羅文幹理直氣壯地說：「我國軍事力量何如，兩年來中外共見，譽之固須依據事實，毀之亦應依據事實。倭寇已往所勝者，是武漢之役南昌之役等等，我所與爭者，是中日之戰。我假不降，孰為勝負？中國自鴉片戰爭以來，自信力已失百年矣，此回抗戰，民族精神，賴以復興，今乃謂為使令滅亡民族，夫又誰信？至謂事敵為孫中山先生之遺教，雖黨外人，亦敢為呼冤地下。」

最後，羅文幹堅定表示：「今日為人道正義，不可不抗戰；為條約尊嚴，不可不抗戰；為民族及國家生存，不可不抗戰。」現在，「倭寇正騎虎難下之際，利我繳械投降，故不惜稱言和及著手偽組織之徒

為『有識之士』。失節事敵，有識乎？無識乎？讀聖賢書，所學何事，恐倭奴竊笑於旁罷。」[1]

1939 年 8 月 28 至 30 日，汪精衛在上海召開偽「中國國民黨第六次全國代表大會」，消息傳來，人們無不憤怒，紛紛通電譴責。雲南省農會、省教育會、省婦女會、省佛教會、省抗敵後援會、國際反侵略大會昆明支會、省新生活運動會、昆明市慈善會、昆明市商會、昆明市總工會等及其所屬 1043 個團體，於 1939 年 9 月 2 日聯名發表通電，聲討汪精衛變本加厲可恥行徑。電云：「汪逆兆銘，通敵求和，危害黨國，甘為漢奸，逆跡昭彰，早為國人所唾棄。乃汪逆梟獍成性，近復變本加厲，謬皤邪說，盜竊名義，召開偽全國代表大會，積極與敵製造偽組織，以遂其獻媚敵人，出賣祖國之陰謀。喪心病狂，危害國家，莫此為甚。本省各界民眾，誓本中央既定國策，擁護最高統帥，抗戰到底。對汪逆此種賣國行為一致聲討，甚盼我黨政軍當局，及全國同胞，一致主張，誅滅叛逆，剷除附逆漢奸，以完成抗戰建國之大業。」[2]

1939 年 12 月，汪精衛與日本簽訂賣國條約，次年 3 月又在南京成立日本卵翼下的偽國民政府。這些行徑更加激起西南聯大師生們的同仇敵愾。1940 年 1 月下旬，蔣介石為日汪密約發表《告全國軍民書》與《告友邦人士書》。3 月 1 日，西南聯大三千多師生齊集新校舍大操場舉行本月國民動員月會，同時舉行聲討汪精衛大會。會上，傅斯年做了「汪逆之罪行」的演講後，全體師生一致通過討汪通電。[3]

3 月 3 日，馮友蘭在《雲南日報》發表《汪精衛的行為與先賢道德教訓》，對汪精衛投降行為進行批判。文中稱「汪精衛的行為，倒行逆施，愈出愈奇」，真乃「無所不至」。馮友蘭說：「汪精衛所發表底主和的似是而非底理由」，「實在是不值一駁」。例如汪精衛說「沒有不和底戰事，既然要和，不如早和」，這句話從邏輯上就說不通，

---

[1] 羅文幹：〈和與戰〉，昆明《益世報》「星期論文」，1939 年 7 月 23 日，第 2 版。
[2] 〈滇全省各法團，昨聯銜通電討汪〉，昆明《益世報》1939 年 9 月 3 日，第 3 版。
[3] 〈聯大今開討汪大會〉，《雲南日報》1940 年 3 月 1 日，第 4 版；〈聯大師生三千餘人通電申討汪逆精衛，並請傅斯年演講「汪逆之罪行」〉，《雲南日報》1940 年 3 月 2 日，第 4 版。

若按汪精衛的理論，豈不也可以說「天下沒有不死底人，既然要死，不如早死」嗎。可見，汪精衛的投降原由，不過是「外以欺人，內以欺己」。馮友蘭在文中還提醒人們切切不可忽視悲觀妥協的閃念，汪精衛曾經是反清勇士，但「他革命時不顧不切，勇於為善，到墮落時，也不顧一切，勇於為惡」。由此可以說明，「一個人若作了一件小惡，他即有再作一件更大底惡的可能。若此逐漸推下去，自然無所不至了」。正因如此，現在更應提倡「防微杜漸」。[1]

汪精衛的倒行逆施遭到西南聯大師生的批判，他們拿起擅長的理論武器，僅在《今日評論》，這一時期就相繼發表有《汪賊與倭寇──一個心理的分解》（傅斯年）、《汪逆決不配稱政治家》（王贛愚）、《論傀儡政權》（王迅中）、《日偽訂約》（錢端升）、《傀儡組織與偽約》（邵循恪）等。

第三節　精神支柱

樹立抗戰信念，既是堅持抗戰的精神支柱，也是爭取勝利的基本保證。但是，成對敵強我弱的現實，能否取得抗戰勝利，能否重返故園，有些人不免懷疑，正如經濟學系蕭叔玉教授所說，抗戰以來他「常常聽人說中國是一個貧弱的國家，鴉片戰爭敗於英國，其後又有中法、中日兩次戰敗，所以許多人認為一個貧弱的國家怎能抵抗一個富強的日本。[2]曾昭掄也認為「恐日」久已有之：甲午戰爭期間北洋艦隊與日本作戰，南洋艦隊卻與日本來往，即是中國軍隊懼怕日本的一種表現；「九一八「事變後，東北軍不戰而退，也有同樣的心理因素。[3]

---

[1]　馮友蘭：〈汪精衛的行為與先賢道德教訓〉，《雲南日報》「星期論文」，1940 年 3 月 3 日，第 2 版。

[2]　蕭叔玉講，趙汝青、王正昌記錄：〈我們抗戰的經濟力量〉（抗敵精神講話），《民國日報》1938 年 5 月 29 日，第 4 版。本書所引《民國日報》，除特別注明者外均為雲南《民國日報》。

[3]　曾昭掄講，楊向春、谷春華紀錄：〈對於中日大戰之認識與分析〉（抗敵精神講話），《民國日報》1938 年 5 月 28 日，第 4 版。

　　抗戰開始後，前途如何，能否成功，對一些人來說，還是一個未知數，以致在有些人內心深處，存在著一種悲觀情緒。1937 年 7 月 14 日傍晚，陳寅恪與吳宓在清華園散步，面對老友，陳寅恪說了番心裡話。他認為，「中國之人，下愚而上詐。此次事變，結果必為屈服」。陳寅恪還認為「華北與中央皆無志抵抗，且抵抗必亡國」，故「屈服乃上策」，否則「一戰則全局覆沒，而中國永亡矣」。因此，只有「保全華南，悉心備戰，將來或可逐漸恢復，至少中國尚可偏安苟存」。[1] 7 月 21 日，吳宓在日記中又一次記錄了陳寅恪「戰則亡國，和可偏安，徐圖恢復」的主張。[2]

　　在長沙臨時大學南嶽分校，這種悲觀情緒也時常有所流露。聞一多曾說三校「教授們和一般人一樣，只有著戰爭剛爆發時的緊張和憤慨，沒有人想到戰爭是否可以勝利」，這是因為「既然我們被迫的不能不打，只好打了再說」，因而那時人們「只對於保衛某據點的時間的久暫，意見有些出入，然而即使是最悲觀的也沒有考慮到最後戰爭如何結局的問題」。[3]

　　到了蒙自分校，這種狀況依然存在。蒙自遠離戰爭煙塵，給人一種世外桃園的感覺，加之那一時期正面戰場不斷失利，以致「有些被抗戰打了強心針的人」，「興奮的情緒不能不因為冷酷的事實而漸漸低落了」，於是每到吃飯時，總有一些教授「大發其敗北主義的理論」。聞一多說，「他們人多勢眾，和他們辯論是無用的，這樣，每次吃飯對於我簡直是活受罪」。[4]

　　很多人知道陳寅恪在蒙自寫過一首詩：「風物居然似舊京，荷花海子憶升平；橋邊鬢影猶明滅，樓錢笙歌雜醉醒。南渡自應思往事，北歸端恐待來生；黃河難塞黃金盡，日暮關山幾萬程。」不必隱諱，「北歸端恐待來生」反映了某種悲觀情緒。陳寅恪是深受傳統文化薰

[1] 吳學昭整理：《吳宓日記》第 6 冊，第 168 頁，三聯書店 1998 年 3 月出版。
[2] 吳學昭整理：《吳宓日記》第 6 冊，第 174 頁。
[3] 聞一多：〈八年的回憶與感想〉，西南聯大除夕副刊編《聯大八年》，第 3 頁，西南聯大學生出版社 1946 年 7 月出版。
[4] 聞一多：〈八年的回憶與感想〉，《聯大八年》，第 6 頁。

陶的學術大師，北平淪陷時，他父親陳三立以 85 歲高齡憂憤絕食而死，陳寅恪將家屬留存北平，隻身一人到蒙自，表現了士大夫的氣節。但是，作為歷史學家，他非常清楚中國自古以來北方前後出現的三次大規模的南渡，無論是第一次西晉南渡，或是第二次北宋南渡，還是第三次晚明南渡，最後都沒有回到故里。儘管那些南渡者也高喊過收復河山的口號，但終不免「風景不殊，晉人之深悲；還我河山，宋人之虛願」[1]。那麼，在日本強敵進攻下三校師生隨著北方民眾的第四次南渡，真能打敗侵略者，改寫這一歷史麼？可見，陳寅恪詩中反映的情緒雖然只是少數人的悲觀，卻說明宣傳抗戰意義，堅定抗戰信心，在抗戰初期是多麼重要。

人們不否認抗日戰爭是一場敵強我弱、力量懸殊的戰爭，但中國的抗戰是在不得已情況下的被迫應戰，戰則可能存，不戰則必亡。馮友蘭在一次演講時說：「中日戰爭因利害不同，敵人欲為東亞主人，我們豈肯為其奴隸？故解決辦法，惟有抗敵一途，非知勝而戰，實則非戰不能自存。」[2] 既然不得不抗戰，就必須樹立堅定的信念，西南聯大在這方面做了許多努力。

1938 年 5 月，在最需要堅定抗戰意志的時候，曾昭掄應雲南省綏靖公署邀請，為政訓班補充第四、五、六大隊軍官做了一次「對於中日大戰之認識與分析」的演講。演講中，他強調「一個意志很堅強的民族，決不會失敗」，但前提是必須「有一個必勝的信念」和「堅強的意志」。他以世界近代歷史為例，說「拿破崙打到俄國的莫斯科，但結果被俄軍打敗，這是拿破崙想不到的」。還有，「歐戰時德國在一兩個月內，由比國打到法國，但四年的工夫，不能越過凡爾賽一步」。蘇聯也是這術，「蘇聯革命初時，德國進至莫斯科，蘇俄只是求辱求和，後來又遭世界的反對，援助白俄，甚至在西伯利亞環攻，但數年之後，白俄消滅，蘇聯新興而為世界強國」。世界是這樣，抗戰以來中國也不少例子。北平、天津僅僅三天便相繼淪陷，上海、南京幾十

---

[1]　馮友蘭：《國立西南聯合大學紀念碑》碑文。
[2]　馮友蘭：〈及時努力勿貽後悔〉，〈沉痛紀念九一八，大家要用血肉保衛祖國雪恥復仇〉，《雲南日報》1939 年 9 月 19 日，第 4 版。

天也接連失守。曾昭掄說當時大家都很傷心，但是再想一下，「南口的血戰，湯軍從綏遠到南口，死拼了二十多天，消滅敵人萬餘。」在上海，日本「用很精銳的機械化部隊，數量也超過多倍，但我們也居然抵抗了七十多天」。在山西方，開始時因軍隊不得力，稍有不利，「但在忻口抵抗的中國軍隊，居然轟轟烈烈的和敵人死拼了二十三天」，如果「不因晉東的被抄入，當然還要死拼下去」。徐州方面，「事前一般人很認為悲觀，恐怕一刻都不容易守，但我們也居然守了四個月多，消滅敵人十幾萬。台兒莊一戰更使敵人膽寒」。

曾昭掄用「了不起」和「了不得」稱讚堅持抗戰精神的同時，還指出中國抗戰力量不斷加強的事實。「日本在淞滬戰事以前，認為只消一師團的兵力，就可掃蕩中國軍隊，征服整個中國」。日本進攻徐州前，吹噓「日本兵一個足以抵擋中國兵十個」，只須「用日本三分之一的兵力，就可以征服中國」。可是，台兒莊一戰後，日本「不得不認為必須長期作戰」，並為此頒佈了總動員法令，這正證明了日本的狂妄，證明瞭中國抗戰力量的加強。「十年以前，真是沒有想到怎樣的和日本拼」，「一年以前，沒有人想到可以和日本拼十月，乃至拼下去」，曾昭掄說，但是，「現在我們居然和敵人死拼，而且有打勝的把握」，這「真是奇跡」啊。[1]

1939 年初，抗戰已經進行了 18 個月，雖然「抗戰必勝，建國必成」已成「當代金言，不獨一般周知，且為眾民樂信」，但法律學系蔡樞衡教授坦率指出對此有人是出自感情，有人是出於附和，也有人誤解為可以坐等日本敗退，以致「時至繼續抗戰十有八月之今日，回溯既往，犧牲慘重，瞻矚未來，艱窘尤多」。蔡樞衡認為這是一個關係到如何堅持抗戰的重要問題，因為事實上存在著這樣一些現象：感情者「漸為近視的自己保存欲望所克服」；附和者「因已往事實之昭示而動搖」，誤解者「因信念不符事實而轉為懷疑」，錯誤者「更因十八月來不利的發展變成『抗戰必敗，建國不成』之信徒」；宿命的亡國

---

[1]　〈抗敵精神講話〉（即曾昭掄講，楊向春、谷春華紀錄之〈對於中日大戰之認識與分析〉），《民國日報》1938 年 5 月 28 日，第 4 版。

論者則「自始即未肯定『建國必成，抗戰必勝』為真理」。於是，「戰尚未敗而氣先餒，國尚未亡而心先散」，如果這種狀況「長此不能納諸正軌」，則「今後之危機必有甚於過去」。

蔡樞衡堅信抗戰必勝，他從三個方面論述了自己的理解。

第一，國際因素。蔡樞衡認為，日本對中國的侵略，從其國內政治上看，「不外明治大陸政策一部之實現，或頑固貪狠的軍閥認識錯誤之結果」。從國際社會經濟上看，則是「資本主義內在矛盾日趨深刻之餘，要求殖民地及市場再分割之表現」。但是，如果抗戰失敗，中國便從過去各國公共市場的半殖民地，變成日本專屬市場的全殖民地，這是世界列強所不容的。如果抗戰勝利，「不獨在我建國過程中仍為東方一大公共市場，即在建國完成後，以吾民族之好交際，愛和平，亦必在平等互惠原則下永為各國公共市場」，這已為「皆友邦人士之所深知而切感者」。因此，「我之利害存亡與世界利害得失有其共通點」，只要「吾人不自甘亡國，直接間接之援助與扶持的精神之鼓勵與物質之接濟，知必與日俱進」。最近英美借款之成功就是事實，相信「今後必日趨好轉」。

第二，兵員因素。蔡樞衡承認在士兵素質上，中國明顯落後。「日本久已推行徵兵制度，國民教育普及程度達百分這九十五以上」。反觀中國，「徵兵制度方剛推行，曾受教育者百分數幾與日本未受教育者之百分數相去不遠」。此外，蔡樞衡也承認「彼以厭戰之兵，遠征久戰，既老且疲，不免降低幾分優質之性能」，然「與中國一般軍隊比較，良窳顯然，毫無疑義」。但是，「吾國人口號稱四萬萬五千萬，約五倍於日本，出兵自亦可達五倍之數」。金錢可以借貸，軍械可以購買，「人口兵員則不賣而難貸」，這便使「以我之量不難勝彼之質」。何況「戰期愈長，死傷癒多，彼之量減則質亦隨之」，加上中國士兵素質還可以在戰爭中不斷提高，「既擁莫大之量，復有日高其質之利」，故「最後勝利，自屬可能」。

第三，經濟因素。蔡樞衡認為現代戰爭在某種意義可以說是「黃金戰」，日本的黃金保有量原極有限，國內的銀行券也可以變為紙幣，並強制通用而不兌現。但是，「軍械及軍需原料之購買，端賴

黃金以付值」，黃金一旦告罄，「不獨槍炮子彈飛機坦克無法獲得
及製造」，貨幣制度也會隨著黃金告罄、外匯慘落而不可收拾。一
旦出現這種情況，日本必然工人失業、日用品匱乏、輸出減少，國
內生活困難重重。都市經濟的失常勢必給農村經濟造成危機，加上
「食糧生產量復因農民赴戰而減少」，如此周而復始，互為因果，
最終導致社會經濟的整個崩潰。日本又「非可閉關自給自足」，若
「各國絕其貿易及借貸，固不必待其黃金之用盡而始敗」。相比而
言，中國有利條件甚多，「都會鄉村間迄（今）仍保持相當獨立性」，
「大都會及交通線之喪失，僅能增加軍事及物資運輸之困難，不足
動搖經濟機構」，而且「僑胞之匯款可為調劑外匯之助」。此外，
中國得道多助，「有各國偉大同情」，「有款可借，有械可買，有
土產之輸」，還有「歷史法則固其抗戰必勝之信念」，這樣的環境，
可謂是「千載一時」。

　　做過上述分析後，蔡樞衡認為就現實而言，「利於我者有之，利
於彼者亦有之」，「利於我者乃抗戰勝利之條件，不利我者乃亡國之
原因」。能不能達到「抗戰必勝，建國必成」，還有待於「吾人能否
持久爭取並促進有利條件之發展，以迄於最後」，也就是「有利條件
之把握固在我，有利環境之利用亦在我」，因此是存或亡，其關鍵「在
我而不在人」。[1]

　　軍事實力是建立在經濟實力上的，經濟不如日本是悲觀情緒的主
要原因之一。坦誠地說，中國和日本在經濟上的確存在相當差距，但
多年研究經濟學的蕭叔玉教授認為「我們的經濟力量雖然不如敵人，
但是也不似想像那樣的脆弱」。1938 年 5 月底，在向昆明某政訓班
炮兵、護衛、交通、憲兵等部隊軍官做「我們的抗戰經濟力量」演講
中，蕭叔玉著重說明瞭這個問題。

　　蕭叔玉首先指出對於經濟力量的認識，存在著三種觀念：一是「沒
有錢不能抗戰」，一是「入超不能抗戰」，一是「財政收支不平衡不
能抗戰」。這三種認識雖然有其一定理由，卻都是錯誤的。蕭叔玉分

---

[1]　蔡樞衡：〈勝敗的關鍵〉，《雲南日報》1939 年 1 月 29 日，第 3 版。

析第一種觀念時說：如果一個國家既有金山和銀湖，也有糧食軍火，但「與國際間沒有貿易關係」，那麼「他能打仗嗎」。所以，抗戰「需要的是糧食和軍火，而非金錢」，只要中國能夠生產，能夠取得必需的軍需品，就可以打仗，而且可以打勝仗。對於第二種觀念，蕭叔玉認為不必把入超看得過於重要，「所謂入超只不過是中國與外國貿易上的關係而已」，英國、法國也是入超的國家，即便多金的美國也有入超現象，「強盛的國家都免不了入超，何況我們是一個落後的國家呢」，因此說「入超就不能抗戰」是沒有道理的。再說，「我們的華僑和外國的慈善機關，每年都有大批的款項匯回國內，這也是我們入超的一個補償」，可見「我們的抗戰是不成問題的」。至於第三種觀念，蕭叔玉認為在正常情況下，國家的財政應該收支相抵，可是，「到了非常時期，這個原則就不適用了」。比如食物，平時自然選擇可口而富有營養，但到了危急之際，就是最下等的東西也得拿來充饑。平時工作，最多只能 12 個小時，可到了戰時，便可增加到 24 個小時。目前，中國已經到了危急在望的最後關頭，再也不能計較財政上收支平衡不平衡的問題，「要趕快設法來應付這個危機，一切問題，惟有待抗戰之後再說」。

接下來，蕭叔玉指出戰時經濟最重要的是保證作戰物質，這是抗戰最基礎的經濟原則。對於這個問題，他從四個方面進行了分析。

第一，與西方諸國有重要經濟中心和經濟機構的國家相比，中國的經濟制度不是集中制度，而是散佈在全國各地的制度。因此，西方國家的經濟中心被佔領時，其經濟便如一個人的腦袋受了重傷，全身就失去力量。而中國的各地自給經濟，既是缺點也是優點，儘管北平、天津、上海、南京等重要都市相繼失陷，但中國的「經濟並不受影響，其他各地經濟機關仍如平時一樣，生活仍繼續發展，抗戰仍繼續下去」。這就也比是馬蝗一樣，「雖然截做幾段，也能活下去」。換句話說，「中國經濟情況雖然不好，但是支援長期抗戰是不成問題的」。

第二，吃苦耐勞是中華民族的特性，這種特性「在戰時更表現我們的民族精神」，而且「吃苦耐勞的精神，遠在其他民族之上」。因

此中國人民「吃的不得飽，穿的不能禦寒，但是他們還能繼續的生產，這在我們抗戰上幫助很大」。

第三，中國軍隊在前線忍受的痛苦，也是其他各國不能忍受的。歐戰時，美國兵士物質生活優厚，但仍多數人仍對其待遇表示不滿。而中國前線的將士，過的「幾乎不是人的生活」，「吃的不能飽，穿的也很單薄」，可「他們還是英勇的抗戰」，「這種精神，實在值得欽仰」。

第四，中國的經濟力量雖然有限，但外國的幫助並未斷絕。作戰物資方面，一旦滇緬公路修通，軍火供給將源源不絕，那時軍事力量會大大加強。食物方面，以農業立國的中國，穿的吃的都可以自己生產，即使到了最不得已的時候，「也可以用我們民族固有的特性（吃苦耐勞）來增加生產」。

蕭叔玉相信中國的經濟力量是很大的，但同時也提醒說「我們要準備過最低限度的生活，準備吃一切痛苦，把一切人力物力都貢獻給抗戰」。蕭叔玉用美國革命的歷史來鼓舞人們的士氣，他說：「從前美國革命時，他們的經濟力量很薄弱，華盛頓領導著整整八年的戰爭，士兵的穿吃都非常痛苦」，但是「到了一八八三年，最後勝利終歸於美國」。蕭叔玉認為中國的現狀與當年的美國十分相似，主張中國人們應當「像美國一樣，在不利的情況下，以犧牲的精神繼續奮鬥下去」，「那麼三年之後，必可獲得最後勝利」。

在這次演講中，蕭叔玉還提到一個注意的現象，即與盲目悲觀相伴存的盲目樂觀，其表現之一就是對日本做不切實際的貶低。蕭叔玉說他常常在報紙上看到日本經濟如何如何，不久行將崩潰的報導，他覺得這種說法「不甚妥當」，認為「我們不能把敵人的經濟力量估計太輕，估計輕了反而有害」。因為「日本的經濟組織，並不像報上所說的那樣簡單，若說他在三五月後即崩潰，那是不當的」。雖然日本「在財政上是感覺困難，人民的痛苦日愈增加」，雖然日本「陷在戰爭的泥塘中」，但是，它「不能不作最後的掙扎」，即使「經濟上發生危機」，「也不得不儘量的支持下去」，因為日本很清楚，如果不堅持下去，勢必「轉強為弱」。蕭叔玉提醒說這

不是他「故意對日本誇口，這乃是事實」，所以希望人們「不要以為日本經濟不久既要崩潰而遽作樂觀」。[1]

1939 年 7 月國際間發生兩件與中國抗戰關係重大的事件，一是英日東京會議 7 月 24 日簽署《有田──克萊琪協定》；另一是 7 月 27 日美國國務院發表公報，廢止 1911 年與日本簽訂的友好通商航海條約。對於前者，英國的對日妥協顯然於中國抗戰不利，對於後者，則輿論公認「這是自華盛頓會議後美國對遠東採用強硬態度最重要的一頁」，「深獲整個中華民族四萬萬五千萬人衷心的感戴與景仰」。[2]因此，「國人聞英倭談判而失望，聞美倭廢約而相慶」[3]。這年 8 月，日本出現加入德意軍事同盟的動向，這是緊接前兩個事件之後出現的又一件與中國抗戰關係密切的事件。面對這些國際關係喜憂參半的變化，對於中國人民來說，最重要的仍然是堅定民族自信心。政治學系王贛愚教授的一篇題為《培養民族自信心》的文章，就是在這種形勢下發表的。文中在縱論了抗戰必勝的外部因素後，特別強調增強民族自信心是爭取抗戰勝利最重要的保證。

中國目前的處境，比任何時期都更迫切地需要外援，因此期待國際出現有利於我的變化，是人之常情，不難理解。王贛愚承認這一點，但是，他說也許正因為人們「望外援之心太切，所以逢遇他國助我的程度不達理想中之高，或有利形勢的演變不如所預期之快，方「常常有悲憤的感覺，彷徨的情緒，甚至於引起思想與意志的動搖」。然而，任何一個國家的對外行動，都是以自身利害為轉移，因此作為政治組織的國家，在外交上只能「計利害，論現實」，與具有情感的人民中可能出現的「講恩怨，辨是非」，存在很大距離。故爾王贛愚認為「我們獲得外國人民道義上的同情，並不甚難，但要取得他國實力的援助，卻不容易」。理由很簡單，「國際的同情常常是正義的激動，而

---

[1]　蕭叔玉講，趙汝青、王正昌記錄：〈我們抗戰的經濟力量〉（抗敵精神講話），《民國日報》1938 年 5 月 29 日，第 4 版。

[2]　〈告美國朝野人士〉，《雲南日報》社論，1939 年 7 月 29 日，第 2 版。

[3]　〈倭奴加入德意軍事同盟，羅文幹昨在文化座談會講〉，《雲南日報》1939 年 8 月 23 日，第 4 版。

國際的援助卻沒有不基於利害觀念的」。明白了這一點，就「既不可因某國一時助我之趨於積極而過分樂觀，又不可因為某國一時助我之趨於消極而沮喪失望」。

王贛愚又說，沒有人否認外援對中國抗戰的重要作用，但是，客觀的形勢是我們用落後的裝備與日本作了兩年的殊死戰鬥，其不屈不撓的精神雖博得國際友好人士的同情，卻未見友邦國家有多大長進。這說明運用外交造成於我有利的國際環境固然重要，「但培養民族自信心，實比運用外交重要得多」。毫無疑問，「民族自信心的發揚是整個民族存亡的關鍵，自信心一日未滅，國恥隨時可雪，國難隨時可蘇」。

說到民族自信心，王贛愚對當時流傳甚廣的盲目自大進行了批評。他說，有人經常聲稱中國是個同化力極強的民族，遠如蠻戎、匈奴、突厥，近如遼、金元、滿清，凡是塞外各族侵入，無不逐漸被我同化。不悉是被我征服，或曾征服我們，總之終久都會融於中華民族的大熔爐。王贛愚認為這種所謂的民族自信心實際上「民族誇大狂」，在物競天擇的今天，竟然「還要靠同化力為自信心的根據，實在極其危險」。不錯，兩千年來中華民族的確是同化他族的主體，那是「因為過去我們在世界歷史上，文化光芒萬丈，無與倫比」。可是現在呢，「我們民族既然受著異族的壓迫，日甚一日，有人還以為同化力特強可免滅亡之禍，實不過於憂愁困苦之中，聊作自解而已」。可見，「振起民族自信心的方法，不是一味誇耀已往的光榮，而應該是目前做出足以啟人自信的成績」。

「民族自信心是精神國防的基礎」，王贛愚這樣看待民族自信心。那麼，什麼是民族自信心呢，它應該包含哪些品質呢。王贛愚說：抗戰時期，民族自信心「就是說一個民族不（能）忍受異族的統治、強權的壓迫，堅決的下著捍衛民族人格、維護國家主權和保持領土完整的決心，只求達到這項目的，雖赴湯蹈火而不辭」。換句話說，「縱令自己是一個弱國，國民仍是毫無憚忌的負起保持民族人格、綿延民族生命的責任，不特不肯示弱於人，而且還要遠勝於人」。有了這種品質，才能「無時不在改進自己的環境地位」，努力「使祖國躋於世界列強之林」。

「目前」，王贛愚說，「我們所遭遇的，是幾千年來未有的局面，我們所以為肉搏的奮鬥，無非求自拔於滅亡，而躋於生存」。因此，「已往歷史上的光榮，不必誇大，目前社會上的病根，亟應根除」。他相信，在困苦艱難的環境中，只要能自信，能自立，能自助，其他都不愁沒有辦法。[1]王贛愚的文章，針對的是英日東京談判期間出現的一些傾向，但過度依賴外援的觀念，卻是一直存在著的，因此克服這種觀念，是加強民族自信的必要工作。

第四節　兵役宣傳

以西南聯大學生為主要成員的兵役宣傳，也是西南聯大參與的抗戰有直接關聯的一項工作。不過，由於材料有限，這裡僅能對 1940 年進行的兵役宣傳略做介紹。

1940 年的寒假與暑假，西南聯大都組織了兵役宣傳。這年開春，西南聯大組織了兩個兵役宣傳隊，一個是先是三青團組織的，一個是進步社團群社組織的。

據當年參加三青團組織的兵役宣傳隊的張維亞同學回憶，他是看到三青團張貼的佈告中注明「環湖兵役宣傳」，心想若能圍著昆明湖走一趟，一定很有意思，可以長不少見識，於是報名參加了。這個宣傳隊共三四十人，他們從昆明出發，沿公路南行，經呈貢、晉寧，繞到滇池南端的昆陽後往北行，然後折頭向東。他們每到一個縣城，就利用學校或其他空曠場地，由幾個人組成歌唱隊，演唱一些歌曲。在他記憶中，好像聽眾不多，常常是零散地站在四周的十歲左右的學生，當然也有一些居民。張維亞還說，當時合唱的歌曲給我留下的印象不深，歌詞和歌曲都很平淡，也不那麼吸引人。事後他認為這種格式化的歌唱宣傳，單調、死板、不生動活潑，效果不理想。[2]

---

[1]　王贛愚：〈培養民族自信心〉，昆明《益世報》星期論評，1939 年 9 月 10 日，第 2 版。

[2]　張維亞：〈兩次兵役宣傳活動〉，雲南省政協文史資料研究委員會、西南聯合大學北京、昆明校友會編：《雲南文史資料選輯》第 34 輯（西南聯合大學建校五十周年紀念專輯），雲南人民出版社 1988 年 10 月出版，第 439 至 440 頁。

　　群社組織的兵役宣傳隊比三青團組織的兵役宣傳隊稍晚出發，參加這次宣傳工作的陳夢熊在日記中記載他參加的是第四隊，由此推知，群社組織的兵役宣傳隊至少有四個小隊。陳夢熊和兩個同學是 2 月 9 日上午作為先遣隊出發的，而這天恰是三青團組織的兵役宣傳隊出發的日子。陳夢熊等人去的是昆明東郊的板橋鎮，這個地方對陳夢熊來說並不陌生，1938 年春他作為長沙臨時大學湘黔滇旅行團成員，曾經路過這裡，並在這裡進行了休整，然後才整隊進入昆明城。陳夢熊一行到板橋鎮後，先與鎮長及區公所進行了聯繫，次日宣傳隊 20 餘人才到達。當晚，他們放映了抗戰電影。11 日上午，他們下鄉訪問軍屬，下午召開民眾大會。但是會場不太好，因此晚上還開了檢討會，看來效果也不理想。在板橋鎮的兵役宣往返只有三天，12 日就結束返校了。[1]

　　據張維亞回憶，這年春天他還參加了一次群社組織的兵役宣傳，到的是昆明西北的富民縣龍潭街。如果他的回憶時間無誤的話，那麼就與陳夢熊不是一支小隊。對於這個地方的宣傳，從張維亞的回憶中，可以看出效果還是不錯的。

　　龍潭街是一個少數民族地區，但居民幾乎都會說漢語。他們宣傳的方式，是話劇演出、歌唱，和談天宣傳抗戰。張維亞說：「由於宣傳的內容豐富，參加演出和歌唱的同學，都像是為他們自己做一件必須要做好的事一樣，那樣熱情，那樣認真，將自己融合到宣傳的節目中去，效果自然是逼真而感人的。」

　　他們到龍潭街時，也正巧是趕街的日子，利用趕街宣傳抗戰是再好沒有的機會了。宣傳隊和熙熙攘攘的農民歡聚一堂，情形非常熱鬧。那天，宣傳隊演唱了抗戰歌曲《救亡三部曲》等，還演出了街頭劇《放下你的鞭子》、廣場劇《漢奸的子孫》等。由於同學用了新學會的昆明方言演出這些劇，所以很受農民歡迎，而抗戰歌曲也與話劇一樣，激勵著人們對敵人的同仇敵愾。

---

[1]　陳夢熊：〈聯大生活日記（1940 年 1 月-1941 年 3 月）摘抄〉，西南聯大北京校友會編《西南聯大北京校友會簡訊》第 14 期，1993 年 10 月印行。

　　在張維亞印象中，用談天的方式進行宣傳效果似乎更好。他們曾在農村，見到農民家裡的貧苦生活，吃飯時只有辣椒和鹽巴，很少有什麼菜，衛生條件也很差，很多人都患眼病。這些情景使同學們非常同情，「由於同學們的誠懇，使農民願意傾訴心懷」。一個老大媽的獨生子被拉去當兵，這家人就希望兵役宣傳隊給他們想辦法。同學們雖然無力解決，但表現出熱情和友愛，離開龍潭街前，「同學和農民們三五成堆地坐在草地上促膝談心，好像是一見如故的老朋友一樣」。當時，張維亞還向他們學了用當地語言來說「打倒日本」和「明天我們回去了」，這些情景讓他一直記憶猶新。而兵役宣傳也使大家瞭解到群眾的疾苦，目睹到社會底層的真實情況，這對同學們也確實是一個很大的收穫。[1]

　　1940 年 8 月，西南聯大學生自治會還計畫利用暑假開展一次兵役宣傳周活動。這次兵役宣傳，以昆明近郊及縣屬八個區為範圍。宣傳的方式，有演講、街頭抗戰劇演出、演唱抗戰歌曲、出版壁報漫畫，以及訪問出征軍人家屬等。[2]經與有關機構聯繫，最後確定的宣傳地點為龍頭鎮、束村、龍潭街、馬街子、荒莊、官渡、大板橋、小壩等處。[3]

　　西南聯大學生自治會組織的這次兵役宣傳，本準備在「八一三」這個有紀念意義的日子出發，但不知什麼原因，展至 18 日方陸續出發。其中 18 日出發的宣傳隊，到達了馬街子、小壩、官莊、官渡、龍頭鎮等屬於內區的地方。20 日出發的宣傳隊，到達了大板橋、龍潭街、東郊等屬於外區的地方。[4]兩隊共參加同學達 260 餘人，雲南社消息說：「各同學均努力從事對鄉民詳解兵役法規，及訪問抗屬，每隊並配有戲劇壁報漫畫等，收效極大。現各隊已午後返校，擬將此項宣傳所得，編為特刊，以供社會之參考」。[5]

[1]　張維亞：〈兩次兵役宣傳活動〉，雲南省政協文史資料研究委員會、西南聯合大學北京、昆明校友會編：《雲南文史資料選輯》第 34 輯（西南聯合大學建校五十周年紀念專輯），雲南人民出版社 1988 年 10 月出版，第 440 至 441 頁。
[2]　《聯大動態》，《雲南日報》1940 年 8 月 11 日，第 4 版。
[3]　〈《聯大學生舉行兵役宣傳》，《雲南日報》1940 年 8 月 12 日，第 4 版。
[4]　《聯大兵役宣傳隊定期出發》，《雲南日報》1940 年 8 月 18 日，第 4 版。
[5]　《聯大學生宣傳兵役》，《雲南日報》1940 年 8 月 27 日，第 4 版。

　　這次兵役宣傳，陳夢熊同學也參加了，但他 21 日出發的，20 日還在西南聯大南院排練話劇。由此看來，他參加的好像不是西南聯大學生自治會組織的，而是另外一支。陳夢熊一行 80 餘人是 21 日下午 3 時到達板橋鎮的，可能他們吸取了春季宣傳的教訓，這次做了認真籌備，故晚間舉行營火會時，會場「情緒熱烈」。22 日正逢當地集市，上午無法安排，故下午才召開鄉民大會，演出了一個活報劇。23 日，為下鄉宣傳，晚間又開鄉民大會，到會千人以上，有些擁擠不堪。這晚他們又演出數個話劇，結束後，全體隊員很興奮，連夜開聯歡會，至午夜 1 時始散。24 日，全體隊員在黃龍潭開檢討會，會後搭火車回城。[1]回到學校後，26 日還舉行了一次聯歡大會，可見這次宣傳效果超出人們預計。

　　西南聯大進行的兵役宣傳，應該還有一些，可惜未見詳細報導。除了兵役宣傳外，西南聯大同學還組織過數次勞軍活動。《國立西南聯合大學校史》說，「1942 年以後，昆明基督教青年會軍人服務部和學生救濟委員會多次組織聯大學生參加假期工作隊，先後到滇軍步兵第一旅、暫編第二十二師以及昆明近郊的第五軍等部隊去進行勞軍活動。」[2]但書中沒有具體過程，這些也有待資料的進一步發掘。

第五節　汲取力量

　　今天，人們談起西南聯大的時候，大多看到的是西南聯大對雲南的影響。的確，西南聯大作為一個高級知識份子群體，給雲南的教育事業、經濟建設、社會繁榮，創造了許多財富。抗日戰爭期間的雲南能夠得到發展，西南聯大起了不小作用。但是，影響是相互的，事實上，雲南對西南聯大的影響也相當重要，這一點在堅持抗戰意志方面，尤為明顯。

---

[1]　陳夢熊：《聯大生活日記（1940 年 1 月-1941 年 3 月）摘抄》，西南聯大北京校友會編《西南聯大北京校友會簡訊》第 14 期，1993 年 10 月印行。
[2]　西南聯合大學北京校友會編：《國立西南聯合大學校史——一九三七至一九四六年的北大、清華、南開》（修訂版），第 81 頁，北京大學出版社 2006 年 1 月出版。

　　抗日戰爭時期，作為大後方的雲南，為了挽救民族危亡、爭取抗戰勝利，做出了極大貢獻。1937 年 8 月 2 日，龍雲在致蔣介石電中說：「時局至此，非集我全民力量，作長期抗戰之計，無以救危亡」，要求從滇軍中選拔六至八萬人，「組成建制部隊，由職親率，開往前方」，「或留長江沿海一帶佈防」。[1]8 月 8 日，龍雲赴南京參加國防會議，在南京期間，他多次表示，現在國難當頭，身為地方行政負責者，應當盡以地方之所有人力財力貢獻國家。他還向蔣介石表示，雲南亦可以出兵 20 萬，支援前線抗戰。返回昆明後，龍雲立即召集地方黨政軍負責人會議，再次表明抗日決心。接著，雲南在 28 天的短短時間裡，編成以盧漢為軍長、人數達 4 萬餘人的國民革命軍陸軍第六十軍，下轄一八二師（師長安恩溥）、一八三師（師長高蔭槐）、一八四師（師長張沖）。六十軍到武漢後，本欲參加南京保衛戰，但部隊到達金華時，南京已經陷落。

　　1938 年 4 月，六十軍奉命開往台兒莊，參加第二階段的徐州會戰。4 月 22 日，六十軍進入台兒莊附近的禹王山陣地，參加正面阻擊阪垣、磯谷等師團的戰鬥。日軍為了突破正面陣地，「逐日以猛烈炮火壓迫，每晝夜發炮至萬餘發，飛機戰車，循環肆虐」，但六十軍健兒「軍奮勇痛擊，陣地絲毫未變」，並「奪獲輕重機槍數千挺，軍用品無算」，為「粉碎敵人中央突破及渡河之企圖，穩定魯南整個戰局」發揮了重要作用。[2]

　　這次戰鬥極為慘烈，報載 4 月下旬日軍抽調援軍補充阪垣、磯谷師團後，遂迂迴進攻台兒莊。22 日晨，六十軍一八三師，急行軍至陳房、耿莊一帶，與日軍發生遭遇戰。一八三師「冒敵猛烈焰火，在坦克車包圍中，奮勇衝鋒，肉搏十餘次」，「團長潘朔端中彈負傷，仍裹創指揮」，「營長尹國華率部衝入敵陣地，竟以身殉」，全營官

[1]　原載雲南省檔案館編：《滇軍抗戰密電集》第 1 頁，轉引自謝本書〈龍雲與雲南抗戰〉，《抗日戰爭研究》2001 年第 3 期。

[2]　〈我六十軍正面抗戰奮勇殺敵，魯南戰局穩定台莊固若金湯，奪獲輕重機槍數千挺生擒倭寇數十，中樞各長官一致嘉許各報著論讚揚，盧軍長親臨前線指揮迄今猶激戰中〉，《民國日報》1938 年 5 月 4 日，第 4 版。

兵壯烈犧牲。擔任右翼的一八二師與左翼的一八四師各一部，也同時展開血戰，苦鬥一晝夜，將深入弧形之敵全部擊退。中午，黃莊、崔家圩、張莊沿線殘敵完全肅清。[1]這僅是魯南保衛戰的一次戰鬥，而這次戰役中，六十軍共投入戰鬥人員 35123 人，傷亡高達 18844 人，其中營連排長竟傷亡過半。[2]一八三師旅長陳鍾書、一八二師團長龍雲階，均光榮犧牲。

　　徐州會戰後，六十軍擴編為第三十軍團，下轄第六十、第五十八兩軍。以後又擴編為第一集團軍，下轄第六十、第五十八及新三軍。滇軍部隊先後參加了武漢會戰、長沙會戰、贛北戰役等。1940 年日本侵佔越南，滇南形勢緊張，於是滇軍在滇南成立第一集團軍總部，下轄第一、二兩路軍指揮部。勝利前夕，復成立滇越邊區總部，將第一集團軍擴編為第一方面軍，下轄第一、第九兩集團軍。滇軍先後在魯南、武漢、湘北、贛北及滇南的作戰中，付出了極大犧牲，據統計，當時全省 900 多萬人口的雲南省，在抗日戰爭期間向前線派出的部隊近 40 萬人，傷亡約 10 萬人，加之幾乎全部裝備、大部給養均由地方自籌，這足以顯示雲南人民為抗日戰爭做出的巨大犧牲和傑出貢獻。

　　雲南將士是懷著爭取抗戰勝利、誓死保衛家園的信念奔赴前線的。1937 年 9 月 9 日，六十軍在昆明巫家壩舉行抗日誓師大會。10 月 2 日，全軍舉行大校閱，盧漢宣誓後，各界獻旗獻刀，贈送藥品，歡送六十軍出征。10 月 8 日，六十軍踏上征程，以每天 60 里的行軍速度開往湖南。11 月，經過 40 餘日行軍，到達湖南常德集中待命。其後，一部自長沙乘粵漢路火車，轉浙、贛至江西上饒暫作停留。在上饒，一位名叫黃人欽的上尉連長給內兄寫了封信，說：「此次暴日侵華，舉國共憤！我當局諸公，能放棄已往一切成見與黨爭，精誠團結，發動全民抗戰，此種戰爭，為我有史以來所未有，吾輩生逢其時，

---

[1]　〈我六十軍正面抗戰奮勇殺敵，魯南戰局穩定台莊固若金湯〉，《民國日報》1938 年 5 月 4 日，第 4 版。

[2]　原載李佐：〈關於滇軍沿革和六十軍歷史變遷概況〉，《雲南文史資料選輯》第 20 輯，第 55-56 頁。轉引自謝本書〈龍雲與雲南抗戰〉，《抗日戰爭研究》2001 年第 3 期。

尤能參與其盛，不可謂不幸矣！近來噩耗頻傳，但非前方將士抗戰不力，實物質不堪其匹耳。戰爭初期，失敗乃預料中事，如能長期抗戰到底，不屈不撓，將來最後勝利，捨我誰屬？此次本軍出征暴日，受命之日，即下最大決心，誓必為國家全領土，為民族爭生存，此志不遂，決不生還！」[1]1938 年 3 月，後來在戰鬥中英勇捐軀的滇軍團長嚴家訓，也在給弟弟的一封交待家事的信中說：「戰爭本來是兇猛可怕，可是一個國家，要謀生存，要謀復興，是必須經過極大的犧牲與痛苦，是必須需要若干英雄的熱血與頭顱，才能換得的。」「現在前方戰事雖烈，但我士卒用命，都抱定必死之心，頗為得手，以後時間延長，倭寇之失敗，那必是意料中事。」不久，第二期作戰就要開始，我們「要用我們的經驗熱血，去促成日寇的崩潰」，「我身為軍人，已以身許國，此後生死存亡，在所不計矣」。[2]

　　西南聯大抵昆明之際，正是六十軍在魯南與日軍鏖戰並重挫敵氣焰之時。消息傳來，西南聯大常委蔣夢麟、梅貽琦特致電龍雲表示祝賀，電文云：

> 志舟先生主席有道，倭焰兇殘，破我金湯，滇中健兒，奮師撻伐，旌旆所至，謳歌載道，魯南鏖戰，敵鋒為挫，雄謀偉略，且更動員，行見掃蕩夷氛。再接再厲，光復河山，勝利可必，感奮欽忻，莫可言喻，謹致微忱，伏維鑒照。專此奉肅，祇頌道祺不一。弟蔣夢麟、梅貽琦敬啟。[3]

　　陸續抵達昆明的西南聯大師生，很快融入雲南人民的抗戰熱潮之中。1938 年 4 月 4 日，教育學系羅廷光教授應雲南大學教育學系邀請，在「戰時教育講座」上做了《什麼是戰時教育》的講演。[4]23 日，

---

[1]　〈一束悲壯的家書〉，《民國日報》1938 年 5 月 18 日，第 4 版。
[2]　〈嚴團長殉國別記・一封家書〉，《民國日報》1938 年 5 月 16 日，第 4 版。
　　案：此信即嚴家訓團長 1938 年 3 月 10 日給弟弟嚴敬銘的信。
[3]　〈聯大蔣梅兩校委昨函龍主席致敬，滇軍鏖戰挫敵感奮欽忻〉，《民國日報》1938 年 5 月 7 日，第 4 版。
[4]　〈雲大戰時教育講座，羅廷光講戰時教育，以國防為中心復興民族終結，戰時教育不僅是救國也是建國〉，《雲南日報》1938 年 4 月 5 日，第 4 版。

又在省教育會發表了《各國青年訓練》的演說。[1]26 日，同為教育學系教授邱椿亦為省教育會介紹了現代世界小學教育的趨勢。[2]5 月 25 日，雲南省政訓班請化學系教授曾昭掄在「抗戰精神講話」系列演講中，做了題為《對於中日大戰之認識與分析》的報告。[3]後面將會介紹的為前線將士募集寒衣而舉行的話劇《前夜》與《春風秋雨》演出，也是西南聯大在遷至昆明的第一年 11 月 5 日開始進行的。[4]

　　昆明是戰時大後方，也是戰時與國際往來的重要通道，許多人出入國境，都要經過這裡。雲南充分利用了這一地利之便，組織了一系列抗戰宣傳活動。

　　1939 年 2 月，昆明來了一位不尋常的老太太，她就是被譽為游擊隊之母的趙老太太洪文國。趙老太太是東北遼寧省岫岩縣人，已經 58 歲了。九一八事變後，她的在東北大學讀書的兒子趙侗組織起百餘人的義勇隊，進行抗戰武裝鬥爭。趙老太太非常支援兒子，不僅捐出全部家產，還帶著全家 20 多口人參加了游擊隊。他們活動的地方開始在東北，後來到了華北。1937 年 7 月底北平淪陷，趙侗集合了部分同學，與二十九軍的一些打散了士兵及部分警察，約四五百人，在北平郊外成立平西游擊隊「抗日國民軍」。北平城內的一些學生，聞訊也加入這支隊伍。隨著隊伍的壯大，他們分編成三個隊，一隊為學生和農民，一隊為二十九軍散兵，一隊為警察和保安隊人員。隊伍分編後，趙侗便帶著第一隊巧取第二模範監獄。一天晚上，幾個同學假充日本軍官和翻譯來到第二監獄，在對門說他們是日軍司令部的，來調中國政治犯。獄卒打開大門，大隊人馬立刻湧入，繳了看守的武器，把關監獄裡的人解救出來，其中大部分人參加了他們的隊伍。他們還曾在門頭溝打落過一架日本飛機，破壞了數輛日本軍用車輛。日軍恨透了這支游擊隊，派了一個師團，調

---

[1]　〈教育會敦請羅廷光講演〉，《雲南日報》1938 年 4 月 22 日，第 4 版。
[2]　〈邱大年昨晚演講現代小學教育之趨勢〉，《雲南日報》1938 年 4 月 27 日，第 4 版。
[3]　〈抗敵精神講話〉，《民國日報》1938 年 5 月 28 日，第 4 版。
[4]　〈聯大遊藝會昨晚開始公演，上演《前夜》國防劇緊張動人，本晚續演阿英之《春風秋雨》〉，《雲南日報》1938 年 11 月 6 日，第 1 版。

集了飛機、大炮、坦克，沿平西大道的紅山口，向游擊隊所在的妙峰山進剿。結果死傷好些人，也沒有阻止住趙侗率領隊伍安然退卻。後來，這支隊伍經過涿縣、蔚縣，與八路軍會合，編成晉察軍一區第五支隊，開至阜平縣整休。

1938 年 2 月，這支隊伍襲擊行唐、正定、新樂等縣，破壞了保定至正定間的鐵路，割斷電線。3 月，他們收復阜平縣。4 月，他們又在徠源與敵軍展開激戰，打死打傷敵軍幾百人，繳獲槍械彈藥頗多，還擊落兩架日軍飛機。接著，他們經紫荊關，回到平西一帶繼續堅持鬥爭。5 月中旬，他們在平西成立了五個縣級聯合政府，基本隊伍也發展到 4 千餘人，其他所屬部隊達萬人以上。7 月 7 日，他們在「七七事變」一周年這天，攻打了盧溝橋、門頭溝，使青天白日滿地紅國旗在這裡重新飄揚起來，粉碎了日本帝國主義吹噓的已經征服中國的宣傳，給淪陷區人民以極大振奮。這支隊伍後來發展到黃河沿岸，甚至到了河南、湖北兩省交界的雞公山一帶，前後打了大小數百仗之多。

1938 年 8 月，趙老太太赴粵、港、澳等地宣傳，12 月下旬轉赴越南西貢、堤岸、河內、海防等地，向僑胞報告抗戰救國情形。愛國僑胞深受感動，紛紛慷慨解囊，有的還要求隨趙老太太一起去淪陷區打遊擊。[1]1939 年 2 月 2 日，趙老太太自越南回國，途經昆明，給這座城市帶來了一陣旋風。早在趙老太太來到春城前四五個月前，《雲南日報》就對他們的鬥爭做了介紹，並指出一年來平西游擊隊的發展不是偶然的，它既包括「趙老太太多少年來艱苦培植和趙侗先生堅強英勇的領導」，也由於「北平過去青年運動的開展，民先隊健全的組織和訓練工作，培養了大批幹部」，同時更凝結著「不論兵學農和不論黨派的精誠團結」。這幾點，在抗戰艱苦今天，非常值得人們學習。[2]

趙老太太到達昆明後，立刻受到各界的熱烈歡迎，2 月 3 日，雲南大學戰區同學會、江蘇同學會、時事研究會、國際問題研究會等十

---

[1] 〈全國婦女界模範人物趙老太太昨日抵滇，系由河內西貢等地宣傳歸還，據談僑胞救亡運動甚為熱烈〉，昆明《益世報》1939 年 2 月 3 日，第 4 版。

[2] 沈毅：〈趙侗與平西游擊隊〉，《雲南日報》1938 年 10 月 13 日，第 3 版。

五團體，邀請她演講游擊隊抗日情形，前往聆聽者達千餘人，會場在《義勇軍進行曲》開幕，又在這首雄壯的歌曲中結束。[1]

趙老太太的到來，也受到西南聯大的熱烈歡迎。她在雲南大學講演後，已經晚上 10 點多了，特意到青雲街拜會了潘光旦教授。潘光旦提出想以西南聯大時事研究會的名義，請她給學校師生做一次報告。趙老太太雖然旅途勞累，但還是愉快地接受了邀請。2 月 4 日下午 4 時，趙老太太在西門外農校禮堂，為西南聯大千餘師生做了一場生動的報告。報載：「趙老太太將七年來在東北苦鬥經驗，及此次在南洋各地宣傳之觀感，講述甚詳。聽眾對老人誠懇之態度，樸質言論，無不大為感動。」[2]

這年 11 月，以中央賑濟委員會謝賑專使名義，赴美答謝美國對中國的援助與同情的于斌，從國外回來路經昆明。于斌是中國基督教會的主教，赴美 8 個月，在許多地方做了講演，介紹中國抗戰情況，10 月方自美歸國。時，復旦大學創辦者、天主教德高望重的領袖馬相伯先生在越南諒山逝世，于斌前往諒山弔唁，往返均經昆明。在昆明期間，他先後為國民黨省黨部做了《美國以經濟制裁日寇的可能性》的報告，為同濟大學、震旦同學會、扶輪社做了《美國對華認識的與階段》、《從誤解到行動》演講，為軍事委員會西南運輸處訓練所等部門和團體介紹了美國情況，為軍政部光學儀器製造廠、雲南大學、聯青社做了《美國民眾與所謂「東亞新秩序」》、《從美日關係談到中日的前途》、《美國太平洋政策與興論的比例》等講演。于斌的到昆，又一次在春城掀起了宣傳抗戰、堅持抗戰的高潮。

西南聯大也及時利用了這一機會，11 月 18 日請于斌為全校師生講演。于斌在西南聯大的演講，先介紹了美國人民對中國抗戰的認識。他說：近三年來，自己去過美國兩次，他覺得美國人所認識的中國抗戰，約有三種情形。一是認為中國抗戰是盲目的；二是認為中國

---

[1]　〈趙老太太昨在雲大講演，聽眾千餘盛況空前〉，昆明《益世報》1939 年 2 月 4 日，第 4 版。

[2]　〈趙老太太昨在聯大講演〉，昆明《益世報》1939 年 2 月 5 日，第 4 版。

抗戰是自衛的；三是認為中國是為文化而戰。于斌認為，這三種矛盾的情形，「是由於敵我在國際間所做的宣傳工作不同而演成」。

對於美國人對中國抗戰的第一種認識，于斌說這是日本在戰前向歐美宣傳 30 多年的結果，日本人到處說說中國國內混亂，政治，經濟機構不健全，在現代文明進化中已經不能立足了。這實際上是日本人存心降低中國的國際地位。日本人還對美國說，共產黨遍佈中國，將要全部赤化了，莫斯科支援中國抗戰，供給軍火。這些話，也是日本有意顛倒事實，可竟有一部分美國人相信這種話，以致認為中國抗戰是盲目的。于斌指出，由此可見日本帝國主義發動侵華戰爭，不是一年兩載的準備，而我們過去卻太忽略了國際宣傳工作。

對於美國人對中國抗戰的第二種認識，是由於中國向國際上做了一些宣傳，使他們明白日本過去的輿論是顛倒是非。但是，這種認識也有局限性，以為中國只是為了保衛自己的國家，因此美國人只是消極地對於中國某些幫助，比如在幾百個城市同時舉行捐款「一碗飯運動」，以救濟中國的難民。然而，這僅僅是人道主義的行為。于斌在美國時，有個團體為救濟難民募捐了 1 千多美元，于斌當時就表示，「這一千多元，送給賣軍火的商人，請他們不要賣軍火給日本，屠殺中國人民，不是救了多少中國的人生命嗎」。

對於美國人對中國抗戰的第三種認識，于斌認為也有問題。日本破壞國際和平是舉世共認的，「美國曾派人來中國調查，明白中國幾千年的文化歷史，和太平洋的地勢，如果讓日本任意破壞東亞和平，將演成全世界的大混亂」。但是，按美國的這種認識，「中國現在抵抗日本帝國的侵略，不僅是為和平而戰，並且是為美國而戰」。

接著，于斌強調了外交工作的重要作用。他說：美國人幫助中國抗戰，是他們的責任，而不僅是人道主義。美國要想援助中國，最有效的辦法說「對日經濟制裁，和日美通商條約的廢除」。他說美國對日本的經濟制裁，1937 年美國總統羅斯福就大聲疾呼過，「可惜，那時候，美國一部分人民的視聽，被日本的國際宣傳，顛倒是非，竟沒有取得人民和贊同」。後來，「美國人對中國抗戰的認識，看明白了，一百個人中，有七十四個人是同情抗戰的」，這樣羅斯福提出「廢除

日美通商條約，很得著美國人民的贊同」。于斌認為日美商約如果廢除，日本百分之七十五的軍火再不能由美國提供，日本向美法英各國輸出的棉業，也將從此斷絕。同時，美國將日本輸美的進口貨物，加稅百分之八十，這是對日經濟制裁的命脈。

　　于斌還指出美國地位的重視，認為「英法對日的態度，是以美國為轉移的」，而且美英法各國有「平行行動線」的約定，只要美國對日本採取強硬外交，英、法無疑也會緊隨其後，因此，于斌認為中國的長期抗戰，需要在外交上做進一步的努力。[1]

　　趙老太太的報告，為雲南民眾的抗戰熱情，從加強自身力量添了一把火。而于斌的演講，則使人們認識到外交工作在爭取勝利鬥爭中的地位。這兩個方面相輔相成，是一架馬車的兩個輪子，哪個都不可缺少。西南聯大是個知識精英群體，對此並不缺乏認識，但趙老太太和于斌的來到，會讓人們對這兩個方面的認識更加直接，更加深刻。

---

[1]　南江：〈美人眼中的中國抗戰——于斌主教昨在聯大講演〉，昆明《益世報》，1939 年 11 月 19 日，第 3 版。

第五章　文人抗戰

第一節　抗戰演出

在雲南，民間流行的劇種是滇劇和平劇（京劇），從西方引進的話劇的觀眾主要是城市知識階層，因此話劇在戰前的昆明還不大興盛。隨著大批內地人口的流入，欣賞力隨之提高，觀看話劇才逐漸成為一種時尚。北大、清華、南開原本就有演出話劇的傳統，到昆明後，一些喜愛話劇的師生，很容易利用這種舞臺藝術進行宣傳。而雲南地方人士對於西南聯大的任何活動都給予很高評價，輔之新聞界的推波助瀾，於是在春城掀起了話劇的熱潮。

西南聯大的話劇演出，大體集中在兩個時期。前期為西南聯大遷昆後至皖南事變發生，劇情主要表現全民抗戰；後期大致始於 1944 年，內容多突出民主要求。這裡，僅介紹前期的話劇演出。

一、《祖國》演出

西南聯大的話劇演出，雖然有個人興趣的因素，卻始終配合著抗戰形勢的需要。西南聯大到昆明不久，就有一些喜愛話劇的同學參加了當地的演出，其中張定華、董葆先、程啟乾等同學就參加過「金馬劇社」組織的話劇《黑地獄》演出。

1938 年 10 月上旬，雲南省抗敵後援會發起為前方將士徵募棉衣運動，省政府也議決募集棉衣 20 萬件。15 日，《雲南日報》刊登啟事，云「目前第三期抗戰，已入重要階段，我前方將士，為保衛大武漢，正用血肉與敵人搏鬥，而我三迤健兒，亦已磨厲準備加入前線，惟因冬令將屆，氣候漸寒，單衣蔽體，實難抵禦」。啟事說，「近接前方部隊來函，委託代為發起捐募寒衣」，為此，特號召「後方民眾，

本愛鄉愛國之精神，抱與前方戰士痛癢相關之心，慷慨捐助」。[1]當時，正是「九・二八」日機對昆明實施第一次大轟炸後不久，昆明民眾無不義憤填膺，紛紛響應省府號召，支援在前線與日寇鏖戰的滇軍子弟。西南聯大一些同學和教師聯合起來，於 1939 年春排演四幕話劇《祖國》，以演出收入募集捐款。

　　話劇《祖國》是西南聯大到昆明後上演的第一部話劇，它誕生在反對汪精衛叛國投敵的鬥爭中，其主題鮮明地體現了歌頌抗戰精神、反對妥協投降這一時代需要。

　　這出話劇是外語系年輕教授陳銓根據國外劇本《古城的怒吼》改編而成，劇情描寫的是「北平愛國男兒秘密從事抗日救國工作，不屈的與日寇及傀儡鬥爭，惟因有迷戀愛情之荒淫少婦洩露機密，致使收復北平之偉業未成」。[2]故事圍繞一段愛情展開，歌頌了投身民族解放鬥爭的男青年劉亞明，如何擺脫美麗姑娘佩玉給他的愛情羈絆，「就是佩玉營救了他的青春生命，他也要暫時放棄她所賜予的愛」，義無反顧地返回抗戰陣營。注重文藝效果的陳銓，沒有把故事結局寫成勝利，而是有意表現「光榮的犧牲和光榮的失敗」，但這種「嚴肅悲壯的氛圍」，並沒有「減低了它的說服力和感染力」。[3]

　　精心的構思感動了許多人。一位流亡到昆明的觀眾觀看了首演後，當晚就寫下觀後感。文中說：「流亡的我，今日觀了祖國的演出，使我們深深地怒惱你們，怨恨你們。你們太慘酷了，我們國家的慘痛，你們如此嚴肅地表演，如此嚴肅的演得真實。我在逃亡的路途中，炸彈的威脅下，看到的聽到的悲痛的事實已流盡了我的淚，今天你們又逼我流了，而且流在如此良辰美景的新春。多少人在溫和的屋子裡，美酒佳餚前，忘了東北，忘了沿海幾省的慘狀，而你們使這個無家可歸的流亡者，沿著光華路的街道落我的眼淚。」[4]

---

[1]　〈本報啟事〉，《雲南日報》1938 年 10 月 15 日，第 4 版。

[2]　〈《祖國》昨晚上演，成績甚佳〉，《雲南日報》，1939 年 2 月 19 日，第 4 版。

[3]　王一士：〈聯大劇團公演《祖國》〉，《雲南日報》，1939 年 2 月 18 日，第 4 版。

[4]　心丁：〈致聯大劇團一封公開信——觀《祖國》演出後〉，《雲南日報》1939 年 2 月 20 日，第 4 版。

　　昆明遠離前線，天長日久，疲憊的人們不免存在著某種與戰時氣氛不很協調的現象。《祖國》的劇情，便帶有對這種現象的批判性質。正如一位觀眾在評論說：「在前線或鄰近的後方，敵人的炸彈，正是我們的宣傳品；可是在這距離前線遠遠的安適後方。除了一些書報外，很少有什麼去刺激在做著甜夢的人們，並且有部分的設施直接間接地減少入夢底困難和推動著入夢的波浪！」但是，這個時候《祖國》「適應著客觀的需要而產生了」，「它要深深地刺激著安樂裡的人們，並且指示出一條光明的大道」。[1]

　　對一些還沉浸在戰時鬥爭之外的現實，《祖國》有批判性也很明顯。故事中的佩玉是個戀愛至上主義者，她「使用了高妙的引誘，麻醉的手段，來糊塗劉亞明的心靈」。這類人雖然不多，但「在安適的後方」，「漸漸地糊塗起來」的人的確存在。像佩玉所說的「國家民族是些空洞的名詞，與個人生活上是沒有關係的」一些話，在現實中「很容易找到」，其中不乏「每每用盡手段，在個人方面，得著高度的享樂，油然地與整個國家民族幸福就脫了節，不明白整個國家民族沒有得到幸福，個人是得不著真正的幸福的」。《祖國》的主旨非常鮮明，這就是讚揚「民族解放運動中的模範戰士」，召喚「像佩玉的姑娘，趕快把整個愛移放在國家民族上」。[2]

　　《祖國》是為前方將士募集鞋襪舉行的義演，地點借用光華街雲瑞中學的禮堂，1939 年 2 月 18 日首次公演，原定 22 日結束。演出期間，劇團被昆明民眾的熱烈愛國情緒感動著，每晚不到 7 時，「所有座票就完全售盡，甚至有些要求『站看』的」。出於維持秩序起見，劇團未便破例，以致後來不得不對抱著向隅之憾的觀眾表示歉意。[3]演出中，劇團不斷接到要求續演的來信，為了「報答觀眾

---

[1]　俞德剛：〈看了《祖國》以後〉，《雲南日報》1939 年 2 月 24 日，第 4 版。《南風》副刊第 834 期。

[2]　俞德剛：〈看了《祖國》以後〉，《雲南日報》1939 年 2 月 24 日，第 4 版。《南風》副刊第 834 期。

[3]　丁伯馱：〈關於《祖國》的續演〉，《雲南日報》1939 年 2 月 24 日，第 4 版，《南風》副刊第 836 期。

的盛意」，也為了「使鞋襪的募集能得到更大的數目」，劇團的報紙上刊登啟事，決定續演三天。啟事云：「敬啟者，敝團為前線將士募集鞋襪公演《祖國》以來，多蒙各界贊助，今又蒙來函紛請續演。敝團盛情難卻，決再加演三日，至本月二十五日止，票價照舊，深望愛國士女屆時參加，共襄義舉，俾福利前方將士，至為公感。」[1]那一時期，《祖國》的劇情、表演，都成了人們的話題。[2]

　　《祖國》的成功，反映了春城民眾火一般的抗戰熱情。西南聯大師生們，為此做出的努力也令人感。可想而知，連續的排練與演出十分辛苦。一位團員說：「開演期內，同人的辛苦是不用說了，有好多同學早晨有頭堂課，夜場演畢得跑回學校，第二天早晨上課的時候，都是疲倦不堪。還有些同學在起身鐘後簡直是起不來，自己規定喊到一、二、三，決定離床，可是喊到五，依然是起不來。然而，當別的同志提到為了我們的《祖國》的時候，就會一躍而起，什麼辛苦，什麼疲勞，都給趕得不知去向。在我們仍決定續演以前，常聽得同志們嚷著『吃不消』，『太累了』，『演完五天，得好好休息一下』。但到了開會時，我們團長報告觀眾要求續演並正式提出討論的時候，又全體一致舉手通過。雖然是『辛苦』，雖然是太累，然而『責任』使我們不能不丟開其他事繼續為祖國效力。」[3]

　　參與這次演出的幾位教師也貢獻了很大努力。首演當天，在排練中成立的聯大劇團特發表《敬謝贊助本團的人們》，文中向孫毓棠、

[1] 〈西南聯大劇團續演祖國啟事〉，昆明《益世報》1939年2月22日，第4版。
[2] 朱自清1939年2月日記中，便記錄了他自己與俞平伯、林徽音對於《祖國》的評論。其中20日雲：「舞臺設計佳，吳伯藻、潘有才取得相當成功，佩玉是個相當可憐又可恨的人物」。21日雲俞平伯認為：「潘先生向吳太太表示愛情頗為逾常，演潘先生的演員活像文明戲中的小丑。」27日雲：「林徽音對《祖國》一劇的演出熱烈發表意見，陳銓是受害者。」（分見朱喬森編《朱自清全集》第10卷，第12、15頁，江蘇教育出版社1997年10月出版）可見，《祖國》演出受到許多人關注。
[3] 丁伯馱：〈關於《祖國》的續演〉，《雲南日報》1939年2月24日，第4版，《南風》副刊第836期。

聞一多兩教授表示感謝。[1]對於孫毓棠，說他「有著詩人的熱情，豐富的舞臺經驗與戲劇修養」，「當我們和他談到《祖國》的演出而感到困難的時候，他欣然的應允了給我們以輔助，這應允的實踐是他請鳳子先生擔任劇中佩玉這一角色；在我們每次排戲的時候在演員的動作與表情方面給了我們許多寶貴的指示與刪改，他不辭勞苦的竭力地要使這出戲達到最圓滿的結果。在初春的料峭的晚風裡，他和我們一樣的總是十二點的深夜才回家去。」聞一多則「自動的答應擔任舞臺設計，雖然聞先生是那麼忙，雖然他已經五十我歲了，但晚上我們排練的時候，他總是親自蒞場指示一切的，這次的舞臺面是那麼完美、合理，全是聞先生的力量，因為聞先生不僅是個詩人，還是一個畫家。」[2]編寫《祖國》的作者陳銓也說：「談到導演，我們第一個要感謝的，就是中國藝術界的老將聞一多先生。聞先生自從《死水》出版，開創中國詩壇的新方向以後，一直到現在都埋頭在作考據的工作。這一次居然肯答應出來幫忙。舞臺而的設計，完全是聞先生一人的手筆，解決了導演第一步的困難。以後幾次重要的排演，聞先生都現身參加，貢獻許多最可貴的意見。假如這一次公演，能夠有相當的成功，那麼聞先生是我們第一個功臣。」[3]一位觀眾評論《祖國》時，也認為「舞臺上最使人悅目的是那幾幅好佈景，這應該謝謝聞一多先生精心設計所陳列的傢俱和各種裝飾，精緻大方，配色亦極和諧。依記者說：這在昆明半年來的話劇表演中，是比較最使人感覺滿意的。」[4]

連演八天的《祖國》，引起相當轟動。扮演教授夫人婢女的張定華同學說：「演出獲得很大成功，觀眾反映非常強烈。從第一天上演起，就出現了令人振奮的盛況。劇中人物的臺詞時常引起觀眾的笑聲

1　聯大劇團成立於 1939 年 1 月 13 日，當晚舉行的首次會議選出理事 7 人，分別負責總務、劇務等部工作，並聘定陳銓為名譽團長。見〈聯大成立劇團〉，昆明《益世報》1939 年 1 月 15 日，第 2 版。

2　聯大話劇團：〈敬謝贊助本團的人們〉，昆明《益世報》，1939 年 2 月 18 日，第 4 版。

3　陳銓：〈聯大劇團籌演祖國的經過〉，昆明《益世報》1939 年 2 月 18 日。

4　南江：〈聯大劇團「祖國」美滿出演，全劇精彩百出，觀眾情緒緊張〉，昆明《益世報》1939 年 2 月 19 日。

或慨歎。劇場不斷響起掌聲。當劇中人物英勇就義高呼『打倒日本帝國主義』『中華民族萬歲』時，觀眾隨著高呼口號，臺上臺下喊成一片，洋溢著高漲的愛國熱情。這個以抗日救國為內容的戲，深深吸引、打動了觀眾的心，演出場場滿座，報紙也連續發表消息和評論，稱讚演出完整，藝術精湛，教育意義深刻，振奮人心。《祖國》轟動了昆明，一時成為人們談話的中心議題，引起各界人士的關注。重慶的報紙也登出了《祖國》上演的消息和通訊。不久，上海的畫報也刊出了《祖國》的劇照和介紹文章。」[1]《祖國》與當時雲南省歌詠會的歌劇《八百壯士》、民眾教育館金馬社的《黑地獄》、《中國萬歲》等劇目相繼登臺，為昆明地區增添了一道堅持抗戰、反對妥協的風景線。

　　在《祖國》的排練與演出中，同學們決定在該劇成員基礎上，成立「聯大話劇團」。這個劇團後來常常下鄉宣傳，相繼演出的劇目有《放下你的鞭子》、《三江好》、《最後一計》等著名抗日救亡獨幕劇等。1939 年 3 月，劇團利用春假到昆明附近的楊林演出，途中卡車翻到路旁的田野裡，車上多數同學都受了傷。許多素不相識的人聞訊趕到醫院探望，雲南省政府主席龍雲的夫人顧映秋也來醫院慰問，他們都為同學們下鄉宣傳抗日所感動。劇團的骨幹、哲學系湯用彤教授的兒子湯一雄，就是在為籌備演出辛勤奔走時，得了闌尾炎又搶救不及不幸逝世，為宣傳抗戰獻出了年輕的生命。[2]

二、《原野》與《黑字二十八》

　　《祖國》演出半年後，1939 年 8 月聯大師生又將《原野》、《黑字二十八》搬上舞臺。這兩部話劇的演出不僅是雲南抗戰文化史的重要一頁，也在中國抗戰文藝史上寫下濃重的一筆。

---

[1]　張定華：〈回憶聯大劇團〉，西南聯大校友會編《笳吹弦誦在春城──回憶西南聯大》，第 344 至 345 頁，雲南人民出版社、北京大學出版社 1986 年 10 月出版。

[2]　張定華：〈回憶聯大劇團〉，《笳吹弦誦在春城──回憶西南聯大》，第 346 至 347 頁。

　　《原野》，是曹禺繼《雷雨》、《日出》後的又一部力作。它描寫民國初年北洋軍閥統治時期，農民所處的萬分痛苦、想反抗而又找不到出路的狀況，全劇圍繞有殺父奪地之恨的仇虎要復仇的強烈心理，深刻反映了倫理道德、封建迷信觀念對人性的摧殘和吞噬。這部劇最早在 1937 年 8 月演出過，但當時未能引起注意。1938 年春，曹禺所在的重慶國立戲劇專科學校曾準備公演，卻遭到當局的禁演。因此，7 月初曹禺接到鳳子、聞一多和當時搬遷到昆明的國立藝術專科學校校長吳鐵翼三人聯名信函，邀請他來滇親自導演這出劇時，就懷著興奮的心情於 13 日從重慶飛抵昆明。經過商量，他們決定排演兩個劇目，除了曹禺本人的《原野》外，還有老舍、宋之的等集體創作的多幕抗日話劇《黑字二十八》。這些演出，由西南聯大劇團發起，參加者還有金馬劇團、藝術專科學校、雲南省劇教隊等單位，因此不僅是抗戰初期昆明戲劇界較大規模的聯合行動，並且在掀起了昆明的第一次抗戰宣傳文藝高潮。

　　《原野》的演員主力，主要來自西南聯大，除了焦大星的扮演者李文偉是雲南省劇教隊演員外，其餘角色均為聯大人。男主角仇虎由汪雨同學扮演，女主角金子由孫毓棠的妻子鳳子扮演，孫毓棠本人飾常五伯，樊筠同學飾焦大媽，黃輝實飾白傻子。早年在美國攻讀西洋美術專業的聞一多，為這次演出《原野》貢獻了許多氣力。他擔任舞美設計，主要佈景均由他親手繪製。為了突出劇情的氣氛，「仇虎在森林中的那一幕，他用了許多黑色的長條有木板在台的後半，一排排大小錯綜地排列起來，叫人提了小紅燈籠，穿來穿去，在台下看起來就顯得這片森林多麼幽黑深遠。」[1]劇中主角的服裝，也是他精心選擇。鳳子說：「金子穿的一件緊身紅棉襖，還是他自己去跑估衣鋪買了來的；仇虎的那件大褂，他堅持要黑緞面子，紅緞裡」。[2]

---

[1] 小華（何孝達）：〈聞一多先生的畫像〉，《自由文叢》（二），第 16 頁。
[2] 鳳子：〈哭聞一多先生〉，李聞二烈士紀念委員會編《人民英烈》，第 169 頁，1948 年印行。

　　對於曹禺創作《原野》的本意，一些人的理解是通過「仇虎的恨與愛的衝突」，來「表現一種原始的力量」，因而「復仇也許可以算是原始的母題」。[1]這一主題在抗戰形勢下被賦予了新的含義，《原野‧說明書》中說：這劇「蘊蓄著莽蒼渾厚的詩情，原始人愛欲仇恨與生命中有一種單純真摯的如泰山如洪流所撼不動的力量，這種力量對於當今萎靡的中國人恐怕是最需要的吧!」[2]這種新的詮釋，點出了《原野》演出的時代需要與意義。

　　《黑字二十八》又名《全民總動員》，也是抗戰初期影響頗大的一齣話劇，1938 年 10 月 29 日曾在重慶首次演出。該劇貫穿了肅清漢奸、變敵人的後方為前線、動員全民服役這一主線，表現了國內大團結是全民抗戰前提的重要主題。朱自清曾說，如果說《原野》表現的是一種哲學的話，那麼《黑字二十八》則是重在表現一個「包含著抗戰的信仰」的故事，它「所暗示的是大家都會接受的抗戰的信仰」。可見，選擇演出這個話劇，也具有非常實際的價值。

　　自 8 月 25 日起，《黑字二十八》每晚 7 時在昆明新滇大戲劇連續演出了十天，後又應觀眾要求續演五天，至 9 月 8 日止。該劇署名「滇黔綏靖公署政訓處國防劇社第三屆公演話劇」，但廣告中強調「昆明市話劇界聯合大演出」[3]，因劇中人物多達四五十人，行話叫「群戲」，演員陣容中有不少來自西南聯大劇團。孫毓棠扮演一位叫「瘋子」的愛國人士，郝詒純同學扮演一個從事抗日救國活動的女學生，陳福英同學扮演被漢奸利用的「社會名媛」，張定華同學扮演小職員，而這個小職員的父親、一個受脅迫當了漢奸爪牙的楊興福由曹禺扮演。[4]此外，劇界名流鳳子飾馮莉、陳豫源飾曼曉倉、王旦東飾孫將

---

[1]　朱自清：〈《原野》與《黑字二十八》的演出〉，《今日評論》第 2 卷第 12期，1939 年 9 月 10 日。

[2]　轉引自李喬：〈看了《原野》以後〉，《雲南日報》，1939 年 8 月 23 日，第4 版。

[3]　滇黔綏靖公署政訓處國防劇社《黑字二十八》演出廣告，昆明《益世報》1939年 8 月 28 日，第 1 版。

[4]　張定華：〈回憶聯大劇團〉，《笳吹弦誦在春城——回憶西南聯大》，第 348至 349 頁。曹禺於 1938 年 8 月 30 日返渝，其扮演之角色由闕眉如擔任。（見〈曹禺定今日飛渝〉，昆明《益世報》1939 年 8 月 30 日，第 2 版）

軍。[1]該劇劇情緊張動人，張定華回憶說，「有一場戲，父女二人在公園裡舉行的慰問抗日將士義賣會上相遇，父親是受了大漢奸的指使去安放炸彈破壞會場；女兒是來會場進行賣花捐款，如果炸彈爆炸，他不但是國家民族的罪人，也是殺害親生女兒的兇手。曹禺同志真實地表現出人物驚懼、焦急、惶惑、慚愧的複雜心情，使扮演他女兒的我，由衷地為他的痛苦而忐忑不安潸然淚下。」[2]

8 月 16 日起，曹禺第一次親導的《原野》在昆明正式公演了 9 天，那時正趕上雨季，且連日大雨，卻天天滿座。接著，《黑字二十八》演出 5 天後，應各界要求，再演《原野》5 天，直到 9 月 17 日才結束。這兩個劇，共演了 31 場，全城為之轟動。為此，朱自清特撰寫了一篇〈《原野》與《黑字二十八》的演出〉，說：「這兩個戲先後在新滇大戲院演出，每晚滿座，看這兩個戲差不多成了昆明社會的時尚，不去看好像短了些什麼似的。這兩個戲的演出確是昆明一件大事，怕也是中國話劇界的一件大事。」[3]

聯大劇團後來由於某些政治原因，內部產生分化。一些人離開劇團，參加西南聯大三民主義青年團分團部組織的「青年劇社」。一些人則和其他同學成立了「戲劇研究社」。這樣，校園裡就形成了三個戲劇團體。1940 年暑假前後，戲劇研究社演出了魯迅原著、田漢改編的《阿 Q 正傳》，聯大劇團演出了曹禺的《雷雨》，青年劇社演出了《前夜》，它們或表現反對封建，或表現爭取自由，或表現堅持抗戰，都不同程度地配合著抗戰形勢的需要。

在聯大校園裡，還前後演出過反映抗戰生活、宣傳抗戰到底的《夜光杯》、《夜未央》、《霧重慶》、《刑》、《草木皆兵》等抗日話劇，為宣傳抗戰做出了應有的貢獻。

---

[1] 〈國防劇社「黑字二十八」昨晚第二日，較前尤精彩〉，昆明《益世報》1939 年 8 月 27 日，第 4 版。

[2] 張定華：〈回憶聯大劇團〉，《笳吹弦誦在春城——回憶西南聯大》，第 348 至 349 頁。

[3] 朱自清：〈《原野》與《黑字二十八》的演出〉，《今日評論》(昆明)第 2 卷第 12 期，1939 年 9 月 10 日。

三、《野玫瑰》

《野玫瑰》最初是 1941 年 8 月由以西南聯大學生為主的國民劇社演出的一個話劇，劇本刊登於《文史雜誌》。1942 年 4 月，教育部學術審議會給予這個劇本三等獎，獎金 2500 元。但是，重慶 200 餘戲劇界進步人士於 5 月中旬聯名致函全國戲劇界抗敵協會，認為「此劇在寫作技巧方面既未臻成熟之境，而在思想內容方面，尤多曲解人生哲理，為漢奸叛逆製造理論根據之嫌」。他們對教育部學術審議會的決議表示異議，指出「如此包含毒素之作品，不僅對於當前學術思想無助益，且於抗戰建國宣傳政策，危害非淺」，故「就戲劇工作者立場，本諸良心，深以此劇之得獎為恥」。[1] 可是，當年 6 月，西南聯大學生自治會再次將它搬上舞臺，於是引起昆明戲劇界進步人士的反對，50 餘人聯名回應重慶戲劇界抗議，認為《野玫瑰》「內容欠妥，並有為漢奸偽組織辯護之嫌」，「請求教部收回得獎功命，並籲請本市戲劇審查當局，飭令緩演，候命再奪，以利劇運前途，抗戰前途」。[2]

由話劇《野玫瑰》引起的這場論爭，多年來一直被賦以政治色彩，作為批判戰國策派「力的哲學」的一個部分。不過，這部話劇所提倡的「國家至上、民族至上」，畢竟體現的是反對投降、堅持抗戰的時代主題。其實，該劇劇情並不複雜，它寫一個代號「天字十五號」的國民黨女特工夏豔華，利用丈夫王立民擔任北平偽政委會主席的關係，打入了日寇漢奸內部，並協助過去的情人、同為國民黨特工的劉雲樵竊取情報。劉雲樵的活動被偽警察廳長發覺，在逮捕之際，夏豔華利用偽警察廳長好色的弱點，放走了劉雲樵和其妻王曼麗，最後又設計讓王立民槍殺了偽警察廳長。而劉雲樵的妻子恰是王立民的女

---

[1] 〈陳銓《野玫瑰》得獎被控，劇人二百八提抗議〉，《雲南日報》1942 年 5 月 24 日，第 3 版。

[2] 〈《野玫瑰》明日上演，本市劇人亦抗議〉，《雲南日報》1942 年 6 月 3 日，第 3 版。

兒，於是王立民在既失職，又失明，還失女的境遇下服毒自殺。這是一個在淪陷區鋤奸的故事，其堅持抗戰的傾向是明顯的。加上情節驚險曲折，且帶有傳奇色彩，所以很能吸引人。

　　圍繞《野玫瑰》的論爭是重慶演出後的事，而在昆明首次排演時，劇本還沒有全部寫完。當時，西南聯大三青團分團部的「青年劇社」成立不久，幾個朋友和社長汪雨意見不合，於 1941 年 5 月一個星期六的夜晚，在竹安巷 6 號宣告成立「國民劇社」以資對抗。國民劇社的成員以西南聯大學生為主，只有個別人是當地一家報紙的記者。

　　國民劇社成立後，他們聽說陳銓正在創作《野玫瑰》，於是一廂情願地決定排練這個話劇，並欲請孫毓棠任導演。當時，《野玫瑰》剛剛完成初稿，尚未定稿，但他們瞭解到青年劇社及另外的一個劇團也與陳銓接洽這個劇本，便採取了人海戰術，用特殊手段得到這個劇本。方法是大家一齊湧到陳銓的家裡，請他將劇本手稿拿出來給大家瞧瞧。然後又在一陣亂哄哄的局面中，乘其無備，由一位同學將劇本揣起來，先行告別，其餘人再陸續散去。陳銓並不瞭解內中詳情，直到國民劇社的人把劇本油印出來，才知道自己的作品已經「出版」了。好在陳銓見大家如此重視他的作品，又聽說將由昆明最優秀的演員演出，也就認可了，還一再說「求之不得」。國民劇社得到《野玫瑰》劇本後，馬上找孫毓棠，請其出任導演。孫毓棠是西南聯大三青團負責人之一，且已答應為青年劇社導演另外一個話劇，因此開始說時間錯不開，但國民劇社約請陳銓一起宴請孫毓棠，孫毓棠也就答應了下來。後來，為了租用演出劇場，國民劇社也動了很多腦筋，設計搶在青年劇社之前，租定了昆明市政府經營的昆明大戲院。

　　《野玫瑰》於 1941 年 7 月 20 日開始排練，孫毓棠、陳銓給予了很多指導。8 月 2 日至 8 日，該劇在昆明大戲院開始公演。報載由於「劇情曲折緊張，觀眾亟欲一睹為快，購票者之踴躍，為歷來所未有」。[1]這次演出，本來沒有募捐因素，但 14000 元的經費預算讓沒

---

[1]　〈《野玫瑰》續演一日〉，《雲南日報》1941 年 8 月 7 日，第 4 版。

有收入的學生很是為難，正好當時雲南省黨部正在響宋美齡「草鞋勞軍」，這樣才決定使用募捐勞軍專款名義。雲南省黨部原來答應墊付 10000 元，可始終沒有付給，後來總算從富滇銀行借到 5000 元。這筆用費，全部用於佈景製作，結果演出結束後，大家欠了一大筆債，事後也不了了之。[1]

第二節　詩歌強音

除了具形藝術的話劇外，詩歌也是聯大師生宣傳與戰鬥的有力武器。有人說中國現代詩的基地在大學校園，學院詩始終是中國現代詩的重要力量。新詩最初的嘗試者胡適、沈尹默、周作人等大多出身北京大學，20 世紀 20、30 年代的重要詩人絕大多數也來自清華大學、北京大學、復旦大學、北京師範大學等高等學府。

抗日戰爭的爆發，開拓了人們的精神視野，也為西南聯大師生提供了融入社會的時代機遇。在戰爭狀態下，痛苦、苦難、死亡、恐懼，時時籠罩在人們的心頭，並促使人們對於戰爭的思考。西南聯大青年詩人的作品中，突出地表現了人性的尊嚴，使他們的詩作，構成了中國現代詩不可缺少的一頁。

一、抗戰熱情的寫照

西南聯大的抗戰詩歌，最早表現於抗戰情緒的記錄。尚在長沙臨時大學西遷昆明的湘黔滇旅行出發之前，一些愛好文藝的同學便組織了歌謠採訪組，請聞一多教授任指導，並於行前熱烈討論了採訪計畫。由於種種不便，歌謠採訪組沒有開展多少活動，但劉兆吉同學則

---

[1] 本節關於國民劇社巧獲《野玫瑰》劇本及排練的情況，據瞿國瑾〈憶一次多災多難的話劇演出〉，原載《國府見聞：國立西南聯合大學》，臺灣南京出版有限公司 1981 年 10 月出版，轉引自中國人民政治協商會議雲南省昆明市委員會文史委員會編《昆明文史資料選輯》第 25 輯，第 480 至 483 頁，1995 年 10 月內部發行。

矢志不改，在聞一多「有價值的詩歌，不一定在書本上，好多是在人民口裡，希望大家到民間去找」這句話啟發下，沿途處處留心，處處求教，時時筆錄，後竟採得 1000 餘首。[1]湘黔滇旅途全程 68 天，平均每天採集 15 首，其中甘苦可想而知。為了採集這些民歌民謠，劉兆吉有時請教老人和孩子，有時請小學校教師幫忙，讓小學生寫他們知道的歌謠，但「有的教師覺得真正的歌謠究竟『不登大雅』，他們便教小朋友們只寫些文縐縐的唱歌兒充數」。劉兆吉是外鄉人，「請教人的時候，有些懶得告訴他；有些是告訴他了，他卻不見得能夠聽懂每一個字」。[2]不難想像，這部僅精選出三分之一，分為「情歌」、「兒童歌謠」、「抗戰歌謠」、「採茶歌」、「民怨」、「雜類」六類的民歌民謠集，克服了多少語言隔閡、文化差異、人際距離等困難。旅行團到雲南後，許多聯大師友對這些民歌民謠「甚感興趣，竟相索觀，有的過譽『這是現代的三百篇』」。[3]

這部收錄了 700 餘首民歌民謠的《西南採風錄》中，有 20 首賦予了抗戰的現實內容。在遠離前線貴州黃平，劉兆吉採集到一首文字雖然粗淺，但情緒飽滿、立場鮮明、讓人聽得到殺敵聲音的抗日民歌：

> 打日本，打日本，
> 不打日本不安枕，
> 他是我們大敵人，
> 想把中國一口吞，
> 要想救國圖生存，
> 非把日本不得行。[4]

在雲南省霑益縣，劉兆吉採集到的一首民歌同樣充滿了對日本侵略者的仇恨：

---

[1] 劉兆吉在《西南採風錄・弁言》中說共採集到 1000 餘首，但其後來的回憶文章中也曾說當時共採集了 2000 餘首。

[2] 朱自清：《西南採風錄・序》。

[3] 劉兆吉：《西南採風錄・弁言》。

[4] 劉兆吉：《西南採風錄》，第 147 至 148 頁，商務印書館 1946 年 12 月出版。

月亮出來月亮黃，
日本鬼子好猖狂；
與其望著來等死，
不如送郎上戰場。[1]

有一首民謠用山野鄉民的想像力，號召人們起來抗日。歌詞道：

要想老婆快殺敵，
東京姑娘更美麗；
裝扮起來如仙女，
人人看見心喜悅。
同胞快穿武裝衣，
各執刀槍殺前鋒。
努力殺到東京去，
搶個回來做夫人。[2]

這首歌詞，反映了下層貧苦民眾反抗強權的獨特思維視角，它是受壓迫者對施暴者以怨報怨的抗爭，既然逼得我不能活，就索性拼個魚死網破，殺到匪巢去，搶個你的姑娘做壓寨夫人。這正如聞一多在該書序中所說：「你說這是原始，是野蠻，對了，如今我們需要的正是它。我們文明得太久了，如今人家逼得我們沒有路走，我們該拿出人性中最後最神聖的一張牌來，讓我們那在人性的幽暗角落裡蟄伏了數千年的獸性跳出來反嚙他一口。打仗本不是一種文明姿態，當不起什麼『正義感』，『自尊心』『為國家爭人格』一類的奉承。乾脆的是人家要我們的命，我們是豁出去了，是困獸猶鬥。」[3]這番話，可視為理解這首民謠內在意義最貼切的註腳。

黃鈺生、朱自清、聞一多是 1939 年 4 月看到這部書稿的，他們慨然為之作序，並給予極高評價。黃鈺生以教育學家的眼光，指出它

---

[1] 劉兆吉：《西南採風錄》，第 155 至 156 頁。
[2] 劉兆吉：《西南採風錄》，第 148 頁。
[3] 聞一多：〈西南採風錄·序〉，孫黨伯、袁騫正主編《聞一多全集》第 1 卷，第 195 至 196 頁，湖北人民出版社 1993 年 12 月出版。

「一宗有用的文獻」，「語言學者，可以研究方音；社會學者，可以研究文化；文學家可以研究民歌的格局和情調」。[1]朱自清則強調這部書在文學史上的學術意義，認為書中收錄的民歌民謠「不缺少新鮮的語句和特殊的地方色彩」，有些「雖然沒有什麼技巧，卻可以見出民眾的敵愾和他們對於政治的態度，這真可以『觀風俗』了」。朱自清還聯繫到 1917 年北京大學成立的歌謠研究會欲將歌謠作為新詩創作參考的往事，稱讚劉兆吉「以一個人的力量來做採風的工作，可以說是前無古人」。[2]聞一多則著力發掘這些民歌民謠所隱藏著的下層民眾內心的戰鬥性。

　　學院詩在 20 世紀 40 年代出現了蔚為壯觀的景象，並被人譽為中國現代詩歌史上的奇葩，西南聯大的校園詩便是學院詩的一座高峰。[3]西南聯大聚集了一大批上享有盛名的詩人，僅《西南聯大現代詩抄》中收入的詩歌，作者就有卞之琳、馮至、沈從文、李廣田、聞一多、馬逢華、王佐良、葉華、沈季平、杜運燮、何達、楊周翰、陳時、周定一、羅寄一、鄭敏、林蒲、趙瑞蕻、俞銘傳、袁可嘉、秦泥、繆弘、穆旦。其實，西南聯大的現代詩歌並不止這些，如 1944 年 11 月由昆明百合出版社出版的西南聯大外文系教授薛沉之的詩集《三盤鼓》，可能由於編者未能找到而沒有收入。而楊邦祺同學 1939 年 3 月 24 日發表的《我們是中國的主人》，也沒有收入這部詩集，但據筆者所見，它很可能是聯大師生最早在雲南報紙上發表的抗戰詩歌。詩中寫到：

> 我們是中國的主人，
> 五千年來祖先們用血汗開發了這塊沃土。
> 山岡上漫生著先輩人手植的叢林，
> 原野上有老祖宗的陵寢。
> 一畦的稻田也是祖先們力、汗、血的結晶。

---

[1]　〈西南採風錄·黃鈺生序〉。
[2]　〈西南採風錄·朱自清序〉。
[3]　張同道：〈警報、茶館與校園詩歌──《西南聯大現代詩抄》編後〉，杜運燮、張同道編選：《西南聯大現代詩抄》，第 585 頁，中國文學出版社 1997 年 10 月出版。

河流海岸有懸著祖國旗幟的帆輪。
茫茫的沙漠中留下歷代君主征伐敵人的足印。
還有那閃耀著歷史光輝的長城與運河。
兄弟們這裡的一切統屬我們的，
甚至空氣和塵埃。

我們頃奉祖先的遺命，
來繼續他們的產業。
保衛這美麗的河山，
然今天東方來了一夥強盜。
他要掠奪我們祖宗留下的田園。
但是我們要實踐先輩人的使命，
更要拿這命令授給子孫。
我們不能容忍任何人無理的淩辱，
我們要用頭顱保衛這民族的家園。

兄弟們！為著要活命！
更要寫下今後偉大的歷史！
來！趕走侵淩我們的敵人！[1]

　　西南聯大師生創作的詩歌中，宣揚愛國主義精神始終是最突出的主題，雖然它們被冠以「校園詩歌」之名，但描寫的內容遠遠超出學校圍牆，反映了社會的方方面面。這些詩歌，無一不刻畫了人們對戰時生活的體驗與熱愛，歌頌了抗戰必定勝利的信念，體現了積極的樂觀主義情緒。

二、戰時生活的記錄

　　以《魚目集》聞名詩壇的西南聯大外文系教授卞之琳，是 20 世紀 30 年代現代派詩潮代表人物之一。抗戰爆發後，他又創作了《慰勞信

---

[1]　楊邦祺：〈我們是中國的主人〉，《雲南日報》1939 年 3 月 24 日，第 4 版。

集》。1938 年，卞之琳到了當時對外界來說還很神秘的延安，之後又
赴中國共產黨領導的太行山根據地。敵後軍民抗擊日寇的事蹟，給他
留下極其深刻的印象，也使他的創作汲取的豐富的營養。於是，他寫
下短篇小說《石門陣》，報告文學集《第七七二團在太行山一帶》等。
而他的詩歌也一改過去以抒情為主和自我意識的表現，主題轉變為歌
唱敵後人民戰鬥生活的現實主義，其代表便是《慰勞信集》。

　　《慰勞信集》中《前方的神槍手》的一詩，是 1938 年 11 月寫下
的。卞之琳節取了老人、孩子、婦女對神槍手向敵人開槍時的那一刻
的表情與心情，凝聚了堅持在敵後的百姓們對日寇的仇恨，和消滅敵
人的暢快：

> 在你放射出一顆子彈以後，
> 你看得見的，如果你回過頭來，
> 鬍子動起來，老人們笑了，
> 酒窩深起來，孩子們笑了，
> 牙齒亮起來，婦女們笑了。
>
> 在你放射出一顆子彈以前，
> 你知道的，用不著回過頭來，
> 老人們在看著你槍上的準星，
> 孩子們在看著你槍上的準星，
> 婦女們在看著你槍上的準星。
>
> 每一顆子彈都不會白走一遭，
> 後方的男男女女都信任你。
> 趁一排子彈要上路的時候，
> 請代替癡心的老老少少
> 多捏一下那幾個滑亮的小東西。[1]

---

[1]　卞之琳：〈前方的神槍手〉，轉引自杜運燮、張同道編選《西南聯大現代詩
　　抄》，第 4 頁。

詩中，卞之琳用把向敵人射出子彈時周圍老人、孩子們、婦女們的歡笑，來襯托戰士的自豪。詩中選擇的場景，只是戰時生活的一個片斷，但它反映了中國人民在抗日戰場上的戰鬥風貌，抒發了中華民族的鬥爭精神。

有戰爭就有苦難，就有死亡。西南聯大經濟系學生羅寄一的筆下，描寫了家園遭到毀滅後的悲憤。詩中寫到：

> 一陣轟炸像一段插曲，捲去一堆不知道的
> 姓名，一片瓦礫覆蓋著「家」的痕跡，
> 透過失落了淚水的眼瞼，讓唯一的真理
> 投影：敵人，自己，和否定憐憫的世紀……[1]

這首詩寫於日軍大轟炸之後，百姓在日寇的炸彈裡倒下，瓦礫掩蓋了「家」。這個家是廣義的，不是一個人的。在毀壞的廢墟面前，人們落了淚，但也明白了對敵人不能憐憫。類似的詩還有許多，前面提到趙瑞蕻《1940 年春：昆明一畫像》，也用「敵機飛臨頭上了！──昆明在顫抖，在燃燒，／不知哪裡冒出濃煙，烏黑的，／彷彿末日幽靈；叫喊聲，／哭聲，血肉模糊──」的句子，刻畫日寇大轟炸所製造的血腥場面。[2]

身在大後方，如何更好的報效國家，報效抗戰，是西南聯大師生經常思考的問題。1944 年 7 月，在美國醫藥援華會援助下，全國第一個──軍政部軍醫署血庫在昆明正式建立。[3]血庫成立後，為支援前線曾多次組織獻血，西南聯大師生踴躍參加。外文系繆弘同學的《血的灌溉》一詩，它寫於西南聯大第五次獻血的次日，詩中豪邁地說：

> 沒有足夠的食糧，
> 且拿我們的鮮血去；
> 沒有熱情的安慰，

---

[1] 羅寄一：〈序──為一個春天而作〉，《西南聯大現代詩抄》，第 305 頁。

[2] 趙瑞蕻：〈1940 年春：昆明一畫像──贈詩人穆旦〉，《西南聯大現代詩抄》，第 417 頁。

[3] 〈獻出你的血來！血庫昨日開幕〉，《雲南日報》1944 年 7 月 12 日，第 3 版。

　　且拿我們的熱血去；

　　熱血，

　　是我們唯一的剩餘。」[1]

三、戰鬥意志的昇華

　　西南聯大的詩人群體，之所以被當今文學界冠以「現代詩人」稱號，是因為他們的創作突出地表現了現實主義的精神與風格。他們的詩歌，開始大多描寫生活社會，後來很快集中到個人參加戰爭的實際體驗。抗日戰爭進入反攻階段後，西南聯大掀起從軍熱潮，詩人們走出校園，投身疆場，接受血與火的洗禮。杜運燮、穆旦、沈季平、繆弘等，都在這時跨入軍隊行列。嶄新的生活錘煉了他們的意志，給予了他們勇氣，也創造了直接反映戰爭的生活素材。外文系穆旦同學在《五月》中，寫到：

　　勃朗寧，毛瑟，三號手提式，

　　或是爆進人肉去的左輪，

　　它們能給我絕望後的快樂，

　　對著漆黑的槍口，你就會看見

　　從歷史的扭轉的彈道裡，

　　我是得到了二次的誕生。[2]

　　詩中，穆旦用挎起勃朗寧、毛瑟、三號手提式、左輪等不同型號槍支時的快樂，自豪地聲稱「我是得到了二次的誕生」，把從軍時的樂觀主義情緒，表現的淋漓盡致。

　　哲學系鄭敏同學的《死》，表現有則是身旁戰友在黑暗和死亡威脅下勇往直前的精神：

---

[1] 繆弘：〈血的灌溉〉，原載西南聯大文藝社編《繆弘遺詩》，1945 年 8 月出版，轉引自杜運燮、張同道編選《西南聯大現代詩鈔》，第 472 頁，中國文學出版社 1997 年 10 月出版。

[2] 穆旦：〈五月〉，《西南聯大現代詩鈔》，第 500 頁。

> 一個戰士，在進行中的突然臥下
> 黑暗與死亡自他的夥伴
> 的心坎爬過……
> 但是，瞧那被火點燃著的旗幟，
> 那是永久的牧人的牧杖，
> 他正堅決的指著一個方向，
> 於是，他們迅速的向前跑去，
> 只留下一個沉默的禱告
> 在被黑夜淹沒的戰野裡。[1]

　　外文系沈季平同學的《山》，是他參加青年軍到前線，被重重疊疊的野人山而激動時寫下的。詩中感慨雄偉的群山，又聯想到奔騰的江河、山脈，期盼著捷報傳來，抒發了迎接抗戰勝利的豪情：

> 山，拉著山
> 山，排著山
> 山，山追山
> 山，滾動了！
> 霜雪為他們披上銀鎧
> 山群，奔馳向戰場啊！
>
> 奔馳啊！
> 你強大的巨人行列
> 向鴨綠　黃河　揚子　怒江
> 奔流的方向，
> 和你們在苦鬥中的弟兄
> 長白　太行　大別　野人山
> 拉手啊！

---

[1] 鄭敏：〈死〉，《西南聯大現代詩鈔》，第 356 頁。

當你們面前的太平洋掀起了勝利的狂濤
山啊！
我願化一道流星
為你們飛傳捷報[1]

　　戰鬥贏得了勝利，也付出了代價。外文系杜運燮同學在《給永遠留在野人山的戰士》中，對犧牲在緬甸戰場上的中國遠征軍烈士，給予崇高的禮贊：

你們英勇的腳步仍舊在林中
前進，冶遊的鳥獸可以為證，
高高喜馬拉雅山白色的眼睛，
遠方的日月星辰也都曾動心。
每當夜深樹寒，你們一定
還想起當年用草鞋踏遍
多少山河，守望著美麗的山陵
幽谷，懷念著自己祖傳的肥田；

記起苦難的同胞們笑臉歡送，
國外的僑胞又笑臉流淚歡迎；
已經用血肉築過一座長城
震驚人類，還同樣要用生命

建一座高照的燈塔於異邦，
給正義的火炬行列添一分光，
還同樣把你們的英勇足跡印過
野人山，書寫從沒有人寫過的

史詩。就在最後躺下的時候，
你們知道，你們並沒有失敗，

---

[1]　沈季平：〈山〉，轉引自杜運燮、張同道編選《西南聯大現代詩抄》，第134頁。

在這裡只是休息，為了等待
一天更多的夥伴帶著歌聲來。

所以你們的腳步一直在林中
徘徊：不論是毒熱的白色火輪
烤炙，不盡的雨水，江河一般
馳騁於荒莽的叢山叢林中間。[1]

　　上述詩歌，不過是西南聯大抗戰詩歌的冰山一角。這些作品，通過不同題材，不同側面，不同手法，不同視點，展示了戰時社會生活的一角。這些詩歌，沒有回避苦難，回避死亡，但它們對苦難的描寫，為的是喚起生存的渴望，它們正面死亡，也表達著堅持下去的勇氣。從這些詩歌中，人們看到對日本帝國主義侵略罪行的譴責，看到不屈不撓的鬥爭頑強意志。詩人們就是用自己的筆，表達克服艱苦、歌頌抗戰、迎接勝利。今天，時間雖然流逝了六十多年，但讀起這些詩歌，仍有一種迴腸盪氣之感，仍能受到多種啟示。

第三節　播音五洲

　　在抗戰宣傳上，西南聯大師生利用廣播電臺進行的工作，過去很少有人提到，即使師生回憶中也鮮有涉及，直至筆者看到雲南省廣播電視局戴美政先生的數篇文章，才開始注意到這一人們忘卻多年的歷史片斷。[2]

　　昆明廣播電臺是 1940 年 8 月 1 日開始第一次廣播，呼號為「XRPA」，波長 435 公尺，周率 690 周波。首次播音的節目有歌詠、

---

[1]　杜運燮：〈給永遠留在野人山的戰士〉，《西南聯大現代詩抄》，第 255 至 256 頁。

[2]　本節主要參考雲南省廣播電視局史志辦戴美政先生的〈抗戰中的昆明廣播電臺與西南聯大〉，原文刊登於中國廣播電視協會廣播電視史研究委員會、黑龍江省廣播電視局、中國傳媒大學廣播電視研究中心編《第七次中國廣播電視史志研討會專輯》，第 113 頁 144 頁，2005 年 12 月內部印行。在此，特對戴先生惠賜大作深表感謝。

新聞彙述、演講、國樂琴簫合奏、琵琶獨奏，和昆曲《遊園》、《刺虎》，話劇《寄生草》，平劇《捉放曹》、《坐宮》，以及簡明新聞、總理紀念歌等。[1]最初，每天播音 5 個多小時，後來逐步增加到 7 個小時。當時，由於雲南在對外宣傳上的重要地位，國民政府配給昆明廣播電臺的功率居全國之冠。白天，電臺射程國內可達江西、河南、上海、湖南、陝西等省，國外則可達新加坡、三藩市等地。到了夜間，電臺的電波更遠至整個東半球。

　　昆明廣播電臺的建立與播音，在鼓舞民眾士氣、開展國際交流、推動抗日宣傳中發揮了重要作用，而這些是都與西南聯大分不開。西南聯大給予昆明廣播電臺的支持，主要表現在人員力量、專題講座、對外播音、文化生活四個方面。

一、技術後援

　　1938 年 9 月，電臺籌備之初，西南聯大、昆明廣播電臺便就電機系學生到電臺實習或服務等事宜，進行了正式聯繫。1939 年 7 月 4 日，電臺籌備處致函西南聯大，稱其擬添聘技術人員四五人，「以電機系電機門電力門或物理系本屆畢業生為限」，希望「應徵者須擅長數理富有進取研究精神，如能兼擅國語者尤佳」。西南聯大遂由理學院院長吳有訓、工學院院長施嘉煬，分別推薦物理系賈士吉等 2 名、電機系曾克京等 6 名學生前往應聘。經過面試，電臺錄取了陳希堯、林為幹、賈士吉、曾克京 4 人。8 月，賈、陳、林三人先後到職，其中賈士吉一直在電臺最重要的部門增音室工作，最後綜管該室技術，直到抗戰勝利。1940 年 5 月，昆明廣播電臺開始試播音後，西南聯大又介紹了電機系周崇經、胡永春，電訊專修科陸志新、劉植荃等畢業生到電臺服務。其後，齊植梁、何文蛟、雷瓊芳、張允林等同學亦被錄用。抗戰時期，昆明經常受到日本飛機騷擾，供電時常切斷，設備亦屢出故障，加上電訊器材緊缺，致使播音經常中斷，因此需要大

---

[1]　〈昆明廣播電臺首次節目〉，《雲南日報》1940 年 7 月 31 日，第 4 版。

批高素質的技術人才。西南聯大既有技術知識，又佔地利之便，很快成為電臺的依靠對象。進入電臺的有些同學，長期在增音室、機房等要害部門值班，即使在敵機大轟炸、供電出現障礙的緊急時刻，也堅守在各自崗位上。

昆明廣播電臺的編播力量，有不少也來自西南聯大。1940 年 7 月，電臺首先接納政治系高葆光同學負責英語編播，同時錄取物理系何克淑同學、法律系賀祖斌同學到徵輯組工作。7 月、9 月，電臺兩次登報招考國語報告員（即播音員）、徵集員（即編輯），西南聯大陸智常、溫瑜、王勉、齊潞生、吳訥孫、王乃樑、丁則良等同學相繼被錄取。不久，鄭韻琴、孫蕙君、王遜等同學也經考核到電臺就職。其後，由於戰局動盪與生活艱難，同時還要兼顧學業，有些人不能專任其職，出現崗位空缺。這時，一批又一批的西南聯大畢業生或在校生，進入電臺擔任編輯、播音及其他工作。其是 1941 年有劉沁業、齊植樑、章琴、陶維大、范寧生等；1942 年有陳忠經、李宗藻、虞佩曹、馬芳若、佟德馨、雷瓊芳、何文蛟、黃曾賜、黃克峰、劉祚昌、何儒、張承基、黃秀雅等；1943 年有錢達民、陳逸華、王瑛蘭、倪仲昌、鄭敏、張允林、傅愫斐、董傑、官知節、高小文、羅翠玉等；1944 年有周文硯、黃宗英、陸欽原、張乃映、朱汝琦等；1945 年有王芸華、梁齊生、馮鍾潛、李和清、許四福、俞維德、劉君蕙、蕭志堅、簡焯坡、王玖興、寧世銓、金安濤、朱和等；1946 年有溫伯英、王光誠。昆明廣播電臺本來希望採用專任人員，但不久便不得不予變通，因為一面急需用人，一面又缺乏人材。這樣，一些同學就一邊讀書，一邊在電臺兼任工作。

電臺的一切工作，都是為了保證播音，這項工作由傳音科負責，它是電臺最重要的部門。根據現存檔案，西南聯大稱得上是昆明廣播電臺傳音科的主力，即使以所佔比例而言，除了 1942 年外，也一直保持在一半以上。如：1940 年傳音科共 23 人，內西南聯大 12 人，所佔比例為 52.2%；1941 年共 27 人，內西南聯大 14 人，佔 51.9%；1942 年共 29 人，內西南聯大 14 人，佔 48.3%；1943 年共 27 人，內西南聯大 17 人，佔 62.8%；1944 年共 34 人，內西南聯大 18 人，佔

52.9%；1945 年共 46 人，內西南聯大 23 人，佔 50%。由此可知，從 1940 年昆明廣播電臺正式成立至 1945 年抗戰勝利的五年間，電臺傳音科以年為單位累積 186 人次，其中西南聯大為 98 人次，所佔比例為 52.7%。傳音科事務頭緒繁多，分配各組工作、編撰稿件、答覆聽眾諮詢、結算郵寄稿費、校核節目預報表、聯繫外來演播單位和人員等，均由其負責。不知從哪年開始，電臺聘任社會系 1940 年畢業生王勉負責傳音科。他幹得十分出色，以致 1945 年他辭職後一時竟找不到合適人選接替。

除了王勉外，1942 年 10 月考入昆明廣播電臺負責外語稿件編撰的沈自敏，也於 1943 年 5 月被任命為外語組長。他同年考取清華大學研究院文科研究所歷史學部研究生，在攻讀學位的同時，繼續兼顧外語廣播，直至抗戰勝利。1943 年進台的政治系同學倪仲昌，開始在徵集組工作，後來擔任了編審組組長。進入昆明廣播電臺的西南聯大同學，都是青年中的佼佼者。他們不少人是歷盡艱難，輾轉到大後方求學的。儘管生活困苦、學業緊張、工作勞累，但他們都咬緊牙關奮進不止。

西南聯大到昆明廣播電臺工作的不僅有本科生、研究生，丁則良、王乃樑、吳訥孫、簡焯坡、馬芳若等還是助教。丁則良、王乃樑是 1940 年 11 月進入電臺的，稱得上電臺的元老，他們除擔任節目編播外，還承擔了「古今談薈」等節目的播講，由於他們「學識優越，工作努力」，電臺曾呈報上級要求為他們加薪。

二、專家演講

組織學術講座，邀請名人演講，是昆明廣播電臺的重點設置。它主要為政治和學術兩部分，前者傳達政令方針，後者傳播思想文化，內容都緊緊圍繞抗戰建國這一核心。20 世紀 40 年代是中國廣播從初創走向成熟的過渡階段，加上戰爭環境下廣播在傳播戰事消息方面的便捷性和高效率，因而受到社會各界的高度重視。

「名人演講」、「學術講座」、「時事論述」等節目一般安排在晚間 18 時至 20 時的黃金時間，每天播出一至兩次，每次約 20 分鐘。

1940 年 8 月 1 日，昆明廣播電臺在雲南省政府成立 12 周年紀念日這天正式開播。首播當天，就邀請了西南聯大常委蔣夢麟至電臺廣播演講，後來他還在電臺做過紀念五四、戰時公債勸募、動員知識青年從軍抗戰等演講。

昆明廣播電臺講演類節目有一個顯著特點，即開辦主題明確的系列性講座，而這些講座大多有西南聯大參與。如 1942 年 10 月舉辦的為期三個月的文哲、科學、國際關係講座，就由西南聯大教授羅常培、曾昭掄、王贛愚分別主持。1943 年 2 月開設的文哲、國際政治、科學、國際經濟講座，主持人也分別為羅常培、王贛愚、陳省身、伍啟元。

聯大教授在昆明廣播電臺播出的演講，無一不體現了抗日救亡的主題。1940 年 8 月 20 日，曾昭掄在電臺播講《抗戰以來中國工業的進展》。播講中，他回顧了抗戰三年來中國工業的內遷，講到大後方鋼鐵、煤炭、水泥、燃料、軍火，以及輕工業、手工業的發展。一個個有力的事實，既說明瞭戰時工業對促使中國走向工業道路的作用，又增強了人們堅持抗戰建國的信心。同年 12 月 12 日，曾昭掄又在昆明廣播電臺播講了《化學戰爭》，他用清晰的條理和通俗此語言，把軍事科學尤其是防毒的重要性，表達得生動明白。當時，日軍在一些地方施放毒氣，雲南也是受害地區，所以地方當局十分重視曾昭掄的這次播講。不久，《雲南日報》撥出相當篇幅，將曾昭掄的播講全文分兩天全部刊出。

抗戰勝利前後，昆明廣播電臺還開播了由陳友松教授倡議和指導的講座類節目「空中學校」。陳友松是著名電化教育學專家，兩次代理西南聯大師範學院教育系主任，他出版的《有聲的教育電影》，是中國第一本電教專著。在強敵入侵、民族存亡的關頭，陳友松將電化教育看作是「摧堅鋤強，移風易俗，繼絕存亡，立心立命」的有力工具，並將廣播作為實現自己教育思想的又一陣地。1941 年 5 月，陳友松第一次到電臺演講，以後多次應邀演講。他倡導和主編的「空中學校」節目，涉及各科知識、社會生活、家庭婚姻等許多方面，不僅聽眾喜愛，就連遠在重慶負責監聽的中央廣播事業管理處傳音科也贊

許有嘉。應邀到昆明廣播電臺作學術演講和科普講座的西南聯大學者很多，除前面提到的曾昭掄外，黃鈺生在 4 月 4 日兒童節、8 日 27 日教師節作過教育與抗戰等專題演講；馬約翰講過體育與抗戰、體育與國防、青年運動；羅庸講過《詩的境界》、《儒家的根本精神》；潘光旦也在 1942 年 4 月 4 日做過《新母教》播講。

　　昆明廣播電臺開設的專題演講，之能夠得到西南聯大的如此支持，與蔡維藩的努力有很大關係。1941 年 4 月，電臺為了使講座類節目長期播出，接受雲南省教育廳長龔自知推薦，聘請西南聯大歷史系教授、師範學院歷史系主任蔡維藩擔任特約專員，工作內容為負責電臺專題節目各類稿件的編撰、審核等事宜，待遇為每月津貼國幣 200 元。蔡維藩是位眼界開闊、勤於著述的歷史學家，他於 1941 年 5 月 1 日就職，一直到抗戰勝利，是西南聯大教師中受電臺聘任時間最長的特約專家。

　　蔡維藩到電臺兼職後，即組織了一個幾乎全由聯大教授組成的時論委員會，負責時事評論、學術講座等節目的選題設計、作者聯繫等事宜。該委員會有特約教授六七人，皆著名學者，大家每週開會一次交換意見，提供資料，然後各人自選時事評論一題，精心撰寫，以保證每晚能夠播出一篇。每個星期日的晚上，則播出外文系教員王佐良撰寫的英文時論一篇，同時播出一篇《一周時事述評》。「時事評論」，幾乎可以說無所不包，它的要求既需要新聞的時間性，又需要廣博的學識，還需要流暢的文筆，這的確是個繁重的工作。

　　為時事評論、學術講座等節目寫稿主要是教授，也有一些講師，總數有時多達數十人。西南聯大每月到電演講的專家，少則七八人次，多則二三十人次，儼然一個廣播演講的專家群體。據現存檔案統計，自 1940 年 7 月至抗戰勝利，先後應邀到電臺演講的西南聯大專家，有蔣夢麟、查良釗、曾昭掄、黃鈺生、陶葆楷、陳岱孫、馬約翰、張大煜、賀麟、錢端升、蔡維藩、湯佩松、林良桐、施嘉煬、朱汝華、張澤熙、任之恭、傅恩齡、王信忠、張印堂、羅常培、羅庸、陳銓、梅貽琦、陳友松、李景漢、唐蘭、莊前鼎、伍啟元、潘光旦、王贛愚、湯用彤、吳宓、雷海宗、邵循正、邵循恪、陳省身、鮑覺民等。

　　以西南聯大為主體的電臺專題播講，開始不久就受到官方重視。1940 年 9 月 12 日，昆明廣播電臺正式播音才一個多月，中央廣播事業管理處便指令昆明廣播電臺「將每週邀請名人演講之講稿源源寄處，以便送載《廣播週報》」，同時供其他電臺選播。對於播講過的內容，作者們自然也敝帚自珍。1946 年，昆明廣播電臺選擇了部分學術廣播稿，結集為《和平之路──昆明廣播電臺學術講座文集》出版。這部由蔡維藩主編的廣播稿論文集，共分 25 章，內容為對第二次世界大戰後期戰爭局勢、國際關係等重大政治問題的評論，其中既有現實觀察，又有歷史追蹤，既有形勢預測，又有對策建議，是一部表現了學者犀利眼光和冷靜思索的國際問題評論集。

三、多語播音

　　昆明廣播電臺的地理位置與時代因素，決定了它需要加強英語、法語、越南語、緬甸語、日語、馬來語、泰語等外語廣播，及粵語、廈門語、臺灣語、滬語等漢語方言播音，以此配合世界反法西斯戰場的發展和國際關係資訊的交流。西南聯大人才濟濟，於是平日用於課堂的外語，有了它的用武之地。

　　外語節目首先開播的英語，除週六外，每晚 9 時播出，每次 10 分鐘。據說英語節目最早由西南聯大政治系同學高葆光播音。抗戰勝利後，這個節目延長到每週 335 分鐘，而王佐良每週一篇的時事評論，是必須保證播出的。

　　法語節目的播音，長期由陳定民、吳達元兩教授擔任。陳定民是巴黎大學語音學院文科博士，法語語音十分純正。吳達元是法國里昂大學碩士，在西南聯大時著有《法國文學史》等書。在他們的努力下，法語節目產生了相當影響。1942 年 1 月 22 日，滇越鐵路線區開遠車站司令辦公室致函昆明電臺，稱該「鐵路法籍路員欲收貴台法語廣播」，請該台函告播出時間、呼號、波長等。昆明電臺隨即回函說明相關情形。日軍佔領越南後，滇越鐵路中斷，中國境內昆明至河口一段由中方接管，並成立滇越鐵路線區司令部專司軍事運輸，因此他們對戰時

廣播消息異常重視。此外，由於陳定民的引導，在昆明的「自由法國」成員，如 Dr・May、Leonrd 等人也獲准在節目中播講法語評論，並突破限制播講了戴高樂將軍領導的抵抗運動主張。

1942 年 10 月開播的日語節目，頗費了些周折。最初的日語播音員任職時間不長，以後聘請了一位早稻田大學的畢業生專負日語編播，協助其工作的則是西南聯大政治系劉祚昌同學。1945 年初，生物系助教簡焯波，帶領哲學心理學系二年級學生金安濤、機械系一年級新生寧世銓，應聘承擔了日語節目的收聽、編譯、播音任務。

昆明廣播電臺的漢語方言節目，在西南聯大支持下辦得也是有聲有色。其中最早播出的是粵語節目，開播於 1942 年 5 月，由西南聯大法律系佟德馨同學擔任播音。廈門語節目是 1940 年 10 月開播的，先後由教育系鄭韻琴、生物系黃曾賜、土木工程系許四福等同學播音。1942 年 10 月開播的臺灣語節目，也由黃曾賜擔任。開始，黃曾賜每週播講 3 次，1943 年 3 月以後，因為增加了廈門語播音，他每週要播出 9 次，工作十分勞累。

昆明廣播電臺的外語節目和漢語方言節目，在為國人與盟友，瞭解戰時中國與世界，爭取國際援助，動員海外愛國僑胞參加抗戰等方面功不可沒，而這裡面也凝聚著西南聯大的貢獻。

四、抗戰節目

對於傳音媒體來說，播出時間上所佔比例最大的，是聽眾喜聞樂見的文藝類節目。昆明廣播電臺的文藝節目設為戲曲、歌詠、國樂、西樂四個部分，這四個部門中，都活躍著西南聯大的身影。

電臺初建時，孫蕙君剛從歷史系畢業，來到電臺擔任樂劇組的助理。師範學院教育系音樂教員劉振漢，也被聘為負責電臺同仁歌詠團及演播等事務的特約音樂指導。先後擔任樂劇組助理或特約幹事的，還有電機工程系高小文、物理系官知節、中文系鄭敏、歷史系羅翠玉等同學。

文藝廣播中，以每週六的「特別節目」最受聽眾歡迎。直播的大發音室（即演播廳）常常擠滿來賓，歌聲激昂、樂聲振奮，一方唱罷

又一方登場，有特色有影響的節目接連不斷。在眾多廣播文藝演播團體中，西南聯大演播團隊是參加最早、影響最大的團隊之一。1940年7月試播期間，聯大歌詠團曾兩次到電臺播出抗戰歌曲。1940年8月31日，為給抗日將士募集寒衣，該歌詠團再次到昆明廣播電臺演播。當晚，令人振奮的鋼琴聲響起，雄壯激昂的抗戰歌聲隨著電波傳向雲嶺高原、海外南洋。這場演播有男女聲二重唱、四重唱、獨唱，曲目有《黃河大合唱》、《游擊隊歌》、《抗敵歌》、《旗正飄飄》、《太行山上》等，其中《黃河大合唱》還是首次在雲南演出。

這次演出，在參演人員中留下深刻印象。多年後，當年參加演出的歷史系同學施載宣（即蕭荻）得到那次演出結束後的一張照片。看著這張顏色已經泛黃的歷史照片，當年演出的情景不禁浮現在面前。他回憶說：

1940年8月31日，昆明廣播電臺正式成立（在昆明潘家灣）開始播音。昆明廣播電臺特邀聯大歌詠團參加廣播音樂會。這是聯大同學的歌聲，首次通過電波傳向四方。為了提高演唱的質量，我們通過劉家瑞同學從貴州請來了郭可諏同志當我們的客席指揮。暑假中，我們投入了緊張的排練，為了正式參加這次校外的演出，特地買了一塊紫色的綢子，用白布嵌上「國立西南聯大歌詠團」大宇的團旗，服裝也力求整齊劃一，女高音一色地穿月白色的旗袍，女中音則穿藍陰丹士林布旗袍，至於男聲部則清一色的白襯衫，黃卡機布長褲，好在這些都是大家常備的，並不需要特殊添置，看上去也很體面。這次演出以四重唱·男女聲二重唱和獨唱為主，還特別加了鋼琴伴奏（這在當時聯大的歌詠會上也是破天荒的創舉），可惜鋼琴伴奏是誰，現在已記不起來了。

演出是在昆明廣播電臺的播音廳舉行的，幾十個人的合唱隊，把播音廳的小舞臺佔得滿滿的。演出結束還照了像，由於只有一台方匣子的「祿來福來」手像機，只能男女聲部分照。這兩張像片，繆景糊大姐珍藏下來，經過數人數，女聲部是女高音

和女中音各 7 人，男聲部是男高音、男低音各 14 人，連同指揮、鋼琴伴奏一共 44 人，這就是全部聯大歌詠團相對固定的演出陣容了。

由於照片已經變黃，雖經翻拍放大，但畫面仍模糊不清，而且大家都已垂垂老矣，不像當年那麼「英俊」。現在經過反覆辨認和回憶，能夠確認的女演員有繆景湖、劉家瑞、梁淑明、陳錫榮、朱瑞青、袁月如、陳璉等，男演員有徐樹仁、張世富、朱鴻恩、施載宣、黃伯申等，其餘的認不出來了。

這次廣播音樂會演出的節目，據繆景湖大姐回憶是全部由光未然作詞，冼星海作曲的《黃河大合唱》。經過郭可離諏、任徐樹仁同志核對，當時《黃河大喬》的全套曲譜還沒有得到，所演唱的只是《黃河大合唱》中的《黃水謠》、《河邊對口典》、《黃河頌》、《保衛黃河》等一部分。此外還唱了賀綠汀的《游擊隊歌》，黃自的《抗敵歌》和《旗正飄飄》，桂濤聲詞、冼星海曲的《太行山上》，田漢詞、賀綠汀曲的《勝利進行曲》等。這些都是很能激勵人們同仇敵愾、抗日救亡的戰鬥歌曲。著名的《黃河大合唱》，也是在這一次，首先介紹給雲南廣大聽眾的。[1]

　　1943 年 3 月 19 日，電臺舉行口琴廣播音樂會，哲學系陳斐昂同學（聞案：哲學心理學系同學）與中央研究院、中華職業學校、昆明市郵政總局等單位的口琴名家同台吹奏抗戰歌曲。在電臺演播抗戰歌曲的，還有聯大師範學院回聲歌詠隊、工學院藍鷹歌詠隊、師院附屬學校等。一些具有文藝才華的教師家屬，也在邀請之列，如外國語文系袁家驊教授之夫人就做過演播。

　　昆明的話劇演出非常活躍，自然也成為昆明廣播電臺文藝節目的內容之一。電臺播送的劇目有《血灑晴空》、《代用品》、《突擊》、《中國的母親》、《良辰吉日》、《可憐的裴迦》、《古城的

[1]　施載宣：〈從群聲歌詠隊到聯大歌詠團〉，《笳吹弦誦在春城——回憶西南聯大》第 334 至 335 頁，雲南人出版社、北京大學出版社 1986 年 10 月出版。

怒吼》、《死角》、《心防》等。從排演劇目的陣容和演播次數來看，聯大戲劇研究社、聯大劇團等是話劇演播的主角。北大、清華、南開本來就有演劇傳統，加上昆明的環境相對寬鬆，聯大的戲劇活動日顯活躍。聯大劇團是西南聯大成立的第一話劇社團，前文提到的他們演出的話劇《祖國》受到昆明各界高度評價，而這部劇也是昆明廣播電臺演播次數最多的一個劇目，1940 年 10 月至 11 月，《祖國》公演已經結束 20 個月了，昆明廣播電臺仍然在播出它。

這個時期，聯大劇團是電臺的常客，僅 1942 年 1 月就演播了描繪了內遷後方的知識份子的悲劇，以喚起迷途的人們覺醒《霧重慶》，及《鎖著的箱子》、《怒海餘生》、《人約黃昏》、《未婚夫妻》等。戲劇研究社、青年劇社、山海雲劇社、怒潮劇社、青春服務社、聯藝劇社，也是西南聯大陸續成立的戲劇團體，他們不僅在校內、省城公演，還把戲劇帶到遠郊鄉鎮。1940 年底至 1941 年 1 月，聯大戲劇研究社在昆明電臺演播夏衍的話劇《上海屋簷下》；1941 年 3 月至 4月，又演播了描寫舞女謀刺漢奸未成而壯烈犧牲的《夜光杯》等。聯大各劇社參加的廣播演播劇目，內容大多都表現了驅除敵寇、爭取解放的心聲。不知什麼原因，西南聯大在電臺的話劇演播，在 1942 年2 月課餘戲劇研究社演播過表現愛國青年揭露漢奸卑劣的《前夜》後，就不再出現了。

抗戰時期的昆明廣播電臺，是向國內外進行抗戰宣傳的重要傳播工具，西南聯大師生全力支援昆明廣播電臺宣傳抗戰救國，為國人瞭解世界反法西斯戰場局勢，堅定抗戰決心，振奮民族精神等，提供了有力的思想文化武器，傳播了反侵略戰爭的時代強音。

第四節　踴躍輸捐

抗日戰爭是立體性的現代化戰爭，它不僅需要有堅定的意志，還需要能夠支撐戰爭的人力、物力、財力。中國抗戰的優勢是地廣人眾，經濟上卻不免困難重重。因此，募集捐款便成為後方支援前

線的一項經常性舉措。武漢保衛戰時，武漢三鎮各界就組織過各種募捐活動，他們為支援前線掀起的捐款高潮，至今仍令人激動。

一、募集寒衣

對於中國民眾而言，西南聯大不過是滄海一粟，但他們在捐款方面也盡到了自己的綿薄之力。前文已述，1938 年 7 月 7 日蒙自分校師生，在紀念七七抗戰一周時，就展開了募捐活動，共捐得 4523 元。第二年，紀念七七抗戰兩周年時，西南聯大全校師生再次舉行捐款，僅教職員就貢獻了 3300 元。

1938 年秋，入冬即至，為瞭解決前線將士衣著，重慶成立「全國徵集寒衣運動委員會」，號召各地開展徵集寒衣活動。雲南省隨即成立徵集寒衣運動分會，計畫目標為 20 萬件。西南聯大接到有關公文後，馬上進行了佈置。對於有固定收入的教職員，學校按往常形式組織捐款，做法是從每月薪金中扣除，捐作寒衣徵集費用。這次全校教職員捐得之數目，按雲南省規定的「捐款代制寒衣比例」，可得寒衣 7000 餘件。[1]

學生沒有固定收入，只能用「有力出力」來貢獻自己的力量。為此，西南聯大學生自治會發起勸募寒衣「遊藝周」，決定用義演形式募集捐款。於是，他們趕排了三部話劇，一為陽翰笙編寫的《暴風雨的前夜》，一為阿英編寫的《春風秋雨》，另一為《漢奸的子孫》。11 月 5 日，三幕國防話劇《暴風雨的前夜》在當時昆明市最大的禮堂省黨部大禮堂率先演出。該劇描寫一個漢奸及其走狗沒落經過，劇情緊張，表演逼真。演出至深夜 11 時半，方在「熱烈之救亡歌詠及口號中」結束。[2]關於《春風秋雨》、《漢奸的子孫》，及其他遊藝節目，雖未見專文報導，但想必效果也同樣不錯。這些話

---

[1] 〈聯大教職員踴躍捐寒衣，合計七千餘件〉，《雲南日報》1938 年 11 月 12 日，第 4 版。

[2] 〈聯大遊藝會昨晚開始公演，上演《前夜》國防劇緊張動人，本晚續演陳英之《春風秋雨》〉，《雲南日報》1938 年 11 月 6 日，第 1 版。

劇與遊藝節目演出，持續了一個星期，一位同學說：這次演出「每晚平均收入都在五百元以上」，再加上前些天在校內校外徵集到的1600元，總計共得5000元左右。[1]《雲南日報》也報導到：「西南聯大同學，前舉辦勸募寒衣運動會，已告結束，捐款收入，計國幣一千四百四十餘元，遊藝會售票收入，計三千六百餘元，現存金城銀行，一俟賬目清理後，將悉數移交募寒衣分會，以充前方將士購置寒衣之用。又，清華大學無線電研究所捐助新棉衣四十件，不日可一併交付」。[2]

　　1938年的冬天，是西南聯大遷至昆明後的第一個冬天，同學們用火一般的熱情，給這座城市的抗戰生活添加了難忘的一頁。這正如沈從文在《給聯大朋友》中所說：「現在聯大的年青朋友，對於為前方戰士募集寒衣運動，大家如此熱心，正可見出這個新運動的開始。」不過，沈從文還提醒說：「此後可做的事情還多，望大家記著『活動是常態，消沉是變態』，繼續作各種活動。」他還語重心長地寫到：「時間成就日月江河，同時亦可毀一切。人活到世界上壽命雖不過數十年，但由個人堅苦跋涉和群力積累，所能成就的業績，也就極可觀！我願意年青朋友，大家來用一種嶄新的作風，愛國和做人。」[3]

　　這次徵集寒衣捐款運動結束後，募集工作仍在繼續。前文曾介紹了1939年2月18至25日西南聯大話劇團在雲瑞中學禮堂公演《祖國》的盛況，而這件昆明抗戰話劇史上大事，原本就是為前線將士募集鞋襪而組織的。[4]當時報載：「入冬之後，天氣苦寒，各戰線的將士們，尤其是轉戰於北方各線的將士們，在冰天雪地之中和敵人去拼死命」，國家體念各線將士的冒寒苦戰，發出為前方將士募集

---

[1]　天水：〈閒話聯大〉，《雲南日報》1938年11月12日，第4版。

[2]　〈聯大寒衣捐款已告結束〉，《雲南日報》1938年11月28日，第4版。

[3]　轉引自天水：〈閒話聯大〉，《雲南日報》1938年11月12日，第4版。

[4]　《祖國》昨晚上演，成績甚佳〉，《雲南日報》，1939年2月19日，第4版。該消息首句即為「聯大話劇團，為募捐慰勞前方將士，於昨晚（十八日）起在雲瑞中學禮堂公演《祖國》」。

戎衣的號召，聯大劇團編排的這部話劇，便是「替前方將士募集鞋襪」而發起的行動。[1] 這次演出起初連演八天，後來應觀眾要求又續演了三天。輿論對這部話劇給予極高評價的同時，也給了聯大話劇團團員們很高讚譽。

前文已述的《野玫瑰》演出，名義上也是「勞軍募捐」[2]，且在廣告上載明「聯大劇團第四屆勞軍公演」。[3] 不過，這次演出欠了一大筆賬，收到抵不上支出，並沒有取得募捐的實效。

二、飛機捐款

上述捐款活動，由於採取的是話劇演出，捐款尚能隨著劇情留在人們的印象中。可是，對於西南聯大參加的「捐獻青年號」飛機活動，好像已被人們遺忘了。其實，這也是一次支援抗戰的重要活動。

1940 年年底，教育部發出「捐獻青年號」飛機號召。西南聯大學生自治會積極回應，於 1941 年 1 月 9、10 兩日，發起獻金購機運動，方法為個人獻金與團體獻金兩種形式。[4] 9 日的獻金未見記載，但似乎捐數目不多。10 日下午 3 時，再次組織獻金活動，常委梅貽琦、訓導長查良釗親臨新校舍獻金台，希望大家踴躍獻金，再接再厲，並表示「非超過一萬元不足表示最高學府之愛國精神」。在掌聲中，師生們紛紛輸捐。住在拓東路 375 號的工學院同學，為募捐想盡辦法，舉行了個人捐款比賽與級、係捐款比賽。許多同學把圖書、文具、字畫、日用品等捐出，舉行義賣，報載「競爭激烈，情緒狂熱」。機械系教授劉仙洲除了捐款外，還在自己的著作上簽名售書，當天就募集

---

[1]　王一士：〈聯大劇團公演《祖國》〉，《雲南日報》，1939 年 2 月 18 日，第 4 版。

[2]　〈《野玫瑰》明日上演，本市劇人亦抗議〉，《雲南日報》1942 年 6 月 3 日，第 3 版。

[3]　西南聯大學生自治會主辦《野玫瑰》上演廣告，《雲南日報》1942 年 6 月 4 日，第 1 版。

[4]　〈聯大學生自治會響應「青年號」獻機，發動獻金多捐者予以獎勵〉，《雲南日報》1941 年 1 月 9 日，第 4 版。

了 2535 元。11 日，他們把捐出的書籍、文具、照像機等，拿到宿舍拍賣。遠在四川敘永分校的一年級同學，也積極參加捐款，數目竟達到 3 千餘元。[1]

　　1 月 15 日，西南聯大學生自治會公佈了這次捐款的明細帳。其中女同學會捐款 639 元，南針社捐款 358.1 元，群社捐款 314 元，青年合作社捐款 140.3 元，基督教團契捐款 106 元，英文研究會捐款 101元，豆漿合作社捐款 50 元，戲劇研究社捐款 44 元，楊宗海夏令營捐款 27 元，工學院捐款 4208.3 元，師範學院捐款 199.4 元，全校個人捐款 1254.7 元。這次獻金總數高達 7441.4 元，而且還未來得及把敘永一年級新生與教職員的捐款統計在內。[2]報載這次獻金，西南聯大學生平均每人捐款 6 元，這對清貧的同學們來說是筆不小的數目，但它凝結的抗戰熱情，怎能用金錢衡量！

三、救濟災民

　　西南聯大的捐款活動，並不僅僅限於支援前線。戰爭本身，就給人民帶來了巨大災難，救濟災民，也是堅持抗戰的組成部分。前文所述 1940 年 10 月 13 日三民主義青年團聯大分團發起的「一角錢施粥運動」，便是救濟災民的舉措之一。西南聯大還有一次捐款，大概與蔣介石及當時的國內國際微妙的關係直接相關，以致迄今各類西南聯大歷史記述基本未有記錄。不過，歷史本應是對客觀事實的真實記載，何況這段歷史還從一個側面反映了西南聯大同學們的所思所想。

　　抗戰爆發後，大批淪陷區學生來到後方，對於這些失去經濟來源的大學生，教育部採取了發放貸金的辦法，數目為每人每月 14 元。這筆貸金為數不多，但對於維持正常學業不無所補。不過，隨著物價不斷高漲，貸金數目卻一直未變，使學生們的生活日益困難，不得不向教育部提出增加貸金的要求。大後方的經濟形勢有目共睹，教育部

[1]　〈聯大獻機運動結束，總數將達萬元，師生競賣甚為踴躍〉，《雲南日報》1941 年 1 月 11 日，第 4 版。
[2]　〈聯大消息〉，《雲南日報》1941 年 1 月 17 日，第 4 版。

亦曾撥款 10 萬元補助昆明市專科以上學校的學生。1940 年 1 月 3 日，西南聯大、雲南大學與遷移昆明的同濟大學、上海醫學院、中正醫學院、中法大學理學院、國立藝術專科學校、國立國術體育專科學校等校學生，為此還曾致函蔣介石表示感謝。[1]

但是，到了 1941 年春天，昆明物價飛漲，學生們每月的膳食費已增至 30 元以上，超出每月 14 元貸金的一倍多。西南聯大學生自治會應廣大同學要求，向學校提出早日增加貸金的申請。當時，教育部已研究過國立各校教職員及學生食米補助辦法，決定自 1940 年 11 月起實行。[2]至於補貼數目，未見報道，但補貼畢竟是臨時性的，不足解決實際困難。為此，500 餘學生聯名致函常委會，要求「每月貸金，最低以繳付每月膳費為標準」[3]，即每月貸金應為 30 元。西南聯大當局深知學生們的困難，但開始僅答應增至 24 元，能否滿足學生們提出的 30 元貸金要求，則派訓導長查良釗赴重慶請求後再做決定。[4]不過，西南聯大當局能夠體念學生苦衷，3 月 19 日，查良釗由重慶返昆，當天學校就召開了常委會會議，根據教育部關於本年度西南聯大教職員食米津貼按照昆明市各校單行辦法辦理的通知，決定自 3 月份起，將貸金增至 30 元。[5]

---

[1] 該電全文云：「軍事委員會蔣委員長勛鑒：昆明物價高漲，生等生活頓感困難，惟念當此抗戰緊急，前言將士浴血苦鬥之時，生等安居後方，幸得弦歌不輟，已叨國家厚遇，是以艱忍節約，未敢稍懈其向學之忱。前承教部增加貸金，複蒙鈞座慨撥十萬元，以廣救濟，生等感愧之餘，益當加倍奮勉，以冀無負鈞座愛護青年之至意。謹電致謝，並祝政躬康泰。國立西南聯合大學、國立雲南大學、國立同濟大學、國立上海醫學院、國立中正醫學院、中法大學理學院、國立藝術專科學校、國立國術體育專科學校等八校全體學生同叩。江。」（〈各大學生聯合申謝委座撥給救濟金，感愧之餘自當加倍奮勉，叨國家厚遇愈堅忍節約〉，《雲南日報》1940 年 1 月 4 日，第 4 版）

[2] 據〈長沙臨時大學、國立西南聯合大學常務委員會會議記錄‧第一六二次會議〉（1940 年 11 月 20 日），北京大學、清華大學、南開大學、雲南師範大學編：《國立西南聯合大學史料》第 2 冊，第 161 頁，雲南教育出版社 1998 年 10 月出版。

[3] 〈聯大學生請增貸金〉，《雲南日報》1941 年 3 月 18 日，第 4 版。

[4] 〈學校動態〉，《雲南日報》1941 年 3 月 17 日，第 4 版。

[5] 〈長沙臨時大學、國立西南聯合大學常務委員會會議記錄‧第一七一次會議〉（1941 年 3 月 19 日），《國立西南聯合大學史料》第 2 冊，第 171 頁。

　　這次增加學生貸金的要求，總算有了一個差強人意的結果。但是，其後昆明物價連續飛漲，竟升至全國之冠，以致教授們的生活，也窘迫不堪。楊振聲、馮友蘭、鄭天挺、羅常培、陳雪屏、聞一多、唐蘭、沈從文、彭仲鐸、浦江清、羅庸、游國恩等教授聯名刊印《詩文書鐫聯合潤例》；周作仁、周新民、胡毅、徐毓楠、孫毓棠、陳友松、陳雪屏、張印堂、崔書琴、賀麟、曾昭掄、雷海宗、聞一多、楊西孟、蔡維藩、趙迺搏、鄭天挺、鄭華熾、潘光旦、鮑覺民、戴世光等聯名訂定稿酬等等，都是這種生活壓迫的真實寫照。這樣的情形，就連西南聯大常委、清華大學校長梅貽琦也不能例外，他的夫人韓詠華說，她領到丈夫的薪水，在 1939 年還能維持三個星期，到後來就只夠用半個月了，以致家裡「經常吃的是白飯拌辣椒，沒有青菜，有時吃菠菜豆腐湯，大家就很高興了」。[1]後來，韓詠華與一些教授夫人自製「定勝糕」，拿到南味點心鋪冠生園寄售的事，更是流傳至今。正是在這種情況下，1941 年底蔡維藩、王憲鈞、高崇熙、王竹溪、袁復禮、華羅庚、霍秉權、黃子卿、楊業治、吳達元、陳省身、寧晃、王明之、陳銓、馬大猷、陶葆楷、趙訪熊、李謨熾、李輯祥、邵循正、鄭昕、朱物華、吳晗、邵循恪、楊武之等教授聯名要求學校常委會「從速召集全體教授大會，共商辦法」。[2]

　　為此，西南聯大專門為生活問題召開了一次教授會議，會上大家情緒激動，「經濟學教授供給物價的指數，數學教授計算每月的開銷，生物學教授說明營養的不足」，結果只是「希望薪水的實在價值能合戰前的 50 元」，王力說，「可惜文學教授不曾發言，否則必有一段極精彩極動人的描寫」。其實當時並不是沒有給教授們增加薪水，「只是公務員的加薪與物價的飛漲好比龜兔競走，這龜乃是從容不迫的龜，那兔卻是不肯睡覺的兔，所以每次加薪都不免令人有杯水車薪之

---

[1]　韓詠華：〈同甘共苦四十年──我所瞭解的梅貽琦〉，西南聯大校友會編《笳吹弦誦在春城──回憶西南聯大》第 60 頁，雲南人民出版社、北京大學出版社 1986 年 10 月出版。

[2]　《聯大教授蔡維藩等 54 人致常委會信》，清華大學檔案室存手稿原件。

感」。[1]後來王力在昆明《生活導報》上發表了雜文《領薪水》，就生動地描寫了當年寅吃卯糧的困境。

1942 年 5 月 17 日，伍啟元、李樹青、沈來秋、林良桐、張德昌、費孝通、楊西孟、鮑覺民、戴世光等教授聯名撰寫的《我們對於當前物價問題的意見》，當時在數家報刊公開刊登。之後，楊西孟、戴世光、李樹青、鮑覺民、伍啟元又寫下《我們對於物價問題的再度呼籲》，以及戴世光、鮑覺民、費孝通、伍啟元、楊西孟在重慶《大公報》連署發表的《現階段的物價及經濟問題》，均引起社會的相當重視。

教授們的生活如此，學生的情況亦可想而知。1944 年 3 月上旬，《雲南日報》刊登過一篇短評，說：「近一兩年來，物價問題，不僅使全國大多數人民焦頭爛額，而且也引起了友邦人士的關心和注意。」因為「物價的高漲，雖不像無線電或飛機那樣快，但也是以汽車或火車的速度在發展的」，而所謂的生活改善，「就算不是西北一帶的手推車，至多也只能算是一輛破舊的馬車」，「在崎嶇不平的古道上，像烏龜一樣緩慢地爬行著」，讓人「喘不過氣來」。[2]

就在《雲南日報》發表這篇短評的 3 月間，行政院副院長孔祥熙、財政部長宋子文及教育部次長顧毓琇等，陪同美國軍部代表安吉生、財部代表愛特拉等於 5 日自重慶飛抵昆明。他們參加了 10 日慶祝美國第十四航空隊（即飛虎隊）成立一周年紀念後，11 日又應西南聯大、雲南大學之請，為兩校學生及譯員訓練班做了演講。孔祥熙一行在昆明的 10 天裡，報載蔣夢麟、熊慶來「數次晉謁孔氏，報告兩校經濟現況」。[3]實際上，蔣夢麟在孔祥熙到達昆明的第三天，即 3 月 7 日下午，就面見孔祥熙彙報校務。[4]在這樣的場合下，孔祥

[1]　王力：《龍蟲並雕齋瑣語》第 19 至 22 頁，中國社會科學出版社 1982 年 6 月版。

[2]　〈比較〉，《雲南日報》短評，1944 年 3 月 9 日，第 3 版。

[3]　〈蔣主席撥四十萬元，救濟聯大雲大同學，孔副院長借款兩校作周轉金〉，《雲南日報》1944 年 4 月 14 日，第 3 版。

[4]　據〈長沙臨時大學、國立西南聯合大學常務委員會會議記錄・第二九一次會議〉（1944 年 3 月 9 日），《國立西南聯合大學史料》第 2 冊，第 327 頁。

熙不能不有所表示。9 日下午，孔祥熙在參加軍政部駐昆明辦事處舉辦的茶會上，面對蔣夢麟、梅貽琦、楊石先、查良釗等 30 餘位教授，對大學教授及學生的生活情況表示瞭解，「並謂政府於範圍內予以改善」。[1]所謂「於範圍內予以改善」的具體辦法，在 3 月 14 日西南聯大校務會議上便有反映。那次會上，梅貽琦報告與孔祥熙、顧毓琇商洽調整本校同人及學生生活辦法中，稱「學生副食費尚無確定辦法，但孔院長擬以蔣主席名義給予學生臨時救濟金三十萬元」。另，「由國家銀行借款三百萬元作為學校周轉金」。[2]這件事立刻傳了出來，地方報紙上馬上登出消息，云孔氏「允墊三百萬元予聯大，借一百萬元予雲大，充作兩校周轉金」。[3]為了使這件事不至於落空，在孔祥熙離昆返渝的前一天，即 14 日下午，西南聯大教務長楊石先與周炳琳、陳雪屏等教授，代表西南聯大同人復向孔祥熙再次接洽校務。[4]「接洽校務」四字，不過是公牘語彙，西南聯大面臨在最大問題就是經費，不難想像，他們前後兩次拜見孔祥熙，就是希望充分利用這次難得的機會。

　　大約是這個原因，孔祥熙返回重慶不久，行政院便通過了對西南聯大和雲南大學的借款，同時給這兩所學校學生提供 40 萬元救濟金，分配比例是西南聯大 30 萬元，雲南大學 10 萬元。對於這筆學生救濟金，西南聯大校務會議「決定全校學生每人分配一百元，所餘數萬元充作學生醫藥費」。雲南大學則決定把大部分配發學生，小部分充作員生公利互相社基金。[5]

1　〈孔副院長宋部長等昨日由昆返渝，在昆十日備受熱烈歡迎，龍主任親率各長官迎送〉，《雲南日報》1944 年 3 月 16 日，第 3 版。

2　〈國立西南聯合大學校務會會議記錄‧第六屆第四次會議〉（1944 年 3 月 14 日），《國立西南聯合大學史料》第 2 冊，第 490 至 491 頁。

3　〈蔣主席撥四十萬元，救濟聯大雲大同學，孔院長借款兩校作周轉金〉，《雲南日報》1944 年 4 月 14 日，第 3 版。

4　〈長沙臨時大學、國立西南聯合大學常務委員會會議記錄‧第二九二次會議〉（1944 年 3 月 15 日），《國立西南聯合大學史料》第 2 冊，第 328 頁。

5　〈蔣主席撥四十萬元，救濟聯大雲大同學，孔副院長借款兩校作周轉金〉，《雲南日報》1944 年 4 月 14 日，第 3 版。關於每位學生分發 100 元救濟金一事，在西南聯大常委會議會議記錄及校務會會議記錄中，均無記載，僅有有關報紙報導。

　　區區每人 100 元，對改善學生生活起不到多大作用，而當時雲南省出現了多年未有的大災情。1 月 12 日，《雲南日報》以《救災如救火》為題，發表短評，說：「今年本省各縣普遍欠收，有十餘縣災情特別嚴重，樹根為食，敗葉為衣，哀鴻遍野，嗷嗷待哺」。省政府一面電請中央救濟，一面成立「臨時賑災委員會」，負責籌款賑濟。但是，全省「災情是空前的嚴重，災區之廣，普遍於三迤各縣，雖然臨時賑災會將籌募鉅款，統籌分配，同時在受災很重縣份興辦小型水利，可是以一省之力，救濟這樣慘重的災荒，畢竟還覺不夠。」短評號召全省各界行動起來，「給正在苦難中的同胞一些捐助」，「救災如救火，救活一個災民，就是救活你自己的弟兄」。[1]

　　西南聯大遷滇以來，雲南人民伸開了援助的雙手，現在本省出現災情，全校師生自應積極賑災。於是，「社會壁報」首先發出倡議，希望對這 30 萬元救濟金的使用展開一次討論。該壁報認為：自己生活雖然困苦，「擺在眼前的更需要救濟的卻是士兵和災民」，因而建議將這筆錢「全部移作勞軍和賑濟滇災」。這個意見立刻得到法律、哲學等四個系的一年級同學公開響應。起初，大家還只在各人心裡、嘴裡談論，「接著就聚成了一股股小溪，再後來，就匯合為幾支相當壯大的洪流」。

　　當然，並不是所有學生都願意捐出這筆款項，一些同學張貼的響應聲明，就被人撕掉，旁邊還貼出一張表示相反意見的啟事，理由是「三十萬元這數目並不少，豈能放棄不要，況且，主席救濟聯大學生的錢，怎能又拿去再救濟他人」。困苦的生活，很容易使人變得「實際」起來，這些人主張「第一，將三十萬元的一部分用來做學生福利的事業，舉出了修建浴室，修理茶房，改進廚房衛生等項。第二，將其餘的一部分用來組織消費合作社。」當然，30 萬元不是個小數目，「軍隊災民固然苦，可是我們也苦呀」，於是這些人大談如何「自己用」的辦法。而贊成組織消費合作社的同學，不僅把組織規程和簡章貼出來，有人還說公米太難下嚥，提出買架碾米機，「不僅可以自己吃，還可以做做生意呢！」

---

[1]　〈救災如救火〉，《雲南日報》短評，1944 年 1 月 12 日，第 3 版。

有些同學贊成將這筆錢捐出，但認為「救災第一」，主張「全部移賑滇災」，不同意用作勞軍，他們的理由是：「第一，反對勞軍，因為軍隊多，又無統一的勞軍機構，並且還有其他種種不便，是否能達到目的未可逆料。第二，學校的事，要辦的太多，錢不夠，況且學校的事應該學校辦，不能望靠救濟。假使真應該辦，難道沒有救濟金，就可以不辦嗎？第三，主張賑災，因為賑災急如星火。身在雲南，受了滇民不少恩惠，豈能坐視？第四，賑災運動正在推行，三十萬數雖不大，但可引起社會反應，加強運動的廣泛開展。第五，賑災有統一的機構，並且是由地方公正人士所組成，比較可靠。」

當這次討論進入到高漲時，學生辦的七個壁報出版了一期《聯合特刊》。它們一致認為三十萬元救濟金不應分開使用，「因為每人拿著一百元實在做不了什麼事」。不過，在「集合使用」這一總原則下，對於如何具體使用，各壁報意見有所不同。《新生代》提出八點意見，要點是「自己用」，並說：說「自己也很苦」的同學，要捐助難民，何不「積極發動募捐呢？」。《聯風》說：「我們以為捐出去不如自己用，而自己用中間以辦合作社和俱樂部為最好。」《流沙》的態度是「將三十萬元拿來辦合作社和做同學的醫藥費」。《耕耘》認為，「錢應該匯給重慶馮玉祥將軍，作獻金之用」，理由是「救災也很好，只恐有困難」。《文藝》的意見比較詳細，且分作若干小題：一是「我們要作主」，二是「一點良心」，三是「濟人須濟急時無」，四是「關於學生自治會」。他們認為：「古書上說夫非常之材必有非常之用，現在這一筆特別的進款，也應該有特別的用途，而特別的用途中最主要的莫如濟急。」站在這個立場上，他們堅決主張救災，並希望學生自治會積極領導這件事。《生活》表示：「救災有更積極的意義」，「我們的生活雖然很苦，可是，他們目前的需要比我們來得更迫切」。另外一個帶有「風」字的壁報，和其他意見不同，認為目前戰時高等教育是重量而不重質，「弄得堂堂國立大學都要靠救濟來維持」，「至於對三十萬元的具體意見，即是『卻之不恭，受之有愧！』」

討論中，主張賑災的意見逐漸得到更多的回應，一些原先主張「退回」的同學，也提出了「錢從人民那裡來，所以應該還到人民那裡去，

最好的辦法便是賑濟目前正在殘廢線上掙扎的災民！」這可能是這次討論獲得的暫時結論，儘管學生自治會保持沉默。

4 月 25 日，西南聯大張貼佈告，正式公佈每位學生分得救濟金 100 元，限令 25 至 29 日間至訓導處具領。許多同學看了這個佈告十分不滿，說：「為什麼不顧及同學的意見呢」，學生自治會「為什麼不出來代表同學的意見做事」。25 日是發放救濟金的第一天，但領取的同學不多。而新張貼出來的《正聲》壁報，則「還是堅決地主張將救濟金移賑災民！」[1]

最後究竟有多少同學領取了這筆救濟金，目前未見確切記載。但一封署名「二十二個聯大窮學生」，落款「四月二十九日」的信，連同 2200 元現金，當天擺在《雲南日報》編輯的面前。信文不長，這樣寫到：「前些日子我們的元首撥了三十萬元救濟我們，現在已經校方決定每人發給一百元。我們生活的確相當苦，可是比我們更苦，更需要救濟的太多太廣了。那災民、那士兵……想到這些，我們真是卻之不恭，受之有愧。所以我們願意把這一點錢（共二千二百元）捐獻給這水深火熱嗷嗷待哺的災民，敬祈貴社代為轉交雲南賑災委會。謹致勝利敬禮！」[2]

這些同學究竟是誰，除了他們本人外，至今無人知曉。對於災民來說，2200 元是微乎其微的數目，但他們用自己的實際行動，在堅持抗戰事業中貢獻出了個人的綿薄之力。正是這種精神，支持著西南聯大師生多次參加了各種類型的輸捐。

四、援救作家

抗日戰爭揭開了中華民族空前雄偉悲壯的一頁，它以博大的氣勢力和深刻的內涵，彪炳於世界民族解放鬥爭的史冊。在抗日戰爭中，文藝工作者們忠實地履行了表現中華民族崛起的天職，他們從

[1] 以上據本報記者：〈愁容滿面，不忘救災：聯大學生和救濟金〉，《雲南日報》1944 年 4 月 26 日，第 3 版。
[2] 〈二十二個聯大學生，捐二千二百救災，函托本報轉交賑委會〉，《雲南日報》1944 年 4 月 30 日，第 3 版。

各個角度，運用各種形式，記錄下中國人民奮起抗擊日本侵略、爭取民族獨立自由的恢宏畫卷。他們用自己的筆，揭露日本侵略者的罪行，表現淪陷區人民的苦難，怒斥為虎作倀的民族敗類。他們用血與火的豪氣，歌頌中華民族在強敵面前威武不屈的民族韌性，激發人們的愛國主義精神，成為全面抗日戰爭中一支重要生力軍。

然而，許多文藝工作者卻始終生活在極端困苦之中。著名作家王魯彥因貧病逝於桂林，張天翼全家饑餓交加，深受愛戴的劇作家洪深亦以自殺抗議，這些消息頻頻見諸報端，引起社會極大震動。1944年7月15日，《新華日報》刊登了全國文藝界抗敵協會總會的《為援助貧病作家籌募基金緣起》，文中寫到：「抗戰七年，文藝界同人堅守崗位，為抗建之宣傳，勗軍民之忠勇，曾未少懈。近三年來，生活倍加艱苦，稿酬日益低微，於是因貧而病，因病而更貧。或呻吟於病榻，或慘死於異鄉。臥病則全家斷炊，死亡則妻小同棄。政府當局雖屢屢垂念，時賜援助，而一時之計，未克轉死為生，且粥少僧多，亦難廣廈盡庇。苟仍任其自生自滅，則文藝種子漸絕，而民族精神之損失或且大於個人之毀滅。用特發起籌募援助貧病作家基金，由本會組織委員會妥為保管，專作會員福利設施之用。一元不薄，百萬非奢，愛好文藝者必樂為輸將！」

9月6日，全國文協總會負責人老舍先生在重慶北碚寫信給昆明的老友李何林，請他在昆明發動援救貧病作家的活動。信中說：「昆明本來有文協分會，不知今日還有人負責沒有；假若你願意，可否邀約聞一多、沈從文、羅膺中（羅庸）、游澤丞（游國恩）、章泯、凌鶴、光未然、魏猛克、王了一（王力）諸先生談一談，有沒有把分會重新調整一番的必要。假若你太忙，無暇及此，那麼就在便中遇到章泯和凌鶴兩先生的時候，告訴他們一聲，看他們有工夫出來跑跑沒有。假若我不打擺子，我必會給他們寫信的。」[1]這些封信很快寄到昆明，李何林馬上把它全文刊登在他主編的《雲南晚報》副刊上。

---

[1]　老舍致李何林信（1944年9月6日），《雲南晚報》「夜鶯」副刊，1944年9月13日。

　　全國文協總會的正式名稱為「中華全國文藝界抗敵協會」，抗日戰爭時期，它也常常被簡稱為「全國文協」或「文協總會」。這個團體 1938 年在武漢成立，它的誕生，標誌著中國文學藝術學界的空前大團結。中華全國文藝界抗敵協會常不是通常意義上的一般文學社團，其性質可以說是全國文藝界的救國會，只要愛國，只要響應「文章下鄉，文章入伍」號召，就可以成為成員。這個團體不分黨派，不分地域，不論職業，是文藝界最具廣泛性的統一戰線組織。郭沫若在文協成立五周年時，曾對它的意義和貢獻給予高度評價。他說：「抗戰以來在中國文藝界最值得紀念的事，便是中國文藝界抗敵協會的結成。一切從事於文筆藝術工作者，無論是詩人、戲劇家、小說家、批評家、文藝史學家、各種藝術部門的作家與從業員，乃至大多數的新聞記者、雜誌編輯、教育家、宗教家等等，不分派別，不分階層，不分新舊，都一致地團結起來，為爭取抗戰的勝利而奔走，而呼號，而報效。這是文藝作家們的大團結，這在中國的現代史上無疑地是一個空前的現象。」[1]

　　中華全國文藝界抗敵協會設在理事會，日常工作由總務部負責，總務部主任始終由老舍擔任。老舍給李何林的信，即是以總務部主任身份發出的。在信中，老舍還附了文協總會致文協昆明分會的函。內云：「總會此次遵照六屆年會決議案，發起募集援助貧病作家基金運動，各方無不熱烈響應，良深感奮。查抗戰以來，作家固守崗位，從事民族解放事業，七載於茲，任勞任怨，唯民族解放是從。年來生活益形艱苦，貧病交迫，幾達絕境。若仍不設法自救，則製造供應人民精神食糧之作家，行將無法生存，其影響民族精神之巨，何可言喻。貴分會與本會唇齒相關，呼吸與共，尚望酌量當地情形，展開此項運動，勉力捐募，俾收更大效果。」[2]

---

[1]　郭沫若：〈新文藝的使命——紀念文協五周年〉，轉引自文天行編《中華全國文藝界抗敵協會資料選編》，第 212 頁，四川省社會科學院出版社 1983 年 12 月出版。

[2]　〈援助貧病作家，展開募集運動，文協總會致昆分會函〉，《雲南日報》1944 年 9 月 8 日。

17 日，停頓已久的中華全國文藝界抗敵協會昆明分會，在民教館民眾劇社召開第四屆全體會員大會，選出新一屆理事、監事。[1]20 日晚，文協昆明分會召開聯席會議，推選常務理事、監事，雲南大學教授徐夢麟當選為理事長，西南聯大教授聞一多被推選為常務理事。[2]

昆明文協改選後，展開的第一項工作就是為貧病作家募捐。9 月 26 日，昆明文協分會將募集到的 12 萬元，除將 1 萬元就近援助昆明分會前任理事遲習儒先生，並留存 1 萬元外，其餘 10 萬元全部寄往文協重慶總會。[3]

這次募捐中，西南聯大非常活躍。報載：「自本市發起援助貧病作家募捐運動以來，西南聯大中文系國文學會首先響應，號召同學參加募捐，參加者計有外文學會、新詩社、神曲社、熔爐社、論藝術、現實、文藝、學習、生活、潮汐等壁報社，及個別同學，共已發出捐冊一百一十本，一周內已募集四十五萬元。」同條消息中還報導到：「該校教授聞一多為響應此項運動，特願為人刻章十隻，每隻二千，全部收入捐貧病作家，石自備，並送刻邊款，以志紀念，收件處在青雲街自由論壇社。」[4]

上條消息中提到的西南聯大新詩社，是何孝達（何達）、沈季平（聞山）、施載宣（蕭荻）、康侃、趙寶煦、黃福海（黃海）、周紀榮、趙明潔、段彩楣、施翠秋、王永良、萬繩楠等一些愛好新詩的同學，於六個月前剛剛成立的一個社團。他們利用各自關係，利用舉辦詩歌朗誦會等形式，積極展開募捐。在 9 月底全校募集的 45 萬元中，新詩社就佔了 15 萬元。[5]10 月 9 日，新詩社舉行成立半周年紀念晚會，

---

[1] 〈文協昆明分會昨召開會員大會，改選理監事及討論提案〉，《雲南日報》1944 年 9 月 18 日，第 3 版。

[2] 〈昆文協分會推定常務理事〉，《正義報》，1944 年 9 月 25 日。

[3] 〈援助貧病作家捐款，文協昨彙出十萬元〉，《雲南日報》1944 年 9 月 27 日，第 3 版。

[4] 〈援助貧病作家，聯大同學踴躍募捐，一周內已募獲四十五萬〉，《雲南日報》1944 年 9 月 29 日，第 3 版。

[5] 〈援助貧病作家，聯大同學踴躍募捐，一周內已募獲四十五萬〉，《雲南日報》1944 年 9 月 29 日，第 3 版。

到會 200 餘人中，有西南聯大、雲南大學、中法大學等校 14 位教授，和昆明文化界人士、大中學學生。晚會開始時，首先由聞一多宣讀了有馮至、楚圖南、李廣田、尚鉞等 123 簽名的《給貧病作家的慰問信》。全信云：

> 至親至愛的朋友們：
> 在這幾十天的奔忙中，我們為你們捐到了一些錢，我們敢說：這些錢的用處是非常正當的。我們相信這些錢不特能買回你們的健康，也買回了我們的覺悟，我們知道你們為什麼貧，為什麼病，你們的生病，正是人們痛苦的結晶啊！
> 無論你們怎樣的受欺侮受迫害，你們的血淚卻滋養著我們對強暴的憤恨和對自由的渴望。今天，你們不再是孤立的，你們的語言，將被我們舉起，當作進軍的旗幟。
> 人民的呼聲是最響亮的，讓那些枉死者也站在我們的行列中一齊叫喊吧！當千萬聲音合成一個聲音，那就會把黑暗震塌的，這——就展開了你們的前途和我們的前途！
> 向你們致最高的敬禮！[1]

慰問信宣讀後，開始詩朗誦。西南聯大葉傳華同學首先朗誦了剛剛創作的《心臟的糧食》，外文系聞家駟教授朗誦了法文詩，馮至教授朗誦德文詩，聞一多朗誦了鷗外鷗的《第二次世界大戰的訃聞》和《被開墾的處女地》。這次朗誦會上，楚圖南朗誦了他翻譯的惠特曼的《大路之歌》、和尼古拉索夫《在俄羅斯誰能歡樂而自由》長詩中的一段。《五月的鮮花》、《黃河大合唱》的詞作者光未然（張光年），朗誦了戰地女演劇隊員、他妹妹張帆的長詩《我們是老百姓的女兒》。最後的壓軸為西南聯大孫曉桐同學，她朗誦的是《阿拉伯人和他的戰馬》。朗誦結束後，他們還進行了討論，

---

[1] 〈詩人們的歌吼〉，轉引自聞黎明、侯菊坤編《聞一多年譜長編》第 763 頁，湖北人民出版社 1994 年 7 月出版，第 763 頁。

發言者有西南聯大沈有鼎教授，以及楚圖南、呂劍、李何林等人。最後，由聞一多做總結。[1]

其後，新詩社繼續進行募捐。他們還選出部分習作，通過《掃蕩報》副刊編輯呂劍的支持，在《掃蕩報》副刊上開闢了「七月詩頁」，並把它抽出單印，上面加蓋了新詩社導師聞先生題寫的「為響應文協援助貧病作家基金運動義賣」字樣，由大家拿到市區義賣。加上通過朗誦會的募捐，共募集到 36 萬元[2]，在全國大後方各城市這次募捐總數 300 多萬元中，佔了十分之一。

此外，在南菁中學組織的募捐中，羅庸、聞一多、雷海宗教授特前往演講動員。[3]後來，這所學校共募捐 51610 元。[4]而曾昭掄、伍啟元等教授，與楚圖南、李公樸、光未然、趙渢、常任俠、葉以群等人，還將自己的版稅或稿費中捐出 1000 元。[5]

與此同時，一些教師還在兼課的學校進行了動員。當時，在昆華中學兼任國文教員的聞一多，向班聯會（即學生自治會）主席王明同學介紹援助貧病作家意義，王明馬上約了各班學習委員統一思想，並得到在昆華中學初中部任教導主任的西南聯大同學王雲的支持。他們徵得校長徐天祥的同意後，由學生自治會發起，決定以班為單位在校內校外開展募捐工作，並為此召開了全校動員大會。這次千餘人的大會，在《犧牲已到最後關頭》和《大刀進行曲》等抗戰歌曲中拉開帳幕，聞一多與雲南大學教授楚圖南、尚鉞做了動員報告。王明回憶說：會後「全校師生都動員起來，有錢捐錢，有物獻物，開展募捐工作。由於昆中多係雲南同學，親屬和社會關係比

---

[1]　〈詩人們的歌吼〉，《自由論壇》第 5 期，1944 年 10 月 22 日。

[2]　史集：〈聞一多先生和新詩社〉，《雲南師範大學學報》，1987 年第 2 期。

[3]　〈援助貧病作家，南菁展開募捐〉，《雲南日報》，1944 年 9 月 28 日。

[4]　〈援助貧病作家捐款，雷本聰捐十二萬元，南菁師生捐五萬餘元〉，《雲南日報》1944 年 10 月 8 日，第 3 版。

[5]　〈援助貧病作家捐款，在作家和學生中普遍展開〉，《雲南日報》1944 年 10 月 9 日，第 3 版。

較廣泛，通過愛國人士、社會賢達也募捐了許多錢。據最後總結，開展募捐的學校，昆中名列第一。」[1]

在向同學們進行動員的時候，聞一多表示自己也要用刻圖章的刀參加援助貧病作家運動。在昆華中學，他刻了 20 多枚圖章，以藝術品收費，所得約可解決兩位貧困作家一年的生活。[2]為了勉勵積極參加募捐工作的學生，他特意為王明等人贈刻了圖章。其中沈其名珍藏的一枚，邊款刻有「援助貧病作家紀念　聞一多贈刻」。這是由於沈其名同學領導的小組，在募捐中名列昆華中學第一名。昆華中學在這次募捐中，共募到 38 萬元。[3]

西南聯大為援助貧病作家的努力，得到重慶中華全國文藝界抗敵協會總會的充分肯定。10 月 13 日，文協總會特致函西南聯大中文系、國文學會、新詩社，對他們的成績表示衷心感謝。原信全文云：

> 文協昆明分會轉聞一多諸先生並轉西南聯大中文系、國文學會、新詩社……諸同學：
> 這次我們發起募集援助貧病作家基金運動，得到諸先生和諸同學的熱烈響應與實際的援助，我們有大的安慰和深刻的感想。這裡我們僅代表堅守崗位服務於民族解放事業的作家群，向諸先生和諸同學致謝！
> 作家的普遍貧病甚至過早的死亡是我們中國的特產──一個嚴重的社會問題，一個文化悲劇。因此援助貧病作家不等於「慈善事業」，它是帶有一種崇高的文化運動意義的。因為這就是對於促使作家貧病的惡劣環境的一種抗議；因為這就是用社會的大眾的力量去保護人類的精華──人類的靈魂技師，推進抗建文化的一種運動；而日這又正是文化工作者「文人相助」的一種團結運動，和以另一種形式爭取學術言論出版自由的民主運動。

---

[1] 王明：〈聞一多先生在昆華中學〉，《雲南文史叢刊》，1986 年第 3 期。
[2] 王明：〈聞一多先生在昆華中學〉，《雲南文史叢刊》，1986 年第 3 期。
[3] 訪問王雲記錄，1987 年 11 月 23 日。這筆捐款，是經過王雲之手上繳的。

作家的貧病和過早的死亡，政治的原因多於經濟的原因。關於
捐款用途，我們除開援助貧病的作家外，其餘當用在文藝事業
和作家福利設施方面，如提高會刊《抗戰文藝》稿費，文藝獎
金，以及舉辦作家宿舍等等。

謝謝諸先生和諸同學的熱情和實際的援助，我們將在工作上來
答謝你們。

握手。

中華全國文藝界抗敵協會總會敬啟
三十三年十月十三日，渝[1]

　　昆明的募集援助貧病作家基金活動，正式結束於 1945 年 2 月。募
捐完成後，西南聯大國文學會在報紙上公佈了明細帳，其中西南聯大
經手的捐款為：新詩社 35 萬 4 千餘元，國文學會 20 萬餘元，外文學
會 18 萬餘元，「生活」壁報 13 萬 6 千餘元，「論衡」壁報 11 萬 8
千餘元，「潮汐」壁報 7 萬 5 千餘元，「神曲社」7 萬元，「學習」
壁報 4 萬 9 千餘元，「文摘社」1 萬 8 千餘元，「文藝」壁報 1 萬 5
千元，「現實」壁報 1 萬 3 千餘元，「民主」壁報 1 萬 1 千元，「熔
爐社」800 元。此外，溫功智同學還單獨募集了 1 萬 2 千餘元，裴毓
蓀同學募集了 5 千餘元，彭允中同學募集了 4 千餘元，王剛同學募集
了 650 元。對於這次援助貧病作家基金運動，雲南省政府對也給予很
大支持，省政府主席龍雲帶頭捐出 20 萬元，其子龍純曾、龍繩武亦各
捐 1 萬元。[2]這些捐款，全部交給文協昆明分會，文協昆明分會聲明「國
文學會開來清冊共計一百六十二萬一千四百四十元正，除去該會印捐
冊購買筆墨紙張及信封等共用去三千元外，共交本分會一百六十一萬
八千四百四十九元正。（除前已交一百五十五萬元業在十二月二十六

---

[1]　〈聯大募款救濟作家，文協總會來信致謝〉，昆明《掃蕩報》「掃蕩副刊」
　　第 195 號，1944 年 10 月 19 日。

[2]　〈國立西南聯合大學中國文學系國文學會經募捐援助貧病作家基金總公佈〉，
　　《雲南日報》1945 年 2 月 3 日，第 4 版。

日於《掃蕩報》公佈外，後又續交六萬八千四百四十九元正，已全數
交清。）」[1]

　　以西南聯大為主力的這次援救貧病作家運動，是抗戰勝利前夕昆
明民主運動的重要組成部分。它救助的對象雖然是貧病作家，實際上
是對現實統治的抗議吶喊，也是抗日戰爭時期昆明的一次異常廣泛的
大規模民眾動員。它對團結各個階層共同參加民主運動，發揮了很大
作用。

---

[1]　〈中華全國文藝界抗敵協會昆明分會啟事〉，《雲南日報》1945 年 2 月 3 日，
　　第 4 版。該啟事後又有另一啟事，稱未及匯入募捐明細總帳之私立天祥中學
　　經募 14.1440 萬，由雲南日報社收轉本分會。

第六章　學術參戰

　　現代化的科學文化，是國家發展、民族振興的基本保證。接受現代科學文化教育的愛國知識份子，一直懷有科學救國、教育救國的濃厚情緒。抗日戰爭爆發後，許多學生奔赴前線，投身抗戰的不同崗位，留在校園的師生們，也在抗戰建國信念下努力學習科學知識，積累建國本領。作為大學教師，則把自身的優勢化為參加抗戰建國的武器。這方面，西南聯大的貢獻十分突出，本章內容，便是介紹他們這一工作與抗日戰爭直接相關的某些部分。

第一節　弘揚愛國主義

　　集中了整個民族的意志和願望，並積累了長期歷史經驗和生存智慧的民族精神，是一個民族賴以生存和發展的精神支柱，也是這個民族實現共同理想和發展目標的內在動力。任何民族的成長壯大，都離不開民族精神的凝聚和支撐。體現了中華民族特質的中華民族精神，是生活在中國土地上所有民族長期歷史積澱中昇華起來的，它是中華民族的核心和靈魂，是中華民族生生不息的精神源泉和維繫全民族的紐帶。每當中華民族面臨生存與發展的重大時刻，民族精神的弘揚便自然成為時代的主旋律。

　　西南聯大的學術研究，是在戰爭時期進行的。身處這一特殊環境，一些純學術研究這時也自覺地增添了某些現實需要的內容。在他們的大量人文科學論著中，就表現出弘揚民族精神，為抗戰服務的顯著特徵。

一、史學研究的情懷

　　在中國傳統文化中，歷史學的作用之一是「以史為鑒」，煌煌二十四史，各種類型的《通鑒》，無不如此。九一八事變後，許多社會

科學家，更是自覺地將這種意識融入自己的著述。留滯北平的陳垣，就在《通鑑胡注表微》中，通過胡三省對《資治通鑑》的注釋，抒發痛惜國土淪喪，反抗強敵入侵，維護民族氣節的浩然正氣，為淪陷區的史學界樹立了令人讚歎的榜樣。在這方面，西南聯大也不遜色，錢穆的《國史大綱》即是一個突出的代表。

　　1949 年以前，諸多學校的歷史課基本教材都採用了錢穆的《國史大綱》。這部著作的東漢以前部分，在戰前作為講義寫出了初稿，但決定以《國史大綱》為題，全面展開寫作，則是在抗戰初期。

　　盧溝橋事變後，錢穆匆匆南下，隨行攜帶了平日講通史的數冊筆記。1938 年初，長沙臨時大學遷往昆明，錢穆經廣西、越南來到昆明，於 4 月抵達已改稱為西南聯合大學的蒙自分校。在蒙自，師生們暫時結束了戰爭以來的動盪生活，有了一個相對平靜的環境。利用這個難得的機會，教師們繼續從事各自的研究與著述，錢穆的《國史大綱》即在這一時期展開了。

　　在蒙自，經歷了萬里逃生的錢穆，講起國史「倍增感慨」，同學們亦「頗有興發」。但是，學生們「苦於課外無書可讀，僅憑口耳」，這激起錢穆續寫《國史綱要》，「聊助課堂講述之需」的念頭。於是，5 月間他正式著手撰寫，為了集中精力，蒙自分校結束時他沒有立刻去昆明，而是留在蒙自安心寫作，直到開學才回到學校。但是，1938 年 9 月 28 日日機開始轟炸昆明，錢穆不得不每天早晨抱著書稿跑到曠野去。在這種情況下，經朋友介紹，錢穆搬到宜良縣城西山下的岩泉寺，每週在昆明上課，結束後就到宜良住三天。錢穆就是在「既乏參考書籍，又仆仆道途，不能有四天以上之寧定」的環境下寫作《國史大綱》的。該書於 1939 年 6 月殺青，前後歷時 13 個月。《國史大綱》是錢穆的成名作，給他曾帶來很大榮譽，但是他對這部著作並不滿意，在致友人信中說「此書垂成，而非意所愜」，其原因是「細針密縷，既苦書籍之未備；大刀闊斧，又恨精神之不屬」。[1]

---

[1]　錢穆：《國史大綱・成書自記》，第 2 至 3 頁，上海書店 1989 年 10 月出版。

　　《國史大綱》完成於挽救民族、挽救國家於危難的全同抗戰形勢下。這一時代的特點，需要人們加強國民自信心，而這種自信心是建立在瞭解本國歷史基礎上的。錢穆的《國史大綱》就體現了這一精神，在全書開端的第一篇《凡讀本書請先具下列諸信念》中，他寫到：

　　一，當信任何一國之國民，尤其是自稱知識在水平線以上之國民，對其本國已往歷史，應該略有所知。（否則最多只算一有知識的人，不能算一有知識的國民。）

　　二，所謂對其本國已往歷史略有所知者，尤必附隨一種對其本國已往歷史之溫情與敬意。（否則只算知道了一些外國史，不得云對本國史有知識。）

　　三，所謂對其本國已往歷史有一種溫情與敬意者，至少不會對其本國已往歷史抱一種偏激的虛無主義，（即視本國已往歷史為無一點有價值，亦無一處足以使彼滿意。）亦至少不會感到現在我們是站在已往歷史最高之頂點，（此乃一種淺薄狂妄的進化觀。）而將於我們當身種種罪惡與弱點，一切諉卸於古人。（此乃一種似是而非之文化自譴。）

　　四，當信每一國家，必待其國民備具上列諸條件者比較漸多，其國家乃再有向前發展之希望。（否則其所改進，等於一個被征服國或次殖民地之改進，對其國家自身不發生關係。換言之，引種改進，無異是一種變相的文化征服，乃其文化自身之萎縮與消滅，並非其文化自身之轉變與發展。）[1]

　　上述之言，清楚地表明瞭錢穆對文化與國家命運關係的認識，反映了他寫作這部著作的初衷與目的。

　　在《國史大綱》中，錢穆批判了歷史研究中存在的民族虛無主義傾向。當時，在史學界和思想界，有些人認為秦以來兩千年的政治制

[1]　錢穆：《國史大綱‧凡讀本書請先具下列諸信念》。

度是「專制政體」，這一時期的學術處於「思想停滯」，因而說「中國自秦以來二千年歷史無精神，民族無文化」，各個方面都不能與西方相提並論。錢穆認為這種思想是民族虛無主義，其原因是他們「莫不謳歌歐美，力求步趨，其心神之所嚮往在是，其耳目之所聞睹亦在是。迷於彼而忘其我，拘於貌而忽其情。反觀祖國，凡彼之所盛自張揚而誇道者，我乃一無有。於是中國自秦以來二千年，乃若一冬蟄之蟲，生氣未絕，活動全失」。的確，中國在政治制度上沒有出現過英國的「大憲章」與「國會」和法國式的「人權大革命」，學術思想上沒有發生過「文藝復興運動」和「宗教革命」，社會經濟上也沒有產生過達伽馬、哥倫布那樣的人物。但是，錢穆這種無視自然環境和社會背景的區別，是建立在把西方歷史作為參照標準的基礎上，卻恰恰抹煞了中國文化的優勢。因此，他覺得自己有責任弘揚中國文化，於是以一個史學家的崇高責任感，投入到這部書的寫作。

錢穆的《國史大綱》是部通史性質的專著，自稱其內容是「就一般政治社會史實作大體之敘述」。按照錢穆的計畫，他要寫三部新史，一部是通史，即《國史大綱》；第二部寫文化史，即抗戰時期出版的《中國文化史導論》；第三部寫思想史，內容曾在昆明做過四十次講演。錢穆的這些工作，都有明確的思想目的。正如他說：「一個國家當動盪變進之時，其已往歷史，在冥冥中必會發生無限力量，誘導著它的前程，規範著它的旁趨，此乃人類歷史本身無可避免之大例。否則歷史將不成為一種學問，而人類亦根本不會有歷史性之演進。中國近百年來，可謂走上前古未有最富動盪變進性的階段，但不幸在此期間，國人對已往歷史之認識，特別貧乏，特別模糊。作者竊不自揆，常望能就新時代之需要，探討舊歷史之真相，期能對當前國內一切問題，有一本源的追溯，與較切情實之考查。」[1]

錢穆在《國史大綱》和《中國文化史導論》中表現對中西文化異同等問題的觀點，被認為帶有文化保守主義傾向。同時，學術界也認為，雖然錢穆不贊成全盤西化的提法，但他同樣主張學習西方之長，

---

[1]　錢穆：《國史新論》第 1 頁「自序」，三聯書店 2001 年 6 月出版。

只是認為必須首先努力瞭解中華民族文化的優良傳統，才能從西方文化中擷取長處。關於這些問題，學術界業已貢獻了很多成果，沒有必要重複。這裡，需要強調的是，錢穆對中國歷史和文化的研究，在抗日戰爭時期所顯彰的重要意義和價值。這正如一位學者說，「儘管錢穆的有些學術觀點不無可討論之處，但他熱愛祖國，熱愛民族，弘揚祖國傳統文化的激情與努力，是值得欽佩和讚揚的。」[1]

與錢穆一樣，雷海宗也是位在史學研究中帶有深厚情懷的史學家，而他的名字，則與《中國文化與中國的兵》緊緊聯繫在一起。《中國文化與中國的兵》出版於 1940 年 2 月，全書分作上下兩編，上編彙集抗戰前三年在清華園完成的論文，下編彙集的是抗戰前期撰寫的論文。

《中國文化與中國的兵》，體現了雷海宗對中國文化的觀察與思考，反映了他試圖解答泱泱古國為什麼會造成千年以上的「積弱」的局面，為什麼堂堂華夏竟會屢屢遭受外族的侵略，特別是近代以來更是遭到西方和日本的欺凌。正是懷著這個動機，雷海宗以一個史學家的廣闊視野，提出了既產生了很大影響，又引起不少爭論的「中國文化週期論」的觀點。

雷海宗的「中國文化週期論」，在抗戰前的著述中就已經提了出來。當時，他發表的《中國的兵》、《中國的家族》、《中國的元首》、《無兵的文化》、《中國文化的兩周》等 5 篇論文，通過對兩千多年來中國兵員、兵制和兵文化的演變，中國古代文官與武官的關係、士大夫與流氓的關係、家族制度與國家體制的關係、皇族血統退化與歷史進程的關係等問題入手，對中國歷史和中國文化進行了一番剖析。在上述思考中，雷海宗主要分析了中國文化的弱點，他認為，只有認識到中國舊文化的優劣與不足，才能使中國文化獲得新生，這正是他最初提出的「中國文化兩周說」的核心。在《中國文化的兩周》中，他把中國歷史分作兩大週期。第一周為自上古到秦漢帝國，認為是純粹華夏民族的古典中國。第二周自南北朝到清代末年，認為是胡漢混

---

[1]　宋仲福：《儒學在現代中國》，第 225 頁，中州古籍出版社 1991 年 6 月出版。

合、梵華同化的新中國。雷海宗認為，世界上其他古國文明的興滅，都只有單一的週期，只有中國文明有「第二周返老還童的生命」，並期望通過抗戰的發展，產生第三周的新文化。

七七事變的爆發，促使雷海宗對中國文化新生意義做了進一步的思考。1938 年 2 月，他在《此次抗戰在歷史上的地位》中論述了抗戰的意義，和士兵捨死忘生的精神。他在文中說：「此次抗戰不只在中國歷史上是空前的大事，甚至在整個人類歷史上也是絕無僅有的奇跡。」「我們此次抗戰的英勇，是友邦軍事觀察家所同聲贊許的，連敵人方面的軍事首領有時也情不自已的稱讚一聲。我們雖然古老，但我們最好的軍隊可與古今任何正在盛期的民族軍隊相比，這是值得大書特書的。」[1]同時，他更重視對中國與世界其他文明古國的比較。他說：「我們若把中國與其他古老文化比較一下，就可得到驚人的發現。埃及文化由生到死不過三千年。西元前三百年左右被希臘征服，漸漸希臘化。後來又被回教徒征服，就又亞拉伯化。今日世界上已沒有埃及人、埃及文字，或埃及文化；今日所謂埃及的一切，都是亞拉伯的一部份。巴比倫文化的壽命與埃及相同，也同時被希臘征服，後來又亞拉伯化。希臘羅馬文化，壽命更短，由生到死不過二千年；今日的希臘不是古代的希臘，今日的義大利，更不是古代的羅馬。至於中國，由夏商之際到今日，將近四千年，仍然健在，並且其他古族在將亡時，都頹靡不振，不只沒有真正抵抗外患的力量，甚至連生存的意志也大半失去。它們內部實際先已死亡，外力不過是來拾取行屍走肉而已。」[2]

其後，雷海宗在《建國——在望的第三周文化》中，對第三文化進行了展望。他說：抗戰以來，自己常對這次抗戰的意義自擬題目，自供答案。例如，他曾想過，「假定開戰三兩月後，列強變出來武力調停，勉強日本由中國領土完全退出。那與目前這種沿江沿海與各大

---

[1] 雷海宗：《中國文化與中國的兵》，第 206 至 207 頁，上海書店 1989 年 10 月出版。

[2] 雷海宗：《中國文化與中國的兵》，第 206 頁，上海書店 1989 年 10 月出版。

都市以及重要交通線全因戰敗而喪失的局面，孰優孰劣？」又如，「假定開戰不久，列強中一國或兩國因同情或利益的關係而出來參戰，協助中國於短期內戰敗日本，那與目前這種沿江沿海與各大都市以及重要交通線全因戰敗而喪失的局面，孰優孰劣？」思考的結果，他的結論是「戰敗失地遠勝於調停成功」，「戰敗失地遠勝於藉外力而成功」。雷海宗說：「我們為何無情的摒棄一切可能的成功捷徑，而寧可忍受目前這種無上的損失與痛苦？理由其實很簡單：為此後千萬年的民族幸福計」。他說：「我們此次抗戰的成功斷乎不可依靠任何的僥倖因素。日本速戰速決的勝利是不可能的，中國速戰速勝的戰果是不應該的。即或可能，我們的勝利也不當太簡易的得來。若要健全的推行建國運動，我們整個的民族必須經過一番悲壯慘烈的磨煉。二千年來，中華民族所種的病根太深，非忍受一次徹底澄清的刀兵水火的洗禮，萬難洗淨過去的一切骯髒污濁，萬難創造民族的新生。」[1]

接著，雷海宗發揮了博古通今、學貫中西的治學特長，對中國文化的新週期進行了展望，做出抗日戰爭是中國結束舊文化局面、創造新文化週期的最佳契機的論斷。文中，雷海宗對民族文化層面的「兵的精神」問題、社會層面的「家族」問題、政治層面的「元首」問題，進行了層層分析，認為解決這三個問題，是把握最佳契機的關鍵。他說：「建國運動，創造新生，問題何只萬千？但兵可說是民族文化基本精神的問題，家族可說是社會的基本問題，元首可說是政治的基本問題，三個問題若都能圓滿的解決，建國運動就必可成功，第三周文化就必可實現。」[2]於是，雷海宗的學術視點，從對傳統文化的弱點轉移到中華民族頑強的生命力方面，而「中國文化週期論」也在呼喚「在望的第三周文化」中，進一步得到了完善。

雷海宗的上述研究，不僅對抗日戰爭的歷史意義與價值做了自成體系的詮釋，並且也表達了對贏得戰爭的勝利所充滿的信心。中國戰時史學研究，就是眾多像雷海宗這樣的史學家們，共同承擔起來的。

---

[1]　雷海宗：〈建國──在望的第三周文化〉，《中國文化與中國的兵》第 214 頁。
[2]　雷海宗：〈建國──在望的第三周文化〉，《中國文化與中國的兵》第 221 頁。

二、「貞元六書」的意義

　　給馮友蘭帶來極高榮譽的「貞元六書」，同樣是在為了適應抗戰形勢的背景下寫成的。與錢穆一樣，這部洋洋大著，動筆於長沙臨時大學南嶽分校。

　　馮友蘭說，戰前他發表《哲學與邏輯》時，就已經產生了「新理學」主要觀點的萌芽。到了南嶽後，因原來的稿子沒有留在北平，只好重新寫，一直到了蒙自後，才完成《新理學》。蒙自有個石印館，他在那裡印了一二百部分送朋友，因此 1939 年商務印書館正式出版的鉛印本，實際上是第二版。可見，奠定馮友蘭哲學體系基礎的《新理學》，是在顛沛流離中不斷思考民族興亡與歷史變遷的背景下進行的。《新理學》出版後，馮友蘭又出版了《新事論》、《新世訓》、《新原人》、《新原道》、《新知言》。他統稱這六部書為「貞元之際所著書」。

　　馮友蘭用「貞元之際」統稱這六部書是頗有用心的。「貞」、「元」二字出自《周易・乾卦》卦辭之「乾：元亨利貞」，後來有人就把「元亨利貞」解釋為一年四季的循環，用「元」代表春，「亨」代表夏，「利」代表秋，「貞」代表冬。馮友蘭用「貞元之際」的意思，是表示冬天就要過去，春天就要到來。他曾解釋說：「抗戰時期是中華民族復興的時期：當時我想，日本帝國主義侵略了中國大部分領土，把當時的中國政府和文化機關都趕到西南角上。歷史上有過晉、宋、明三朝的南渡。南渡的人都沒有能活著回來的。可是這次抗日戰爭，中國一定要勝利，中華民族定要復興，這次『南渡』的人一定要活著回來。這就叫『貞下起元』，這個時期就叫『貞元之際』」。可見，這四個字表達了馮友蘭堅信抗戰必然勝利的意志。

　　構成了馮友蘭哲學主要體系和哲學創作高峰的《新理學》等六部書，簡稱「貞元六書」，與馮友蘭同任西南聯大哲學系教授的賀麟，曾在《當代中國哲學》（後易名為《五十年來的中國哲學》）一書中，說馮友蘭的這一工作，使他「成為抗戰期中，中國影響最廣，名聲最

大的哲學家」。這個評語中，說明馮友蘭用自己的心血和智慧為抗日文化做出的貢獻，得到了哲學界同仁的認同。

「哲學是對於人類精神生活的反思，人類精神生活所涉及的範圍很廣，這個反思所涉及的範圍也不能不隨之而廣。」馮友蘭這樣說。關於哲學的範圍，馮友蘭認為可以分成三個部分，一是自然，二是社會，三是個人。「自然就是中國傳統哲學中所說的『天』；社會和個人，就是中國傳統哲學小所說的『人』」。中國傳統哲學中所說的「天人之際」，就是講人與自然間的關係。因此「人類的生活，無論是精神的或物質的，都是和『天人之際』有關係的」，於是「中國哲學認為『天人之際』是哲學的主要對象」。在「貞元六書」中，馮友蘭講到理、氣，闡述的是他對自然的看法。講到歷史、社會，是對於社會的觀察。講到聖人，則是關於對個人方面的認識。

「貞元六書」雖分為六部出版，但實際是「不能不隨之而廣」而組成的一個整體。全書的內容，均是反思中華民族傳統的精神生活。馮友蘭之所以對中華民族傳統精神生活如此關切，由於他受到帝國主義侵略中國的刺激。後來，他在談寫作「貞元六書」的動機時說：「凡是反思，總是在生活中遇見什麼困難，受到什麼阻礙，感到什麼痛苦，才會有的。如同一條河，在平坦的地區，它只會慢慢地流下去。總是碰到了岩石或者暗礁，它才會激起浪花，或者遇到了狂風，它才能湧起波濤。」[1]而馮友蘭的反思，正是由於受到日本大舉侵華、祖國災難深重的刺激，才促使他「為天地立心，為生民立命，為往聖繼絕學，為萬世開太平」，對中國文化進行一番思考與總結。

「貞元六書」雖為六部書，實際是一個整體，不過是分為六章。在這個整體中，《新理學》是一個總綱，它主要講的是共相和殊相的自然觀，即一般與特殊的關係。對於共相的認識，是哲學的一個重要任務，馮友蘭認為哲學大都是關於文化的理論問題，所以《新理學》主要圍繞是「理」、「氣」這些中國文化傳統使用的名詞展開。書中，還對五四新文化運動以後出現的「本位文化」論與「全盤西化」論，闡述了個人看法。

---

[1] 馮友蘭：《三松堂自序》，第 248 頁，三聯書店 1984 年 12 月出版。

　　馮友蘭到昆明後，《雲南日報》為了把發表在該報上的「星期論文」和「專論」收集起來，同時也為了刊登一些因版面關係不能發表的文章，曾出版了一個刊物《新動向》。馮友蘭應《新動向》編輯約稿，先後寫了十二篇文章。這些文章都圍繞了一個中心，這就是後來結集出版的《新事論》。馮友蘭在《新理學》中講的都是宏觀理論，而《新事論》則是以《新理學》的觀點為基礎，回答當時的一些實際問題。因為「理」都是抽象的，它要通過「事」來表現。《新事論》的副標題為「中國到自由之路」，它也與中西文化論戰有關。馮友蘭認為中國所面臨的問題，基本上是工業化問題。由於生產資料掌握在資本家私人手裡，因此資本主義社會還是不徹底的以社會為本位的社會，從所有制這方面說，還是以「家」為本位的。中國是以社會為本位的所有制為前提進行工業化，這樣的工業化成功了，以社會為本位的制度就更加健全，社會的基礎才能更加鞏固。

　　《新世訓》，書名帶有「家訓」意味。用這樣的書名，是因為它原來是應《中學生》雜誌之約，想寫一些青年修養問題的文章。約稿是在南嶽分校時，但到昆明後再陸陸續續寫了出來。由於文章針對的並非都是青年，讀者的範圍擴大，於是才用了「世訓」兩字。馮友蘭後來說這部書「說不上有什麼哲學意義，境界也不高，不過是功利境界中的人的一種成功之路」。

　　《新原人》是馮友蘭在《思想與時代》雜誌上發表文章的結集。《新理學》講的是自然，《新事論》是「新事學」在社會的應用，那麼《新原人》便講的是「新理學」對於人的應用。馮友蘭認為，「個人是社會的一個成員，個人只有在社會之中才能存在，才能發揮他的作用。他跟社會的關係，並不是像一盤散沙中的一粒沙子，而是像身體中的一個細胞。」《新原人》的論述，就是圍繞這個認識展開。書中分「知天」、「事天」、「樂天」、「同天」等部分，但都特別注重「大全」，這是由於馮友蘭認為「大全」是對於自然和社會的一個總的概括和理解。有了這種理解，才可以用一種正確的態度對待自然和社會。

　　抗戰勝利前夕，國立編譯館為了向國外宣傳中國文化，約馮友蘭寫本簡明中國哲學史。馮友蘭就用「極高明而道中庸」這句話為線索，說

明中國哲學的發展的趨勢，希望以中國哲學史為例，證明前幾部書中講過的道理。這部書，便是《新原道》，副標題為《中國哲學之精神》。

「貞元六書」的最後一部為《新知言》，主要講哲學方法論。在《新理學》中，馮友蘭提出了四個基本概念，其中「氣」和「大全」，馮友蘭說是不可思議、不可言說的。《新知言》便是對這兩個不可思議、不可言說的概念，從哲學文法論上進行闡釋。

把深奧的哲學道理用通俗易懂的文字表達出來的「貞元六書」，是馮友蘭將哲學融入抗戰生活的具體體現。他坦誠承認自己「習慣於從民族的觀點瞭解周圍的事物」，而「抗戰時期，本來是中、日兩國的民族鬥爭佔首要地位，這就更加強了我的民族觀點。在這種思想的指導下，我認為中國過去的正統思想既然能夠團結中華民族，使之成為偉大的民族，使中國成為全世界的洋洋大國，居於領先的地位，也必能幫助中華民族，渡過大難，恢復舊物，出現中興。」對於希望對抗戰有所貢獻的人，只能用他已經掌握的武器。既然「我所掌握的武器，就是接近於程、朱道學的那套思想，於是就拿起來作為武器」。他又說：「中國古典哲學中的有些部分，對於人類精神境界的提高，對於人生中的普遍問題的解決，是有所貢獻的，這就有永久的價值」。而「貞元六書」便是「把中國古典哲學中的有永久價值的東西，闡發出來，以作為中國哲學發展的養料，看它是否可以作為中國哲學發展的一個來源」。可見，馮友蘭是在中華民族危難之際，努力為中華民族尋找精神武器，以促使中華民族精神上的團結，為未來的文化建設提供營養。

三、「龍」圖騰的啟示

聞一多對「龍」與「圖騰」的研究，除了學術上的價值外，也帶有鮮明的時代特點。在日本侵略論調中，有一種理由說中華民族不是一個民族，在中國土地上生活的各個民族都是獨立存在的，彼此原無聯繫。聞一多的研究，就是對這種言論的駁斥。

「龍」，作為中華民族的象徵，本是一種虛擬並不存在的動物，歷史上曾有許多人考證過它的來歷，認為它是一種圖騰。聞一多的功

績，是認定龍是若干圖騰的綜合體，以證明中華各民族的同源性。聞一多根據前人的研究成果，指出龍的主幹是以蛇為主體的一種圖騰。他說，在很遠古的時期，各個部落都有不同的圖騰，經過漫長的強勝弱、大勝小的兼併，一個新的部落誕生了，各個圖騰也在新的圖騰中混合起來。「龍圖騰，不拘它局部的像馬也好，像狗也好，或像魚，像鳥，像鹿都好，它的主幹部分和基本形態卻是蛇。這表明在當初那眾圖騰單位林立的時代，內中以蛇圖騰為最強大，眾圖騰的合併與融化，便是這蛇圖騰兼併與同化了許多弱小單位的結果」。於是，「大蛇這才接受了獸類的四腳，馬的頭，鬣的尾，鹿的角，狗的爪，魚的鱗和鬚」，這「便成為我們現在所知道的龍了」。[1]

　　人們一般認為龍是夏後氏——即北方民族的圖騰。聞一多卻提出一個假設，認為夏後氏與南方的伏羲氏是「最初同屬於龍圖騰的團族」。其根據有二。一是《山海經》中即有夏後氏與苗族關係的記載；二是漢苗兩族關於洪水時代的神話不僅故事相似，連人物「共工」與「雷公」也很一樣。他的《伏羲考》中論述這些甚詳，由此而推論漢苗同圖騰同祖先。接下，他又考證出匈奴的圖騰原也是龍，黃帝亦是龍。「古代幾個主要的華夏和夷狄民族，差不多都是龍圖騰的團族，龍在我們歷史與文化中的意義，真是太重大了。」這是一個極有說服力的結論，它價值並不在於探討中華文化，在抗日戰爭時期，它對民族團結抵禦外侮，更具有積極的意義。

第二節　加強應用科學

一、普及國防化學

　　國防事業的強弱關係著國家的安危，關係著民族的尊嚴和社會的發展。與國防關係密切的學科，在抗日戰爭中受到格外重視。戰爭是

---

[1]　〈伏羲考〉，《聞一多全集》第 1 卷，第 80 頁。

力量的較量，力量包括人，也包括物質，武器在戰爭中的作用，人所皆知。而武器的發展，離不開科學與技術，許多具有現代化素質的學者對此認識的十分深刻，曾昭掄便是突出的代表之一。

曾昭掄是時時以國防科學工作自勵的科學家，他認為科學技術、武器裝備與現代戰爭，與建設國家、振興民族，有著極為密切的關係。他提出人員、配備、訓練三種致勝因素中，武器是「決定勝負的一種主要因素」，「所有武器的數量、品質、與新穎，是它能以影響勝負的三方面。」[1]基於這一認識，他在抗戰期間撰寫了大量軍事科普文章和讀物，介紹第二次世界大戰中使用的各種武器，目的就是為了普及軍事知識，喚醒民眾武裝抵抗意識。

1940 年 9 月，曾昭掄撰寫了〈現代戰爭的武器〉一文。他在開頭部分就說：「翻開人類的歷史一看，整個的就是一部鬥爭史。人與人間的互相屠殺，時斷時續地，在那裡進行著。在這種鬥爭當中，武器的使用，當然佔據著顯著的地位‧因此不談戰爭則已；要談戰爭，就得明瞭作戰時所用的武器。」文中，他介紹了原始時代最初使用的刀槍劍戟、弓箭斧鉞；介紹了中古時代的前膛槍、前膛炮及槍管炮管裡的來福線，以及用硝化纖維製成的無煙火藥；介紹了第一次世界大戰中的步槍、機槍、大炮、飛船和潛水艇。在介紹第二次世界大戰中的新武器與新技術中，他如數家珍地介紹了德國軍隊飛機、坦克車、摩托化部隊配合作戰的驚人效果。他說，自己「向未迷信德國的武力，更不是希特勒主義者。但是德國此次充分地採用新武器配合了適當的的新戰術，以致在西線大獲全勝‧卻是一件各國都領受到的教訓」。[2]

曾主編中國化學學會會刊《中國化學會會志》長達 20 年之久的曾昭掄，是著名化學家。早在 1932 年夏，國民政府國防部籌設國防化學機構，委託國立編譯館編譯國防化學書籍時，曾昭掄就被聘為首批專家之一。1934 年，曾昭掄與北平大學教授吳屏一起翻譯的德國

---

[1]　戴美政：〈曾昭掄抗戰新聞宣傳活動概述〉未刊稿，第 64 至 65 頁。文中所引曾昭掄言，出自《火箭炮與飛炸彈》，昆明北門出版社，1944 年 10 月出版。

[2]　曾昭掄：〈現代戰爭的武器〉，《戰國策》第 12 期，1940 年 9 月 12 日。

化學戰專家韓斯聯的《化學戰爭通論》，由國立編譯館出版。該書序中介紹了翻譯的動機時說：九一八事變後，日本加緊侵略中國，「國人深知非自強無以圖存」，「因鑒於目前急切之需要」，故受託翻譯此書。但「受命不久，榆關事發。繼而熱河失陷，灤東不守，平津垂危。譯者身處北平，無日不在危險之中」，當日軍迫近北平，「乃南走首都，費時三月而成之」。[1]

　　在各種武器中，化學武器是一種殺傷性的新式武器，它的獨特殺傷力很容易給人的身心造成巨大傷害，因而具有很強的威懾力。但是，早在 1925 年 6 月 17 日國際聯盟召開的「管制武器、軍火和戰爭工具國際貿易會議」上，就通過了《禁止在戰爭中使用窒息性、毒性或其他氣體和細菌作戰方法的議定書》（即《日內瓦議定書》），規定從 1928 年 2 月 8 日起生效，而且無限期有效。然而，作為《日內瓦議定書》37 個簽署國之一的日本，卻公然違背國際公法，自 1927 年起便開始秘密製造化學武器。日本軍事史學家承認，中日戰爭全面開始後，日本天皇的叔父、大本營參謀總長閑院宮載仁親王根據天皇的命令，下令日軍「立即派遣大量毒氣戰部隊前往中國」。其後，日本又向駐華日本軍隊增派了包括迫擊炮大隊、野戰化學試驗部、野戰毒氣廠、毒氣中隊或毒氣小隊的化學部隊。日本大本營不僅在每個戰區設立了野戰化學試驗部以指導化學戰，而且在每個師團都設有化學部隊，裝備了催淚性毒氣、嘔吐性毒氣和糜爛性毒氣，以及窒息性毒氣武器。[2]

　　1937 年 7 月 28 日，日軍接到准許使用化學武器的命令，開始在中國使用化學武器。[3]日本軍事史學家說，日軍在進攻上海、忻口、徐州、台兒莊、武漢、南昌等戰役中，遭到中國軍隊的頑強抵抗，但

---

[1]　據戴美政〈曾昭掄抗戰新聞宣傳活動概述〉未刊稿，第 50 頁。

[2]　李東朗、李瑗：〈裕仁天皇和日軍罪惡的化學戰〉，《黨史研究與教學》2007 年第 2 期。

[3]　原載粟屋憲太郎、吉見義明著，軍事科學院世界軍事研究部譯：《侵華日軍毒氣戰鐵證──十五年戰爭絕密資料》（內部本）第 103 至 104 頁，2005 年 7 月出版。轉引自劉庭華〈侵華日軍使用化學細菌武器述略〉，《中共黨史資料》2007 年第 3 期。

正是「由於使用了催淚瓦斯，才突破了中國軍隊的防線」。[1]日本在侵華戰爭中大規模使用化學武器和生化武器，製造了人類歷史上最野蠻的罪行。據中國軍方不完全統計，中日戰爭時期日軍在中國 14 個省、市、77 個縣、區，使用化學武器 1312 次，中毒傷亡者 39054 人。[2]而據美國化學戰研究專家的統計數字，則遠遠高於中國軍方統計，認為使用次數多達 2000 次，造成中國軍民 10 萬餘人的死亡。[3]這些，還不包括日軍在中國使用的糜爛性生化武器。

在第二次世界大戰中，所有交戰國只有日本大規模使用了化學武器和生物（細菌）武器。而美、英、蘇、德等國，雖然具有生產生化武器的能力，並制定過開發計畫，且有一定數量的儲備，但直至日本投降為止，還沒有任何一個國家大規模使用這種武器。日本在中國大規模使用化學武器，給中國人民造成巨大傷害，以致有的人一提到化學武器，不免談虎色變，不寒而慄。

身為化學家的曾昭掄，十分清楚化學武器的危害，自覺擔起了普及化學武器知識，預防化學戰爭的工作。他在西南聯大講授化學課時，特別開設「國防化學」課程，及時融入了現代化戰爭所需要具備的知識。國防化學課的內容，大約有起爆劑、火藥、炸藥和包括有毒氣種類、防護器材、對毒氣的化學分析等知識在內的防化學。[4]

---

1 粟屋憲太郎、吉見義明著，軍事科學院世界軍事研究部譯：《侵華日軍毒氣戰鐵證——十五年戰爭絕密資料》(內部本)，第 13 頁。轉引自劉庭華〈侵華日軍使用化學細菌武器述略〉，《中共黨史資料》2007 年第 3 期。

2 粟屋憲太郎、吉見義明著，軍事科學院世界軍事研究部譯：《侵華日軍毒氣戰鐵證——十五年戰爭絕密資料》(內部本)，2005 年 7 月，第 106、108 頁。轉引自劉庭華〈侵華日軍使用化學細菌武器述略〉，《中共黨史資料》2007 年第 3 期。

3 據劉庭華：〈侵華日軍使用化學細菌武器述略〉，《中共黨史資料》2007 年第 3 期。

4 在曾昭掄 1940 年 5 月 25 日的日記中，有「三時半至五時半，上『國防化學』」的記載。(《曾昭掄百年誕辰紀念文集》編撰委員會編：《一代宗師：曾昭掄百年誕辰紀念文集》，第 106 頁，北京大學出版社 1999 年 12 月出版。) 又，中國人民解放軍防化指揮工程學院趙國輝回憶說：1951 年建立化學兵學校時，得到時任教育部副部長的曾昭掄極大支持，曾昭掄主動提出可以給學員們講授「國防化學」課，其內容包括兩類，一是起爆劑、火藥、炸藥，

　　除了在課堂上講授外，曾昭掄還非常重視普及預防化學武器的知識。1940 年 12 月，他應昆明廣播電臺之邀，公開播講《化學戰爭》。這次講演，後由《雲南日報》以連載方式，分兩次全文刊登。講演中，曾昭掄深入淺出地講了「化學彈藥與爆炸彈藥的區別」、「化學彈藥的效力」、「化學戰劑的種類」和「怎樣預防毒氣」四個問題。他解釋說，化學戰爭就是使用「化學兵器」為武器的戰爭，它出現於第一次世界大戰，距今不過 20 年。在現代化戰爭中出現的化學武器，使用的不是爆炸彈藥，而是有機或無機物質。這種武器威力與爆炸性彈藥不同，爆炸彈藥是利用炸藥的爆炸，將子彈或破片射出，直接撞在目標產生破壞效果。目標若被打中，才能起到傷害作用，能否被擊中，完全是一種機會問題。

　　化學彈藥就不同了，以毒氣、煙幕劑、縱火劑三大類化學戰劑中的毒氣炮彈為例，它發生的效力不是彈殼的破片，而是填裝的化學藥劑。毒氣的傷害，並不是依賴物理上碰撞所產生的機械影響，而是依賴有機或無機特質的分子對人身所產生化學上或生理上的影響。這些分子散出時，一般是在蒸氣狀態下隨空氣自由運動。因此，毒氣彈裂開的地點，雖然離目標有若干距離，而仍然能發揮其效力。而且，毒氣的分子比空氣重些，所以往往下沉，這就使即便挖入地下的堅固防禦工事，也難避免毒氣鑽入。特別是持久性毒氣，如芥子氣等，在合宜的天氣和地形下，可以維持幾天甚至幾個星期。在這些毒氣有效期內，如果沒有適當防護的兵員，就無法通過散佈毒氣的區域。[1]

　　曾昭掄還介紹了毒氣的分類，說它一般是按照其生理性質而分類的，大致可分作「催淚性毒氣」、「窒息性毒氣」、「糜爛性毒氣」等類。以美國製造的「莽氣乙酮」為主的「催淚性毒氣」，作用是讓人不由自主地流下眼淚。是以氯氣為主的「窒息性毒氣」，功效主要

　　二是防化學，包括有毒氣種類、防護器材、對毒氣的化學分析等，而當時曾在西南聯大學習的人告訴他，說曾先生早在那時就開過國防化學課程了。（趙國輝：〈曾昭掄教授和我防化兵——紀念曾昭掄先生誕辰 100 周年〉，西南聯大北京校友會編《西南聯大北京校友會簡訊》第 26 期，1999 年 8 月印行）。
[1]　〈化學戰爭——曾昭掄廣播詞〉，《雲南日報》1940 年 12 月 15 日，第 4 版。

在於傷害肺部，致人死亡。第一次世界大戰中使用的「氣化本苯肿」，就是這類毒氣的主要代表物，戰後美國人又研製出較易製造的「亞當氏氣」。「糜爛性毒氣」則不但影響面部和呼吸系統，而且影響及於全身任何部分的皮膚，一旦碰到它們，皮膚立刻起泡，過後即行潰爛，恢復需要相當長的時間。

化學兵器的威力雖然很大，但曾昭掄認為不用過於擔心。毒氣對付未曾備有適當防護工具的軍隊的確異常有效，威力有時超過爆炸兵器。不過，現代化的軍隊都備有防毒面具，戴上它就可以使人避免傷害，繼續作戰。另外，毒氣彈的功效是有時間性的，一般毒氣散出後只能維持 10 分鐘左右。所以只要採取適當的防護措施，就可以減少傷害。[1]

曾昭掄是個有強烈愛國意識的學者，與他相識甚深的費孝通說：曾昭掄是個追求「志」的人，說他的「志」表現在兩個方面：第一是愛國，「為了愛國，別的事情都可以放下」；第二是學術，「開創一個學科或一個學科的局面，是他一生唯一的任務」。[2]曾昭掄一生開創過許多事業，由於他在預防化學武器方面的傑出貢獻，已被公認為中國國防化學的奠基人。

二、倡導軍事心理學

西南聯大哲學心理學系教授周先庚，同樣以自身的知識優勢，肩負起提倡和普及軍事心理學的責任。

戰爭的執行者是人，任何戰鬥都需要由人去承擔，任何武器都需要人去掌握。戰爭是殘酷的，戰鬥是多變的，人的情感，思想、意向等心理活動，無一不對戰鬥結果起著至關重要的作用。而軍事心理學，便是揭示軍人個人和集體的行為，特別是戰鬥條件下心理形成與活動

---

[1] 〈化學戰爭——曾昭掄廣播詞（續）〉，《雲南日報》1940 年 12 月 16 日，第 4 版。

[2] 費孝通：〈我心目中的愛國學者〉（在「紀念曾昭掄同志誕辰 100 周年座談會」上的發言），《群言》1999 年第 8 期。

規律，為贏得戰鬥勝利提供保證的一門科學。這門對中國軍隊來說還十分陌生的科學，最早提出並大力提倡者，正是周先庚。

　　周先庚 1924 年畢業於清華學校，1925 赴美留學，1930 年獲斯坦福大學哲學博士學位。畢業後，他赴歐洲考察一年，於 1931 年回到北平，擔任清華大學理學院心理系教授，後任系主任。周先庚既是實驗心理學家，也是應用心理學家，抗戰時期還是美國心理學會中唯一的中國會員。周先庚的研究範圍很廣，他在漢字心理實驗方面取得過令人矚目的成就。20 年代，他進行了漢字橫豎排對閱讀的影響、漢字的完形結構的實驗研究，併發明瞭實驗儀器「四門速示器」，開創了漢字心理研究領域。抗戰前夕，他受中華平民教育促進會委託，在河北省定縣主持年齡與學習能力關係的研究，得出一條 7 至 70 歲受試者的識字能力曲線，被心理學界稱之為周先庚曲線。1935 年，他與人合作從事工業心理調查實驗研究，又成為中國工業心理學研究的先驅。到昆明後，西南聯大沒有單獨設立心理學系，而是與哲學合併為一個系，即哲學心理學系，周先庚擔任該系心理組主任。

　　抗日戰爭爆發後，周先庚的研究起初仍在工業心理方面。1943 年 4 月至 8 月，他在中央電工器材廠開設了「工業心理講習班」，對這個工廠的工作效率、人事制度、勞工福利等，提出了一些規劃與建議。但是，隨著戰爭的深入，他的目光很快轉移到軍事心理學方面，僅在昆明一地報紙上，就接連發表了〈戰時中國心理之動態〉、〈心理服務〉、〈智識從軍與心理建軍〉、〈現代心理學自然是自然科學〉等文章。

　　1943 年冬，駐昆明的國民革命軍第五軍邀請周先庚至軍中考察軍事心理問題，並在他的協助下，創辦了「軍官心理測驗所」。這可能是周先庚涉足軍事心理學研究的開始。不久，航空委員會亦邀請周先庚主持空勤飛行人員心理分析工作，他雖因故未能前往，但仍草擬了詳細規劃，此項工作被心理學界譽為「實開中國航空心理之端」。一系列的社會實踐與現實需要，加深了周先庚對軍事教育的關注，並積極主張在軍事教育中加入軍事心理學教學。1945 年初，他發表的〈智識從軍與心理建軍〉一文，就是結合當時正在發動的

知識青年從軍運動，呼籲當局在建立新軍之際，務必重視現代軍事心理學教育。

在這篇文章中，周先庚批評中國的軍事教育，「未免忽略現代心理學之科學性」，對於「實驗心理學在軍事方面之運用，似乎亦不注意」。但是，西方國家卻對此極為重視。他舉 1938 年波蘭出版的一部軍事心理學文獻索引為例，說書中收錄的篇目多達 6382 篇。這些文章，包括軍事心理學本論、戰爭之哲學及社會學、普通心理（非軍事）問題、心理技術與軍事性質之勞作心理學、軍事醫學心理疾病戰爭精神病航空醫學、士氣精神、戰爭書籍等 7 大類，內容涉及士兵戰時及平時之心理、陸軍心理，作戰心理，戰爭心理，指揮理論思想，及懼怕、膽量、疲勞、榮譽、群眾心理、教育心理等問題，還涉及到聯想實驗、煩惱偽裝、兒童與戰爭、氣候、裝飾、逃避、毒氣、心靈研究、反應時間、性生活、潛水艇、性格學、職業選擇等領域。周先庚指出，歐美各國除了平時在軍事教育中有軍事心理學智識之外，在戰時還特別大量訓練軍事心理工作人員，大學裡也開設了軍事心理的專門課程。在美國，第二次世界大戰爆發後，有關部門就建立了心理學應急委員會，隨後選編了軍事心理學文獻。文獻摘要介紹了最新軍事心理學之各方面的知識，內容分為「軍隊汽車交通駕駛人員」、「航空、軍隊人員分職」、「麻醉藥品」、「德國軍事心理學」、「士兵精神」、「動機與學習」、「知覺」、「宣傳技術與輿論」、「戰爭之心理原因及回應」、「戰爭精神病」等 13 類。可見，西方國家是如何重視軍事心理學的研究。

反觀中國，周先庚批評到，雖然軍官學校和軍隊中有些人也深知現代軍事心理學之重要，但始終沒有建立正式的行政系統。儘管軍校偶爾也組織過幾次心理演講，卻也都是非正式的，並未取得多少效用。但是，現代心理學是門科學，在現代化戰爭中，軍事心理學的作用尤其重要。這次進行的抗日戰爭，是奠定抗戰建國的大業，而正在發動的知識青年從軍運動，也必須強調知識建國。「現代化的軍隊，不是僅有機械裝備，即可以打仗的。機械化的裝備，必須有科學化的人才可以運用。而人的因素，在現代各業各行中，其重要性特別顯著。」「我國若要知識建軍，非徹底心理建軍不可」。

　　為此，周先庚建議「所有陸軍大學，中央軍官學校及其他各分校以及此次智識青年從軍，與各主要示範部隊、教導團、遠征軍等，一律加添軍事心理學專門課程，聘請心理學者，創立心理室，籌辦心理測驗所，增設心理學系，以便適應美國盟軍最進步、最開明、最合理之人事組織與軍事心理技術」，以期開闢中國「特殊軍事心理研究之先河」。關於軍事心理學教育的實施，周先庚認為「首當改善軍隊教育行政機構」，不僅要在軍校和軍隊中添設心理學課程，還應聘用心理學家，設立心理學系，創辦心理實驗室，心理測驗所等，這樣才能較為實際在開展中國特殊軍事心理研究。否則，「軍事心理學在中國決不能開展」，也「決不會脫離紙上談兵之階段」。[1]

　　軍事心理學，是在現代化戰爭中逐漸建立和發展起來的一門科學，中國的軍事心理學研究與教育起步很晚，而周先庚是最早呼籲和推動建立這一學科的專家。今天，當這一學科地位日益顯著的時候，人們沒有忘記它在中國的開路人與奠基者周先庚教授。

三、開展人口調查

　　國情普查，無論在什麼時候，都具有十分重要的意義，抗日戰爭時期尤其如此。西南聯大社會學系教授李景漢解釋國情普查與抗戰建國的關係時，說：「中國今日，抗戰與建國同時進行。抗戰需要全國總動員，建國需要整個的具體辦法。兩方面都需要關於全國人口、資源等立國基本要素的精確統計。因為惟有根據大量普遍的客觀事實，方能產生適合國情，通盤周密的統治計畫與整個國策，然後方能發揮最大的力量，達到最高的效率。亦惟有這樣，方能避免人力。財力，以及時間上的枉費和種種不合現實的成見、偏見、謬見及種種主觀的玄望。時至今日，情勢已不再容許我們耗費我們的任何時間或精力，像從前錯了再改的繼續下去。外力強迫我們必須按照恰好合理的步驟

---

[1]　周先庚：〈知識從軍與心理建軍〉，昆明《掃蕩報》「專論」，1945 年 1 月 3 日，第 3 版。

前進。」[1]清華大學國情普查研究所所長陳達亦說：「雲南為戰時後方重鎮之一，人口事實的搜集與刊佈，對於抗戰及行政，俱感需要。」[2]

　　1939 年，清華大學國情普查研究所在雲南省呈貢縣開展了一次國情普查。之所以選擇呈貢縣為對象，是考慮到它所具有的典型意義。因為中國的行政制度，向以縣為單位，並且中國的地方自治，也是以縣為單位。因此，對一個縣進行普查，取得行之有效的方法後，便可因地制宜地推廣到其他縣。同時，呈貢縣是個農業縣，距昆明 17 公里，其為貧苦三等小縣，有比較固定的 7 萬人口。對於這樣的縣進行普查，得出的結果便很有代表性，而調查的經驗，對於其他比較窮苦、人才比較缺乏、文盲比較多、交通比較不便的落後縣份，就有借鑒的價值。[3]

　　按照最初的計畫，準備進行的是一次綜合性的普查。為此，設計了三種表格。第一種表格為耕地面積及地權表。它包括四項內容：1，1939 年春季播種時之水田旱地、菜地、果地等面積是否自有，及租入、典入或租出等，2，水田旱地作物，包括 1939 年內各季作物的種類與收穫量。3，灌溉，包括所灌面積，灌溉方式等，4，家畜，包括 1939 年冬家畜的種類與數目等。第二種表格為菜圃表，包括 1939 年內三次作物的種類及收穫量。第三種表格為果園表，包括 1939 年內的果樹種類、棵數、收穫量。[4]但是，這個計畫顯然有些龐大，調查內容不免眾多。於是，實施時，決定從人口普查入手，取得經驗後再推而廣之。

　　1939 年 2 月 12 日是星期日。這天，清華大學國情普查研究所與雲南省呈貢縣政府合組的呈貢縣普查研究委員會，正式舉行成立

[1] 李景漢：〈呈貢縣的國情普查研究工作〉，《今日評論》第 4 卷第 19 期，1940 年 11 月 10 日。
[2] 陳達：〈戰時雲南人口普查的推進〉，《雲南日報》星期論文，1941 年 4 月 2 日，第 2 版。
[3] 參見李景漢：〈呈貢縣的國情普查研究工作〉，《今日評論》第 4 卷第 19 期，1940 年 11 月 10 日。
[4] 李景漢：〈呈貢縣的國情普查研究工作〉，《今日評論》第 4 卷第 19 期，1940 年 11 月 10 日。

大會。會上，決定對全縣人口、農業、生死統計三個方面進行普查，人口普查從 3 月 7 日起開始，計畫一個半月至兩個月內完成（這次普查帶有試驗摸索性質，因此實際上用了三個月）。普查方法，採取現代的科學手段。調查內容，分姓名、戶長關係、性別、年齡、婚姻狀況、教育程度、職業（行業及職別），及廢疾等。調查方法，務求正確快捷。調查事務，由呈貢縣政府辦理，經費與技術則由清華大學國情普查研究所提供，具體由清華大學國情普查研究所所長陳達及戴世光教授主持，同時還有教授、助教四人參加。[1] 據清華大學國情普查研究所編印的《雲南呈貢縣人口普查初步報告》附錄五，這次人口普查的設計組主要工作員為陳達、李景漢、戴世光；調查組主要工作人員為陳達、李景漢、戴世光，及倪因心、李作猷、蘇汝江；統計組主要工作人員為戴世光、沈如瑜。至於調查員，則聘請了呈貢縣小學教員昌用五、劉家源、楊南生、金鏞等，統計員為清華大學國情普查研究所練習生楊棻、李紹敏、李尚志等。[2]

　　這次人口普查，就範圍而言只是呈貢一個縣，但其對全國來說，其意義卻是重大的。這一點，可以從《雲南呈貢縣人口普查初步報告》的「引言」中得到說明。文中寫到：

> 我國人口問題的嚴重性，為一般社會科學者們所公認，但對於該問題的主要內容，我們至今缺乏明瞭的概念。即以一個簡單而基本的問題論：人口總數，我國尚無比較可靠的統計。關於我國人口總數的估計，據可考者言，近 200 年來中外人士已有 47 次的嘗試，多數的估計恐與人口數量的實況相去尚遠。自前次歐戰至現在，最大的估計我國人口約有 547 個百萬，最小的估計則尚不滿 290 個百萬。其差數超過 247 個百萬，或幾等於 1933 年歐洲總人口的一半。上述憑藉臆說，或根據一小部

[1]　〈清華國情普查研究所三月初在呈貢開始工作〉，昆明《益世報》，1939 年 2 月 17 日。

[2]　國立清華大學國情普查研究所：《雲南呈貢縣人口普查初步報告》，第 152 至 153 頁，1940 年 8 月油印本。

分事實的估計，徒然對於人口總數問題增添紛擾，對於該問題
的解決，缺乏具體的貢獻。

我們要想對於人口總數及其相關問題漸求精確，必須摒除懸
想推測而搜集大量的人口事實，來作研究的基礎，因此人口
普查實是一種可靠而適當的方法。我國近來僅有小規模的試
驗，尚無以全國為範圍的人口普查，其主因有三：（甲）我
國的現代化尚屬幼稚，所以政府對於政治、經濟及社會的建
設，尚無須搜集大量的基本事實，來作各種設施的根據。（乙）
國內社會科學，至今尚無高度的進展，因此無須大量的與繁
複的基本事實，來作研究的資料。（丙）我國土地廣大，人
口眾多，不易找尋適當的方法，來舉行全國人口普查。[1]

「引言」還寫到普查的方法，認為「至少須包括下列部分：（甲）
人口資料的搜集，（乙）人口資料的整理，（丙）人口資料的分析」。
對於人口資料的搜集，也提出應該注意的「人口調查表的擬訂」與「調
查員的人選與訓練」兩個問題。關於整理方法，亦認為應「參酌我國
現時需要與實情」，考慮到「準確程度」、「手續的艱難性」、「計
算所需的時間」、「經費」四個方面。至於統計資料的分析，同樣也
「必需顧到統計表的數量及內容，細察我國目前的行政需要及社會科
學的研究需要」。[2] 這次人口普查帶有試驗性質，其重點放在設計、
調查、統計三個環節上，試驗的原則確定為「結果務求比較可靠」、
「經費務求比較節省」、「時間務求比較經濟」、「手續務求比較簡
單」。[3] 這樣的設計，目的是取得適合國情的經驗，以利全國推廣。

　　雲南省政府對這次國情普查，給予了很大支援。清華大學國情普
查研究所決定以呈貢縣為人口普查試驗區後，曾聘請雲南省行政長官

---

[1]　國立清華大學國情普查研究所：《雲南呈貢縣人口普查初步報告》「引言」
第 1 至 2 頁。又，原文在統計數字時說「其差數超過 247 個百萬」，此數與
文中之意不合，應是「257 個百萬」，徑改之。

[2]　國立清華大學國情普查研究所：《雲南呈貢縣人口普查初步報告》「引言」第 2 頁。

[3]　國立清華大學國情普查研究所：《雲南呈貢縣人口普查初步報告》「引言」
第 2 至 3 頁。

多人擔任名譽顧問，省政府秘書長袁丕佑、綏靖公署秘書長趙宗瀚、前任民政廳廳長丁兆冠、現任民政廳廳長李培天、教育廳廳長龔自知、建設廳廳長張邦翰、財政廳廳長陸崇仁等，都接受了這一聘請，成為顧問委員會的成員。顧問委員會常務委員為呈貢縣前任縣長李晉笏、現任縣長李悅立、清華大學國情普查研究所所長陳達。隨即，民政廳、教育廳分令呈貢縣政府，指示在行政上給予便利，協助進行。[1]

這次普查的調查員，採取就地取材方法，對呈貢縣小學教師經行短期訓練，便正式上崗了。參加調查工作的，有 82 個調查員，10 個統計員，共調查了 82 個鄉村的 71223 人，使用經費 5 千元。

對於普查結果，《雲南日報》在一篇社論中是這樣記錄的：以住所人口統計，全縣 71223 人，其中男性 33874 人，女性 37349，內是廢疾人口 1190 人，佔全部人口 1%強。依人口年齡計，分少、壯、老三類。其中 14 歲以下少年組人數佔總人口 34%強。15 至 49 歲壯年組人數，佔 48%強。50 歲上老年組人數佔 16%強。按少年較多為前進人口，老年較多為後退人口，壯年較多則為穩定人口的現代觀點看，呈貢縣應屬於穩定人口之列。又，全縣 18 至 40 歲的壯丁，為來自 1613 戶的 12099人。以血統計，共有 15974 個家庭（只限於血統關係），平均每戶人口四人半。婚姻方面，15 歲以上男子已婚者，佔十五歲以上人口 90%弱，女子佔 94%弱，這可以反映中國一般生育率之所以較高的原因。職業（職務與行業）方面，農民佔 13 歲以上的職業人口的 93%強，這證明呈貢縣民的主要職業為農民。地權方面，有田地而不自耕者的小地主，佔全縣人口 1%強，有田地的自耕農佔 46%強。自有、自耕且租耕他人田地的半自耕農，佔 36%強。無田地而租耕他人田地者的佃農，佔 12%強。靠出賣勞力生活的雇農，佔 2%強。在職業分類中，除農業、副業、漁業外，還有土石建築、木器製造、服用品製造、飲食品製造等行業，食用品、雜項販賣等項商業，飯鋪、茶鋪等生活供應業，及黨、政、軍、學、醫、宗教等自由職業。但它們所佔比率均很低。如黨、政、軍、學、

1　〈梅貽琦致雲南省政府函〉（1940 年 12 月），北京大學、清華大學、南開大學、雲南師範大學編《國立西南聯合大學史料》第 3 卷，第 714 頁，雲南教育出版社 1998 年 10 月出版。

中，屬於黨的僅有 2 人，屬於政的有 69 人，屬於軍的 79 人，屬於學的 187 人，屬於宗教的有 121 人，屬於醫的有 35 人。

這次國情普查中，特別對教育程度進行了調查。關於教育程度，不以曾否就學為標準，而是以能否識字為標準，結果調查的 33874 位男子中，有 28932 人不識字，其中竟有曾就學四年左右者 5279 人。能記賬而識字者為 4942 人，佔男子總數 14%強。識字者中，有中學生 537 人，大學專科生 84 人。在全縣 6 至 12 歲未入學和兒童 6878 人，在學兒童 3593 人，佔全縣學齡兒童總數的 33%。這說明就雲南全省而言，呈貢縣還算是教育比較發達的縣份，由於事實上農村兒童就學年齡往往提高至 17 歲，因此就學率應該稍高於這個統計。[1]

上述人口統計，是按科學方法嚴格進行的，它雖然只是呈貢一縣，卻可以認為是雲南省內地大多數縣鄉，甚至中國西南農業社會的一個代表。普查工作於 3 月開始，材料整理始於 7 月，8 月就在呈貢縣文廟完成了《雲南呈貢縣人口普查初步報告》。當時，這份正文共 153 頁的報告無力鉛印，只能油印，雖然封面為硬面，但紙張卻很薄，足見他們克服種種困難，進行著這一既具有現實價值，又具學術意義的工程。

清華大學國情普查研究所的這次人口普查，對於全國普查工作的影響也顯而易見。1941 年 2 月下旬，國民政府主計處在重慶召開第一次全國主計會議。會議通過議案多件，其中與人口普查有關者有三件，主要內容為：1，以四川、貴州、雲南為人口普查試驗區，於每省選出若干縣份，舉行現代式的人口普查。2，1941 年起開始縣人口普查；從 1943 年起開始省人口普查；從 1947 年起開始籌備第一次全國人口普查。3，以中國人壽保險公司的資料為根據，開始生命表編制。此外，這次主計會議的其他該案，也有數處提到人口普查的重要性，特別強調人口普查對於抗戰期間兵士的數目、壯丁的抽調、保甲的編制；對於民政、教育、建設等事業所依據的實際人口；對於政治學、經濟學、

---

[1] 〈一個科學實驗大可仿行的戶口調查——呈貢縣〉，《雲南日報》社論，1940 年 9 月 16 日，第 2 版。

社會學等研究所需要的基本材料，都具有重要意義。[1]這說明，抗戰建國急需準確的人口統計，而西南聯大在這方面已經先行了一步。正因如此，出席全國主計會議的十省一市代表，圍繞雲南的人口工作進行了熱烈討論，福建、廣西、四川代表尤感興趣，四川省政府決定與國民政府主計處合作，馬上開始全省人口普查。

　　雲南省政府顯然也認識到人口普查的重要性。呈貢人口普查後不久，省政府便飭令昆陽縣政府與清華大學國情普查研究所合作，進行全縣人事登記。清華大學國情普查研究所，亦已決定 1941 年冬季，對十縣進行人口普查，以茲對雲南省將來舉行全省人口普查提供參考。[2]而清華大學國情普查研究所，亦準備進一步開展國情普查。其中對昆陽縣的調查，便擬包括農民的經濟與社會生活、五種手工業調查、人口密度、製鐵業研究、漁民生活、夷人漢化的經過等。對於呈貢縣，也計畫在普查基礎上，著手進行全縣戶籍工作、瓦窯業、人口密度、鄉村勞力制度、壯丁與抗戰等項研究。[3]

　　人口調查，只是資源調查的一個部分。抗日戰爭時期，西南聯大為配合國防建設，對鐵路、公路沿線，進行過礦產等資源的調查。這些，也是值得進一步梳理和研究的。

第三節　推動國防科技

一、航空動力學研究

　　1938 年秋季在昆明建立的西南聯大航空工程學系，其空氣動力學研究與實驗在當時的中國首屈一指，而它的航空風洞實驗，更是與

---

[1]　參見陳達：〈戰時雲南人口普查的推進〉，《雲南日報》星期論文，1941 年 4 月 2 日，第 2 版。

[2]　參見陳達：〈戰時雲南人口普查的推進〉，《雲南日報》星期論文，1941 年 4 月 2 日，第 2 版。

[3]　參見〈清華大學國情普查研究所擬辦呈貢縣實驗工作大綱目的及辦法〉，《國立西南聯合大學史料》第 3 卷，第 716 頁。

國防建設密切相關的重要工程。九一八事變後的 1932 年冬，清華大學籌備成立工學院，設立機械工程系。1934 年夏，學校在外界的資助下首次設立航空講座，利用機械工程系開辦經費的餘款，建造了五呎口徑的航空風洞、機架實驗室、發動機實驗室等，同時在機械系四年級添設航空組。1935 年冬，聘請美國教授華頓德博士擔任航空講座教師，中國的第一個測試航空動力的風洞，就是清華機械系這個時期在南昌建造的，這個十五呎口徑的航空風洞，當時是當年遠東最大的風洞。根據該風洞實驗撰寫的論文，曾榮獲中國工程師學會 1936 年度杭州年會論文第一名，有關論文也分別刊登於英國第一流《飛機工程》雜誌和《國際應用力學報告》。[1]

西南聯大航空風洞是戰前清華大學機械系航空組建造的航空風洞的繼續。抗戰爆發後，西南聯大在長沙臨時大學時期成立了航空工程學系的前身——機械工程學系航空組，最初到長沙報到的共 11 人。[2]鑒於清華大學航空研究所設在南昌，航空組教師也在那裡，於是他們的課程是在南昌開設的。在那裡，秦大鈞教授講授「航空發動機學」，馮桂連教授講授「空氣動力學」，林同驊教授講授「飛機結構學」。其時，清華航空研究所接受了一項設計驅逐機的任務，同學們除上課外，也參加了科研設計工作。不久，由於日本飛機天天空襲，航空研究所與臨大學機械系航空組師生一起撤回長沙。未久，由於與機械系航空組關係密切的南昌航空機械學校遷往成都[3]，學校遂決定研究所與學生亦遷往成都，借用四川大學皇城一帶的校舍上課。這批學生於 1938 年 6 月畢業，除一人因病，兩人考入空軍軍官學校學習飛行外，其餘 8 人均考入航空機械學校第四期高級機械班。[4]

---

[1]　據莊前鼎：〈國立清華大學航空研究所工作報告〉（1937 年至 1945 年），轉引自《清華大學史料選編》第三卷（上），第 146 至 147 頁。

[2]　他們是林世昌、朱景梓、葉上苅、陶家澄、盧盛景、黃雄盛、蕭汝淮、梁瑞麒、王玉京、孫方澤和張傳忠。

[3]　航空機械學校教育長王士倬，原即清華大學教授。

[4]　張傳忠：〈長沙臨大機械工程系航空組（1937-1938）概況〉，西南聯合大學北京校友會編《西南聯大北京校友會簡訊》第 16 期，1994 年 10 月印行

　　西南聯大航空工程學系成立後，師生們在極其艱苦的條件下，繼續進行空氣動力學研究和建造航空實驗風洞。北大、清華、南開三校合併的只是本科部分，研究所在建制上仍屬於各校，因此清華大學航空研究所並不屬於西南聯大，而是獨立存在。不過，由於師生交叉，難分彼此，兩者已融為一體，因此航空風洞也有西南聯大人員參加。航空風洞實驗成績斐然，1943 年，美國國務院派航空專家博郎博士來華，他特別參觀了清華大學航空研究所，認為風洞試驗設備規模雖小，卻與美國各大學研究所不相上下。美國陸軍部派赴德日航空調查團途經昆明時，也前往參觀，並大加贊許。[1]1944 年 10 月 15 日，梅貽琦曾致函航建協會，說明馮桂連教授近接美國來德機場主任來函，邀其擔任空氣動力研究員。由此可見，科技發達的美國，也想利用西南聯大在空氣動力學方面的力量。

　　抗日戰爭時期，航空研究所做了許多與現實需要緊密聯繫的科研工作。除了風洞試驗外，師生們還進行了飛機構造、飛機材料、航空氣象等方面的科研。航空研究所空氣動力學組，曾與航空學校等單位合作，為航空委員會及所屬的兩個飛機製造廠設計了數種飛機模型，其中有為航委會第二飛機製造廠試驗轟詐機的模型。為了培訓空軍部隊和普及防空知識，師生們還編譯了一些航空教材，先後完成的有《氣動力學概論》、《飛機異型及螺旋槳原理》、《飛機試飛學》、《空軍戰略的檢討》、《降落傘部隊》等 20 餘種著述。撰寫了飛機試驗、高空氣象等試驗報告或論文，亦達百餘篇之多。[2]

二、核武器研究的先聲

　　西南聯大為原子彈研究所做的前期籌備工作，雖然出現在戰後，但這也是這所學校歷史的重要一頁。

---

[1]　據莊前鼎：〈國立清華大學航空研究所工作報告〉（1937 年至 1945 年），轉引自《清華大學史料選編》第三卷（上），第 146 至 147 頁。

[2]　參見戴美政：〈戰時西南聯大理工科研及其特色〉，《西南聯大研究》第 1 輯，第 153 頁，中國大百科全書出版社 2005 年 10 月出版。

　　日本投降後不到兩個月的時候，中國駐瑞典大使何鳳山從斯德哥爾摩給蔣介石發來一份密電。這是一種例行的「輿情報告」，電文說：據瑞典新聞社報導莫斯科科學院物理研究所自 1934 年已完成了分離原子的試驗，蘇聯發言人聲稱用蘇聯製造爆炸性原子的方法製造原子彈，成本美國所製者為廉。沒有幾天，蔣介石又收到軍事委員會第二廳廳長鄭介民呈送的一份《情報輯要》，內容是軍統局駐伊朗德黑蘭的情報官呈報的密電，內云據伊朗參謀本部透露，德國流亡科學家在喀爾巴阡山造成新原子彈，且較美國製造者簡單，威力更大，成本亦低，英蘇兩國正力圖羅致有關科學家。[1]

　　上述報告中所說的原子彈，就是美國在日本廣島、長崎投下的核武器，當時是舉世矚目的新武器。大概受美國兩顆原子彈的啟發，加上何鳳山、鄭介民的兩份情報，軍事委員會對原子彈給予了極大關注。軍事委員會軍政部次長兼兵工署署長俞大維的妹妹是曾昭掄的妻子，兩人是親戚，於是俞大維便徵求曾昭掄的意見，曾昭掄主張請吳大猷、華羅庚一起商量。

　　吳大猷是中國物理學界的前輩科學家，是國內原子物理、分子結構領域最負盛名的著名學者之一。1929 年，吳大猷被南開大學聘請，講授物理課程。1931 年，他至美國密西根大學深造，1933 年獲理論物理博士學位，是中國最早獲得美國理論物理博士的三人之一。1934 年，吳大猷年方 25 歲，便被北京大學聘為教授。在西南聯大，吳大猷從事原子、分子結構及光譜研究，他為紀念北京大學成立 40 周年撰寫的《多原子分子結構及其振動光譜》一書，1940 年出版後立刻受到國內外學術界的好評，中央研究院為此還授予他丁文江獎金。1943 年，這部書被教育部學術審議會評選為 1942 年度自然科學類一等獎。[2]美國也翻印了這部書，並認為它是當時這一領域的唯一專著。

---

[1]　參見范淩志：〈蔣介石曾令秘密研製原子彈──密電往事〉，《環球時報》2007 年 10 月 8 日。

[2]　吳大猷的這部書是用英文撰寫的，教育部學術審議會公佈的獲獎名單中，該書名為《多元分子振動光譜與結構》。

　　華羅庚是人們十分熟悉的數學家。這位唯讀過初中的青年，因發表《蘇家駒之代數的五次方程式解法不能成立之理由》，於 1931 年被清華大學作為人才引進，在算學系擔任助理員。兩年後，他被破格提升為助教，又過了兩年，再次破格升為教員。[1]1935 至 1936 年，兩位國際數學界泰斗，法國數學家阿達瑪和美國家溫納相繼到清華大學訪問，他們的報告傳遞了數學研究領域的前沿資訊，於是華羅庚開始邁入主流數學領域。1936 年，華羅庚赴英國劍橋大學留學，致力於剛剛興起的解析數論領域，不久就躋身於世界一流數學家的行列。1942 年，教育部成立學術審議會，開始評選 1941 年度（首屆）科研成果，華羅庚的《堆壘素數論》一書，榮獲自然科學類一等獎。可見，曾昭掄推薦吳大猷、華羅庚，可謂是最適當的人選。

　　1945 年秋，軍事委員會軍政部長陳誠邀請吳大猷、華羅庚到重慶，商討如何開展科學工作。陳誠十分重視這兩位科學家，特把他們安排在海陸空軍招待所，還派了一部汽車專供使用。某次，陳誠到招待所來看望他們，衛士覺得奇怪，問「教授」是什麼大官，竟要部長親自登門拜見。

　　吳大猷到重慶後，除了應邀與陳誠、俞大維約談外，還受到蔣介石的召見。吳大猷見蔣介石是俞大維推薦的，俞大維還建議由吳大猷主持原子彈研究計畫。因此，蔣介石召見吳大猷時，曾向他表示，已下令撥款 10 萬元法幣作經費，並指示兵工署騰出一間大禮堂，作為原子彈研究室。席間，談到參加人員時，吳大猷除了向蔣介石推薦曾昭掄、華羅庚外，還推薦了西南聯大物理系的的鄭華熾教授。[2]

　　吳大猷、華羅庚這次重慶之行，雖然只是應邀與陳誠、俞大維約談，而陳、俞也只是表示軍委會正在考慮加強國防科學機構的問題，約他們來就是想聽聽意見，但在中國現代國防科技史上所具有的重要意義，已勿庸贅言。吳大猷對這次談話缺乏思考準備，因此想了幾天

[1]　清華大學的教師系列與他校不同，沒有副教授職稱，教員便相當於副教授。
[2]　參見范淩志：〈蔣介石曾令秘密研製原子彈——密電往事〉，《環球時報》2007 年 10 月 8 日。

後，覺得如此重大的問題，需要一切從頭做起。於是，他草擬了一個兩項內容的建議：一是成立一個科研機構，培植各項基本工作的人才；二是派遣物理、化學、數學人員出國，研習觀察近年來各部門科學進展情形，然後再具體建議。陳誠、俞大維接受了這個建議，當即請吳大猷負責物理，華羅庚負責數學，後來又請曾昭掄負責化學。其後，吳大猷推薦的李政道、楊振寧，華羅庚推薦的孫本旺，曾昭掄推薦的王瑞駪、唐敖慶，便踏上了奔赴美國學習考察之路。

吳大猷、華羅庚、曾昭掄是以軍政部借聘名義，於 1946 年 1 月赴美考察的，報載他們此行目的是考察原子彈研究，並稱吳大猷「對放射性線甚有研究，在世界物理學界地位甚著」，華羅庚是「著名數學家，相對論發明者愛因斯坦曾認為華教授為世界上能懂相對論之數人之一，並自認為彼『弟子』」，曾昭掄「為國內有數之化學人才」。[1]社會各界對他們這次赴美相當重視，《雲南日報》還特請他們發表意見。於是，華羅庚在出國前夕寫下了〈今天中國科學研究應取之原則〉一文。

華羅庚的文章，首先批評「中國的科學教育，三十餘年來似乎尚未脫離清末的影響。清末的維新變法，完全是從富強的表面現象做出發點的，所以，富國強兵的自然邏輯，便是怎樣學習製造洋槍大炮。然而，其結果並未使中國富強，反造成了三十年來中國國際地位之愈形低落。」對於近十餘年來的科學教育，華羅庚認為「依然是舊的一套」，不過是把名詞變成「造就工業人才」而已。至於社會上，也有「重工而理」的風氣，大學公費生中，工學院為百分之百，而理學院則為百分之八十一，這說明下意識地存在著「不齊其本而揣其末」觀念。華羅庚承認美國原子彈的爆炸對於戰局的影響十分重大，但更重要的是，「原子彈之發現，闢開了科學的新方面而言，其富有劃時代的歷史意義，更難以評價」。正是因為這個原因，才「使得科學素來落後的中國也大大的波動起來」，「因而原子彈的研究，也列上中國科學研究的日程」。

---

[1] 〈三教授出國研究原子彈，助理由聯大助教中遴選〉，《雲南日報》1946 年 1 月 20 日，第 3 版。

　　華羅庚接著說：「不錯，在今天科學落後的中國，要能與歐美各國並駕齊驅，非實行孫中山先生的『迎頭趕上』政策不可。不過，所謂『迎頭趕上』，並非兩腳懸空，迎頭趕上必須有其基礎，就是說，我們必須具備了能夠迎頭趕上的條件。」對於「迎頭趕上」的條件，華羅庚認為是一系統工程，並為此提出了一個新概念──「基本科學」。以原子彈製造為例，他說不僅需要建立在高度工業化的極複雜技術，並且物理化學、數學等科學「都必須達到應有的研究高度，然後和工程方面的高度技術一結合，才會有今天的原子彈出現」。那麼中國是否具備這些條件呢，顯然差得很遠。他反問：我們「有沒有高度的技術了？物理化學數學的研究達到怎樣的高度？有了多少這些方面的專家和人才？」，且不說「美國的原子彈的製造，所費的美元的數」，「光是其動員的專家和人才，數目便非常驚人」。看看今天的中國，「有了這些條件了麼？沒有這些條件而侈談原子彈的研究，其為懸空的理想，不言可知」。要發展科學，華羅庚強調「應當切實的打下各種牢固的基本科學方面的基礎」，特別是「先在理論的和實用的科學方面，培養好無數的專家和人才」，這樣繼續五年十年，「中國科學界才可以一談原子彈研究的可能」。否則。「人家有了什麼新東西，我們也就跟著侈談那些東西，妄想在這方面有成就，這是連所謂『尾巴主義』還談不上的。」[1]

　　吳大猷赴美前後，還接受了陳誠委託的一件與原子彈研究有關的任務。這件事是臺灣有關檔案解密後，才有所披露的。

　　1946 年 1 月，時任北平行營主任的李宗仁得到一項情報，說日本侵華期間，陸軍省秘密派遣了一支 70 餘人的技術隊伍，以「華北交通會社」名義到張家口採掘原子放射性原料，日本投降後，該小組中有 30 餘人被中共逮捕，其餘未遭逮捕者全都隱姓埋名藏匿於北平。接到這份情報後，李宗仁於 1946 年 2 月 1 日向蔣介石發了一份密電。密電謂：日本「華北交通會社」一行人已將在張家口取得的一部原子

[1]　華羅庚：〈今天中國科學研究應取之原則〉，《雲南日報》「星期論文」，1946 年 1 月 20 日，第 2 版。

彈原料空運回國，且對察綏各地的礦產探查甚詳，此兩地原子鈾僅百靈廟一處便年產達 6 噸。該社西田表示，如中國政府願予留用，他可以招集藏匿技術人員在繼續研究，儘量使其早日成功。密電中還說：日本投降前，已裝有五部機器開始原子彈研究，後被美國發現，將全部機器破壞，但有關技術人員均在日本內地，並詳悉了他們的姓名住址。末尾，李宗仁特別強調「關於是項研究工作，我國尚無人主持，似應由中央指派專家商討研究」。

　　李宗仁密電是否屬實，電中所說的西田究係何人，陳誠把這個調查交給了吳大猷。此事在陳誠 1946 年 7 月 24 日給蔣介石的一份報告中曾經提到，說「經轉電北京大學吳教授大猷洽辦」，結果是「日人西田已返國，未能晤及其所擬計畫。可注意之部分，僅為日人調查我國北部鈾礦之結果，所擬『提煉』及『化學』部分俱無具體計畫。該日人既已離華，其調查結果現亦無法取得」。

　　陳誠給蔣介石的報告中還有「日僑石原茂光等所擬之計畫及圖樣等，多屬謬誤，顯未受物理與化學基本訓練，無考慮之價值」之語，這件事也是向吳大猷徵求過意見後的結論。其由來是 1946 年 6 月 1 日，陳誠看到華北受降區北平前進指揮所主任呂文貞的一份密電，內說他們在北平秘密留置了一個據稱是日本研究原子彈專家之一的日本人石原茂光，審訊時，石原茂光稱在日軍駐華北野戰軍的兵器庫中，儲存著他們在中國採集的近 5 公斤鈾原料，這些原料足夠試造「酸化鐵原子彈」，其破壞範圍可達 64 平方公里，威力估計為鈾原子彈的四分之一。陳誠把石原茂光的計畫交給在美國的吳大猷進行審查，於是才有了「多屬謬誤」、「無考慮之價值」等判斷。

　　根據解密後的臺灣國民政府機密電報，證明 1946 年 6 月，在軍事委員會改組為國防部後，其下正式成立了一個以研製原子彈為核心任務的「原子能研究委[1]員會」，成員有俞大維、曾昭掄、吳大猷、華羅庚、鄭華熾等 11 人，按照計畫，「原子能研究委員會」應與早

---

[1]　參見范淩志：〈蔣介石曾令秘密研製原子彈——密電往事〉，《環球時報》2007 年 10 月 8 日。

先成立的「國防科學委員會」密切配合，共同開展原子彈的研發。正因如此，在吳大猷、華羅庚赴美後，蔣介石命令陳誠草擬有關辦法時，陳誠說「擬定辦法侯呂參謀長與北大鄭教授洽覆後再行呈核」。[1]陳誠所說的「北大鄭教授」，就是西南聯大物理系教授鄭華熾。當年，西南聯大聚集了一批研究現代物理的學者，除了吳大猷、鄭華熾，還有吳有訓、趙忠堯、霍秉權、王竹溪、張文裕、周培源、葉企孫、饒毓泰、任之恭、朱物華、趙九章、馬士俊等。雖然西南聯大隨著復員遷回各個學校，但長達八年的共同生活，結成了深厚的人脈和關係。核武器研究是項綜合性的工程，調動這一專家群體，正是開展這項研究所必需的。鄭華熾在西南聯大擔任過敘永分校物理系主任，1944年任西南聯大物理系主任。北大復員時，他是物理系代理主任。可見，陳誠的意思是通過鄭華熾組織核武器研究。不過，鄭華熾是如何執行這項工作的，目前還不清楚。[2]

　　西南聯大參加上述工作，是中國核武器研究起步階段的重要組成部分。這裡，還應該提到為中國核武器研究做出貢獻的趙忠堯。1946年 6 月 30 日，美國在太平洋小島比基尼爆炸了一顆原子彈，在爆炸地點 25 公里的「潘敏娜」號驅逐艦上，西南聯大物理系教授趙忠堯作為中國代表之一，與美國政府邀前參觀的英、法、蘇代表，一起目睹了這一試驗，成為親眼看到核爆炸的第一位中國物理學家。參加結束後，趙忠堯到他取得博士學位的加州理工學院，獲取了加速器設計和製造的一些細節。他還以與加州理工學院物理實驗室「換工」的形式，參加了實驗室的某些科研專案，換取了有關加速器製造的技術資

[1] 參見范淩志：〈蔣介石曾令秘密研製原子彈——密電往事〉，《環球時報》2007 年 10 月 8 日。

[2] 1946 年，美國準備在太平洋馬紹爾群島舉行原子彈試驗，並邀請中國政府派專家參觀，外交部長王世傑建議教育部與軍政部各派一人參加。5 月 2 日，中央研究院院長朱家驊與總幹事薩本棟電商出國參訪人員時，建議由丁燮林或西南聯大教授趙忠堯代表教育部參加。其後，中央研究院推薦趙忠堯前往，趙忠堯遂於 6 月底參觀了這次原子彈試驗。參見李豔平、王士平、戴念祖〈20世紀 40 年代在中央研究院和北平研究院流產的原子科學研究〉，《自然科學史研究》2006 年第 3 期。

料和零件。1950 年 8 月 29 日，趙忠堯與錢學森夫婦一起登上美國「威爾遜總統號」輪船啟程回國。啟航前，美國聯邦調查局上船搜查，把錢學森攜帶的書籍和筆記扣了下來，趙忠堯的幾十箱東西也遭到翻查。不過，趙忠堯對此早有準備，已於一個月前將一些重要資料和器材託人帶回中國。儘管如此，趙忠堯經過日本橫濱時，還是被美軍最高司令部關進了巢鴨監獄，直到年底才在輿論的抗議下釋放。1955 年，在趙忠堯主持下開展原子物理研究，而他帶回來的器材和零部件，也在第一台加速器上派上了用場。這些後話不屬於內書範圍，就不贅言了。

抗日戰爭時期，西南聯大運用先進科學知識直接為抗戰服務的工作，還有無線電實驗、地質調查、鐵路建設，及與軍事生產部門合作等。例如，公路工程與抗戰建國關係十分重大，土木工程系代理系主任李謨熾教授，就曾擬定過一份《道路工程研究計畫》。在大綱中，他指出此項研究的目的，在於「我國公路低級路面材料及修築方法之研究與實驗」與「城市街道改良之研究與實驗」。他認為，如果後方公路幹道得到改善，每年可節省行車費用和養路費，約在三億以上。現在，中國的汽車、汽抽、輪胎、零件、機油等，都得從國外進口，如何節省此巨額，實為嚴重與最迫切的問題。因為「公路之不良，直接則增巨行車及養路費之損失；間接則影響運輸及管理之效率」。況且「一國之公路，無論車輛如何健全，組織如何嚴密，管理如何得法，若公路本身不良，則病根仍在，不能謂為完善」。因此，「改善工程為尋源治本之策，而路面之改善，尤為我國中心問題」。目前，外匯高漲，高級路面材料價值奇昂，故修築路面的材料只能取材，為此，他計畫對常用的黏土、燒土、砂料、礫石、碎石、煤渣、石灰及少量廢棄之桐油與自製之柏油等中國固有材料做以研究，以便能在最經濟的條件下，使道路工程的建設發揮最大的效能。[1] 類似這樣的科研計畫還有許多，《國立西南聯

---

[1] 李謨熾：〈道路工程研究計畫大綱〉，《國立西南聯合大學史料》第 3 冊，第 562 至 563 頁。

合大學史料》所收入的大量史料，便是這些工作的記錄。這些資料，充分展現了西南聯大師生在當年物質生活極端艱苦條件下，積極用自己的才能智慧，為抗戰事業貢獻力量的軌跡。

第七章　投身戰場

金書鐵券，百世流芳。今天，在雲南師範大學校園內矗立著一塊「國立西南聯合大學紀念碑」。碑文中寫到：「聯大先後畢業學生二千餘人，從軍旅者八百餘人。」這座石碑的陰面，深深鐫刻著 1946 年 5 月 4 日立碑時所能收集到的 832 位從軍學生名單。[1]實際上，這個名單並不完整，由於條件所限，有些從軍者的名字未能列入。[2]《國立西南聯合大學校史》曾對此有所糾正，說：「長沙臨時大學時期，校方記錄參加抗戰工作離校學生有 295 人，絕大多數未列入『題名』。兩者相加共 1100 多人，約佔（全校）總人數的 14%。」[3]這就是說，在先後進入西南聯大求學的 8000 多人中，每一百位同學裡便有 14 人為保衛祖國投筆從戎，這的確是個很可觀的比例。

回溯西南聯大短短的八年歷史，相繼掀起過四次從軍熱潮：第一次是抗戰初期的 1937 年末到 1938 年初的長沙臨時大學時期；第二次是 1941 至 1942 年為了配合美國空軍來華作戰及中國遠征軍兩次入緬甸對日作戰時期；第三次是 1943 至 1944 年印緬戰區盟軍反攻時期；第四次是 1944 年年底響應國民政府號召組織知識青年從軍時期。[4]

---

[1] 這個名單有兩人誤列兩次，故碑中實際人數應為 832 人。西南聯合大學北京校友會編《國立西南聯合大學校史——一九三七至一九四六年的北大、清華、南開》（修訂版）云：「碑上列有 834 人，但曾仲端和王福振均列出兩次，經對入學名單進行核對，並未發現姓名相同者，應屬錯列，故實際為 832 人。」（見該書第 61 頁）

[2] 李方訓在〈紀念抗戰勝利五十周年，不忘西南聯大從軍壯士〉一文中，根據有關史料做過初步統計，列出未列入紀念碑的從軍者一百餘人。其文說：「聯大從軍人數不止 834 人，學生固未列全，教職工更未計入，但說『聯大從軍壯士逾千』，則是完全可以的。」（見西南聯大北京校友會編《西南聯大北京校友會簡訊》第 18 期，1995 年 10 月印行。）

[3] 西南聯合大學北京校友會編：《國立西南聯合大學校史——一九三七至一九四六年的北大、清華、南開》（修訂版），第 61 頁，北京大學出版社 2006 年 1 月出版。

[4] 《國立西南聯合大學校史》認為全校曾有三次從軍熱潮，其中把 1937 年末至 1942 年間的從軍活動作為第一次。本書以從軍性質劃分，故將從軍熱潮分為四次。

縱觀抗日戰爭的歲月裡，西南聯大的莘莘學子們，為了保衛祖國的神聖土地，為了捍衛中華民族的尊嚴，他們有的戰鬥在後方，有的奮戰在前線，他們流血流汗，甚至奉獻了自己的青年生命，與全國民眾共同譜寫了可歌可泣的雄偉篇章。

第一節　湘江岸邊從軍熱

西南聯合大學的第一次從軍熱潮，出現於長沙臨時大學成立不幾個月的 1937 年底和 1938 年初。

當時，日軍大舉進犯，中華民族到了最危險的時候。11 月 12 日，日軍佔領上海；12 月 13 日，國民政府首都南京淪陷。消息傳到長沙，愛國青年再也不能坐在平靜的書桌前，師生們齊集聖經學院廣場召開大會，高唱抗戰歌曲，慷慨陳詞，清華大學體育組主任馬約翰教授在會上領頭高呼口號，鼓勵學生從軍，「到前線去」、「參軍去」的呼聲響徹校園。12 月 31 日，周恩來在武漢大學發表以《現階段青年運動的和任務》為題的演講，指出「今天無疑是個變動的戰鬥的歷史上從唊有過的大時代。敵人要我們每個人、每個人的子子孫孫都做亡國奴。我們要求生路，便只有抗戰，便只有堅持抗戰到底。……現在是整個被壓迫、被屠殺、被姦淫、被侵略的中華民族的人民起來反抗的時候。」周恩來還強調：「戰爭了，我們再不能安心求學了。文化足以的京、滬、平、津、漢，已去其四；後方的學校，也多半停了課」，「我們中國的青年，不僅要在救亡的事業中復興民族，而且要擔負起將來建國的責任」，為此，他號召青年們「到軍隊裡去」、「到戰地服務去」、「到鄉村中去」、「到被敵人佔領了的地方去」，「去使理論適合於實際，去把知識用活」。[1]徐特立也在長沙臨時大學發表了演說，號召青年學生要參加民眾動員，參軍參戰。

---

[1]　周恩來：〈現階段青年運動的性質和任務〉（1937 年 12 月 31 日），中共中央文獻編輯委員會編《周恩來選集》上卷，第 88 至 91 頁，人民出版社 1980 年 12 月出版。

匈奴未滅，何以為學？許多熱血青年就是在這種形勢下棄學投軍，直接參加抗戰。他們有的去了前線部隊，有的到裝甲兵學校，有的奔赴延安，有的響應「保衛大山東」、「保衛大河北」口號回到各自家鄉打游擊。不到兩個月時間，長沙臨時大學就至少有 295 人提出申請保留學籍，領取了參加抗戰工作的介紹信。至於未辦手續，直接投身抗戰的，則無法統計。《南開大學校史》說，「據不完全統計，南開大學同學這時投軍者約 70 多人，內包括參加武漢救亡總會訓練班 5 人，湖南國民訓練班 17 人，湖南戰地服務團 13 人，空軍學校 22 人，軍政部學兵隊 7 人，軍事工程 4 人，參加第 13 軍、14 軍及第 181 師工作 5 人，還有一些學生去臨汾、西安、鄭州、開封等地。他們大都為抗日救國的偉大鬥爭做出了貢獻，有的還犧牲了年輕的生命。」[1]

長沙臨時大學當局對從軍活動給予積極支援。1937 年 12 月 10 日，常委會決議成立「國防服務介紹委員會」和「國防技術服務委員會」[2]，12 月 29 日，常委會又決定將這兩個委員會合組為「國防工作介紹委員會」，推定吳有訓、楊石先、樊際昌、黃鈺生、潘光旦、顧毓琇、曾昭掄、莊前鼎、施嘉煬九教授為委員，以吳有訓（召集人）、楊石先、樊際昌為常委。長沙臨時大學常委會還決議：「凡學生至國防機關服務者，無論由學校介紹或個人行動，在離校前皆須至註冊組登記以便保留學籍」。對於志願從軍的教職員，也規定「其所服務機關不能擔任薪水時，本校得按在校服務薪水支給之」。[3]

當年擔任長沙臨時大學學生代表會主席的經濟系同學洪綏曾（洪同），對這段歷史記憶猶新。他回憶說：「開學不久，長沙也成了日

[1] 南開大學校史編寫組：《南開大學校史（1919-1949）》，第 240 頁。
[2] 〈長沙臨時大學、國立西南聯合大學常務委員會會議記錄·第三十三次會議〉（1937 年 12 月 10 日），北京大學、清華大學、南開大學、雲南師範大學編《國立西南聯合大學史料》第 2 卷，第 29 頁，雲南教育出版社 1998 年 10 月出版。
[3] 〈長沙臨時大學、國立西南聯合大學常務委員會會議記錄·第三十五次會議〉（1937 年 12 月 22 日），《國立西南聯合大學史料》第 2 卷，第 30 至 31 頁。

本軍機轟炸的目標，警報聲、飛機聲不斷打擾我們，而且有時炸彈隨
聲而下，造成不少傷亡，臨大也遭了殃。在這種情形下，教授無心講
授，學生也無心受課，尤其是年11月傳來首都南京淪陷的消息，立
即掀起一片從軍報國的熱潮，大批同學激於愛國熱忱，紛紛投筆從
戎：有的去了閻錫山的第二戰區，有的去了延安，有的則參加了中央
軍。我當時是臨大學生會代表會主席，和學生會的同學整天拉起歡送
同學的大旗，熱烈歡送他們走上前線。」[1]

　　長沙臨時大學時期，三校師生從軍的去向主要有三種。

　　第一，是直接參加國民革命軍系統的部隊。長沙臨時大學遷昆明
前，機械系主任莊前鼎教授對同學們說：「昆明暫無實習工廠和實驗
室，要學專業可介紹去交輜學校（即陸軍交通輜重學校），主要學汽
車和坦克的構造、修理和駕駛，六個月一期，期滿即可分配工作，直
接參加抗戰。」於是，該系除5人外，其餘1938級、1939級學生20
餘人均去了陸軍交通輜重學校（後改為陸軍機械化學校）。到這所當
時全國唯一機械化學校的，還有電機系的幾名同學。[2]據有關記載，
這批到陸軍交通輜重學校的臨大同學有章宏道（章文晉）、吳仲華等
共29人，作為陸軍交輜學校第二期學員，受訓8個月後分配到陸軍
第200師任戰車或汽車部隊技術員。[3]

　　其實，在他們之前，清華學生已有8人在南下長沙途中經過南京
時，就報名參加了陸軍交通輜重學校，可謂長沙臨時大學「史前期」
的從軍者。那時從軍的楊德增回憶說：

　　　　我十級（1938）同學多人在南京平津流亡同學會招待所住。時南
　　　　京陸軍交輜學校正招考大專三四年級機電系學生，成立技術學員
　　　　隊，予以汽車修護短期訓練，畢業後分發至陸軍機械化部隊，擔

[1]　洪同：〈清華、清華人與我〉，《清華校友通訊》複43期，第27頁，2001
　　年4月清華校友會印行。

[2]　李方訓：〈紀念抗戰勝利五十周年，不忘西南聯大從軍壯士〉，西南聯大北
　　京校友會編《西南聯大北京校友會簡訊》第18期，1995年10月印行。

[3]　楊德增：〈抗日從軍記・後記〉，西南聯大北京校友會編《西南聯大北京校
　　友會簡訊》第29期，2001年4月印行。

任戰車汽車修護技師。北平學生當年發動抗日宣傳,計有「一二‧九」及「一二‧一六」兩次抗日大遊行,今日已進入正式對日作戰,有此良機參加部隊,實現當年志願。故我校機電系三年級同學多人相互轉告集會協商,決定放棄大學最後一年學業,投筆從戎,報名參加陸軍交輜學校受訓,計有胡篤諒、張厚英、吳業孝、梁伯龍、黃茂光、李天民、吳敬業和我。另外報名參加受訓者尚有北洋工學院、山東大學、武漢大學、上海雷斯特工學院等同學,總計全隊共計27人,其中女生僅有我校張厚英一人。[1]

這批報名參加陸軍交輜學校者,屬於該校第一期,正式受訓是9月初。南京失守的前兩天,陸軍交輜學校奉命遷往湖南,經過蕪湖孫家埠鎮時,他們與敵機遭遇。這很有可能是戰爭爆發後清華從軍學生首次與日軍的正面交鋒,楊德增回憶當時的情形時說:

車輛停於公路兩側暫停休息並用早餐,忽有敵軍飛機三架向我方飛來,並對我車隊開火襲擊。留守車隊僅有三五人,記得有吳敬業、胡篤諒和我,見敵機襲來,即刻跳下車來,奔往路側墳堆中。躲在墳堆後方,與敵機相互圍繞墳堆打轉。我們臥伏在墓地上,可以清楚看到日本軍人駕駛之偵察機,頭戴風帽,臉戴目鏡,雙手握著機關槍向我們掃射。三架飛機輪番下衝我方車隊一帶射擊。日機由左方來襲,我們便爬到墳堆右側,如敵機由右方來襲,我們便又爬回墳堆左側,如是轉轉躲躲十數分鐘,且可聽到子彈打入附近土壤中噗噗響聲,心中嚇得怕怕。想到我們正值20歲青少年,在手中無任何武器情況下,為敵機射中身亡,豈不真是『壯志未酬身先死』呢!又想到家中親人及校中女友,更感到需要上天保佑了。幸而日機攻擊我方後即行離去,我們在墳堆中數人方敢站起來,相互聯絡,竟發現無一人受傷。[2]

---

[1] 楊德增:〈抗日從軍記〉,西南聯大北京校友會編《西南聯大北京校友會簡訊》第29期,2001年4月印行。

[2] 楊德增:〈抗日從軍記〉,西南聯大北京校友會編《西南聯大北京校友會簡訊》第29期,2001年4月印行。

嗣後，這批學員於 1938 年 2 月末結業，清華學生除女學員外，其餘均分配到 200 師。於是，長沙臨時大學學生在不同地點，不同時間報名參加陸軍交輯學校的兩期青年，會師於這支機械化部隊了。

上述從軍同學中，有些是大學三年級同學。以清華大學第十級為例，他們是 1934 年入學的，第二年在北平郊區通州就出現了日本卵翼下以大漢奸殷汝耕為首的「冀東防共自治政府」。而北平地方當局屈從日本壓力演出「冀察特殊化」後，平津一帶更是籠罩在山雨欲來風滿樓的緊張氣氛中。9 月 17 日，清華舉行開學典禮，校長梅貽琦致詞中說：「今日開會，更須想到明日即為九月十八日，在三年前之明日，即為我國最嚴重之國難開始時期」，「吾輩智識階級，居於領導地位」，「故均須埋頭苦幹，忍痛努力攻讀，預備異日報仇雪恥之工作」。[1]1937 年暑假，十級同學已讀完三年，再有一年就畢業了，一些人難免抱著再挨一年就過去了的想法。但是，戰爭就在這時爆發了。「十級基本隊伍二百八十七人中，實際在一九三八年畢業的不過一百餘人」[2]，這就是由於許多同學投筆從軍的緣故。

據不完全統計，清華大學第十級畢業前從軍者達三十餘人，其中楊德增、梁伯龍、李天民、黃茂光、胡篤諒、吳業孝、陳乃能、王瑗等，參入陸軍機械化部隊；張去疑、汪復強等加入空軍通訊部隊；鄭學燧加入工兵部隊；洪綏曾等到西北和東北從事陸軍政工工作。至於畢業後從軍者則更多。如居浩然參加步兵，盧盛景、黃雄盛擔任空軍飛行員，亢玉瑾、鍾達三、萬寶康擔任軍隊氣象工作，田長模、王玉京、張傳忠、陶家徵、梁瑞騏、林世昌、蕭汝淮、葉上芳、孫方鐸等從事航空機械工作。一位十級同學說：就他所知，這一級同學從軍者「接近六十餘人，佔全班總額七分之一強」。[3]這些，不過是長沙臨時大學同學踴躍從軍的一個側面，有人回憶，這一時期先後到中央軍

[1] 〈清華大學昨晨舉行開學禮，梅貽琦致詞勉學生努力〉，天津《大公報》，1934 年 9 月 18 日，第 1 張第 4 版
[2] 居浩然：〈清華園中的十級〉，《國立清華大學十級（1938）畢業五十年紀念特刊》，第 12 頁，1988 年 5 月編印。
[3] 孫方鐸〈十級的回顧〉，《國立清華大學十級（1938）畢業五十年紀念特刊》，第 19 頁。

校及分校的還有郎維田、劉維勤、林徵祁、馬毓泉、夏世鐸、周應霖、廖伯周，到工兵學校的有張慕凱、羅紹志，到空軍學校的有區偉昌。此外，白沖浩到了軍委會軍令部，徐萱到了軍委會政治部演劇二隊，呂明義去了石友三部隊。[1]

　　第二，是參加各種戰地服務團，洪綏曾走的就是這條路。當時，長沙一位女作家以湘雅醫學院護士長身份，號召從南京撤退到長沙的軍隊醫院醫生、護士組織起一個隨軍服務團，她們希望大學生也能加入這支隊伍，一同到前方做些軍民橋樑、軍民合作、軍中文化等方面的工作。於是，洪綏曾選定從淞滬之戰撤退到武漢整補的國民黨革命軍第一軍胡宗南部隊為對象，與其他一些同學組成「第一軍隨軍服務團」，計畫到胡宗南部隊進行軍中服務。這個隨軍服務團共 50 餘人，其中長沙臨時大學參加的同學就有 30 餘人，他們中有吳承明、沈寶琦、熊彙荃（熊向暉，後來當了胡宗南的機要秘書）、向仁生、池際尚、劉以美、趙澤華、傅國虎、張鎮邦、王霈、李忻等人，洪綏曾還擔任了隨軍服務團的副團長。

　　出發那天，大家義憤填膺，壯志凌雲，馬約翰教授特來歡送，給他們極大鼓勵。參加隨軍服務團的同學，都配發了軍中裝備，全體身著軍裝，佩帶符號，當晚搭乘軍車從長沙駛往武漢，接受胡宗南約談。胡宗南熱情歡迎他們，但認為大學生是國家棟樑之材，還須加以錘煉，不可率爾走上戰場盲目犧牲。同學們雖然覺得這種說法與當初毅然從軍的願望，比如在後方做民軍橋樑，在前線抬傷兵送子彈等想法有些距離，但最後還是接受了這個建議，於是隨同胡宗南部隊到西北整補訓練。[2]

　　第三，是到敵後參加抗戰，清華土木工程系學生馬繼孔（解放後擔任過雲南省委書記）便是其中之一。他在《自述》中寫到：

　　1937 年 11 月我自山東泰安家鄉乘車抵長沙臨大，報到入學。後南京緊急，學習實在不安心，即在臨大發動同學回鄉，當

[1]　李方訓：〈紀念抗戰勝利五十周年，不忘西南聯大從軍壯士〉，西南聯大北京校友會編《西南聯大北京校友會簡訊》第 18 期，1995 年 10 月印行。

[2]　洪同（洪綏曾）：〈清華、清華人與我〉，《清華校友通訊》復 43 期，第 27 頁。

時發起人有我和曹望舜（曹一清）、孫繼祖、劉莊、左平、劉慶予、徐興國（前三人為清華，後三人為北大）等共七人，召開了一次座談會，共到七八十人，會上贊成去延安的多，贊成回鄉的少。會後，有的找鄒韜奮介紹去延安，劉莊到西安轉去延安，劉慶予到鄭州一戰區，後又到泰（安）西抗日根據地，和我在一個地區工作。徐興國到延安，改名徐晃。……回鄉發起人七位中，剩下我們四人，向學校辦了退學手續，保留了學籍。我們乘車回山東，我在兗州下車，經濟寧、泰安到家鄉紅山村。左平與我在兗州分手後，因濟南失守，他回不了老家壽光，也轉來到我家一起組織了一支游擊隊，1938 年編入八路軍山東縱隊第 6 支隊，我任參謀長，左平任後勤主任，就這樣開始了地區的遊擊戰。[1]

與馬繼孔相似的，還有 1938 年 1 月至山西臨汾的 13 人（含兩位清華實習工廠的工友），其中 6 人隨後到了位於晉東南的八路軍總部。另外，還有一些人到了冀中地區，在那裡運用他們所學的特長，製造出大批急需的炸藥、地雷。抗日名將呂正操在《冀中回憶錄》中寫道：

1938 年的春夏間，有大批平、津、保青年學生和有專長的知識份子來到冀中，在冀中抗戰中發揮了重要的作用。……為了製造急需的炸藥，辦工廠進行科研和產生。……如胡大佛，他曾去法國勤工儉學，還有熊大正、李廣信、門本中、汪德熙、張芳等，大部分是清華大學的。……他們首先在城市試製出炸藥，裝入木箱或紙箱裡，上邊寫上「肥皂」運到冀中，……我們在鐵路工人的密切配合下，組織了爆破隊，有一次炸日本的軍車，一下子就炸死四五十個日本鬼子。……我們生產的地雷不僅有踩雷，還有跳雷……以後又生產了飛雷，像火箭一樣，一公斤炸藥可以飛出 130 —150 米，專門打敵人的堡壘……美國的觀察組見到以後說「你

---

[1] 轉引自李方訓：〈紀念抗戰勝利五十周年，不忘西南聯大從軍壯士〉，西南聯大北京校友會編《西南聯大北京校友會簡訊》第 18 期，1995 年 10 月印行。

們真有本事呀！和美國的火箭一樣啊！」他們在外國報紙上發表文章，說他們的技術在中國的晉察冀都有了。晉察冀這樣搞，其他兄弟部隊打電報要求支援。[1]

呂正操提到的幾個人，大都是清華人。其中熊大正原名熊大縝，為清華物理系學生。汪德熙從清華化學系畢業後，考取了清華研究生，在冀中時名汪懷常。李廣信原名李琳，就讀於清華地學系。胡大佛則是清華青年教師，是由葉企孫教授薦引到冀中軍區的。門本中原名閻裕昌，原為清華學校勤雜工，物理系創建時擔任儀器管理員，1942年 4 月下旬慘遭日寇殺害。後來到了冀中的還有經濟系學生祝志超（原名祝懿德）等人。這些熱血青年在冀中的工作十分出色，1939年春，八路軍冀中軍區司令員聶榮臻在河北省唐縣大悲村約見已擔任供給部長的熊大縝時，對他們的工作大為讚揚，囑咐他一定要盡力擴大技術研究社，爭取更多的科技人員到抗日根據地工作。

第二節　服務美國志願隊

西南聯大的第二次從軍熱潮，出現在太平洋戰爭爆發前後。這次從軍，是為了配合美軍援華作戰而發動的。

抗日戰爭爆發初期，日本飛機對中國城市狂轟濫炸，幾如入無人之境，而擔負著空中抗擊的中國空軍則力量十分薄弱。1937 年 8月 14 日，「八・一三」的第二天，中國的年輕飛行員對停泊在黃浦江的日本艦隻實施轟炸，當時受聘擔任中國航空委員會顧問的美軍陸軍航空隊退役軍人陳納德，曾駕駛宋美齡提供給他的單翼戰鬥機，從南京沿江而下觀察了這次空襲。觀察的結果，使這位有 20年美國陸軍航空隊戎馬生涯的陳納德很不滿意，因而在又經歷了數次保衛中國機場和城市的空中作戰之後，產生了組建一支轟炸部隊

1　轉引自虞昊：〈後事之師：科教興國——二戰中清華人科教貢獻事蹟簡介〉，清華校友總會編《清華校友通訊》復 32 期，第 60 至 63 頁，清華大學出版社1995 年 11 月出版。

的想法。1939 年秋冬，陳納德利用返美國度假之機，購買了一批飛機，招募了一些飛行員。於是，他一面協助中國空軍建設航校，一面積極組織起有美、法、荷、德人參加的國際志願航空隊。1941 年 11 月底，這支後來被譽之為「飛虎隊」的志願航空隊，已編有「亞當和夏娃」、「熊貓」、「地獄的天使」三個作戰中隊，成為對日軍既能空中攔截，又能進行地面打擊的重要作戰力量。

　　1941 年 12 月 8 日，日軍襲擊珍珠港，太平洋戰爭爆發。20 日，陳納德指揮美國志願航空隊分三批升空，與自緬甸仰光起飛來犯的 10 架敵機，在昆明上空首次展開激戰，一舉殲滅 6 架。21 日，他們與日機在緬甸仰光上空大戰，擊落了 25 架。一名當年的「飛虎隊」說，自 12 月 20 日昆明空戰起，僅第二中隊在短短的 32 天裡，就打下或燒毀敵機 150 架。[1]此後，飛虎隊頻頻出擊，有力地遏制了日軍的進犯。於是，不僅陳納德本人從一個鮮為人知的退休上尉，一躍而為世界各地的頭條新聞人物，而且還說服了美國政府同意組織對華援助的美國志願航空隊。太平洋戰爭爆發前，這支部隊已擁有 68 架 P-40 型飛機和 32 架戰斧式飛機。

　　太平洋戰爭爆發的第二天，1941 年 12 月 9 日，中國政府正式對日本宣戰。隨後，蔣介石致電英、美、蘇三國首腦，建議立即在反軸心國各國間組織聯合軍事集團。12 月 31 日，美國總統羅斯福致電蔣介石，提議成立中國戰區，並建議以蔣介石任中國戰區盟軍最高統帥。1942 年 1 月 2 日，包括中國、印度支那各國和泰國、緬甸等國在內的中國戰區正式成立。為了供應中國軍隊的武器裝備和作戰物資，美國政府決定加強美國航空志願隊，除了在中國一些地區建立指揮機構外，陳納德的部隊亦被納入美國空軍序列，被編為第 23 戰鬥機大隊（7 月改稱美國空軍第 14 航空隊）。這樣，隨著飛越喜馬拉雅山的「駝峰」航線開闢，美軍物資源源不斷送到中國，大批援華人員亦隨之而來。

[1]　〔美〕傑克・薩姆森著，石繼成、許憶寧譯：《陳納德》，第 127 頁，東方出版社 1990 年 5 月出版。

　　與此同時，由於日軍迅速佔領菲律賓的主要部分和香港、新加坡及緬甸的南部，繼而為切斷中國地面補給線而向緬甸邊界發動進攻。在岌岌可危的形勢下，英國政府急切要求中國政府派遣軍隊入緬支援。為此，國民黨第五、第六、第六十六軍 10 萬餘人組成中國遠征軍第 1 路，於 1942 年 1 月進入緬甸，與駐緬英軍和印度軍協同對日作戰，是為中國軍隊第一次入緬作戰。但是，這次作戰因受英、印軍拖累，致使節節失利，不得不於 5 月撤退。其中一部退守雲南，與日軍相隔怒江對峙將近兩年；另一部撤至印度，後改編為中國駐印軍和中國遠征軍（為了與中國遠征軍第一路有所區別，此部隊亦稱滇西遠征軍）。

　　上述作戰，無論是美國空軍援華人員，還是中緬印戰區遠征軍，都十分急需軍人翻譯人員。鑒於這種形勢，軍事委員會於 1941 年秋成立戰地服務團幹部訓練班，因設在昆明，故稱之不戰地服務團昆明譯員訓練班。譯訓班的培訓工作由勵志社主持，班主任為勵志社總幹事黃仁霖。當時，黃仁霖多在重慶協助宋美齡，不能在昆明長期逗留，加之他與西南聯大教授聞一多、吳澤霖、潘光旦為同時期的赴美留學生，彼此相熟[1]，故向蔣夢麟、梅貽琦推薦從上述三人中選擇一人擔任副班主任，主持具體班務工作。學校考慮潘光旦時任聯大教務長，聞一多任中文系主任，而近從大夏大學調到西南聯大社會學系的吳澤霖，還未正式接手教學工作，故最後選擇了吳澤霖。[2]

　　由於時間緊急，該班首先在昆明招聘了為美國來華助戰志願隊服務的譯員，吳澤霖說譯訓班第一期的人數不多，只有 35 人。[3]1941

[1] 1924 年秋，從美國奈許維爾城文特貝爾大學畢業的黃仁霖，組織了一個中國學生劇團，帶著一個三幕劇本到各地漫遊演出。在紐約，黃仁霖住在江濱大道 125 街的國際學舍，得以與也住在這裏的聞一多結識。12 月，聞一多參與編寫的英文古裝劇《楊貴妃》（又名《此恨綿綿》、《長恨歌》）在紐約上演，邀請黃仁霖扮演劇中的唐明皇。此段往事，參見黃仁霖《我做蔣介石特勤總管 40 年》，第 32 頁，團結出版社 2006 年 1 月出版。
[2] 吳澤霖給作者的信，1987 年 2 月 6 日。
[3] 〈譯訓班昨慶祝成立周年紀念〉，昆明《掃蕩報》，1944 年 11 月 2 日。案：這一期譯訓班成員是從社會上招聘而來，為了和後來徵調之譯訓班有所區別，亦稱預一期。

年 10 月 17 日該期譯訓班在位於昆明西站原昆華農校的美軍第一招待所正式開班。

譯訓班第一期是個別招收的，由於數量不多，供不應求，需要擴大規模。尚在譯訓班第一期開辦前一個月，教育部就於 1941 年 9 月要求內遷各大學選調外文系三、四年級學生應徵充任翻譯。10 月 15 日，西南聯大常委會討論通過「本校應徵學生在受訓或服務期內補修課業辦法」，[1] 規定充任譯員者工作一年後可回校復學。會後，學校於 11 月 9 日召集學生開會進行從軍動員。報載：「近日來昆各部盟軍日漸增多，通譯人才之需要異常迫切，聯大梅校委特於昨日上午十時召集全體同學訓話，勉勵各生應以所學，踴躍投筆從軍，為國服役。」[2]

後在航空委員會英文翻譯室任譯員的經濟系 1944 屆學生程耀德，對當年梅貽琦在動員會上的講話記憶猶新。他回憶到：「近日來當大家要睡覺的時候，一定會聽到不斷的飛機聲音吧，那是從印度飛來的運輸機。它每天帶來幾十個盟軍的軍官和許多軍士，他們是來中國服務的。但是他們現在有幾百人因為沒有通譯官不能到各地去工作。我們同學現在正是年富力強的時候，而且都是受了相當教育的人。平時我只恨沒有好的、適當的機會為國家服務，能親自經歷這偉大時代的多變的新奇的賜與。現在機會到了，國家急切地需要著你們，希望同學能踴躍參加通譯工作。最好這兩天內有 50 人參加，到寒假後有 500 人參加。」梅貽琦介紹了有關充任譯員的規定條例後又說：「我希望同學參加，但我不得不對同學們說，這工作是艱苦的，而且是有危險的。如果同學經過仔細考慮後，認為自己的身體可以，不怕危險，那麼到教務處去報名。我認為你是聯大的好學生。」[3]

[1] 〈長沙臨時大學、國立西南聯合大學常務委員會會議記錄・第一九四會議〉(1941 年 10 月 15 日)，《國立西南聯合大學史料》第 2 卷，第 204 頁。

[2] 〈聯大梅校委勉同學從軍〉，《雲南日報》1943 年 11 月 10 日，第 3 版。

[3] 何宇整理：〈西南聯合大學八百學子從軍記——1944 屆從軍學生的譯員生涯〉，中國社會科學院近代史資料編輯室編《近代史資料》總 109 期，第 213 至 214 頁，中國社會科學出版社 2004 年 8 月出版。案：文中說梅貽琦的這次動員是 1941 年 11 月 9 日星期二，具體時間待考。

　　據程耀德回憶，關於譯員的規定為：（一）軍銜自同中尉到同中校共分四個等級，月薪 450 元到 750 元；（二）連津貼在內每月約 500 元，並發五套制服；（三）服務期兩年；（四）可免兵役；（五）服務期滿，交上服務報告書，由校方審核，可免修 24 至 32 個學分，大學四年級生寒假結業後參加譯員者，可准予畢業；（六）戰事平定後，十分之一的成績優良同學可去國外留學。[1]

　　這次徵調譯員的共 70 餘人，均為西南聯大、中央大學、武漢大學、復旦大學、中山大學等校的外文系學生，其中約半數來自西南聯大，他們中有許淵沖、羅宗明、萬兆風、朱樹颺、盧福庠（盧靜）、吳其昱等。[2]當年應徵的許淵沖回憶徵調的情形時說：

> 　　那時的教育部號召全國各大學外文系高年級的男學生服役一年，不服役的要開除學籍，服役期滿的可以算大學畢業，於是聯大同學紛紛響應號召。自然，各人的精神境界並不完全相同，有個別同學因為「好男不當兵，好鐵不打釘」的觀念太深，認為給美軍做翻譯有失身分，寧願休學也不自願參軍，這是自然境界。有的同學因為生活艱苦，本來已經在圖書館半工半讀，如果參軍既有實踐英語的機會，賺的工資又比大學教授還高，何樂而不為之，這是功利境界。有的同學本來已經在英國領事館兼任英文秘書，待遇比軍人還更優厚，但為了國家興亡匹夫有責，毅然決然放棄高薪，這就是道德境界了。至於我自己，因為高中一年級在西山受過集中軍事訓練，對軍隊生活深惡痛絕，也有「好男不當兵」的思想；但一想到在西山受訓的同班同學陶友槐、黃文亮等，都已經參加了空軍，並且為國捐軀，他們的精神可以說是進入了天地境界，而我卻還在自然境界、功利境界、道德境界之間徘徊不前，怎麼對得起已經壯烈

1　何宇整理：〈西南聯合大學八百學子從軍記──1944 屆從軍學生的譯員生涯〉，中國社會科學院近代史資料編輯室編《近代史資料》總 109 期，第 214 頁。
2　西南聯大北京校友會編：《國立西南聯合大學校史──1937 至 1946 年的北大、清華、南開》，第 79 頁，北京大學出版社 1996 年 10 月出版。

犧牲了的汪國鎮老師和當年的同窗呢?於是我同吳瓊、萬兆風、羅宗明等二十幾個同學都報了名。[1]

上述諸人,均編入戰地服務團昆明譯員訓練班第二期,受訓地點在設於昆明西站附近的昆華農校美軍第一招待所,培訓時間預定兩個月。譯訓班的講師以西南聯大教授為主,報酬每小時 25 美金。課上,地質地理氣象學系教授趙九章講「氣象學」,歷史學系教授皮名舉講「美國史地」,吳澤霖講「人類學」,外國語文學系美籍教授溫德講「英文詞彙學」。此外,美國志願航空隊通譯長舒伯炎少校講過「航空翻譯常識」,班主任黃仁霖也講過「社交禮節」。當時,講授「航空常識」的還有一位林文奎,他是 1933 年清華大學畢業生,當時在美國志願航空隊任少校機要秘書。林文奎清華畢業時,目睹日本佔領東三省,憤然投筆從戎,進入杭州筧橋航空軍官學校第一期。畢業時,他的成績名列全校第一,因而代表畢業生在畢業典禮上致詞。他致詞時「慷慨激昂痛哭流涕,愛國熱忱溢於言表,聽眾無不動容」,宋美齡當即把自己的金表獎勵給他,蔣介石還送他到義大利深造。[2]抗戰勝利後,林文奎到了臺灣,做過空軍總司令。說起林文奎,人們可能還比較陌生,但提起他的姐夫西南聯大師範學院史地系副教授張清常,人們都會馬上想到《西南聯大校歌》的詞作者。二人一文一武,可謂相得益彰。

第二期昆明譯訓班辦了不到兩個月,就發生了日本襲擊美軍珍珠港事件,譯訓班提前結業,學員們分別授予同空軍上尉、同空軍中尉、同空軍少尉等軍銜,被人們戲稱為「翻譯官」。

從譯訓班結業的同學,馬上分配到各個部門。聯大同學一些同學分配到美軍志願航空隊總部所在的昆明巫家壩機場,其中分配到機要秘書室的許淵沖說他的主要工作是情報翻譯,譯好後報送有關部門。某次,陳納德根據許淵沖翻譯的情報,派遣 81 架飛機迎擊

---

[1] 許淵沖:《追憶逝水年華──從西南聯大到巴黎大學》,第 116 至 117 頁,三聯書店 1996 年 11 月出版。

[2] 許淵沖:《追憶逝水年華──從西南聯大到巴黎大學》,第 118 至 119 頁。

敵軍飛機。還有一次，許淵沖翻譯的情報上說日本軍艦何時到達海防，登陸士兵若干人，日本飛機若干架將進駐河內機場。陳納德與中國空軍總指揮毛邦初少將分析了許淵沖面呈的情報，認為日軍很可能為配合這次行動，對昆明實行空襲，因此對軍隊、艦隻、飛機數目作了調整。果然，第二天日機來襲，已有準備的「飛虎隊」不等敵機飛入市區，就在滇池上空進行截擊。[1]由於許淵沖工作認真，功績突出，陳納德給他頒發了一枚鍍金的「飛虎章」。

第三節　擔當盟軍翻譯官

一、響應徵調

1943 年，是世界反法西斯戰爭從被動戰略防禦轉入戰略進攻的重要轉折時期。在蘇聯戰場上，這年春季結束的史達林格勒大會戰，蘇軍共殲敵 150 餘萬人，使這次會戰不僅是蘇德戰爭的歷史轉捩點，也是第二次世界大戰的轉捩點。接著，美、英聯軍在北非發起攻勢，於 5 月間一舉殲滅德、意聯軍 25 萬餘人。9 月初，美、英聯軍登陸義大利本土，迫使義大利政府於 9 月 29 日簽字投降。亞太戰場上，美國海軍繼 1942 年 6 月在中途島一役中擊沉日本海軍 4 艘航空母艦之後，又在 1943 年 2 月取得了瓜達爾卡納爾島戰役的勝利，隨之開始在太平洋戰區轉入全面進攻。

在這一態勢下，伺機反攻的中國軍隊也開始了打通中印公路的作戰。當時，第一次入緬作戰失利後退至印度東部地區的中國遠征軍，經過養精蓄銳，補充兵員，整編為中國駐印軍新編第 1 軍，下轄新編第 22、38、30 三個師。為了更新這支部隊的武器裝備以便戰略反攻，打通被日軍切斷的中國直通印度的陸上交通線已成為迫在眉睫的任務。為此，中國駐印軍在英、美軍隊協同下，決定於 1943 年 10 月下

---

[1]　許淵沖：《追憶逝水年華——從西南聯大到巴黎大學》，第 119 至 120 頁。

旬再次入緬作戰。上述部隊各連隊，均配有美軍顧問，參與作戰指揮。另外，中國遠征軍司令長官部也於 1943 年春在中國成立；鑒於訓練中國士兵使用美式裝備，在昆明還建立了由美軍主辦的步兵學校、炮兵學校以及大量的部隊訓練班。至 1945 年，僅昆明一地，便設立了美軍招待所 19 處。

上述作戰準備與實施，使英文翻譯量驟然劇增，需要更多的大學生承擔這一工作。1943 年 10 月上旬，鑒於形勢的急速發展，軍事委員會戰地服務團制定了一個三千人的譯員培訓計畫，蔣介石旋令立即實行。

根據蔣介石電令，教育部向西南聯大、中央大學、交通大學、浙江大學、武漢大學、重慶大學等校分派了譯員徵調名額，指定上述學校 1944 級身體合格之男生提前畢業，充任譯員。當時，分配給西南聯大的譯員名額為 100 名。這批譯員經過了考試，具體情況未見所載。但 1943 年 8 月昆明各主要報紙上刊登的《軍事委員會外事局招考英語譯員啟事》，使人們瞭解到招考的一般情況。該啟事云：「一，本局因業務之需要，特招考精通英語人員，施以三個月短期之業務訓練，即派任譯述工作。二，名額：不定。三，投考資格：凡中華民國之國民，信仰三民主義，不拘學籍，不分性別，年在二十歲上，三十八歲以下，具有國內外專科以上學校畢業之英文程度而能撰能譯者均可報考。四，報名手續：報名時須繳：（甲）有學籍者之最高學校之畢業證書。（乙）曾任職者之現職或最後服務證明書。（丙）最近二寸半身脫帽相片三張，背照寫姓名年齡籍貫及通訊處（錄取與否概不退還）。（丁）履歷表（報名時索填）。五，報名日期：即日起至八月四日止。六，報名地點：寶善街男青年會。七，考試日期：八月五日體格檢查，七日筆試。八，考試地點：寶善街男青年會。九，考試科目：（一）體格檢查，不及格者不得參加筆試。（二）國父遺教。（三）國文。（四）常識。（五）英文（翻譯、會話、作文）。（六）口試。十，開學日期：八月十五日。十一，訓練地點：重慶。十二，待遇：

受訓期間除供伙食服裝外,月給津貼三百元,畢業後按其學資、職級、任務及工作地點從優規定之。」[1]

但是,隨著中國遠征軍的出征,譯員數量不敷分配。於是,教育部要求西南聯大等校 1944 級所有男生,無需通過考試,只要體檢通過,就全部徵調譯員或服兵役。這樣大規模的譯員培訓,不是戰地服務團所能承擔的,因此譯訓練班改隸軍事委員會直接領導,培訓在重慶、昆明兩地同時進行。隸屬軍事委員會的譯員訓練班由軍委會外事局負責,習慣簡稱為「軍委會譯訓班」。

軍委會昆明譯訓班第一期開班於 1943 年 11 月,至成立一周年時,共辦理四期,其中第一、二期全部為徵調各大學四年級學生。之後,因陸續訓練之譯員已可供應,不像過去那麼急需,故將徵調改為招考,至 1944 年 11 月初,共培訓譯員 996 人。[2]

如果說開始於 1941 年 10 月的譯員招募是西南聯大第二次從軍熱潮的話,那麼這次徵調則是第三次從軍高潮。11 月 17 日,西南聯大召開教授會議,議決全校「本年度四年級學生,自下學期起全部徵調,擔任戰地服務,以服務成績作為該下學期畢業成績,並規定服務地區以雲南、緬甸、印度各戰地為限,工作性質大部分為隨軍通譯」。[3]

這次徵調的對像是 1944 級學生,西南聯大這一級的同學一年級是在遠離昆明的四川敘永分校度過的,這時又讓他們休學,有些人不免難以接受,擔心打亂自己的生活安排。[4]中文系汪曾祺、法律系李模當時都有這種念頭。[5]為了逃避徵調,有的同學把辣子粉塗在肛門

---

[1] 〈軍事委員會外事局招考英語譯員啟事〉,《雲南日報》1943 年 8 月 2 日,第 1 版。

[2] 〈譯訓班昨慶祝成立周年紀念〉,昆明《掃蕩報》,1944 年 11 月 2 日。

[3] 〈聯大四年級男生,將全部徵調服役〉,1943 年 11 月 19 日《雲南日報》,第 3 版。

[4] 夏培本:〈談「敘永級學生」有感〉,《國立西南聯合大學一九四四級通訊》(二),第 66 頁,1997 年 3 月印行。

[5] 李方訓:〈紀念抗戰勝利五十周年,不忘西南聯大從軍壯士〉,西南聯大北京校友會編《西南聯大北京校友會簡訊》第 18 期,1995 年 10 月印行。

上，引起痔瘡復發，希望不要通過體檢。[1]還有人雖然進了譯訓班，可不幾天就跑了出來，後經馮文潛教授（教育學系教授）再三說服，才折返回去。[2]依原計劃，軍委會昆明譯訓班應於 10 月 15 日開課，但因報名不甚踴躍，不得不推遲到 1943 年 11 月才開課。西南聯大參加譯訓班第一期的人不多，有人說包括學校教師子弟在內，才湊了四五十人。[3]

這樣的狀況自然不能滿意，梅貽琦甚至宣佈「不應徵者立即開除學籍」。[4]為了動員學生應徵，教授們分別邀約本系被征對象談話，加以鼓勵。一位同學說，「聞一多曾找中文系同學個別談話，分析當前抗日戰爭局勢，說明擔任譯員的重要意義，對應徵同學勖勉有力。」[5]西南聯大負責人的子弟，也積極參加了這次徵調。蔣夢麟之子蔣仁淵、訓導長查良釗之子查瑞傳，都是這時從軍的。梅貽琦之子梅祖彥，雖剛升入機械系二年級，不屬於徵調對象，但也毅然報名。

1 月 26 日，全校四年級在校男生 416 人前往戰地服務團進行體格檢查。[6]2 月 19 日，又對缺席者進行了補行檢查。[7]檢查標準為：身

---

[1] 劉裕中：〈抗戰期間應徵美軍譯員的回憶〉，《清華校友通訊》複 16 冊，第 114 頁。

[2] 羅達仁：〈緬懷馮文潛先生〉，《國立西南聯合大學一九四四級通訊》（二），第 71 頁。

[3] 張之良：〈滇西翻譯官〉，清華校友總會編《校友文稿資料選編》第 4 輯，清華大學出版社 1996 年 7 月出版。據參加首期軍事委員會外事局昆明譯員訓練班的梅祖彥回憶，此期原稱第一期，於 1943 年 11 月開辦，但 1944 年 1 月由正式徵調學生組成的訓練班後來亦稱第一期，因此原來的第一期便算作預一期。梅祖彥等 30 多名聯大同學是 11 月 14 至設在昆明汽車西站外的農校大院內一片舊房裏報到的，經過大約 6 個星期的訓練，到 12 月中下旬陸續分配工作。見梅祖彥《軍事翻譯員經歷追憶》，清華校友總會編《校友文稿資料選編》第 4 輯，第 46 頁。

[4] 張之良：〈滇西翻譯官〉，清華校友總會編《校友文稿資料選編》第 4 輯。

[5] 劉裕中：〈抗戰期間應徵美軍譯員的回憶〉，《清華校友通訊》複 16 冊，第 114 頁。

[6] 〈愛國不甘後人，聯大學生踴躍服役，自動受檢者共四百一十六人，軍政部規定服役檢查標準〉，《民國日報》1944 年 1 月 27 日，第 3 版。

[7] 〈譯員訓練班下月一日開課〉，雲南《民國日報》1944 年 2 月 24 日。第 3 版。

高 155 公分，體重 46 公斤，胸圍 70 公分，五官及肺臟正常，無重沙眼、痔疾及精神病。[1]西南聯大規定全校四年級男生，「除體格不合、曾在戰地服務團服務一年以上者，及能於上學期補完學分可以畢業之學生可免征外，餘均一律徵調。」同時，為了慎重起見，還由梅貽琦、楊石先、查良釗、鄭天挺、樊際昌、鮑覺民等教授組成審查委員會，審查決定入班受訓學生名單。[2]經過一番動員和強制性措施，西南聯大進入軍委會譯訓班第二期的人數達到 243 人[3]，大大超過了徵調指標。

軍委會昆明譯訓班的培訓地點仍在西汽車站農校附近，由於受訓人數大增，又修建了新的營房和教室。具體培訓工作，依然由西南聯大負責，學校當局十分重視譯員培訓，除吳澤霖任班主任外，又委派樊際昌任教務長，戴世光為訓導長，教官則為學校軍訓主任教官毛鴻上校擔任。培養課程的講師也多由聯大教授兼任，蔡維藩、王榮、鮑覺民、楊業治、王贛愚、劉崇鋐、姚從吾、查良釗、葛邦福、孫毓棠、沈昌煥、陳序經、莫泮芹、陳雪屏、羅常培等教授，都曾或為譯訓班授課，或做專題演講[4]，以至有人說「譯員訓練班工作的全班人馬，都由聯大包下來了。」[5]

進入訓練班的學生統稱為學員，每人發灰色棉制服一套，戴圓形領章，上有「譯訓」二字。課程以業務需要為主，每天上課 6 小時。課程內容大致有四類：第一類是語言訓練，約佔總時間的 40%，筆譯和口譯並重。第二類為軍事知識，時間佔 35%，主要講授各種步兵武器的結構和功能，並曾去步兵學校和炮兵學校觀摩教學過程。第三類

[1] 〈愛國不甘後人，聯大學生踴躍服役，自動受檢者共四百一十六人，軍政部規定服役檢查標準〉，雲南《民國日報》1944 年 1 月 27 日，第 3 版。
[2] 〈譯員訓練班下月一日開課〉，雲南《民國日報》1944 年 2 月 24 日。第 3 版。
[3] 〈聯大四年級應徵服役生二百餘名今日入營〉，《雲南日報》1944 年 2 月 29 日，第 3 版。
[4] 梅祖彥：〈軍事翻譯員經歷追憶〉，清華校友總會編《校友文稿資料選編》第 4 輯，第 46 至 47 頁。
[5] 張之良：〈滇西翻譯官〉，清華校友總會編《校友文稿資料選編》第 4 輯，第 42 頁。

為社會知識，約佔 15%，包括中美文化傳統、社會習俗及國際形勢等。第四類為軍事訓練，約佔 10%，包括集合跑步、簡單步兵操練等，但未進行過武器操作訓練。[1]

軍委會譯訓班第一期結業於 1944 年 2 月上旬，學員根據結業成績，分別派遣到外事局及航空委員會等機關。[2]第二期譯訓班規定當月 28 日報到、編隊，3 月 1 日開班。這期學員，共 300 餘人，除西南聯大外，還有從遵義浙江大學、貴陽大夏大學，及桂林、重慶兩處趕來的受訓學員。[3]

3 月 5 日，軍委會譯訓班第二期開課四日後，在租借法案下特為訓練譯員而建的新校舍補行開學典禮，出席者有黃仁霖、梅貽琦、熊慶來及各大學教授、該班教職員及受訓學員共 300 餘人。典禮上，黃仁霖希望學員「兵士外交家」，認為「譯員工作不僅對聯合國勝利有重大關係，且在促進中美友誼亦將發生巨大效果」。梅貽琦、熊慶來及其他到會教授也相繼致辭，表示克盡譯員職務，盡力報效作戰、報效國家。[4]

軍委會譯訓班計畫每期訓練時間為兩至三個月，但美方提出 1944 年內提供 2892 位譯員，並希望 3 月底前能供應 1100 餘名。為此，第二期的 380 餘學員中，100 人僅受訓兩周便提前分發，另 100 餘人也只受訓一個月就派遣了出去。[5]報載：「軍事委員會譯員訓練班第二

1　梅祖彥：〈軍事翻譯員經歷追憶〉，清華校友總會編《校友文稿資料選編》第 4 輯，第 46 至 47 頁。
2　〈聯大服役學生將開始受訓，一期通譯畢業分發〉，《正義報》1944 年 2 月 7 日，第 3 版。
3　〈譯訓班昨日開學，受訓學員三百余人〉，《雲南日報》1944 年 3 月 2 日，第 3 版。
4　〈譯訓班第九期前日舉行開學典禮，黃仁霖勉受訓學生做兵士外交家〉，《雲南日報》1944 年 3 月 7 日，第 3 版。
5　〈聯大學生自治會昨晚歡送應徵同學，馮院長友蘭等諄諄訓勉〉，《雲南日報》1944 年 3 月 12 日，第 3 版。該消息雲：軍委會譯員訓練班「學員原定訓練期限兩個月至三個月，但因需要迫切，本月十五日，即將先抽調譯員一部百餘名赴各部實習，一周後即派赴各地服務，再經過兩周，將再調百余名出班。又聞該班已接美方通知，本年及一九四四年內望有譯員二八九二人供應，本年三月底前希望有譯員一千一百名供各方需要。該班渝分校將畢業學生，

期學員一部一百二十名，昨（十四）日已分派，一百名分外事局，二十名分航委會。昨日下午已分別報到，定今（十五）日赴 A、I、C 實習，二周後開始服務。另該班二周後將調另一批出營。」[1]由於多數學員提前分發，軍委會昆明譯訓班第二期 4 月 28 日舉行結業典禮時，僅有學員 163 人。[2]

為了給提前走上前方的同學以壯行色，3 月 11 日晚西南聯大學生自治會在省黨部大禮堂舉行盛大歡送會，到會者千餘人。會上，學生會主席塗必憬致詞後，文學院長馮友蘭發表演講，「希望應徵同學不僅在言語上做工作，且應負起溝通東西文化的責任」，並希望在工作態度和技術上「因地制宜，靈機應用，勿拘小節，敦睦友邦感情」。訓導長查良釗也勉勵應徵同學為抗戰貢獻力量，促使勝利早日到臨。梅貽琦希望大家注意身體健康，把所學到的知識應用到實際工作中去。已任譯訓班教務長的北大教務長樊際昌，亦說到在與盟友交往中，可能會出現一些困難，希望同學們能勇敢擔當起來。最後，學生會代表鄒承魯與應徵同學代表分別致詞。接著，演出了火棒、口技、合唱、雜耍、《花子拾金》相聲、話劇《十三年》等節目。[3]

聯大應徵同學，懷著興奮的心情迎接走上前線的日子。《雲南日報》一特約記者，真實地記錄下同學們當時的心情：

我們得到了這樣通知：

「本月十五日，我們要先派出去一百，或一百二十名同學，以後只要情形沒有什麼變化，每隔兩星期，便有另一批調出去。」於是，在同學的心裡，便出現了兩種心理，向心力——希望多有些機會學習；離心力——希望能派出去，早一點為國家服

計七百余名，昆明受訓學生已增至三百八十餘名，但仍不敷分配。二期訓練結束後，將徵調雲大等校四年級生。」

[1] 〈譯訓班百二十人，昨已分發報到，實習二周後即開始服務，當恩准將昨對學員演講〉，《雲南日報》1944 年 3 月 15 日，第 3 版。
[2] 〈二期譯員訓練班昨行結業典禮〉，昆明《掃蕩報》1944 年 4 月 29 日。
[3] 《聯大學生自治會昨晚歡送應徵同學，馮院長友蘭等諄諄訓勉，雲大四年級學生將徵調》，《雲南日報》1944 年 3 月 12 日，第 3 版。

務。整個班的氣氛被這兩種力量支配著：「我想早點出去，但是我真怕英文不能應付。」

十三日早晨，一百六十三個人，被召集個別談話，這兩種力的作用，顯露得更明顯。被召集的人感到，沒有被召集的人也感到，誰都拿一句話確定：「我走」，或者「我不走」。就是在談話的時候，也有不少人在矛盾中回答。個別談話後，我聽到這些話：

「我們訓練得時間太短了，假若出去實在不夠用，不過出去也還可有兩星期實習。」

「我無法出去，不過假若真派到我，也只好出去。」

「到印度去好，到桂林去也好，不走也好。」

十四日名單公佈了，一百二十名派出去，二十名分到航委會，一百名分到外事局。心緒安定了，但並不如此，問題還有，譯訓班的生活值得人掛念，翻譯官的未來也吸引人。

「上尉」。同學們用這名稱呼喊那些公派的同學，但是還是「同學」這個名字更動人。已經分派定的，有人去請求緩一點分派，分到的也有人去請求先分派。但班方一句話截斷這一切，「分派定的不能變更。」

我看到一個已分派的同學，在看過分派的佈告，走回宿舍來。他拿起一件東西，走到門口，又回來，放到床上又拿起來，又走出去，又回來。他的表情中沒有一點愉快，充溢著學迷惘，「我該怎樣辦？」他自己低語坐下來，久久地望著那些排隊到課堂去的同學們。

有許多已分派的譯員們來看望，他們告訴我們在物質待遇上軍中的許多不滿意事情，同許多他們與美國人在一塊的事情，於是這些將離去的悵惘情緒，佈滿要離去的同學們中，他們服從命令調出去；但對將來，他們有不能預料的情感。

十五日命令又到了：

「五十名分印度，二十五名分桂林，二十五名分×××。二十名航委會。」

這是□激動，整個譯訓班激動，是的，這分隊（派）的地點沒有好壞，但志願上就有了許多矛盾，於是派出的同學在迷惘裡，未被調的同學也在迷惘裡，當局也在迷惘裡，但一切就是如此。三輛汽車來了，載走了到×××的同學，車上的揮手，車下的也揮手，但很少的願意講話。在課堂中，沒人能聽下去，都在想他們走了，他們到什麼地方了，尤其想到兩周後，自己也要這樣走。

十六日晨，赴印度的同學也走了，在機場中發生過這樣一件事：一個同學被派到了，他不想去，在機場中他找到譯訓班的負責人，他解釋不能去的原因，負責人一句也沒有解釋，只問他：「你最後說去不去？」那個同學看看負責人，又看看站在他旁邊的準備上飛機的同學——他們正向他招手，他低下頭，一瞬間，他抬起頭向負責人說：「我去」。

向心力同離心力在這裡得到瞭解決，時間不允許我們在這兩種力量裡矛盾生活，「我去」，這就是答覆。[1]

　　軍委會昆明譯訓班第三期於 1944 年 5 月 31 日入營，6 月 1 日開課，培訓兩個月，於 7 月 26 日結業。[2]這期學員 192 位人，分別來自交通大學、雲南大學、浙江大學、廣東大學、復旦大學、貴州大學、大夏大學、重慶大學等校，以交大、雲大、浙大三校為多，且多數是理工科學生。他們受訓的課程，為戰時讀物、作文翻譯、會話、英文演講、政治講話、軍訓、體育等，每星期有兩次英文夜班，兩次小討論。教員除英文夜班由美方軍官擔任，其餘課程則是以西南聯大為主的昆明各大學教授擔任。[3]

[1] 〈向心力與離心力——譯訓班寄語之五〉，《雲南日報》，1944 年 3 月 27 日，第 3 版。
[2] 〈譯訓班第三期昨行結業典禮，畢業學員即分發服務〉，《雲南日報》1944 年 7 月 27 日，第 3 版。
[3] 〈譯訓班三期學員下星期三結業，分發辦法即可決定〉，《雲南日報》1944 年 7 月 19 日，第 3 版。

軍委會譯訓班第一至二期，學員均為徵調服役，並只限於大學四年級。但是，學員中有些人「雖能閱讀外文書籍，而對會話，卻未能應付裕如，無法擔任所派定之工作」。為了改變這種現象，從第三期起就實行招考，第四期則全部招考，「並不限於年級與學籍，凡願參加譯員工作，為國服務者，均可報考。參加之學生，無論何級，均保留學籍，職業青年，保留原服務機關之職位。」[1]關於報考資格、考試科目、待遇等，未見當時報導，但次年 3 月在昆明報紙上刊登有招考啟事，內容為：投考資格，「凡意志堅定，體格健全，擅長英語，國語純熟，在國內外專科以上學校肄業或具有同等學力，年齡在三十歲以下之男性」。考試專案為中譯英、英譯中。受訓時間為六個星期，膳宿由班方供給，每月另發薪津八千元。受訓結束後，由外事局委派，「服務期間除應領薪津外，服裝、伙食由盟方供給，派在國外服務者，服裝、伙食由配屬機關負擔」。另，「在校肄業生得依照教育部規定由學校的免學分」。[2]

第四期昆明譯訓班是 1944 年 9 月 1 日開始受訓，11 月 5 日舉行結業典禮。這期學員 150 餘人，50 人提前分發[3]，結業時除 6 人派往美軍總部服務外，其餘全部赴印度蘭伽訓練營和遠征軍工作。第五期從 11 月 7 日開始報名，8 日考試，11 日開學。[4]

1944 年 11 月 1 日，是軍委會昆明譯員訓練班成立一周年紀念日。班主任吳澤霖特招待各界來賓與新聞界人士，並引導參觀各部門。在報告譯訓班成立經過時，吳澤霖對譯員訓練工作做了回顧與介紹，略謂：

> 譯訓班前身為軍委會戰地服務團幹部訓練班，先後曾招三期，首期係招大學畢業生及有相當英文程度學員，計有三十

[1] 〈譯訓班受訓學員改徵調為招考，四期譯員九一開班訓練，桂築蓉昆等地分區考試〉，昆明《掃蕩報》1944 年 8 月 11 日，第 3 版。
[2] 〈軍事委員會譯員譯訓班招考學員啟事〉（廣告），昆明《中央日報》1945 年 3 月 21 日，第 1 版。
[3] 〈譯員訓練班昨舉行周年紀念，吳主任澤霖報告成立經過，第四期學員本月五日結業〉，《雲南日報》1944 年 11 月 2 日，第 3 版。
[4] 〈譯訓班四期學員昨日舉行結業典禮，五期學員已開始報名〉，《雲南日報》1944 年 11 月 6 日，第 3 版。

五人，畢業後分發美軍志願隊服務。第二期水準更提高，系招考各大學畢業生。第三期因國軍出國遠征，僅在昆明一地招考，學員多為大學畢業生。嗣後，美軍技術人員來華，訓練裝備我國軍隊。需要譯員激增，乃擴充組織，改稱軍委會譯員訓練班，於去年今日成立。第一、二兩期係徵調聯大等各大學四年級學生訓練，第三、四期改徵調為招考，畢業後分配美軍訓練機關、航委會及遠征軍等處服務，計先後畢業學員共一千四百二十四人，幹部訓練班三期共四百二十九人，譯訓班四期共九百九十五人。[1]

軍委會昆明譯訓班最後一期是第八期，結業典禮於 1945 年 7 月 8 日舉行。[2]其後因日本投降，抗戰勝利，沒有再辦下去。

譯員派遣情況，可以以首期為例。1943 年 12 月底公佈分配名單，去向大體以英語水平為依據。梅祖彥說他們當中的傅書逷等 6 人去印度遠征軍，樊恭烋等 8 人去航委會，楊錫生等 6 人去戰地服務團，其餘都屬外事局，向昆明美軍總部報到後，再轉派到滇西的各美軍聯絡組。到外事局的同學，各發黃綠色制服一套，配布質軍級胸符一個。胸符為藍色邊框，表示為陸軍；左邊有 3 個黑色三角，貫以一條豎線，表示上尉；旁邊有一紅色豎槓，表示兵種為步兵。右側橫寫軍委會外事局三級，同上尉（文職軍官）等字樣。憑這些軍級符號，可到軍用品商店買上尉領章及武裝帶等。後來多數譯員都不穿軍裝，只配帶外事局的圓形銅質證章，而到前線後大家就都穿美軍發給的制服，不戴任何級別標誌了。[3]

擔任譯員一般都是要經過譯員訓練班培訓的，但西南聯大至少有 15 名同學直接擔任譯員，沒有經過培訓。這當然是個例外，而且有其特殊原因。

[1] 〈譯員訓練班昨舉行周年紀念，吳主任澤霖報告成立經過，第四期學員本月五日結業〉，《雲南日報》1944 年 11 月 2 日，第 3 版。
[2] 〈譯員訓練班昨行結業禮〉，《雲南日報》1945 年 7 月 9 日，第 3 版。
[3] 梅祖彥：〈軍事翻譯員經歷追憶〉，清華校友總會編《校友文稿資料選編》第 4 輯，第 47 頁。

　　1943 年底，昆明譯員訓練班開班後，有些參加譯訓班的同學穿上軍服回校看看，弄得留在校內的同學也心神不安，課下紛紛議論。有一天，電機系辦公室外的牆上貼出一封前線來信，是當時在新編第 38 師孫立人部下工作的聯大校友「雲鎮」寫來的。信中說，他們正在緬北，為打通滇緬公路這條國際通道，與日本軍隊作戰，部隊需要懂得工程知識的人去工作，提供的待遇也較優厚等等。

　　這封信在同學中間引起波動。有人想，為反正要被徵調充當譯員的，不如到緬北去做技術工作，對於學習理工科的學生來說，技術工作比總比當譯員更有勁吧。就這樣，大家紛紛報名，最後批准了 15 人。他們是：電機系的蔣大宗、梁家佑、李桂華、李循棠、黃紀元、吳銘績；機械系的寧奮興、江今俊、曾善榮、方為表、陳柏松；土木系的王伯惠、孫致遠、戴祖德、張世斌。由於是到前線做技術工作，所以不用參加譯員培訓，爬上一架美式 C—47 型運輸機，轉眼就降到印度北部的小鎮雷多。這批同學在飛往印度的飛機上，還出了件小小事故。同學們都是第一次乘飛機，不免有些新鮮，每見飛機上的英文字，便要湊上去看看。其中有一個手柄上，寫著用力移動意思的「PULL」，張世斌看到就像執行軍令一樣立刻去拉。但是，這是一扇救生窗，拉開它人就被氣流吸進去。幸好旁邊有三四個同學，大家拽住張，七手八腳用盡平生之力才把窗門關上。[1]他們到新編 38 師後，分配在軍械處及步兵營、炮兵營、工兵營、通信營部隊。不過，在與這支部隊相處長達一年的叢林生活中，大家擔任的實際工作仍是譯員。[2]

　　被分配到步兵 113 團第 2 營的孫致遠，主要隨營裡的美軍聯絡組工作。美軍聯絡組包括一名聯絡官和幾名無線電通信戰士，他們使用的是手搖發電機發電的收發報機，平時負責與師部及戰區指揮部的聯絡，發生戰鬥或在空投給養時，則負責對空聯絡。部隊休整時，聯絡

---

[1]　吳銘績、梁家佑：〈叢林插曲〉，中國人民政治協商會議雲南省昆明市委員會文史委員會編《昆明文史資料選輯》第 25 輯，第 460 頁，1995 年 10 月發行。

[2]　吳銘績、梁家佑：〈叢林插曲〉，中國人民政治協商會議雲南省昆明市委員會文史委員會編《昆明文史資料選輯》第 25 輯，第 457 頁。

組也撤回師部休整。這時正是緬北戰場反攻初期，38 師與 22 師兩支部隊配合作戰，38 師在左翼，22 師在右翼。此外，還有美軍一個突擊支隊在左翼向前穿插，常常出其不意地出現在日軍後方輜重重地，對前線敵人造成很大威脅，另外英軍一個旅也在右翼穿插。孫致遠參加的第一次戰鬥，是經過幾天急行軍趕到孟關南的瓦拉本。孟關是日軍在緬北固守的一個重鎮，我軍久攻不克。當時一支美軍突擊支隊出現在敵人後方，插到公路邊威脅敵後方交通，與日軍展開激戰，113團奉命前去支援。當晚，113 團宿在離前線約一公里的溝溪旁，準備次晨接防。不料，黃昏後敵軍整夜向溝裡打炮。孫致遠第一次到戰場，沒有經驗，挖的掩蔽體不夠深，不夠大，聽到密集的炮聲時不由得心裡陣陣發慌，後來實在耐不住，急忙跑到 8 連的一個大掩蔽部裡。第二天黎明，炮聲停息，孫致遠隨連隊前往公路邊與美軍接防，但接防後才發現日軍趁打炮之際，從密林中悄悄撤退了，孟關之敵也同時撤退。於是，我軍即沿著公路向敵追擊，孫致遠也生平第一次看到躺三三兩兩在公路邊的曾經不可一世的所謂「皇軍」的屍體，還有一路丟棄的槍支彈藥。[1]

分配到中國駐印軍第 38 師 113 團第 1 營的李循棠，職務也是翻譯官。他不久也上了前線，參加了一次重要的大迂迴作戰行動，從左翼山地深插進入敵後，直奔胡康河谷以南的孟拱河谷。他們一營跟緊隨緬北戰場上唯一的美國隊伍（人稱「麥支隊」）之後，不到 20 天就切斷了日軍後路，完成包抄，直至胡康河谷戰役勝利結束。[2]

這次徵調，規定可以到其他部門服役，因此有些同學沒有擔任譯員，而是服務在其他崗位上。如成都要修建能起落 B—29 遠端戰略轟炸機的機場，這項工作就由 1944 級土木系同學承擔，並被視為應徵從軍。電機系十幾名同學以同中尉技佐文職軍銜，分配到主要

---

[1]　何宇整理：〈西南聯合大學八百學子從軍記──1944 屆從軍學生的譯員生涯〉，《近代史資料》總 109 期，第 219 至 220 頁，中國社科出版社 2004 年 8 月出版。

[2]　何宇整理：〈西南聯合大學八百學子從軍記──1944 屆從軍學生的譯員生涯〉，《近代史資料》總 109 期，第 220 頁。

生產 15 瓦收發報機、手搖發電機和電池等的軍政部電信機械修造廠（國民黨陸軍中最大的通信工廠），其中馮太年、張華榮、張道一去重慶化龍橋總廠，朱紹仁、倫卓材去湖南耒陽修理所，擔任通信機械試驗與檢查工作。其後，有些同學到了航空公司，在印度加爾各答至昆明、重慶間的「駝峰航線」上承擔無線電修理工作，如張道一修理短波通信機，徐芸芬維修自動定向儀，何玉文維修通信電動機等等。[1]

　　航空工程系 1944 級大部分同學也沒有當譯員，而是到了航空委員會，其中不少人進入空軍機械學校第十一期高級機械班。[2]有些同學，經過短期培訓後擔任了飛機駕駛員，鄧湯美同學就是此時考入中航公司，培訓後分配到印度飛模擬器和進行空中訓練，以後做了副駕駛。鄧湯美曾長期駕駛道格拉斯公司生產的兩台活塞式雙速壇壓航空發動機的 DC-2、DC-3 客機和 C-47 貨機，飛行在印度至中國的航線上。這條航線高約 16000 至 20000 英尺，由於日軍侵入緬、印、中邊境，原先備降加油的密支那和八莫亦先後淪陷，航線不得不遠離無線電導航台，北移到更靠喜馬拉雅山脈的高原山區，使飛機需要經常穿越無數「駝峰」山溝之中。從雲南大理及四川宜賓以西的大部地區，即一望無際的俗名野人山的原始森林，而中、緬、印邊境間中間沒有無線電定向台，也沒有明顯的地標，保證飛行安全的難度很大。同時，為了躲開從緬北機場起飛的日軍飛機的攔截和追擊，飛機員多半是夜間 2 時或 3 時從昆明起飛，向西夜航跨越高原山區，於是常常碰到比白晝更惡劣的氣候。在這條航線上飛行，真是提心吊膽，無時無刻在與生死做搏鬥。鄧湯美在此航線上飛行期間，就先後有三架飛機失蹤，其中包括聯大外文系 1944 級朱晦吾和電機系 1945 級沈宗進同學駕駛與乘坐的飛機。在這條舉世聞名而極其驚險航線上服務的，還有聯大機械系的羅道生、譚中祿、華人

[1]　張道一：〈回憶從抗戰到新中國成立〉，《國立西南聯合大學一九四四級通訊》（二），第 38 至 39 頁，1997 年 3 月印行。

[2]　〈懷念丁維樑學長〉，西南聯大北京校友會編《西南聯大北京校友會簡訊》第 40 期，2006 年 9 月印行。

傑、陳仁炅，土木系的馮少才，化工系的蕭沸沛，政治系的周炳，航空系的陳啟藩等同學。[1]

在這條航線上服務的，不只是這時從軍的同學，也有前期畢業的校友。如 1934 年考入清華大學的彭憲成，1940 年在西南聯大畢業。1942 年 4 月，他進入設在昆明的航空委員會空軍軍官學校任教（習稱昆明中央航校），兼任氣象臺測候員，後出任空軍第五總站測候區台區台長。這個測候區台，除了負責「駝峰航線」的天氣預報外，還為廣州至海口、昆明至湛江、昆明至西安的航線提供大氣預報。彭憲成在空軍第五總站測候區台，與美國空軍第十氣象區台威爾可少校和福萊明少校一起合作了將近三年。1943 至 1944 年間，他還應導師李憲之的要求，為西南聯大氣象組開闢測候實習場所。[2]

加爾各答至昆明的航線，是太平洋戰爭爆發後中國大後方與盟國共同作戰期間的唯一空中橋樑。在這條航線，活躍著西南聯大從軍同學的身影。他們為維護航線的暢通，為保證國際援華物資的安全運送，立下了汗馬功勞，是創造至今為人稱道的世界民航空運交通史奇跡之參與者。

二、奔赴疆場

經過譯訓班培訓結業的同學，被分配到不同崗位。其中有的去了各地的美軍招待所，這些人多半是英語學得少些的中文系同學，他們未授軍銜，但工作環境安適，沒有多大危險。更多的人，則去了部隊。其中到空軍的人，主要在飛機場附近工作，相對比較安全。西南聯大到這些單位去的同學，有機械系二年級的李宏學，他最初分配到昆明巫家壩機場航空委員會，1944 年初調到呈貢機場空軍地勤三大隊二中

---

[1]　鄧湯美：〈敘永五十校慶話當年——「駝峰」飛行和香港兩航公司起義北飛〉，中國人民政治協商會議四川省敘永縣委員會文史資料委員會編《敘永縣文史資料選輯》第 13 輯，第 68 至 69 頁，1990 年 9 月出版。

[2]　彭錦季：〈寄情卅載，緬懷父親彭憲成〉，西南聯大北京校友會編《西南聯大北京校友會簡訊》第 36 期，2004 年 10 月印行。

隊，12 月又調往印臘河（今巴基斯坦拉合爾）的中國空軍軍官學校初級班。[1]曹念祥同學則在昆明、陸良機場協助美軍航線預報，參與保障B—29 型重型轟炸機穿梭轟炸日本東京等工作。[2]

　　到部隊去的人，分去指揮機關與作戰部隊兩種。第一期譯訓班的聯大同學去指揮機關的有楊晉梁、厲若白、崔紹藩、梅祖彥等，他們到設在農校大院內的美國陸軍在雲南的指揮機構昆明美軍總部譯員室工作。

　　昆明美軍總部下設四個系統，G-1 為人事，G-2 為情報，G-3 為作戰，G-4 為軍械。梅祖彥說：「在譯員室我第一件工作是 G-3 交來的部隊編製表（Ｔ／Ｏ）的翻譯。美軍的標準師有 16000-18000 人，機械化程度較高，而國民黨部隊的師只有 6000-8000 人，人員及技術條件均差，故需設立一種符合美軍基本要求而又適應中國具體情況的編制系統，往來翻譯的報表很多。另一件事是隨 G-4 的軍官和中國兵工署軍械局等單位聯繫在昆明生產美式武器的問題，當時美軍在中國戰場試用噴火器，這是一種殺傷力很強的武器，能造成很大的燒傷。我翻譯了噴火器全部檔並參加了部分技術工作。」[3]此外，美軍總部每週要派一個汽車隊往滇西各駐紮點運送日常補給，聯大同學輪流隨車隊當翻譯，和美軍車隊走走停停用五六天跋涉昆明到保山的 670 公里公路，途經滇緬路西段時，到處可見 1942 年夏日軍進逼時大批軍用和民用車輛後撤的遺跡，傾覆路邊和因機械失靈被推下山澗的車輛，均歷歷在目。

　　1944 年 5 月，遠征軍司令部由楚雄前移到保山的軍需庫區馬王屯，美軍總部也由昆明派出一個前線指揮所，鍾安民、凌瑞麟、衛世忠、梅祖彥、孫原、井上文、蔡國模等同學亦相繼到了建築在樹林密

---

[1]　李宏：〈我的從軍翻譯生活〉，西南聯大北京校友會編《西南聯大北京校友會簡訊》第 25 期，1999 年 4 月印行。

[2]　曹念祥：〈我輩本是拓荒牛〉，《國立西南聯合大學一九四四級通訊》（二），第 56 頁，1997 年 3 月印行。

[3]　梅祖彥：〈軍事翻譯員經歷追憶〉，清華校友總會編《校友文稿資料選編》第 4 輯，第 48 頁。

佈山凹裡的馬王屯美軍指揮所。戰事緊張時期,每晚中美雙方都要舉行高層碰頭會,一般由遠征軍參謀長蕭毅肅與美軍準將竇恩(Dorn)交換情報,研究對策。這些會議,主要由鍾安民擔任翻譯,其他同學在側室輪流值班,負責美軍指揮部與前線美軍聯絡組的通話,並隨時將雙方交換的敵方情報翻譯成英文。另外,美軍中有不少隨軍記者,他們每天採訪到的新聞,也要譯員們陪去長官部送審稿件。還有,美軍中、高級官員到前線的美軍聯絡組去視察,也要派譯員隨行,他們或步行,或騎馬,行軍幾天到十幾天不等,這使聯大同學有機會目睹某些實際軍事行動,從而增加了不少感性知識。

這些隨行中,梅祖彥見到了不少當譯員的聯大同學。1944 年 5 月中旬,梅祖彥隨一位美軍中校到北線視察,到達 116 師 348 團駐地時,見到了已隨美軍聯絡組工作半年的聯大同學馬維周、姚元。7 月,他又隨一位美軍少校去正在圍攻騰沖城的 53 軍軍部,在一個叫赤土鋪的小村又遇到了馬維周和姚元以及李正青、徐鈁等同學,當時姚背部中一彈片,正在休養。在返回保山途中,於洞坪在 346 團還遇見了同班同學傅又信。[1]

類似隨行視察,給梅祖彥留下極其深刻的印象。8 月初,他隨另一位美軍上校到了松山前線。目睹「日軍已全部龜縮到松山的中央地堡內,我們的汽車可以從惠仁橋過怒江到臘猛街。在觀測所裡可以看到準備進攻的我軍隊伍,敵人陣線就在眼前但看不到人,只能辨認出一些地堡的槍口。」第二天,梅祖彥還看到我軍炮兵在兩架 L-5 飛機指揮下,向日軍陣地射擊的作戰場面。[2]

比起梅祖彥來,哲學系 1944 級同學羅達仁,從 1944 年 3 月 1 日入譯員培訓班到 15 日結業,僅僅受訓兩個星期便提前分配了。3 月 15 日下午,戴世光教授約該期譯訓班 30 餘人談話,宣佈了提前分配的名單和派遣的單位,羅達仁等 16 人分往駐印度的美軍部隊。次日,

---

[1] 梅祖彥:〈軍事翻譯員經歷追憶〉,清華校友總會編《校友文稿資料選編》第 4 輯,第 49 頁。

[2] 梅祖彥:〈軍事翻譯員經歷追憶〉,清華校友總會編《校友文稿資料選編》第 4 輯,第 49 頁。

羅達仁一行在樊際昌教授帶領下，乘車到巫家壩機場，接受一位美軍中尉的指導。美軍中尉從肩上取下一個捆成長形大背包的降落傘，然後做示範動作，教大家如何拴在肩背上，如何拉傘的手把。美軍中尉說：「第一要緊的事，要沉著，不管有什麼變化，或者遇到敵機截擊，或者中了敵人高射炮，或者遇到天氣突然變化，都不要慌張，要聽領航員的指揮。要你們跳下飛機時，窗門會打開，要一個一個挨著跳，不要爭先恐後。跳下以後，拉把手不要太早，也不要太晚，傘張早了，會掛著飛機，開遲了，會跌在地上。」他還告訴大家跳傘時心裡要默念一千、兩千、三千的數字，念完了就馬上拉手把，但念的時間得不快不慢，快了慢了都不行。這位中尉說的是美國南方口音，樊際昌教授怕大家沒有聽懂，又把剛才說的用漢語重複了一遍。就這樣，平時要教很長時間的跳傘技術，在數分鐘內便結束了。隨後，同學們告別師長，蹬上已打開大門的飛機。[1]

羅達仁到了印度，先後被分配到野戰醫院、十四醫院、二十醫院當翻譯。一次，他還恰好碰到了身負重傷的孫立人將軍。孫立人雖然不是西南聯大校友，但由於他 1923 年畢業於清華學校，而清華又是西南聯大的成員之一，因此聯大師生說起孫立人來，也不無驕傲之感。

孫立人是抗戰名將，他赴美留學時，初習土木工程，後考入佛吉尼亞西點軍校。1930 年，回國兩年的孫立人調入陸海空軍總司令部侍衛總隊，越兩年調任由財政部長宋子文創建的稅警總團。抗戰爆發，稅警總團於 1937 年 10 月配屬張治中第九集團軍參加淞滬抗戰，孫立人率領的稅警第四團在蘊藻浜和大場兩處戰役中脫穎而出，孫本人也被提升為二支隊少將司令。在防守蘇州河周家宅一線的血戰中，一發迫擊炮炮彈在孫立人身邊爆炸，他全身中彈片 13 處，昏迷了三天。國民政府遷都重慶，財政部重組稅警總團，任命孫立人為總團長。1941 年 12 月，稅警總團改編為新三十八師，孫立人出任師長。

---

[1]　羅達仁：〈遙想當年──戰鬥在中印緬抗日戰場上〉，西南聯大北京校友會編《西南聯大北京校友會簡訊》第 34 期，2003 年 10 月印行。

孫立人的光環，更多的來自於緬甸作戰。由於他參加了中國軍隊在緬甸的最重要戰役，而這些戰役中也活躍著不少西南聯大從軍學生的身影，因此有必要以孫立人為線索，對中國軍隊入緬的若干重要戰役做一簡略插述。

太平洋戰爭爆發後，為了配合在緬甸的英國軍隊，中國於 1942 年 2 月組建遠征軍，下轄三個第五軍、第六軍、第六十六軍三個軍，孫立人的新三十八師隸屬第六十六軍。同年 4 月，新三十八師抵達緬甸，參加曼德勒會戰。這次會戰中，西線英軍步兵第一師及裝甲第七旅被日軍包圍於仁安羌，孫立人親率第 113 團星夜馳援，一舉攻克日軍陣地，把陷於彈盡糧絕的 7000 英軍解救出來。仁安羌之戰是中國遠征軍入緬後的第一個勝仗，孫立人以不足 1000 人的兵力，擊退數倍於己的日寇，救出近十倍於己的友軍，頓然轟動全球。為此，國民政府頒發他四等雲麾勳章，美國總統羅斯福也授予他「豐功」勳章，而英王喬治六世授予他的「帝國司令」勳章，使孫立人成為第一個獲此殊榮的外籍將領。

中國軍隊第一次入緬作戰分東西兩線，仁安羌戰鬥扭轉了西線戰況，但東線防線卻被日軍突破，並導致盟軍全線動搖，不得不放棄緬甸後撤。這次入緬戰役失利後，新三十八師奉命西撤印度。1942 年 8 月，中國遠征軍新三十八師和廖耀湘的新二十二師先後到達印度，合稱為中國駐印軍。

1943 年 10 月，第二次緬甸戰役開始，孫立人所部投入胡康河谷戰役。孟拱河谷，自西向東和先有布傑班山天險，繼有卡盟、孟拱、密支那三大據點，1944 年 3 月中旬，駐印軍繼攻克太白加、克孟關、瓦魯班等地後，向布傑班山發起進攻，於月底佔領了這座天險，敲開了孟拱河谷的大門。接著，5 月下旬孫立人以一個團迂迴至加邁之南切斷日軍後路，一個團進取加邁，一個團則對孟拱實施大縱深穿插。6 月中旬，新三十八師第一一三團與新二十二師會師加邁。6 月下旬，孟拱也被新三十八師第一一四團攻克。8 月上旬，中美聯軍經過 78 天苦戰，終於克復了具有戰略意義的交通樞紐密支那。至此，反攻緬北的第一期戰鬥勝利結束。

攻克密支那後，中國駐印軍利用雨季進行休整，並擴編為新一軍和新六軍兩個軍。孫立人出任新一軍軍長，下轄新三十八師和新三十師。不久，廖耀湘的新六軍除新五十師外，大部奉調回國增援湘桂作戰，新五十師編入新一軍序列。新六軍回國後，駐印軍只剩下新一軍，因此其後所稱的駐印軍，實際上指的就是新一軍。

反攻緬北的第二期作戰始於 1944 年 10 月。這次作戰的第一個戰役是野人山戰役。野人山是座佈滿原始森林的高山，易守難攻，新三十八師在打通野人山的戰鬥中付出了沉重代價。野人山戰役後，中國駐印軍由密支那、孟拱兩路向南進攻。東路的新一軍沿密支那至八莫的公路攻擊，連克八莫、南坎。1945 年 1 月 27 日，新一軍與滇西中國遠征軍聯合攻克中國境內的芒友，打通了滇緬公路。隨後，新一軍各部於 3 月 8 日攻克臘戌，3 月 23 進入南圖，27 日佔領猛岩，完成了第二次緬甸戰役的作戰目標。

與上述相比，那些到地面作戰部隊去的同學，就不僅既面臨著極其艱苦的環境，還要面臨著在前線隨時可能出現的危險。對於這一點，大家心裡都很明白，因此有些人在參加譯訓班前就不免內心矛盾。數學系張之良同學分配到炮兵訓練中心（F.A.T.C.），當時外間有一些傳說，如某某同學在前線被打死了，某某同學去了印度飛越喜馬拉雅山時遇見了日本零式飛機嚇的暈了過去，又說日本人懸賞一個翻譯官人頭 5 萬元等等。張之良的父親從四川來信，叫他回家做中學教員。張之良也不是沒有動過開小差的念頭，但這樣一來不僅會被學校被開除，沒有畢業文憑，而且戰後也無臉面見本班同學，讓別人說：「張之良在國家正需要你出力時，你開小差了。」經過兩個星期的思想鬥爭，不能當逃兵的思想佔了上風，於是他在炮兵學校射擊教練組、通訊組、馱運組、野戰炮兵營、醫務室工作了 7 個月之後，又到怒江前線當炮兵翻譯，一直幹到抗戰結束。[1]

---

[1]　張之良：〈滇西翻譯官〉，清華校友總會編《校友文稿資料選編》第 4 輯，第 43 頁。

　　當時美軍在中緬印戰場的部隊簡稱 CBI，其下分三個戰區，其中在印度緬甸稱緬北戰區（X-Force），雲南稱滇西戰區（Y-Force），廣西、湖南、貴州稱湘桂黔戰區（Z-Force）。聯大同學分配到這些戰區的，在國內者授銜陸軍上尉，到印緬戰場的則授陸軍少校軍銜。

　　上述戰區，都活躍著西南聯大同學的身影。如關品樞在 1944 年11 月中國駐印軍圍攻緬北重鎮八莫時，為擔任主攻的新編第 1 軍第38 師當翻譯。[1]陳羽綸至印緬戰區後，任史迪威將軍總指揮部的翻譯。[2]霍達德同學被派赴滇西，先是擔任美軍山炮專家組與遠征軍某山炮營間的聯絡翻譯，後調到工兵訓練中心，為美軍專家給遠征軍某部講授爆破作業、地雷偵察器、火焰噴射器等武器作翻譯。在怒江西岸，他還見到了任美軍迫擊炮專家同遠征軍聯絡的翻譯田多銘同學。[3]

　　前線的戰鬥召喚著血氣方剛的青年人，一些在較安全地方的從軍同學，主動要求到作戰部隊去。歷史系1944級盧少忱同學，原在印度利多第 48 後方醫院任譯員，他在那裡工作了三個月，就和聯大地質系同學王忠詩、陳鑫向利多軍委員會外事局駐印辦事處提出申請，要求調往前線部隊。當時正是大批部隊增援緬北密支那的時候，三人的要求當即被批准。他們從利多乘運輸機到密支那後，王、陳二人配屬到新 30 師 88 團，盧少忱則分配到新 30 師 90 團工營，在硝煙中度過了80 多天。戰場上的艱苦可想而知，盧少忱回憶到：

> 營部中只有營長、副官、電話員、傳令兵、美國上尉聯絡官和我六個人。我的工作主要是隨時把營長的戰鬥計畫、部署和戰況向聯絡官溝通，並在聯繫補給彈藥、給養以及要求美國空軍協同時進行翻譯工作。

[1] 關品樞：〈追憶一位不知名校友〉，西南聯大北京校友會編《西南聯大北京校友會簡訊》第 16 期，1994 年 10 月印行。
[2] 于文濤、唐斯褆〈身愈殘，志愈高，樓雖小，天地寬——記陳羽綸和他的《英語世界》〉，《西南聯大北京校友會簡訊》第 21 期，1997 年 4 月印行。
[3] 何以中〔原名霍達德〕：〈紀念母校建校 60 周年回憶往事隨想〉，《國立西南聯合大學一九四四級通訊》（三），第 35 至 36 頁，1998 年 8 月印行。

兩個多月的隨軍戰鬥相當艱苦、緊張而又激烈。時值雨季，幾乎每天陰雨綿綿，經常大雨傾盆，雖著雨衣，但內衣也濕透。因雙方炮火猛烈而密集，我們營部幾個人不得不經常躲在略有遮蓋的掩蔽部裡。掩蔽部的坑約 1.5 米見方，半身多高。地面上的雨水流入坑中，積水過膝，兩條腿泡在水中，時間長了皮膚也會發白，夜晚更不能安眠。當時瘧疾流行，有一種毒蚊叮咬後 24 小時內發高燒可致命。因此，強迫每人每天吞服兩次防瘧疾的阿的平黃色藥片（因奎寧沒有來源），長期服用影響到皮膚呈土黃色。每到傍晚還必須在袖口、領口、褲腿以及皮膚外露處塗抹防蚊油，但也只有效四個小時。最令人討厭和警惕的，是在沼澤地或泥濘積水的地面上遍地佈滿螞蟥，它長達幾吋，如被它吸住皮膚，滿腔都是人的血，不能揪它，即使揪斷，它也不撒咀，最好的辦法是用煙頭燒燙另外一頭，或用防蚊油塗抹另一頭，乘它一收縮，馬上用手從旁拍掉。

……

七月中旬以後，我軍日益接近密支那市區中心，日寇更加拼命死守，戰鬥猛烈。日寇死屍遍地，來不及掩埋。有的屍體已腐爛，身上爬滿白咀，漂浮在河溝上，河水也被污染，發出屍體的爛臭味，當行軍淌過半身的河水時，混身沾染上死屍的臭味，這種感受，深刻難忘。[1]

在爭取抗戰勝利的戰鬥中，西南聯大同學義不容辭地貢獻出了自身的知識優勢。張之良同學曾在某兵站工作了 10 個月，從事了不同種類的大量工作。他不僅為中方各級軍官中回國述職人員聯繫交通，還為前線送過彈藥。1944 年，日軍先頭部隊佔領貴州獨山前夕，他晝夜不斷承擔著到機場轉運由印度回國支援的新一軍、新六軍和由陝北來的胡宗南部。當滇緬路打通後，又與美軍工兵踏遍滇西山山水

[1] 〈緬北密支那戰役追憶——從軍校友盧少忱的書面發言〉，西南聯大北京校友會編《西南聯大北京校友會簡訊》38 期（紀念抗日戰爭勝利 60 周年暨「一二一」運動 60 周年特輯），2005 年 10 月印行。

水，修建中印油管。日本投降後，在印緬的中國部隊陸續回國，他與兵站中美兩方後勤人員，負責準備沿途所需之糧草。[1]

西南聯大同學參加的戰役和戰鬥，大部分在中印緬戰場，但有些也有中國境內。1944 年春，李欽安同學奉派跟隨美國聯絡組赴湖南，配合第 97 軍參加衡陽戰役服務，任務為用手搖無線電機與 Z-Force 指揮部聯繫。他到達邵陽時，離衡陽約一百公里的衡陽已被日軍包圍，駐守衡陽的第 10 軍正急待增援，97 軍要求李欽安所在的聯絡小組立刻向芷江指揮部發出緊急電報，要求空軍配合行動，以便突破日軍包圍線，進入衡陽解救第十軍。當晚，李欽安和他的小組在離日軍只有兩三公里的茶山坳前線，用電報向芷江指揮部報告了這一情況。那時的手搖發報機，構造就像腳踏車的左右兩踏板，它只是把踏板改為手把，兩把中間為發電機，操作時快速旋轉雙把，即可發出電流而發報，或與近距離的小組對話，更可作為地空聯繫，指引空軍對地面作戰。電訊發出不久，即獲「同意」回電。他們接到回電後，馬上向 97 軍軍長報告，接著把軍長擬定的計畫再轉給芷江。經過緊張的聯絡，最終決定了陸空作戰的日期及地點。當時，97 軍應做的準備，除了軍事佈陣外，還要在樟木市與茶山幼間距衡陽六公里處之某高地佈置空中轟炸指標。這個指標用米黃色厚帆布製成，長 6 米寬 1.55 米，像一個巨大的箭頭，放在地上，箭嘴指向轟炸目標。箭頭後面是帆布製成的巨大數字，指示彈著點與箭距離，屆時我軍戰機即可按指標的方向及距離進行轟炸或掃射。陸空聯合攻擊的那一天清晨 4 時整，李欽安小組跟隨軍長及其部屬組成馬隊，沿鄉間小路出發。烏黑的天空，只有幾點不時為晨霧遮掩的星光。馬隊摸黑行軍，在沉靜氣氛中，只聽到馬蹄聲及馬匹喘氣的聲響，偶然一陣山間冷風吹過來，附近松林就發出嘶嘶刺耳的哭泣聲，使人感到透心的寒慄。大約經過三小時，到達了某高地，李欽安小組很快架起發報機，完成鎖定空中轟炸指標等程式。隨後，他們向

---

[1]　張之良：〈滇西翻譯官〉，清華校友總會編《校友文稿資料選編》第 4 輯，第 43 頁。

芷江指揮部報告一切準備就緒，請示立即進行轟炸。片刻，芷江回電說空軍已經出動了。

　　當時，李欽安站在高地上，透過晨霧往衡陽方向望去，只見灰黑色的城廓不斷升起團團煙幕，和黑煙城中傳來的沉重爆炸聲，日軍正向衡陽城進行 24 小時的不間斷轟炸。正在人們為衡陽城中官兵擔憂的時候，西北方傳來微細的飛機聲。機聲愈來愈近，不久兩架 P—40 飛機如流星般飄過空，接著又是兩架呼嘯而過。美軍聯絡組一上尉立即與飛機聯繫，前面的兩架飛機馬上回過頭來，低空掠過指標，並向指標方向低飛。頃刻間，飛機的機槍就響了起來，在敵人陣地低飛掃射。後面的兩架飛機也投入戰鬥。與此同時，高地前方的我軍也開始炮擊，機槍聲、炮聲、手榴彈聲，卷起陣陣濃煙。[1]

　　西南聯大擔任美國譯員並被派往前線直接參加戰鬥的同學，都經歷過類似的槍林彈雨。他們出生入死，經受戰火洗禮，為他們的青春，也為中國千千萬萬知識青年，書寫下光輝的一頁。

　　西南聯大徵調譯員的同學，主要是為美軍做口譯或筆譯，因此與美軍打交道的機會太多了，其中也不乏一些趣事。美國骨子裡有種傲氣，在昆明就發生過美國士兵瞧不起中國人甚至欺侮中國人的事，所以有些同學覺得與美國兵來往，難免受氣。可能是為了打消這種顧慮，孫立人第一次接見剛到新編第 38 師的 15 位西南聯大同學時，就叫他們不要受美國人的委屈，出了事他可以給予支援。有了這話墊底，吳銘績等同學的腰杆也挺了起來，說話辦事都不卑不亢。有一次，李桂華同學與負責擺渡的美國士兵交涉馬匹過河時，美國士兵不允許，李桂華就派了 12 名衝鋒槍手一字擺開，子彈也上了膛，結果把 4 個美國兵嚇傻了。後來，他們不但允許擺渡，而且不吃午飯，直等到渡完馬匹才離開。分別時，美國士兵還「OK」、「頂好」喊得挺熱火，讓人有種不打不相識的感覺。

　　還有一次，吳銘績和梁家佑開車趕回陣地，因為前線不能開車燈，所以必須天黑前趕到。但是，途中遇到一輛美國士兵開的大卡車，

---

[1]　李欽安：〈衡陽戰役隨軍散記〉，西南聯大北京校友編《西南聯大北京校友會簡訊》第 34 期，2003 年 10 月印行。

故意擋在路中不讓他們超車。吳銘績連連按喇叭，也毫不管用。這樣僵了十幾分鐘，吳銘績瞅了一個機會趕到前面，朝著那輛車的前方開了三槍。槍就是比喇叭靈得多，那個美國士兵馬上靠邊，讓吳銘績的車先過，還舉手表示祝福。[1]

第四節　應徵青年遠征軍

青年軍，是「中國青年遠征軍」的簡稱，是國民黨動員知識青年入伍組成的一支特殊軍隊。

1944 年初，日本侵華部隊為了打通中國南北交通線，發動「一號作戰」。這次作戰分為兩個階段，即中國方面分別稱之為的「河南戰役」與「豫湘桂戰役」。交戰的結果，國民黨軍大多一觸即潰，連連丟城失地，遭到社會各界的責難。國民政府把軍事失敗的原因歸結為中國兵員身體素質與文化素質太差，於是決定發起動員知識青年從軍運動。8 月 27 日，蔣介石在國民參政會上提出「一寸河山一寸血，十萬青年十萬軍」口號，動員和鼓勵知識青年從軍。10 月 11 至 14 日，國民政府召集「發動知識青年從軍會議」，通過知識青年從軍方案，規定：凡年滿 18 至 35 歲，受過中等程度以上文化教育，身體健康的青年，都可作為應徵對象，服役期為兩年。對於從軍青年，是公務員的保留薪水，是大專學生的保留學籍，高中學生服役期滿後還可免試升入大學。10 月 24 日，蔣介石發表《告知識青年從軍書》，號召青年積極入伍。嗣後，有關部門相繼制定了《知識青年志願從軍徵集辦法》、《專科以上學校知識青年志願從軍徵集委員會組織辦法》、《志願從軍學生學業優待辦法》、《知識青年志願從軍徵集委員會組織規程》等。同時，配定雲南省徵額 2400 名，其中男青年 2100 名，女青年 300 名。

1944 年的雲南，早已不再是後方了。自國民黨正面戰場豫湘桂大潰敗以來，昆明街頭處處可見從湘桂淪陷區疏散出來的難民，使昆

[1] 吳銘績、梁家佑：〈叢林插曲〉，中國人民政治協商會議雲南省昆明市委員會文史委員會編《昆明文史資料選輯》第 25 輯，第 458 頁，1995 年 10 月發行（內部）。

明人人都感受到形勢的萬分緊張。雲南的青年從軍運動，就是在這種形勢下開展了起來。11 月 11 日，國民黨雲南省黨政機關召開聯席會議，並邀集有關機關負責人參加，議決組織知識青年從軍徵集委員會，以省政府主席龍雲為主席，西南聯大常委梅貽琦和雲南大學校長熊慶來，均列為委員。這次會議要求各地區與單位組織相應機構，於是西南聯大於 11 月 15 日成立「知識青年志願從軍徵集委員會」。11 月 24 日，西南聯大召開第七屆第三次校務會議，議題主要圍繞如何勸徵問題。當天，昆明《正義報》在社論中也寫到龍雲提醒雲南要吸取廣西教訓，「不論男女老幼，不分本省人外省人」，人人要「準備作戰」，「準備自衛」和「準備犧牲」。[1]

　　但是，與此前三次從軍熱潮相比，這次報名起初並不踴躍。西南聯大的青年向來站在抗戰前列，這次卻如此消極，是與國民黨消極抗戰、積極反共緊密相關。另外，西南聯大的中共地下黨員和進步學生，也擔心國民黨利用青年人的抗戰熱情擴充部隊，提防青年軍最後變為反對共產黨的工具。

　　面對這種情況，學校十分著急。11 月 29 日下午，西南聯大全校停課，齊集於新校舍北區東飯廳，由多位教授做從軍講演。梅貽琦在致辭中聲稱：「假使現在不從軍，則 20 年後將會感覺空虛。」錢端升教授亦說：「現代戰爭是為現代化武器與現代化生產的戰爭，凡此均需現代化頭腦現代化技術，此非知識青年不為功也，故必須知識青年參加。」馮友蘭教授則說：「過去以血肉之軀與敵人對拼的時期、艱苦的時期，已經由我們老百姓去擔當了，際今最後關頭而又有新式武器、新式裝備可供應之時，知識青年應避免其應盡責任麼？」周炳琳、燕樹棠教授也發表鼓動從軍的意見。會上，聞一多教授也從另一個角度做了動員。他說：「現在抗戰已至最艱苦的階段，知識青年此時實深應自動放棄不當兵的『特權』，而在抗戰最後階段更應負起責任。許多人談民主，若自己本身去焉責任，盡義務，那才真正有資格談民主，而知識青年軍也就是真民主的隊伍。」

---

[1]　〈加速準備西南大戰〉，昆明《正義報》社論，1944 年 11 月 24 日。

有資格談民主，而知識青年軍也就是真民主的隊伍。」[1]馮友蘭在回憶中說：「聞一多發言最突出，大意說，現在我們在政治上受壓迫，說話也沒有人聽，這是因為我們手裡沒有槍。現在有人給我們送槍，這是一個最好的機會。不管怎麼樣，我們要先把槍接過來，拿在手裡，誰要反對我們，我們就先向他下手。」[2]

儘管如此，11 月 30 日報名截止時，西南聯大報名者僅有 184 人。不得已，學校將報名截止日期延展兩日，推遲至 12 月 2 日正午。與此同時，西南聯大當局還通過了「參加知識青年志願從軍之學生入伍期滿返校後其學業優待辦法」，其要點為：「各年級正式生免修 24 學分」；「試讀生免入學或轉學試驗改為正式生，並免修 24 學分」；「借讀生免轉學試驗改為正式生，其在原校所修學分審核承認後，再免修 24 學分」；「先修班學生專修科學生免試升入大學一年級」。此外，還決定兩周內舉行全校學生體格檢查，用半強制性手段促進合格青年入伍。[3]

其實，西南聯大許多人也存在著顧慮，擔心國民黨利用青年軍補充兵員、加劇國共矛盾。為了避免出現這種人們不願意看到的情況，也為了進一步動員青年從軍，12 月 5 日下午西南聯大召開的教授會議上決議就知識青年從軍問題向國民黨中央提出四項建議。這四項建議為：

一、此次知識青年軍純粹為國防軍，不參加黨派活動。

二、請由美國軍事技術人員訓練，至訓練地點，最好靠近盟軍所在地。

三、關於提高知識青年軍待遇一節，應對所有作戰士兵，普遍提高，過去對於軍需經理方面弊端百出，請予徹底改善。

[1] 〈聯大昨舉行盛大演講會，教授勉學生從軍〉，昆明《掃蕩報》，1944 年 11 月 30 日，第 3 版。（此條複查版面時落掉了，根據此類消息一般置於第 3 版，故暫注第 3 版，以後赴昆再補查。）

[2] 馮友蘭：《三松堂自序》，第 349 至 350 頁，三聯書店 1984 年 12 月出版。

[3] 〈國立西南聯合大學校務會會議記錄・第七屆第四次會議〉（1944 年 12 月 1 日），《國立西南聯合大學史料》第 2 卷，第 500 至 501 頁。

　　經過這番強調國家與民族利益的動員，西南聯大報名者不久便達到了規定配額，梅貽琦說這次加入青年軍遠征軍及空軍者為 200 餘人。[1]聯大的帶頭作用對雲南全省產生了影響，至 1945 年 1 月中旬，昆明共徵集到男青年 974 人。3 月 17 日，全省送入軍營者已達 2428人（其中女青年 206 人），比規定配額略有超出。[2]

　　西南聯大參加青年軍的同學，以 1945 級學生為主。1945 年 1 月28 日，學校在圖書館前歡送從軍入營同學，從軍同學到到昆明北校場集中後，馬上進行編隊，全部編入青年軍第二〇七師炮一營補給連，軍銜為二等兵。

　　2 月 4 日晚，從軍同學到達巫家壩機場待機出發，但次日方登機，當天飛抵印度汀江。在汀江，重新進行了編隊，大部分同學被編入服務營第二連，簡稱「服二連」。西南聯大同學所在的團，有個「天聲社」的團體，於是同學們把「天聲」二字加到「服二連」的前面，自稱「天聲服二連」。

　　2 月 14 日，天聲服二連乘火車到盤渡，由於大家下車、登船、過渡、上車動作迅速，秩序井然，立刻博得美軍聯絡官「空前良好」的評語，稱讚他們「勝過在那裡經過的任何部隊，英美的軍隊也算在內」。經過四天四夜的車中生活，最後到達了目的地藍伽。在藍伽，他們學習汽車駕駛，不少同學受訓八天便可以獨立開汽車。3 月 26 日，天聲服二連全體學員同時畢業。全體畢業，無一人不合格，這在汽車學校是一個新的紀錄，它由西南聯大同學創造了。

　　離開汽車學校的天聲服二連，編入汽車一團。他們經加爾各答、雷多，來到野人山下。在這裡，他們建立起自己的營房，營房靠著一條清澈的江水，對面是高山峻嶺和原始森林。有人說，山上有虎豹出沒，還有士兵在半夜裡被大蟒蛇吞食，他們倒沒遇到這種情況，卻學會猴子叫，而且一叫就有許多猴子跑來。這種生活雖然艱苦，卻也新

---

[1]　梅貽琦：〈抗戰期中之清華〉（五續），原載《清華校友通訊》，1945 年 4月，轉引自《清華大學史料選編》第三卷(上)，第 43 頁。

[2]　孫代興、吳寶璋主編：《雲南抗日戰爭史（1937-1945）》，第 361 頁，雲南大學出版社 1995 年 7 月出版。

鮮，讓人氣憤的是「天聲社」在這裡被強令取消了，而且天聲服二連和其他連隊一起被解散。解散天聲服二連不用什麼理由，誰讓這些大學生散佈《國是宣言》，處處講自由，講權利，以致他們所在的汽車一團也被人叫作「民主團」，連駐印軍副總指揮鄭洞國也說「汽一團比霍亂菌還可惡，必須隔離」。對於這種無理迫害，同學們抗議過，為了紀念天聲服二連，他們還開了追悼會，讀了祭文，甚至還為它念過經，唱過悼歌。

7月，多雨的季節，同學們始終奔馳在史迪威公路上了。1059英里，在他們心裡是個永遠不會磨滅的數字。汽車馳過浩蕩的伊洛瓦底江，馳過緬北一望無垠的平原，馳過奔騰的怒江，穿過江上的惠通橋。沿途，他們看到了的遺跡，密支那郊外橫躺著許多列車，車廂上滿是槍眼。一個加油站旁邊的高大指路牌上，寫著八莫、昆明，還寫著東京，同學們感到了一種艱苦中迎接勝利的樂觀，說「現在我們的路，不是引向東京了麼？」[1]

第五節　青山處處留忠骨

要奮鬥就會有犧牲。西南聯大從軍同學中，有些人在對敵鬥爭和抗戰事業中獻出寶貴的青春。他們的英勇捐軀，書寫了一代知識青年保家衛國的壯麗人生，也為西南聯大這所戰時高等學府增添了無限光彩。

1937年「八一三」淞滬抗戰中，一架飛機被日軍高射炮擊中，飛行員駕著飛機直沖下去，撞擊在日本旗艦「出雲」號。這是抗戰初期到處傳頌的一個英雄事蹟，而這位27歲便壯烈殉國的飛行員，就是清華大學的畢業生沈崇誨同學。沈崇誨1928年考入清華大學土木工程系，畢業於1932年。當時，正是九一八事變爆發後的第二年，他懷著

---

[1] 以上西南聯大同學參加青年遠征軍，均據王周宗〈從軍生活〉，西南聯大除夕副刊社主編《聯大八年》，第102至112頁，西南聯大學生出版社1946年7月出版。案，本文署名「周宗王」，實誤，《國立西南聯合大學史料》第5卷收入之此文（改名為《從軍行》），即改為王宗周。（閒案：聯大紀念碑的從軍名單中，也作王宗周。）

壯志考入杭州莧橋航空學校，曾任空軍第二大隊一中隊副隊長。沈崇誨犧牲的消息傳到學校，師生們無不悲痛萬分。從此，沈崇誨的名字，永遠鐫刻在清華英烈史上，成為全校師生的榜樣。

　　何懋勳長沙臨時大學犧牲的同學之一。這位南開大學經濟系學生，1937 年底從長沙臨時大學赴魯西抗日根據地參加抗日救亡工作，曾任山東省第六區游擊司令部青年抗日挺進大隊參謀長。在 1938 年 8 月齊河縣坡趙莊的一次戰鬥中，何懋勳同學英勇捐軀，年僅 21 歲。[1]

　　西南聯大從軍學生中第一位為國捐軀的外文系四年級黃維同學。黃維是譯訓班第二期學員，結業時，譯訓班負責人之一、聯大教授陳福田對大家說，遠征軍即將開赴緬甸協同盟軍作戰，需空軍支援，也需翻譯，向譯訓班要人。黃維聽後，表示不去美軍機場，要求隨遠征軍去緬甸。後來，在隨遠征軍撤出緬甸途中，渡怒江時因人多擁擠，江水湍急，船到中流時不幸失足，落水殉職。

　　黃維犧牲的消息傳到昆明巫家壩機場，聯大同學都為他的死而默默致哀。也是這個時候，美空軍一位飛行員在空戰中亦不幸陣亡。這兩件事，促使黃維的同班同學盧靜以他們的事蹟為基礎，創作了中篇小說《夜鶯曲》。小說描寫一美籍華人飛行員回國參加抗戰，在一次空戰中英勇犧牲，把熱血灑在祖國大地上。這篇小說最初發表在 1942 年的《人世間》雜誌，後來收入巴金主編的《文學叢刊》。作者曾深情地說：「據說夜鶯是一種善於唱歌的鳥，它的歌很美，它唱啊，唱啊，不停地唱，歌唱到最後，終於嘔心瀝血而死。書名《夜鶯曲》無非想抒發一下紀念那些為反法西斯侵略，為保衛祖國英勇獻身的人們之情。」[2]黃維是西南聯大的驕傲，《西南聯合大學紀念碑》陰面的「從軍學生題名」上，第一個鐫刻的就是他的名字。

　　西南聯大還有一些同學像黃維一樣，在爭取抗日戰爭勝利戰鬥中英勇獻出了寶貴的青春。他們有的是這一時期的譯員，有的是空中勇士，有的是在其他崗位。

---

[1]　〈抗戰英烈，名垂千古〉，清華校友總會編《清華校友通訊》複 32 期，第 55 至 56 頁，清華大學出版社 1995 年 11 月出版。

[2]　盧靜〈悼念黃維〉，《一二一紀念館》第 1 期，1991 年 12 月 1 日印行。

1943 年初，西南聯大戴榮鉅、王文、吳堅、馬豫、李經綸、黃雄畏、許鴻義、馬啟勳、祝宗權、李修能等同學參加空軍。其中在航校第 15 期學習的戴榮鉅、王文、吳堅、馬豫被派往美國亞利桑那州鳳凰城的美國空軍學校受訓。戴榮鉅、王文、吳堅學習駕駛 P40、P51 戰鬥機，馬豫學習 B25 轟炸機駕駛員。他們在美國學習了七個月，其中見習三個月。見習即將結束時，戴榮鉅在家書中寫到自己的感想，說：「九日起開始飛 P40．一千二百馬力之大飛機，我也能飛翔自如，我自己都不會相信，今生不虛。三個月見習完了，我希望能儘快回國。」「我們在此受訓，平均每人（不失事）之教育費約美金十萬。如失事，賠償照算。如此數萬萬美金的貸借需要多少桶桐油、鎢砂、生絲、茶葉來抵還哪!……更覺得責任重大，非努力奮發不可。」「來美國後，真乃是『觸目驚心』，中國落後何止二百年……如果中國人全是『傻瓜』，埋頭苦幹，一心一德，群策群力，中國五十年後即可略見楷模。現在看看中國多麼苦．水都沒有，更談不上輕重工業。發育在美國機翼底下的中國空軍還能不臥薪嚐膽，聞雞起舞。」[1]

他們學成回國，戴榮鉅分配到駐防湖南芷江的空軍第五大隊，王文、吳堅分配到駐防陝西安康的空軍第三大隊。他們三人，都先後在戰鬥中為國捐軀。戴榮鉅是他們中間第一個犧牲的，1944 年 6 月 18 日上午，他駕駛飛機掩護轟炸機轟炸長沙，與敵機遭遇，不幸機墜。戴榮鉅犧牲後，他所在的空軍中隊給其兄發來撫恤公函，大隊長也給家屬寫了慰問信。撫恤函全文云：「榮鍼先生偉鑒：查自抗戰軍興群情奮發，令弟榮鉅愛國熱忱，投效空軍服務本大隊，其志殊為可嘉。不幸於本年六月隨隊出發，在長沙空戰，壯烈殉國，實屬痛惜。除報請航委會從優撫恤外，特函唁慰。希轉達尊翁勿以過悲為盼。」[2]王文是 1944 年 8 月在保衛衡陽戰役中與敵機作戰時

---

[1] 轉引自馬豫：〈緬懷在抗日空戰中犧牲的聯大人〉，《國立西南聯合大學 1944 級通訊》終篇號。

[2] 轉引自馬豫：〈緬懷在抗日空戰中犧牲的聯大人〉，《國立西南聯合大學 1944 級通訊》終篇號。案：戴榮鍼為戴榮鉅的三哥。

殉國[1]，吳堅是 1945 年初在一次陝西與日寇飛機作戰時，飛機起飛後不久機件失靈墮毀身亡[2]。戴榮鉅、王文、吳堅的名字，沒有來得及彙入「國立西南聯合大學紀念碑」背面的從軍學生名單中，但他們的姓名、出生年月和犧牲地點，今天鐫刻在張愛萍將軍題名的南京航空烈士公墓紀念碑上。

在空軍部隊任譯員的外文系繆弘同學，是在迎接抗戰勝利曙光的時刻，在一次空降後的進攻中英勇犧牲的。繆弘參加的是第七期譯員訓練班，訓練六周後，有個單位來要人，只說工作性質危險，生活條件艱苦，願意去的可以報名。至於去的單位名稱、工作地點、待遇和做什麼具體工作，都回答「無可奉告」。繆弘和 20 多位聯大同學志願去了這個單位，他們到昆明崗頭村報到後，方知去的是 OSS.OG（美軍戰略情報處所屬之作戰組。[3]聯大同學分配到傘兵突擊隊，這支部隊是一支中美混合部隊，當時剛剛新組成三個隊，每隊有二三十名美國官兵和 8 名譯員，共 100 多人，全部美軍裝備。繆弘分在第八隊，聯大的陳琪、羅滬生同學分在第九隊，另一位聯大同學羅振詵分在第十隊。1945 年 7 月，他們尚未接受正規傘兵訓練，便奉命乘美國軍用飛機從呈貢機場出發，降落在剛收復不久的柳州，然後乘船順柳江南下。幾天後，部隊在南平附近的丹竹機場二、三十里的地方上岸，上岸後各隊分赴不同的指定地點。向丹竹機場發起進攻，

丹竹機場四周有日軍嚴密守衛，日軍駐紮在高約 1000 米的山頂上，居高臨下，控制著機場。7 月 31 日黎明前，我軍進攻開始，隆

---

[1] 武焜：〈看程青學兄來信憶往事、話今天〉，西南聯大 1944 級北京聯絡站編《國立西南聯合大學一九四四級畢業五十周年活動特刊》，第 32 頁，1995 年 3 月印行。

[2] 盧少忱：〈悼念兩位為國捐軀的校友〉，西南聯大 1944 級北京聯絡站編《國立西南聯合大學一九四四級畢業五十周年活動特刊》，第 35 頁，1995 年 3 月印行。

[3] OSS.OG 即美軍戰略情報處作戰組的簡稱。OSS 全稱為 office of Stratigic Service，OG 全稱為 Opertion Group。OSS 是美國在第二次世界大戰期間成立的一個情報組織，當時鮮為人知、對外不公開，下設情報、作戰、爆破等小組，總部設在昆明市郊，作戰組在昆明崗頭村和宜良縣。抗戰勝利後，大部分譯員遣散，該組織亦於 1948 年解散。

隆的炮聲震撼著山川，經過一個多小時的炮轟，士兵們在密集的機槍掩護下向盤踞在山頂上的敵人衝鋒，日軍被迫退到半山腰隱蔽，接著瘋狂反撲。這時，羅振詵聽到士兵們敘述一個翻譯官陣亡的經過：在向山上進攻時，和他同組的美國兵怕死，退到山下去了，而翻譯官沒有臨陣脫逃，和戰士們一起衝鋒，終於被敵人的狙擊手擊中要害，光榮犧牲。戰鬥結束後，人們才知道這個翻譯官就是西南聯大的繆弘同學。[1]

　　繆弘是一位愛好文藝的青年，他寫下過不少新詩，也結交了不少詩友。他的犧牲，在聯大引起很大反響。人們不會忘記他，也不會忘記他留給人間的詩篇。繆弘有一首作於聯大第五次獻血之次日的詩，它可以說是繆弘對自己心靈的描寫。詩中寫到：

> 沒有足夠的食糧，
> 　　且拿我們的鮮血去；
> 沒有熱情的安慰，
> 　　且拿我們的熱血去：
> 熱血，
> 　　是我們唯一的剩餘。
>
> 你們的血已經澆遍了大地，
> 也該讓我們的血，
> 來注入你們的身體；
> 自由的大地是該用血來灌溉的。
> 你，我，
> 誰都不曾忘記。[2]

---

[1] 羅振詵：〈繆弘犧牲前後〉，張聞博、何宇主編《西南聯合大學敘永分校建校五十周年紀念集》，第 115 至 116 頁，1993 年 4 月印行。

[2] 繆弘：〈血的灌溉〉，原載西南聯大文藝社編《繆弘遺詩》，1945 年 8 月出版，轉引自杜運燮、張同道編選《西南聯大現代詩鈔》，第 472 頁，中國文學出版社 1997 年 10 月出版。

　　有些同學是在訓練中罹難的。崔明川 1943 年在美國受飛行訓練時，失事撞山。李嘉禾也是在美國空軍受訓時，不幸殉國。他們的犧牲同樣是為了抗戰事業，同樣應當受到人們的懷念。

　　西南聯大從軍同學，和當時許許多多大學生從軍一樣，譜寫了抗日戰爭史上可歌可泣的一頁。這種豪邁氣慨，正如一位同學所說：「我對西南聯大從軍的同學有一個總的印象和感想。不論是在空軍、陸軍、軍工等方面，不淪是在步、炮、坦克、運輸等各兵種的前方戰鬥或後勤部門服務，他們大都以大無畏的豪情，戰勝艱險和萬難，完成各自崗位的工作任務。他們繼承了偉大的中華民族熱愛祖國反抗侵略的光榮傳統，為了抗日救國不惜犧牲並奉獻出自己的心血和力量。他們無愧對西南聯大『剛毅堅卓』校訓的教導。他們沒有辜負校歌中『待驅逐仇寇，復神京、還燕碣』的殷切希望。」[1]今天，關於抗日戰爭的軍事鬥爭，人們的注意力主要集中在正面戰場和敵後戰場，對於大學師生投身直接抗戰的瞭解和研究還比較缺乏。然而，人們不應忘記，在爭取抗日戰爭勝利征途上，他們的貢獻也是這個畫卷上的組成部分。

[1]　〈緬北密支那戰役追憶──從軍校友盧少忱的書面發言〉，西南聯大北京校友會編《西南聯大北京校友會簡訊》，第 38 期（紀念抗日戰爭勝利 60 周年暨「一二一」運動 60 周年特輯），2005 年 10 月印行。

第八章　關注日本

　　抗日戰爭是中國人民反對日本帝國主義侵略的自衛戰爭，中國人民堅信在這場保衛祖國、保衛民族、保衛家園的戰爭中，最終必定獲得勝利。但是，戰爭是政治、經濟、軍事實力的對抗，正義的性質並不能保證戰爭的勝利。戰爭的結果取決於多種因素，從外部講，國際關係是最主要的影響因素。這方面，西南聯大曾做出過許多貢獻，它大多集中在關於國際關係的分析與對策研究的成果中。本章的重點，是介紹西南聯大對於中日關係的認識。

第一節　編纂中日戰事史料

　　由於材料所限，目前所知西南聯大對日本的研究，主要是若干國際問題專家的評論。至於其他情況，瞭解還很不夠。不過，西南聯大承擔的收集和編輯中日戰爭史料工作，則是一項不應忘卻的工程。

一、規劃設計

　　1938 年 8 月，西南聯大史學系教授姚從吾，在蒙自分校起草了一份《盧溝橋事變以來中日戰事史料蒐輯計畫書》（草稿）。其後，他又於 1939 年 8 月在昆明做了增訂，並印成了小冊子。這項工作的由來，目前還不很清楚，但姚從吾的這項工作，卻為日後西南聯大與國立北平圖書館合組中日戰事史料徵輯會的工作，打下了最初的基礎。

　　在這本小冊子裡，首先說明瞭收集中日戰事史料工作的目的。是「欲及時蒐輯已發表關於中日戰事諸史料，以免日久散佚；並欲由此基礎，以期進一步蒐輯關於此次戰事的正式公文與當事人的公私記錄，集中保存，他日得以成立一『中日戰史文庫』，或國立圖書館的一個戰史部。

主旨在（一）系統的保存。（二）可利用已蒐輯的戰事史料，分別編纂，以期樹立若干間架，他日能完成若干種長編式的著作。」

其實，就在姚從吾起草《盧溝橋事變以來中日戰事史料蒐輯計畫書》的 1938 年 8 月，國民參政會第一屆第二次大會在重慶國民政府軍事委員會禮堂召開，會上，參政員盧前提出蒐集戰時文獻案，並經大會討論通過。不過，可能盧前此提案擬就的辦法不夠詳細，且範圍亦非專指編纂抗戰史一項，故時過多日，未見政府採納實施。於是，1939 年 2 月國民參政會第一屆第三次大會時，以高惜冰領銜，羅文幹、羅隆基等連署，又提出《提議從速編纂抗戰史以重戰時文獻案》。該案強調說：「溯自抗戰軍興，行將二載，過去之時間，不為不久，而來日如何結束，亦屬不可預期。在此抗戰過程中，前方之浴血奮戰，壯烈犧牲，後方之加緊建設，各盡其力，實開吾國有史以來之新紀元，亦為五千餘年國史中最光榮之一階段。凡今日所不甚注意之事蹟，皆為異日極可珍貴之史料。又因不甚注意目前事蹟之故，致極可珍貴之史料，煙滅而不可傳者，不知凡幾。異日雖欲多方搜求，或竟不能得其彷彿。是則搜集抗戰史料，隨時整理編纂，以為異日修史之準備，乃為當前之一要務，不待言也。」提案復云：「竊謂搜集抗戰史料一事，不同編纂國史，範圍既狹，時間有限，造端不必太大，用款不必太多。惟時效之關係最巨，著手愈緩，蒐集愈難，他日時效已過，文獻無徵，即便勉強編成，亦必遠於事實，或以時值軍興，需費繁浩，力難顧及，故置緩圖，竊謂不然。古人上馬殺賊，下馬草露布，殺賊之事蹟，即具於露布之中，此日之布，即異日之史料也。試思前方將士，不顧萬死一生，何等偉大，此而不為之記載，則近之無以酬其勞苦，遠之無以昭示方來，是其關係之重，亦不下於練兵籌餉。且每年所需之款，不過數萬，而所收之效，垂□百世，詎可以時值軍興，而置為緩圖耶？或又以戰時之重要事蹟，多屬軍事秘密，非至戰事結束，不能宣佈。此刻所搜集之事蹟，即非屬於最要，又或遠於事實，不如姑置之之為愈，竊亦以為不然。所謂軍事秘密，本屬時間問題，時效已過，則無所用其秘密。且搜集戰史之機關，亦應同負秘密之責。至於不必秘密之史料，其數量亦非甚少，正宜隨

時搜集，不可再緩，設因此不能進行，亦非計之得者。現聞公私各方，從事於此者頗有其人，只以無制定之進行，無聯繫之方法，無指定之專款，至其進行多阻，各不本謀，用力雖勤，收效甚小。惟由中央確定步驟，使之整齊劃一，乃有事半功倍之效，此即本案提議之理由也。」[1]這個提案，還就抗戰史料的徵集、編纂、機構、經費等問題做了說明，認為國難時期理應節縮開支，可以不必設立專門機關，各項工作可由國立大學歷史學系承擔，這也是他們參加抗戰的具體工作之一。此外，政府還可以指令中央研究院、國立編譯館等文化機關進行編纂，不必另款開支。這次參政會上，以張一麐、楊子毅領銜，徐傅霖、張瀾、盧前、黃炎培、冷遹、陳啟天、邵從恩、章伯鈞、隴體要、光升等連署，還提出了《編纂戰史體例意見》，對如何進行這項工作做了進一步說明。

　　一屆三次國民參政會提出的編纂抗戰史料案，結果如何，未見下聞，但姚從吾的工作，卻是實實在在的開展了起來。在《盧溝橋事變以來中日戰事史料蒐輯計畫書》中，姚從吾對戰事史料工作計畫，做了周密設計。它共分五項：

　　第一，選購重要日報。它包括上海、漢口、香港、重慶等地出版的《大公報》，南京、長沙、重慶等地出版的《中央日報》，漢口、重慶出版的《新華日報》，日本大阪出版的《每日新聞》，及《文摘》、《時事類編》等雜誌。時間從 1937 年 7 月開始，系統收集整份或整部，裝訂編號，妥為保存，以備檢查。

　　第二，保存剪報，並對剪報進行「編年」和「分類」兩種排列。剪報以《大公報》、《中央日報》、《掃蕩報》為主，以其餘報紙為輔。編年體以一月或兩月為一箱，分類體以一類或兩類合為一箱。單頁與箱頭上均標記號數、日報名稱、年月起訖，以便保存。

　　第三，以「寧濫勿缺」為原則，蒐輯專書、小冊子、單行本等，並分類編目，各作提要，整部保存。

<hr/>

[1]　〈提議從速編纂抗戰史以重戰時文獻案〉（國民參政會第三次大會提案第四十六號），《國民參政會關於編纂戰史的提案》，中日戰事史料徵輯會編《中日戰事史料徵輯會集刊》第 1 期，第 35 至 36 頁，1940 年 6 月出版。

　　第四，收集散見於日報、雜誌、小冊子或成書中的專篇、戰事記與時人言論），仿《三朝北盟會編》體例，案年彙錄全文，以便保存。

　　第五，收集人物、地圖、照片、圖表等，分類彙輯，編號保存。

　　關於編輯形式，計畫編輯的圖書有《中日戰事記事彙編》長編、《中日戰事紀略長編》、《中日戰事分區記事長編》、《中日戰事書目提要》、《昭忠錄史料彙集》等。其中《中日戰事分區記事長編》設計十分詳細，姚從吾提出兩種形式。其一仿李心傳《建炎以來繫年要錄》的形式，以編年體記載全部中日戰爭的歷史。其二仿袁樞《通鑒記事本末》，按盧溝橋事變以來日寇「進犯路線」及雙方攻守目的，以戰區為單位分為鐵道線、大都會、公路線、轟炸區四類。鐵道線包括平漢線戰事，平綏線戰事，京滬線戰事，津浦線戰事等；大都會包括平津戰事、首都淪落等。各戰區內的外交關係、逃亡、救濟，陷落後的狀況等，也附記於各區戰事之後。

　　書中還對史料的取材標準做了規定。其中國內方面，含政府命令公告，重要日報，未刊佈的通信和專篇，圖片照像，私人已刊未刊的抄本與手稿等。國際方面，含英國《泰晤士報》、法國《巴黎時報》、美國《紐約時報》、蘇聯《真理報》、德國《人民觀察報》或《佛朗克趺埠報》，義大利《義大利民報》等。

　　《昭忠錄史料彙集》也是頗有預見的設計。雖然它只是被作為收集中日戰事史料的一種附帶性質的工作，但姚從吾對此十分重視。他建議抗戰勝利後建立昭忠館，陳列抗戰英烈及其事蹟。它包括抗戰以來殉國諸將士、烈士、義士的家節（家節二字徐思彥未查到詞意，因一時未找到原稿，出版稿中暫刪去此詞，待以後再核實）、生平、學行、殉難事實，編為列傳，以垂永久。烈士除了犧牲在戰場者外，還包括行刺破壞敵人軍事政治而殉國者。義士則包括各戰區內不屈節而消極殉國之鄉紳、士大夫、忠義俠士、技術人員、工農商賈等。[1]

---

[1] 姚從吾：〈盧溝橋事變以來中日戰事史料蒐輯計畫書〉（草稿），臺北中央研究院近代史研究所檔案館藏朱家驊檔案。該書為鉛印本，無印刷日期，僅注「民國二十七年八月草於蒙自西南聯合大學分校，二十八年三月增訂於昆明」。

姚從吾起草這個草案時，實際上已經開始收集戰事史料。不過，紙上的計畫得到落實，則在西南聯大到昆明之後。

二、組織實施

1939 年 1 月，西南聯大遷至昆明後不久，便與國立北平圖書館聯合組成「中日戰事史料徵輯會」。長沙臨時大學組建的時候，亦遷到長沙的北平圖書館，也加入了長沙臨時大學，成為這所學校的一個部分。其後，長沙臨時大學遷往昆明時，北平圖書館也一同遷來。到達昆明後，北平圖書館雖然恢復獨立，但它與西南聯大的合作關係仍然繼續著，這便為雙方聯合組成中日戰事史料徵輯會創造了條件。

如果說姚從吾在蒙自開始的戰事史料還屬於個人工作的話，那麼中日戰事史料徵輯會的成立，就成為一項有組織、有領導、有規劃的集體性工作。為了開展史料徵輯，雙方組成了委員會。委員會主席由北平圖書館館長袁同禮擔任，西南聯大文學院院長馮友蘭擔任副主席。委員會委員除袁同禮、馮友蘭外，還有西南聯大史學系主任劉崇鋐，史學系教授姚從吾、陳寅恪、傅斯年，政治系教授錢端升，及中央研究院社會科學研究所所長陶孟和、雲南大學史學系教授顧頡剛。劉崇鋐的家眷在北平，他曾三次北返，有較長一段時間不在學校，故西南聯大於 1942 年 11 月，決定另聘雷海宗教授為委員。[1]

為了報告和促進中日戰事史料的徵輯工作，中日戰事史料徵輯會於 1940 年 6 月出版了《中日戰事史料徵輯會集刊》。該刊編輯隊伍十分強大，總編輯為姚從吾，副總編輯為劉崇鋐，中文編輯為鄭天挺、錢穆，英文編輯為張蔭麟、葉公超、雷海宗、蔡維藩、丁佶、皮名舉、伍啟元，德文編輯為馮文潛，俄文編輯為劉澤榮，日文編

<hr>

[1] 〈國立西南聯大致北平圖書館函〉（1942 年 11 月 18 日），北京大學、清華大學、南開大學、雲南師範大學編：《國立西南聯合大學史料》第 3 冊「教學科研卷」，第 720 頁，雲南教育出版社 1998 年 10 月出版。

輯為王信忠、傅恩齡。同時，還設有論文編輯，由邵循正、吳達元擔任。[1]這支編輯隊伍，大多數為西南聯大教授，陣容很是可觀。

中日戰事史料徵輯會的工作，是「蒐集直接間接有關抗戰之文獻，集中庋藏，以供參考」。[2]但寥寥數語，卻包含著極其龐大的工作。在清華大學檔案中，保存著《國立西南聯合大學、國立北平圖書館合組中日戰爭史料徵集會辦法》。該辦法共八條：「第一條、國立西南聯合大學（以下稱甲方），及國立北平圖書館（以下稱乙方），為徵集抗戰史料起見，共同組織中日戰事史料徵輯會。第二條、本會設立委員會主持會務，委員七人，由甲、乙兩方共同組織之。第三條、為辦事便利起見，得設常務委員會，下設助理員分組辦事。第四條、關於中文及日文之資料由甲方擔任，關於歐美資料由乙方擔任，各立財產簿分別登錄。第五條、關於徵集、採訪，由甲方圖書館及乙方分別辦理。第六條、關於整理、編輯，由甲方歷史、社會學系教授同學生擔任之。第七條、除文具、紙張、傢俱由甲方擔任外，購置費暫定一萬元，由甲、乙兩方各認半數。第八條、助理員之薪金由原派機關分別擔任，遇必要時得接受其他機關之補助費。」[3]《清華大學史料選編》收入此條資料時，加注說「此辦法之制定時間不詳」，但根據當時報紙消息，應在這一時期。

清華大學檔案中的「中日戰爭史料徵集會」，是「中日戰事史料徵輯會」的又一稱呼，在不同文獻中交叉使用，有時還稱為「徵集委員會」或「徵輯委員會」。不論哪種稱呼，都是一個機構。中日戰事史料徵輯會成立後，受到社會的關注。《益世報》曾多次報導，披露說：「國立北平圖書館為徵集抗戰史料，以免日久散失，並欲由此奠一基礎，以期逐漸完成各種預定著作起見，特與聯大合組中日史料徵

---

[1]　〈中日戰事史料徵輯會工作報告〉（1939年1月12日），中日戰事史料徵輯會編《中日戰事史料徵輯會集刊》第1期，第25至26頁，1940年6月出版。

[2]　〈本會啟事一〉，中日戰事史料徵輯會編《中日戰事史料徵輯會集刊》第1期，1940年6月出版。

[3]　〈國立西南聯合大學、國立北平圖書館合組中日戰爭史料徵集會辦法〉，清華大學校史研究室編：《清華大學史料選編》第3卷（下），第262頁，清華大學出版社1994年4月出版。

輯委員會，聘馮友蘭、錢端升、劉崇鋐、姚從吾、傅斯年、陳寅恪、顧頡剛、袁同禮、蔣廷黻等九人為委員，暫定購置費為一萬元，由兩方各認其半，於日前正式組織成立，刻正積極從事蒐集有關資料，以備編存，凡歐美日本各項刊物均在徵集之列，此外並在淪陷區域委託人代為搜集敵人刊物及宣傳品等陸續寄滇，以供專家參考研究編輯，預料未來抗戰文獻得有極大貢獻。」[1]此消息報導的委員會成員，與《中日戰事史料徵輯會集刊》記載略有不同，這說明機構成立後，曾做了調整，當以徵輯會集刊為准。

中日戰事史料徵輯會成立後的首要工作，是購置英、法、俄、美及中日各國之有關中日戰爭的史料。1939 年 1 月 12 日，中日戰事史料徵輯會曾撰寫了一份工作報告，將入藏資料分為十五個大類，即：「（一）政府機關及各政黨各社團之出版物，如公報、宣言油印本等。（二）外國政府及國際聯合會出版之類似資料。（三）私人著作及演講稿。（四）新聞記者之報告書。（五）中日問題研究專家之著述及論文單行本。（六）遠東問題及太平洋問題之著作。（七）外僑財產損失報告。（八）各國教會財產被毀損失調查。（九）各國社團及工會援華運動之宣傳品。（十）海外中國各政黨之出版物。（十一）文化機關被毀調查。（十二）醫藥防疫及戰地救護設施報告。（十三）敵人漢奸之出版品及宣傳品。（十四）前線戰況將士生活。（十五）後方建設報告及圖片。」[2]

此外，中日戰事史料徵輯會還編輯了《敵情》和《敵偽資料》兩個副刊。《敵情》副刊是在昆明《中央日報》開闢的一個專欄，目的一是為了「適應抗戰期間一般讀者對於敵情之瞭解」，一是「解剖敵偽陰謀以堅定抗戰決心，暴露日本危機以增加抗戰信念」。《敵情》副刊至 1939 年 1 月，已經出版到 45 期，取材標準為六項：第一是「選輯敵國朝野侵華的言論及策略」；第二是「敵國侵華機構的組織及活動概況」；第三是「敵國侵華領袖的略歷與主張」；第四是「敵人操

[1]　〈中日戰事史料徵委會日前組織成立〉，昆明《益世報》1939 年 3 月 1 日，第 4 版。
[2]　〈中日戰事史料徵輯會工作報告〉（1939 年 1 月 12 日），中日戰事史料徵輯會編《中日戰事史料徵輯會集刊》第 1 期，第 11 至 12 頁，1940 年 6 月出版。

縱下的偽組織情形」；第五是「敵國輿論中所表現的內政外交方面的矛盾及危機」；第六是「敵國的重大政治情形及略況」。《敵情》的內容，包括政治、國際關係，經濟財政、文化、雜類、人物、敵情簡訊七大類。[1]與此同時，中日戰事史料徵輯會還在重慶《中央日報》開闢了《敵偽資料》副刊，至 1941 年 3 月下旬，已出版至 86 期。[2]《敵偽資料》與《敵情》收錄材料雖有不同，但性質大致相仿。

中日戰事史料徵輯會從事的是一項極其重要的工作。《益世報》在一則消息中評論說：「此次抗戰為我國有史以來第一大事，將來史家必有極翔實且極生動之記載，為我民族萬年千祀人人所必讀者。惟史料最易亡失，且在抗戰期內，機關與個人皆日在流離播越之中，保存材料自未易為。」而中日戰事史料徵輯會，就是旨在「大規模的搜集抗戰史料，加以整理剪排，編輯戰爭大事日表，戰局轉移地圖，戰事書籍提要，戰時雜誌公牘索引等書」，起到喚起民族精神的作用。[3]在中日戰事史料徵輯會同仁中，姚從吾不僅是最早的設計者，也是此項工作的主要承擔者。作為歷史學家，姚從吾非常熟悉史料的收集整理，他的設計吸收了前人史料編纂的經驗，結構龐大，系統。《益世報》上則消息稱「總統編纂姚從吾氏擬具蒐集計畫書，作實際工作之準繩」，可見姚從吾為它付出了極大心力。收集中日史料是件既費時又耗力的工作，為了做好這項件工作，1942 年 1 月姚從吾向批准此項工作的教育部長朱家驊提出辭去其在國民黨西南聯大區黨部的工作，理由即為「生病後精力甚差，史料會、研究所事忙，實難久任」。[4]

收集中日戰爭史料的工作，受到國民黨中央執行委員會黨史史料編纂委員會的重視。1941 年 3 月，國民黨中央黨史史料編纂委員會致

---

[1]　〈中日戰事史料徵輯會工作報告〉（1939 年 1 月 12 日），中日戰事史料徵輯會編《中日戰事史料徵輯會集刊》第 1 期，第 17 至 18 頁，1940 年 6 月出版。

[2]　〈史料會致總務處函〉（1941 年 3 月 21 日），北京大學、清華大學、南開大學、雲南師範大學編：《國立西南聯合大學史料》第 3 冊「教學科研卷」，第 719 頁，雲南教育出版社 1998 年 10 月出版。

[3]　〈史學界消息〉，昆明《益世報》1939 年 5 月 30 日，第 3 版。

[4]　〈姚從吾致朱家驊〉，1942 年 1 月 21 日，臺北中央研究院近代史研究所藏朱家驊檔案。

函中日戰爭史料徵集會，要求將「已經編定抗戰史料目錄及分類法及有關抗戰史料之提要大綱、計畫說明等類逐一檢送一份，俾資借鏡」。中日戰爭史料徵集會遂開列出中文組業即將完成的十部資料長編目錄，它們是：《華北事變後青島敵我動態》、《抗戰期中的雲南》、《津浦線初期戰況長編》、《平津線初期戰況長編》、《南昌淪陷紀事編》、《金廈門戰事史料長編》、《隴海線戰區史料長編》、《初期之西戰場戰況長編》、《華北偽組織》、《桂南戰事史料長編（粵南路戰事附）》。這十種長編，約百餘萬字，不久即可交文化服務社刊行。同時，中日戰爭史料徵集會還彙報說：1939年年底以前的工作報告，已刊登在他們出版的《中日戰史史料徵輯會集刊》中。1940年1月以後的工作，除連續性質的中西日文書籍雜誌目錄索引等還在繼續進行外，其他日文編譯組完成的短篇資料、有時間性的論文，已經每週刊載於昆明《中央日報》編輯的《敵情》副刊，該副刊時已出版了86期之多。至於《長編》與大部譯作，還在整理中。此外，剪報部也以編年、分類兩種方，進行了逐日剪裁。[1]

　　中日戰爭史料的收集與整理雖然十分重要，但同樣存在經費困難問題。1944年5月，姚從吾致函朱家驊，請求教育部增加此項工作的經費。信中說：「西南聯大歷史系主辦之抗戰史料徵輯會，自二十六年成立以來，已將八年，工作繼續，迄未中斷。三十二年度約用六萬元。今年書報昂貴，郵費倍增，預算非有十二萬元，不足以維持舊有購置之數量。除請求中英庚款董事會、西南聯大、北平圖書館增加經費及補助費外，曾由聯大與北平圖書館合辭向教育部請求體念工作重要、支出浩繁，將原有補助之每年一萬二千元，增為六萬元。原呈已由馮芝生先生於四月初出席學術審議會之便，面交立夫先生。乞今尚未得覆。不識吾師能於便中代為說項，俾得如數照準否？收輯史料，似易實難，八年辛勞，每懼中綴，以備所寄，不知□言，幸吾師

[1] 〈史料會致總務處函〉（1941年3月21日），北京大學、清華大學、南開大學、雲南師範大學編：《國立西南聯合大學史料》第3冊「教學科研卷」，第718至719頁，雲南教育出版社1998年10月出版。1941年3月21日，西南聯大以學校名義致函國民黨中央執行委員會黨史編纂委員會，轉呈了上述內容。

多賜資助也。」[1]這封信，述說的經費方面所面臨的困難，但也反映了姚從吾認真與負責的態度。可以想像，在物價騰飛、文化貶值的年代，即使從事這樣具有長遠意義的工作，也需要相當的韌力。

　　收集整理中日戰事史料的工作，於 1946 年西南聯大復員北上前告一段落。6 月 9 日，姚從吾致函朱家驊略做彙報，說西南聯大與北平圖書館合組的中日戰事史料徵輯會於本周正式結束。收集之資料從 1938 年起至 1946 年 6 月止，「共得日報、期刊、小冊子、文件等，一百六十八箱（三分之二為大木箱，餘為中號箱），歷時九年，幸未一日中斷。」現已由西南聯大正式點交北平圖書館接收，以期續工作，且雙方訂有合同。信中還說，1943、1945 年度給予的 24 萬元補助費，雖然公文業已收到，但迄今並未收到款項。[2]由此可見，姚從吾在難度大，資助少的情況下，仍堅持不懈承擔著這項工作。

　　至於此項計畫的具體執行情況，鑒於材料不足，還有待進一步瞭解。

三、編纂目的

　　西南聯大教授參與的中日戰事史料的徵輯與編纂，無疑是費時耗力的工程。在遷徙流離、環境惡劣、萬事待舉之際，為什麼要做這件工作呢。對此，馮友蘭在《中日戰事史料徵輯會集刊》第 1 期發表的《本刊旨趣》中，做了通俗易懂的介紹。

　　首先，馮友蘭強調抗日戰爭是中華民族的歷史轉捩點。他說：「一個民族的獨立自由，是他自己用他自己的力量爭取來底。求別人給與獨立自由，是一個自相矛盾底行為，亦是一個自相矛盾底思想。別人能給與我以獨立自由，則此所謂別人的權力，必然在我之上。既然在我之上有一個權力，則我又有何獨立自由之可言？這是一個不待言而自喻底真理。我們的民族，四千年來巍然獨立於天地之間，這並不是

---

[1]　〈姚從吾致朱家驊〉，1944 年 5 月 22 日，臺北中央研究院近代史研究所藏朱家驊檔案。

[2]　〈姚從吾致朱家驊〉，1946 年 6 月 9 日，臺灣中央研究院近代史研究所檔案館藏朱家驊檔案。

一件僥倖底事情。這是我們的祖先不知流了多少血，才得來底成績。我們的民族有四千年的歷史，這歷史是我們的祖先用血寫成底。」現在，中華民族又一次遇到了重大的危機，而且這次危機在中國歷史上可以說是空前的。然而，「半世紀以來，中日間底舊帳，都要在這次戰爭中，得一總清算」，如果我們失敗了，「以後雖非不能恢復，但其困難，要比以前大得多」。由此看來，這次中日戰爭實在是中華民族的轉捩點。目前，「我們所可以自慰底，即我們雖以劣勢底軍備，劣勢底經濟，而打了兩年多，但敵人的目標，不但沒有得到，而且其得到的希望，比開戰以前，更加渺茫。」與此相反，「我們的大多數底人民，都能繼續我們民族四千年來，用自己的力量，爭取獨立自由的精神，以與敵人奮鬥」。因此，「這兩年半的歷史，是我們將來震古鑠金底事業的張本」。

接著，馮友蘭指出捍衛國家獨立的英雄們，創造了輝煌的歷史，而記錄英雄們的偉績，是史學家的責任。「這兩年半的歷史，是我們無數有名底或無名底英雄寫底。他們用他們的血，在四千年底錦繡河山上面，寫下了這段歷史。他們已寫了兩年半，但是還沒有寫完。他們仍在繼續寫，一直寫到我們的國家民族，以及其中底各個人，都得了『大團圓』的結局，方才能告一段落。」馮友蘭強調「英雄們用血寫底歷史，歷史家要趕緊用墨抄下來」。因為「用血寫底歷史是歷史的本身，用墨抄下來底歷史，是所謂寫底歷史。歷史的本身，固然是永存於天壤」，如果沒有完全的歷史，那麼「歷史的本身，是不容易傳之於後人底」。

馮友蘭認為，當代的史學家存在著厚古薄今的傾向。他說：「近二十年來，我們的史學，有很大底進步」，例如司馬遷父子、劉歆父子「弄不明白底，我們現在弄明白了」。但是，這些大多在於古代史方面，「近代史方面，史學的進步已經較少。至於現代史，則人對之更不注意」。產生這一現象的原因一，是一些人以為現代的事是無人不知，無人不曉，所以認為沒有特別予以注意的必要。可是，「嚴格地說，現代底事，果是『無人不知，無人不曉』嗎？」，即使果真如此，「而現代底人，若不把關於現代底事底紀錄材料，保存起來，事

過境遷，後來底人，欲知現代底事，也必有『文獻不足』之感了」。可見，「若就對於我們現在的關係說，則研究今歷史，較研究古歷史，尤為重要」。

上面這番話，馮友蘭是從做學問的角度做出的解說。講到這裡，他的筆鋒一轉，與搶救抗戰史料聯繫了起來。他說：這兩年多來無數有名或無名的英雄用血寫成的歷史，「對於我們的前途的關係，其重要遠超過任何時代底古史」。而且，「關於這段歷史底紀錄材料，在戰時很容易散失」，歷史學家必須趕緊用墨記錄下這段英雄們用鮮血寫成的歷史。雖然「這種工作，固然不是立時所能作成，但先把關於這段歷史底紀錄材料，收輯保存起來，以備將來國史及歷史家的採用，是現在注意歷史底人所立刻能作，而且立刻應該作底」。當年在長沙的時候，有些材料很容易得到，但是現在卻不容易了，這更使人們深感「後之視今，亦猶今之視昔」，所以必須努力加緊抗戰史料的徵輯工作。尤其是「或身經戰役，或從遊擊區出來」的人，「對於戰區遊擊區的軍事，政治，經濟，社會各方面，有直接底知識」，對於這些最感缺乏的史料，更應當加以足夠的重視。[1]

中日戰事史料的徵輯與編纂，很大部分是日軍侵華的罪行。收集這些史料，自然帶有戰後清算的目的。但是，人們也認識到，這項工作並不只是為了戰後的清算，也不是想要培養中國民眾仇恨日本的情緒，而是要通過這一慘痛的歷史，進行反對戰爭、維護和平的國際主義教育。這一點，教育系教授邱椿認識的很清楚。

1939 年 2 月，中日戰事史料徵輯會剛剛開始工作的時候，邱椿在一篇闡述抗戰教育的文章中寫到：「我國的抗戰教育不是培養民族間的仇恨心的教育，而是增進國際間同情心的教育。」他進一步指出，過去的教育家時常教育兒童仇恨敵國整個民族，如第一次世界大戰期間，「英國教師都努力培養兒童對於整個德意志民族的仇恨心」，在一部小學歷史教科書中，甚至有這樣一段話：「德國人

---

[1] 馮友蘭：〈本刊旨趣〉，中日戰事史料徵輯會編《中日戰事史料徵輯會集刊》第 1 期，1940 年 6 月出版。

的確是一個殘暴的野蠻的民族。在這次戰爭中，他們破壞了神造的和人制的一切法律。他們公開宣言國際條約僅是『一堆廢紙』，隨時可予以撕毀；他們待虐和慘殺俘虜；他們屠殺婦孺，將小孩掛在刺刀尖上搖晃，聽小孩的痛哭以為笑樂；他們毀滅教堂和醫院，槍殺醫生和看護；他們撒毒氣，投毒藥於井內河中；他們割伐禾稼和果樹，他們所經過的地方，在焚燒殘殺以後，僅餘一堆瓦礫。他們沒有宗教，在他們的心目中，沒有仁愛，沒有真理，沒有名譽。在文明國家中，他們沒有地位，他們像惡獸，簡直不是人。」邱椿認為這樣的話，很容易在兒童心底造成仇恨德國整個民族的印象，但是這種做法是不可以效法的。

正因如此，邱椿認為「我們抗戰教育的目標並不在培養兒童對於敵人整個民族的仇恨心」，因為「中國的敵人不是整個的日本民族，而是日本的帝國主義者，日本的少數軍人」，只有這些人才是日本人民和全世界人的公敵。因此，我們應該「為愛日本整個民族而打倒日本軍閥」，「為同情於日本被壓迫的大眾而反抗日本的壓榨階級的侵略」。他主張，在抗戰時期的教科書中，「決不謾罵日本民族為野蠻民族，決不說日本人都是壞蛋，決不將少數日本人的暴行之罪惡加諸日本民族的全體之上」，而應該「不但不教兒童仇恨日本人，而且要培養兒童對於日本被壓迫者的同情心」。邱椿強調，我們的抗戰教育，「不是軍國民主主義的教育，而是民族自衛的教育；不是消極的排外的教育，而是積極的建國的教育；不是培養民族仇恨心的教育，而是增進國際間同情心的教育。」只有確定這樣的抗戰教育理念，才有助於發揮自衛精神以爭取民族獨立與自由，有助於培養建國意志與知能以奠定現代國家基礎，有助於增進國際間同情心以確保世界和平。[1]以西南聯大教授為主的中日戰事史料徵輯會，正是本著這一宗旨開展工作的。

---

[1]　邱椿：〈抗戰教育需要一個理念〉，昆明《益世報》1939 年 2 月 15 日，第4 版。

　　除了中日戰事史料編纂外，政治系教授邵循恪也計畫進行中日關係研究。1941 年底，他草擬了一個《國際法與中日事件研究計畫》。在說明研究目的時，他說：「自蘆溝橋事變以來，中日戰事中發生不少國際法問題，日本國際法名家東京帝大教授立作氏，已就日本觀點上寫成《國際法與支那事件》；國人除少數宣傳品外，毫無系統的學術著作；現擬搜集材料，整理成書，並擬借鑒已往國際法上名著，例如 Carnet 氏之《國際法與歐戰》，Hersbeyy 氏之《國際法及外交與日俄戰爭》，Padeltord 氏之《國際法與西班牙內戰》，於中日戰爭中國際法問題，作一詳細探討。」

　　邵循恪早年留學美國，是芝加哥大學博士。在西南聯大，他在政治系開設過外交史、中國近代外交史兩門必修課，還給研究生開過國際公法判例、國際及殖民行政等專題課。在昆明，他先後發表過《最近歐洲疆界問題》（1939 年 4 月 23 日）、《德國的遠東政策》（1941年 2 月 2 日）、《蘇聯的遠東政策》（1941 年 3 月 2 日）、《羅斯福的遠東政策》（1941 年 3 月 30 日）、《太平洋和戰問題》（1941 年 9 月 8 日）等論文。這些論文，著眼點主要集中在歐洲，但他也寫過《傀儡組織與偽約》（1940 年 12 月 5 日）。[1]由於這些積累，他決心從國際法角度，開始對中日關係進行研究。1942 年 5 月下旬，他在西南聯大國際情勢講演會做的「世界大戰與國際法」報告，可能就是他最初工作之一。關於《國際法與中日事件研究》，他計畫分三個步驟：第一部分用兩年時間編輯《中日事件國際法及外交檔》，內容包括有關條約、各國法規、外交檔及司法判例。第二部分也打算用兩年編輯與轉述中日事件與國際法叢刊及著作學術論文，並「先就各重要專題，有充分材料者，予以清理發表，或為專著，或為學術論文」。第三部分，則為撰寫《國際法與中日事件》一書，計畫在戰爭結束後一年完成。這個計畫也比較龐大，僅用紙就需 3 千張，按當年物價，經

---

[1]　邵循恪的這些論文，均發表在當時昆明各報紙和刊物上，此處不逐一注明。

費申請美金 30460 元。[1]可見，對於中日關係的研究，除了西南聯大與北平圖書館的合作項目外，一些個人也展開了研究。

第二節　正視國際關係演變

1939 年 4 月 9 日，天津偽聯合儲備銀行兼海關監督程錫庚在天津英租界被愛國人士刺殺斃命，這便是導致英、日關係緊張的「天津事件」。天津事件發生前的當年 2 月，日本扶植的偽維新政府外交部長陳籙及親日財界要人李國傑，便在上海租界先後遭到暗殺，另兩名日本軍人也在租界受到襲擊。一直礙於有關訂約約束不能在租界肆意妄為的日本，借此曾向英美政府提出日本警察可隨時隨地在租界內採取行動的蠻橫要求，而天津事件的發生，給了日本又一個壓迫英國的藉口。

在中國畸形社會中，租界是個非常特殊的區域，日本發動侵華戰爭後，淪陷區人民一直利用租界的特殊環境堅持抗日鬥爭。位於天津市區中部、佔地 6369 餘畝的英租界，是英國在華北的經濟與金融中心，這裡集中了列強開設的數百家銀行、洋行及工廠，號稱英國「皇家四大行」的怡和、太古、仁記、新泰興銀行都聚集在這裡，因而早就是日本覬覦的對象。

天津事件發生後，租界工部局巡捕房逮捕了四名涉嫌人，日方遂要求將他們送交偽地方法院審判。圍繞著是否移交刺程案嫌疑人事，英日間展開交涉，中國希望英方不要交出，並保證以後不在英租界引起糾紛。英國外交部提出折衷建議，希望由英、日、美三國組成調查委員會，以確認四名涉嫌者是否有罪。但是，日本顯然企圖以此為由奪取租界控制權，因此拒絕了英國建議，並於 5 月 31 日提出最後通牒，限 6 月 7 日 12 時前就引渡一事作出答覆。6 月 6 日，英國駐天津總領事代表英國政府拒絕了日本的要求。惱羞成怒天津日本駐軍，

---

[1]　邵循恪：〈國際法與中日事件研究計畫〉，《國立西南聯合大學史料》第 3 冊，第 555 至 556 頁。

於 6 月 14 日悍然封鎖天津英法租界，從而演成七七事變爆發後英日關係的首次嚴重危機。面對日本對天津租界的封鎖和在各地發動的反英運動，英國考慮到歐洲大戰爆發在即，無力東顧，被迫同意進行談判。英國駐日本大使克萊琪與日本外務省大臣有田八郎於 7 月 15 日舉行的東京談判，就是在這個背景下開始的。

從天津事件至英日東京談判，一直密切關注著事態發展的西南聯大國際問題專家，對各個階段都發表了分析和評論。這些分析評論，反映了他們對國際關係變化的觀察，也反映他們對如何堅持抗戰的認識。

一、對日英東京談判的反響

東京談判伊始，日方首先提出要確定一個原則性協議，要求英國承認中國目前存在的特殊戰爭局面，接受日軍可以採取自認為最合適的辦法來應付中日衝突的做法。這個要求顯然有意擴大談判範圍，企圖迫使英國承認日本侵佔中國的既成事實。英方則認為天津事件屬於地方性質，主張談判應當就事論事，不涉及整個中國問題。但是，綏靖政策指導下的英國政府，最終還是擔心談判破裂，造成英日對抗，遂做出讓步姿態，滿足了日方要求。7 月 24 日，英日達成原則性協定，即引起世界強烈反響的「有田—克萊琪協定」，其文為：「英國政府完全承認正在大規模戰爭狀態下之中國之實際局勢，在此種局勢繼續存在之時，英國知悉在華日軍為保障其自身之安全與維持其侵佔區內之公安之目的計，應有特殊之要求，同時知悉凡有阻止日軍或有利於日軍敵人之行為與因素，日軍均不得不予制止或取消滅之，凡有妨害日軍達到上述目的之行動，英政府均無意加以贊助，英國政府將趁此時機，對在華之英當局及英僑說明此點，令其勿採取此項行動與措置，以證實英國在此方面所取之政策。」[1]

---

[1] 〈張伯倫聲明英不阻礙日寇侵略，仍稱不變更對華政策，東京會談之內容如此〉，《中央日報》「重慶各報聯合版」1939 年 7 月 26 日，第 3 版。

　　對日妥協的「有田—克萊琪協定」，是英國張伯倫內閣綏靖政策的產物。儘管張伯倫在下院解釋協定內容時，強調這只是「為利於英日討論天津事件」，故與英國政府的對華政策無關。但是，協定的文字無疑等於英國事實上承認日本侵華合法性，因此不能不遭到中國政府的反對。25 日，中國外交部發表重要聲明，「對於英國政府在此次東京會談所採取之態度，不能不引為失望」；對「英國政府對於在華日軍所謂特殊需要，竟聲明知悉，是不能不深引為憾」；對「英國政府又擔任使在華英國當局及英國僑民明悉彼等應避免任何阻礙達到日本軍隊目的之行動或辦法，尤堪訝異」。同時，要求「英政府對於所謂天津局部問題之討論，必將採取一種態度，符合其法律上及道德上對華之責任，並以行動表明其對於日本在華侵略造成之局勢，決不變更其固有之政策。」[1]

　　「有田—克萊琪協定」公佈後，始終關注東京談判的西南聯大和中國民眾一樣，立即表示出唾棄態度。關心國際局勢是西南聯大的優良傳統，何況其成員之一南開大學就來自天津。「有田—克萊琪協定」是 7 月 24 日在東京簽訂的，25 日中國各報僅披露了英國首相張伯倫在下院對議員們質問的回答。協定的正式文本及中國外交部的聲明，是 26 日才同時見諸國內報端。28 日上午，距英日協定消息傳到中國僅隔一天，政治系教授錢端升便應西南聯大學生自治會約請，在文林街聯大師範學院做了題為《東京英日談判與最近國際形勢》的演講。[2]

　　錢端升是著名政治學家，1919 年從清華學校畢業後赴美留學，獲哈佛大學博士學位。回國後，錢端升歷任清華大學、北京大學、中央大學等校教授，並於 1934 年初出任天津《益世報》社論主筆。

---

[1] 〈我外部對東京談判發表重要聲明，英國態度頗使我國失望〉，《中央日報》「重慶各報聯合版」1939 年 7 月 26 日，第 2 版。

[2] 〈錢端升今在聯大師範講演〉，昆明《益世報》1939 年 7 月 28 日，第 4 版。該報導僅為簡短消息，未刊登演講內容。8 月 6 日，錢端升在《今日評論》2 卷 7 期發表《英美對日外交的新變化》，從時間上推測，至少有一部分是這次演講的內容。

在日本侵略華北根據地的天津，錢端升不為所懼，撰寫了大量宣傳抗日、抨擊對日妥協的社論，由此得罪了日本勢力，不到兩年便被迫離開。[1]七七事變後，國民政府派遣了一些民間人士出國宣傳，爭取國際同情，錢端升是首批以非官方身分派往歐美諸國的三位使者之一。[2]1937年9月中旬至1938年8月下旬，錢端升用近一年時間周遊了美、法、英、瑞士等國，考察了這些國家的政治制度與外交政策。其間，他被國內推選為出席倫敦國際反侵略運動大會的代表[3]，還曾被考慮留在歐洲主持統一宣傳工作的負責人[4]。因此，說他是當時國內對英日協定最有發言權的專家並不過份。而錢端升的這次演講，也不僅是西南聯大甚至可能是全昆明第一個對「有田—克萊琪協定」的公開剖析，它對人們瞭解英日關係及對中國抗戰的影響，確有不小幫助。

　　錢端升的演講，可能是昆明國立專科以上學校一次行動的準備。7月30日，錢端升講演後第二天，昆明國立專科以上各校學生代表在英日協定簽訂後的第一個星期日，舉行了抗戰爆發以來昆明地區學界的首次聯合大會。大會在雲南大學召開，會上一致通過了兩個宣言，其中一個便是以「對英國與日成立初步協定表示失望」為中心內容的宣言。[5]宣言署名者中，列於首位者為「國立西南聯合大學學生自治會」，其後依次是「國立雲南大學全體學生、國立同濟大學戰地服務團、國立藝術專科學校學生自治會、國立體育專科學校學生自治

---

[1]　錢端升：〈我的自述〉，《錢端升學術論著自選集》，北京師範學院出版社1991年1月出版，第696至697頁。

[2]　與錢端升一起以非官方身份派往歐美宣傳的另兩位是胡適與張忠紱，他們和錢端升都是北京大學教授。其中胡適後來出使中國駐美大使，但西南聯大一直保持著他的教職。張忠紱也的名字也保留在長沙臨時大學教員名冊中，只是他回國後沒有到西南聯大，而是就任中央軍事委員會參事室參事。

[3]　〈國際反侵略運動大會中國分會昨成立〉，《武漢日報》1938年1月24日，第3版。

[4]　《王世杰日記》1938年2月11日。文中云：「晚間函朱騮先兄（內定使德）商歐洲方面宣傳機關之組織。予意最好在英德法各設一永久性質之機關，以統一宣傳工作，並提議請錢端升主其事。」

[5]　這次昆明國立專科以上各校學生代表大會通過的另一個宣言是以「對美國廢止美日商約表示贊佩」為中心的宣言。

「會」。這是一份西南聯大歷史的珍貴文獻，也是抗日戰爭時期中國學界對於國際關係的一次重要表態。鑒於這個宣言在迄今為止西南聯大各類史料中均未收入，故特錄全文予以存真：

> 我們對於本月二十五日英日東京談判的初步協定，特發表如下的宣言。我們認為英政府在此次英日協議中所採取的態度，不僅不能阻遏日寇獨霸東亞的野心，反足以助長侵略的兇焰，危害英國在遠東的地位和威望。尤使我們驚異而深以為憾者，乃英政府竟不顧迭次有國聯會議中所提的確保，即避免採取足以減弱中國抵抗力量的任何行動，並對於援助中國之各種辦法儘量使其有效。目前英日協議中英政府所採取的辦法，又恰恰與此背道而馳。我們向以英國為最可信賴的友邦之一，而如今英政府的態度和辦法，我們認為對於中英兩國的友誼無異投下一層陰影，將不能有所增進。我們深信英政府的失策，實不足以代表大多數愛護正義擁護中華民族自由解放的英國人民，我們要求他們繼續發揚盎格魯撒克遜民族偉大的傳統精神，站在公理和人道的立場上，一面督促政府，檢討過去的失策，一面和我們爭取自由解放的中國人民緊緊的拉起手來，為反抗侵略保衛世界和平而奮鬥。最後我們更願勸告世界各友邦的人士，中國艱苦卓絕地擔任反侵略的先鋒，已經兩年多了，我們今後無論在任何困難的環境下，一定要遵奉我們的最高統帥蔣委員長的訓示，以加倍的努力來支持下去，直到我們驅除日寇，和全國人民一致信仰的三民主義新中國的建立。[1]

西南聯大學生自治會署名的這個宣言，反映了社會各界對英國妥協態度的憤慨。這種憤怒完全可以理解。正如有人所說：東京談判開始時日本就聲稱外交取得勝利，說英國諒解了日本對華政策、承認華

---

[1] 〈昆明學界發表宣言，對美國廢約表贊佩，對英國妥協表示失望〉，《中央日報》「重慶各報聯合版」1939 年 8 月 1 日，第 2 版。

北傀儡組織、承認日本在華造成的既成事實、放棄援華政策等。對於這些，人們認定是日寇慣用的欺騙伎倆，但看了「有田—克萊琪協定」後，才確知英國果然如此妥協，儘管這還不是東京談判的最後結果，但「依據此種諒解而進行的會議，其大為不利於中國，殆可預知」，因此不由得「大為驚異，大為失望」。[1]

二、對英國妥協態度的批判

在社會輿論對「有田—克萊琪協定」的反應中，羅隆基撰寫的批判文章十分突出。羅隆基時任《益世報》總編輯，同時任西南聯大政治系教授。[2]在他主持下，《益世報》不僅刊登了大量關於東京談判的報導，發表了多篇學人評論，而且他本人也以社論主撰（執筆人）的身份，撰寫了一些尖銳深刻的社論。這些社論集中反映了國內輿論的主流意見，其中尤以「有田—克萊琪協定」公佈後即接連發表的三篇社論最為有力。

7月26日發表的《對英國的嚴重抗議》，羅隆基站在中國國民立場上撰寫的第一篇社論。它除向英國政府提出嚴重抗議外，著重從四個方面對協定提出質疑。文章指出：一，協定英文使用的「Regions under their control」，「按原意應是日寇控制區域，不限於佔領區域，更不限於天津，這與英國列次所聲明東京會議只討論天津問題一點，大不符合」。二，「英國承認日軍在華有保障自身安全之一切特殊需求，並承認日寇有在佔領區維持公共治安之一切特殊需求，這等於英國承認日寇在華的武力造成的一切既成事實。」而所謂「特殊需求」

---

[1]　〈對英國的嚴重抗議〉，昆明《益世報》社論，1939年7月26日，第2版。
[2]　《益世報》原在天津出版，抗戰爆發後遷至昆明。羅隆基於1939年1月7日抵達昆明，8月初赴江西參加中正大學籌備會議，9月中旬由江西赴重慶參加國民參政會第四屆會議，下旬返回昆明。（據〈羅隆基昨日抵省〉，《雲南日報》1939年1月8日，第4版；〈羅隆基返滇，繼續本報社論主撰〉，昆明《益世報》1939年9月25日，第4版）。羅曾應北京大學聘請，擔任政治學系教授，依例應任西南聯大政治學系教授。關於羅在西南聯大任職的時間，《國立西南聯合大學史料》第4冊「教職員卷」僅有1940年度記錄，未載1939年度教員名冊。

一詞空泛無邊,「將來當然由日寇隨意指定,隨意提出」,如此,「則英國雖中立地位亦不能保持,而成為援日矣」。三,「英國承認日寇可以取締並清除一切妨害日軍目的之行為與因素,且可以取締並清除有利『他們的敵人』(指中國)之行為與因素」。這裡不稱中國,而稱之「他們的敵人」,「似英國已站在日本立場」。如若這樣,那麼包括英國人在內的一切人,「凡有妨礙日寇目的者,凡進行有利於中國之行動者,均在取締清除之列」。這種文詞,「又越出中立範圍,而實行援日矣」。四,「英國聲明絕不為與日寇上項目的有損害之行為,且將此旨宣示英國在華當局及在華僑民」。按此解釋,「不但英國放棄援華政策,英國且協助日寇達其侵華目的」。換句話說,也就是「英國不止政府放棄援華政策,即在華英僑,凡有對中國抗戰表同情者,亦在制止之列」。根據這些分析,文章斥責「備忘錄之內容,其嚴重性質不可思議」,並批評英國的這種態度,「不但不是援華,實已不是中立;不止不是中立,實已公開援日」[1]。因此,這就不能不引起中國人民的嚴正抗議。

7 月 27 日,羅隆基撰寫的《英國在遠東的前途》是《益世報》的第二篇社論發表。其中心是從英國本身切身利害立場出發,指出英國在東京談判中企圖以退讓屈服保全英國遠東權益的目的,根本不可能到達。文章列其理由到:其一,從中國方面說,在中國國家存亡、民族生死的緊要關頭,英國負義背信,自居於日寇「同謀犯」之列,這是中國國民不能輕易恕諒和輕易遺忘的。這種負義背信,很自然引起中國人民的歷史記憶,使人想到鴉片戰爭,想到「五卅」慘案,想到萬縣慘案,更想到九一八事變發生後英國在國聯會議上的袒日行為,甚至由此「對英國之反感,或更甚於日寇與傀儡之仇英」。其二,從淪陷區說,不僅鼓勵傀儡漢奸,即使是淪陷區的人了,也可能在英國對日妥協刺激下,捲入地日寇操縱的反英運動,這實際上英國自食其惡果。其三,從日寇方面說,「日寇侵華野心與英國遠東權益相衝突」乃彰明之事實,「今日寇乃自命獨霸一方

---

[1] 〈對英國的嚴重抗議〉,昆明《益世報》社論,1939 年 7 月 26 日,第 2 版。

之強盜，而英國之權益，正是日寇獨霸一方之障礙，日英間之妥協，乃切身利害上絕不可能之事」，英日在遠東的利益衝突根本不可能避免，「倘英國在遠東以屈服退讓於日寇為政策，則英國退出遠東之日，方是日英完全妥協之時」。其四，從列強方面說，英法美三國均是在遠東享有權益的國家，為了保全這些權利，過去三國都是採取平行行動。現在，英國單獨在東京向日寇屈服退讓，「必不為列強所直乃在意中」，「今後英國在遠東，被壓迫於日寇，樹怨於中國，見疑於列強，而成孤立之局」。[1]

羅隆基針對英國對日妥協撰寫的第三篇社論，是 7 月 28 日發表的《英負延長遠東戰事責任》。作為這一問題的壓篇之作，文章指出英國對日妥協的現行政策，產生了延長遠東戰事的惡劣作用，英國應對此負責。該文副標題為《蝙蝠式外交政策的結果》，這是因為文中敘述了一則寓言：一個飛禽與野獸相伴，蝙蝠介於其間。它飛到飛禽旁說「我有兩翼，願助禽」；接著又走到野獸旁說「我有四腳，願助獸」。蝙蝠以為這是兩援之策，可其結果「禽以蝙蝠忠於獸，獸以蝙蝠忠於禽，蝙蝠各方被逐」。文章說，當前的形勢，英國恰似寓言中的蝙蝠，扮演了一味「求兩全之計者」的角色，但是，結果難免「終歸而敗」。[2]

上述三篇社論，首先對英日協定的文字進行分析，揭露英國的所謂中立政策，實質上起著助長日本侵略的作用。其次從英國自身利益出發，指出這種現實主義完全背離實際，不僅遭到中國人民的反感，也必然損害英國與反侵略集團各國的關係。最後，批評英國的妥協政策，對維護國際正義與和平造成的嚴重作用。文中側重不同，但環環相接，步步深入，是當時國內輿論界對「有田—克萊琪協定」最為完整的分析。

九一八事變以來，英國在中國的所作所為本是可圈可點。但是，由於「有田—克萊琪協定」對中國造成損害，這就很容易引起人們對

[1]　〈英國在遠東的前途〉，昆明《益世報》社論，1939 年 7 月 27 日，第 2 版。
[2]　〈英負延長遠東戰事責任——蝙蝠式外交政策的結果〉，昆明《益世報》社論，1939 年 7 月 28 日，第 2 版。

英國歷史行徑的清算。西南聯大歷史系教授蔡維藩就不客氣地挖苦到：九一八事變後，美國宣佈「不承認主義」，而英國則作壁上觀，令美國大感失望，對其大加諷刺。[1]羅隆基也指出：國聯會議曾決議援華抗戰，不承認日寇在華武力造成之事實。「英國為盟約國重要分子，且以擁護國聯自任」，卻在「有田—克萊琪協定」中「承認日寇在華一切既成事實，且聲明不作任何行動，以損害日寇在華目的」。這不僅「與國聯盟約之文字與精神大相違背」，「與國聯數年來一切決議亦大相違背」。他氣憤地質問到：英國「今所為如此，將何以自解」，「何以見信於天下」。[2]錢端升也從九一八事變時英國在國聯會議的態度，歷數英國抹殺九國公約、國聯盟約、非戰公約的行徑，又聯繫到去歲張伯倫內閣出賣捷克斯洛伐克主權的慕尼克協定，認為英國「不尊重條約義務，任令侵略國撕毀條約」，而這次英日協定又「認日賊作友人」，方進一步造成了其國際地位的日漸衰落。[3]

當時，國際輿論對英國妥協也多嗤之以鼻。美國報紙認為「英國在華之威望已如夕陽之西墮」[4]，德國報紙也認為這是「英國之恥辱」[5]。西南聯大知識精英的評論，可以說是國際輿論的有力注腳。

不過，蔡維藩教授並不像一般輿論那樣激憤。他根據冷靜的觀察，認為從「有田—克萊琪協定」字面上看，最重要的有兩點，其一是「英國政府對於在華日軍之所謂特殊需要，聲明知悉」；其二是「英國政府擔任使在華英國當局及英國僑民，悉彼等應避免在任何阻礙達到日本軍隊目的之行動或辦法」。但是，「日軍之所謂特殊需要」究竟是什麼需要，「是不是一經日軍認定，英國即予以承認」，這是一大疑問。又，所謂「知悉」怎樣理解，「既經『聲明知悉』，是否繼之以

---

[1] 蔡滌生：〈英倭談判影響的臆測〉，《雲南日報》「星期論文」，1939 年 7月 30 日，第 2 版。

[2] 〈對英國的嚴重抗議〉，昆明《益世報》社論，1939 年 7 月 26 日，第 2 版。

[3] 錢端升：〈英美對日外交的新變化〉，《今日評論》2 卷 7 期，1939 年 8 月 6 日。

[4] 〈美報評英威望如夕陽之西墮〉引中央社紐約 25 日路透電，昆明《益世報》1939 年 7 月 26 日，第 3 版。

[5] 〈美報評英威望如夕陽之西墮〉引中央社倫敦 25 日路透電，昆明《益世報》1939 年 7 月 26 日，第 3 版。

行動；如需行動，怎樣行動」，也是一個疑問。還有，所謂「英國政府擔任使在華英國當局及英國僑民，悉彼等應避免任何阻礙達到日本軍隊目的之行動或辦法」又應作如何解釋，日本軍隊的目的是什麼，由誰確定，英日雙方也有各自理解。「假若日本軍隊今日認為他們的目的在於消滅租界內中國愛國人民，英國是否聽其隨意逮捕？假若明日認為英僑在中國足以妨害他們的目的，英政府是否撤退所有僑民，放棄所有權益？」這不又是一個疑問嗎。[1]因此，蔡維藩認為對英國妥協是應該氣憤的，但也不必過度悲觀。

三、冷靜分析國際矛盾

　　「有田—克萊琪協定」引起的中國和國際批評，只是社會輿論的情緒性反應。至於協定背後究竟包含著哪些問題，似乎更值得深思。

　　在東京帝國大學獲得碩士學位的歷史系年輕教授王信忠（亦名王迅中），是西南聯大少有的日本問題專家，他對日本做過長期不懈的觀察，幾乎對日本政治、外交的所有變化都發表過專題評論。他認為，「當前敵國國策上一個最大的問題，便是如何結束戰事，保持佔領區域」。誘使中國投降當然是結束戰事的最佳出路，但是對於日本提出的「東亞新秩序」及「中日國交調整大綱」兩次誘和聲明，中國政府均痛加駁斥。於是，日本不得不採取第二種辦法，即「設法與在遠東有利害關係的列強妥協，誘使或壓迫它們承認日本所製造的現成局面」。

　　接著，王信忠指出日本採取第二種辦法的歷史原因。他說：日本「過去將近七十年間大陸政策的所以不能完全達到目的，與其說是由於中國的抵抗，勿寧說是由於列強的阻撓」。如，甲午戰爭後由於俄德法的干涉，使其不得不將遼東半島吐還中國。1919 年巴黎和會上，中國提出取消二十一條及收回山東權利兩項要求雖未得到通過，但1921 年華盛頓會議與 1922 年九國公約的簽訂，均表示要尊重中國主權

[1]　蔡滌生（蔡維藩）：〈英倭談判影響的臆測〉，《雲南日報》「星期論文」，1939 年 7 月 30 日，第 2 版。

獨立與領土完整，表示維持各國在華的商業機會，結果在門戶開放原則下，山東問題經英美調停，青島歸還中國，膠濟路亦由中國贖回，致使二十一條無形取消。日本正是吸取了這一教訓，方在「武力強佔我領土之後」，開始「在列強方面做外交工作」。[1]

和王信中一樣，羅隆基對於日本現列強的關係也有清醒的認識。羅隆基認為，日本封鎖天津英租界，是其為了應付侵華失敗採取的一個措施。他追述了日軍侵華的軍事計畫與經濟計畫，說其直至今年 6 月，既未能直趨西北西南，也未能威迫四川，而封鎖海口和發行偽幣亦未能破壞中國的金融財政。相反，而日本自身在軍事與經濟上卻都接近崩潰點。這種現實使日本痛感「倘英法美等國履行條約之責任與義務，真實援華抗戰，則中國勝利必可獲得，而遠東戰事必告結束」。於是，日本不得不「變更策略，突向列強中之英國加以威脅，此奇兵斷援之計」，以使「軍事與經濟又多一喘息機會」。日本封鎖天津英租界和促成東京談判，就是為了實現這個目的的而採取的步驟。[2]

日本的目的能否達到暫且不說，但有一個問題十分清楚，便是英國的妥協，受損害最大的不是中國，而是英國本身。錢端升便說，「仔細研究一下，則到現在為止，英日雙方七月二十四日所發表的英日議定書，其對於英國的損害，實無止十倍百倍於對我的損害」。[3]正因如此，王信忠認為英國的妥協讓步儘管是「徒然白送禮物」，但其讓步必然「與暴日的企望相差甚遠」。[4]

說到這裡，勢必要與即將進入實質性內容的東京談判聯繫起來。「有田—克萊琪協定」只是英日雙方在東京談判初期達到的一個備忘錄性質的檔，它也只是滿足了日本對談判提出的某些原則或先決條件

---

[1] 王迅中：〈日本外交的新陰謀〉，《今日評論》2 卷 9 期，1939 年 8 月 20 日。王迅中即王信忠，在西南聯大註冊的名字為後者。

[2] 〈英負延長遠東戰事責任——蝙蝠式外交政策的結果〉，昆明《益世報》社論，1939 年 7 月 28 日，第 2 版。

[3] 錢端升：〈英美對日外交的新變化〉，《今日評論》2 卷 7 期，1939 年 8 月 6 日。

[4] 迅（王信忠）：〈英日談判展望〉，《今日評論》第 2 卷第 8 期「時評」，1939 年 8 月 13 日。

的要求。關於談判的正式內容，由於尚未公佈，所以只能對根據個人觀察進行推測。在美國哈佛大學獲得碩士學位的政治系教授崔書琴估計，從日本方面說，它想談判的細目大約有四：「（一）承認日本的交戰國權利並停止援助中國；（二）交出白銀，並使租界內銀行銀號都服從偽組織的法令；（三）引渡『犯人』並與英國共同管理英租界；（四）擴大日本參加管理上海公共租界的許可權。」但是，崔書琴認為英國不可能全部接受這些要求。他論證到：關於第一問題，中國沒有對日本宣戰，因此不存在法律意義上的戰爭，英國可以以此為由，不承認日本有交戰國的權利，否則它遠東貿易與運輸業必受極大影響。對於第二個問題，日本封鎖天津英租界的主要動機是要求交出中國國家銀行存在天津英租界的價值四五千萬元的白銀，用它購買軍火或撥給偽銀行充實準備金。由於這些白銀已在日本嚴密監視之下，很難運出天津，因此雖然英國政府一再聲明決不交出，但最後仍有可能做出讓步。至於第三個問題，人們都知道引渡刺程案嫌疑人不過是日本發動天津事件的表面原因，日本的真正企圖是參加英租界的行政管理。對於善於變通的英國，極可能滿足日本的這個要求，以避免談判破裂。對於擴大日本參加管理上海公共租界的許可權，崔書琴承認這只是他本人的猜測，不一定在談判範圍內，因為上海租界是公共租界，不是英國一家作得了主的。[1]

　　崔書琴的判斷確有先見之明。在此後進行的東京正式談判中，英國沒有接受日本參加租界管理的要求。但是，它也不顧中國反對，於1939年8月上旬向日本引渡了刺程案四嫌疑人。在白銀問題上，1940年6月12日在歐洲戰場大敗的英國急於在遠東對日妥協，與日本簽訂了天津協定，同意將存銀封存於天津交通銀行，並撥出相當於10萬英鎊的數目用於華北救災，同時允許華北偽政權發行的「聯銀券」可與法幣同時在租界流通。日本也在英國做出這些讓步後，解除了對天津英租界的封鎖。

---

[1]　崔書琴：〈英國屈膝以後〉，昆明《益世報》「星期論文」，1939年7月30日，第2版。

　　無論從哪個方面看，英國的妥協態度都是令人不能忍受的。但是，「有田—克萊琪協定」不過是英國一貫外交政策的一個表現，並且受到它在歐洲戰場不利困境的制約。這是舉世皆知的客觀現實，只有瞭解這一點，才能透過表面現象的迷惑，正確把握英國對華政策的實質與走向。對於這個問題，西南聯大的國際關係專家便有清晰的分析。

　　《論外交根本政策》可能是錢端升 1938 年 8 月回國後發表的第一篇國際關係評論，他在這篇文章中就指出英國的基本外交政策，一是「在防止歐陸產生一個足以威脅三島安全的國家或集團」，二是「維持英國在世界各地巨大的商業利益」。這政策，已經存在三、四百年，其對外或和或戰，或親德或親法，都是在這個政策指導下隨著形勢演變而變化的。[1]蔡維藩也持相同看法，他說：「英國的利益遍及世界，任何部分的紛擾對它都有害而無利，所以它為了自己的利益不惜犧牲別人的利益，甚至必要時也可以犧牲自己的若干利益」。在此分析基礎上，蔡維藩以史學家的眼光說，縱觀十九世紀近東外交史，英國凡是在歐洲與遠東同時受到威脅時，就權衡輕重緩急，擇其輕者先求和平解決。「如歐洲方面走得通，先解決歐洲問題，否則轉向遠東方面而求解決」。如仍走不通，「則轉向歐洲努力，努力失敗，它可以再向遠東努力」。正因如此，英國是一再轉向，隨時轉向，皆因為它最怕同時遭到歐洲和遠東兩方面的威脅，尤其怕兩方面同時發動戰爭，使自己無力兼顧東西。[2]

　　對於英國的這種對外政策，法律系教授羅文幹的認識也頗深刻。羅文幹是老資格的法律學家，北洋政府時期就擔任過司法部次長、總長；國民政府成立後，他又擔任過司法行政部部長，還一度兼任外交部次長。這些經歷使他對非常熟悉西方的法律史與外交史，因此，他對英國自鴉片戰爭以來在遠東慣用的「均勢」政策，認識得也入木三分。

---

[1]　錢端升：〈論外交根本政策〉，《新民族》第 2 卷第 13 期，1938 年 10 月 9 日。該文復於 11 月 11、13 日在《雲南日報》發表，說明作者非常看重此文。

[2]　蔡滌生：〈英倭談判影響的臆測〉，《雲南日報》「星期論文」，1939 年 7 月 30 日，第 2 版

　　不過，有豐富從政經歷的羅文幹，在群情激憤的輿論中，卻能冷靜地看到英國為維護自身利益的某些現實需要，並認為英國為了在遠東與日本爭奪勢力範圍，對日本主要實行的是抑制立場。他舉例說，甲午戰爭後英國曾與日本結盟，是因為擔心俄羅斯勢力過大；同樣的原因，使英國在第一次世界大戰時幫助日本挫敗德國。可是，大戰結束後日本的迅速強盛，也引起英國的擔心，於是它方於九國公約簽定後幫助中國解決山東問題，之後又廢止了日英同盟。羅文幹這番話，說明英國在處理國際問題上變幻不定、左右逢源的搖擺不足為怪，因為任何國家在任何時候的對外政策，都無疑以自身利益為核心。羅文幹站在這個角度指出英國在遠東實行的政策，說：九一八事變後英國在國聯會議上一再袒護日本，反對美國國務卿史汀生提出的抑日主張；華北危機時，有感於日本大陸政策對其產生的威脅，於是協助中國改革幣制、修建粵漢鐵路；抗戰兩年來，英國亦「為我運輸軍火，代我保存白銀，輿論同情於我，政府借款接濟」等等。因此，從總的方面來看，「英與我邦交日親，而倭與英感情亦日惡」，雖然保守黨上臺後，張伯倫內閣實行綏靖政策，以屈辱求苟安，但德國、義大利侵略擴展永無止境，日本乘虛而入，都不能不令英國感到壓迫。這次「有田—克萊琪協定」，也是由於英國的重心在歐洲，不敢調艦東來，才不得已再次低首，與日本達成妥協協定。[1]羅文幹的這些分析，似乎有悖時論，卻體現了正視客觀形勢，敢於發表不同見解的勇氣。其實，錢端升也承認「英美人民對於中日戰爭的態度，自戰事開始以來，一向是漸漸地親中國，袒中國，敬服中國，遠日本，抑日本，憎惡日本」。原因很簡單，英國畢竟「因為在遠東利益要大些，被日本糟蹋也要大些，所以其人民助華抑日的趨勢也大些」。[2]

　　蔡維藩、羅文幹的上述觀點，得到崔書琴的認同。「有田—克萊琪協定」公佈伊始，崔書琴就提出三個問題：「英日關係是否從此就能改善」，「英國此後是否就要放棄援華政策」，「法美蘇三

[1]　羅文幹：〈英倭會議美倭廢約與中國抗戰之關係〉，昆明《益世報》「專論」，1939 年 7 月 31 日，第 2 版。

[2]　錢端升：〈英美對日外交的新變化〉，《今日評論》2 卷 7 期，1939 年 8 月 6 日。

國的遠東政策是否也要發生變動」。這表明他把自己的思考重點，放在「有田—克萊琪協定」簽訂後英國對華政策的發展趨勢方面。其得出的結論是：英國對日妥協雖是日本的初步成功，但「絕不能證明兩國關係從此便能改善」，這不只由於「英日談判未見得即能圓滿結束」，更重要的是「即令能暫時成立妥協，兩國的根本衝突還是不能消除」。[1]

從以上西南聯大國際問題專家對於英日在華矛盾的評論可以看出，雖然他們的觀察角度、涉及問題各有側重，但得出的結論卻異常一致。需要強調的是，他們的論述，還都隱藏著這樣一層意味：儘管英國對日妥協損害了中國利益，但也不必大驚小怪。

四、自力更生堅持抗戰

認為「有田—克萊琪協定」不值得大驚小怪，不是面對英國妥協的無奈自慰。相反，它表現的是一種立足自身，依靠自身堅持抗戰的堅定信心。

「有田—克萊琪協定」公佈後，不少人曾擔心從此英國會停止援華。對於這種擔心，崔書琴很不以為然。他說：「國際間無所謂真正的援助，如有援助，也必是為了援助國自己的利益」。英國幫助中國改革幣制，「無非使其與英磅發生聯繫而便利她的對華貿易」，「維持港粵間的交通，無非使香港大發中國的國難財」。如果中國失敗，「英國的在華權益必難繼續維持」，因此它為了目前與將來的利益，「還是要繼續援助我國的」。[2]

就在這個時候，國際出現了兩個令人注目的重大事件。7 月 27 日，美國政府通知日本政府，宣佈廢止 1911 年兩國簽訂的「友好通商航海條約」。同一天，中英簽訂三百萬英鎊新借款協議。對於前者，

---

[1] 崔書琴：〈英國屈膝以後〉，昆明《益世報》「星期論文」，1939 年 7 月 30 日，第 2 版。
[2] 崔書琴：〈英國屈膝以後〉，昆明《益世報》「星期論文」，1939 年 7 月 30 日，第 2 版。

輿論一致認為這是「自華盛頓會議後美國對遠東採用強硬態度最重要的一頁」[1]，其「與遠東乃至全世界有重大關係」[2]。美國廢止美日商約，表面上與英日東京談判沒有必然聯繫，但明眼人都看得出來，它既對英國妥協態度表示了不滿，也是對日本的警告。而中英借款的成立，顯然是英國對美國對日強硬態度的回應。這兩個同時出現於「有田—克萊琪協定」簽訂後第三天的事件，可以說是對正在得意洋洋的日本當頭一棒。

面對這種有利中國的形勢，羅文幹並未過分樂觀，但說起話來自然更加硬氣。他說，且不說張伯倫已在英國國會表示對外政策不會改變，也不說英國已經答應向中國借款三百萬，即便張伯倫食言，而「我仍能戰，於我何損」。即使借款不到，也不可能「陷我法幣於絕境」。況且「我軍火已有存儲，無須候款購買」，加上「今年收成甚豐，後方糧食充足」，實在「不足以影響我抗戰」。羅文幹是從晚清走過來的人，文章中保持了前清用語的一些習慣。他說：「我抗戰，既為永久是非而戰，不為目前利害而戰，則一切國際變化，於我利則『知道了』，不利亦『知道了』」。[3]

羅文幹這種很長志氣的文辭和語調，在西南聯大並非絕無僅有，在他們所有評論「有田—克萊琪協定」的文章裡，都突出強調了堅定抗戰信念、加強自身力量的重要意義。蔡維藩說：「今後遠東現實改變，無疑的我們的責任極其重大」，我們只有「抱定『天助自助者』的精神，咬牙苦幹」，方能「以奠定我們民族復興的基礎」。並且，「我們有一分勝利，英國必勇於承認一分，有全盤的勝利，它也必勇於承認全盤」。[4]這種不依賴外援，立足自力更生的

---

[1] 〈告美國朝野人士〉，《雲南日報》社論，1939 年 7 月 29 日，第 2 版。

[2] 〈美日商約廢止〉，《中央日報》評論，「重慶各報聯合版」1939 年 7 月 28 日，第 2 版。

[3] 羅文幹：〈英倭會議美倭廢約與中國抗戰之關係〉，昆明《益世報》「專論」，1939 年 7 月 31 日，第 2 版。

[4] 蔡滌生：〈英倭談判影響的臆測〉，《雲南日報》「星期論文」，1939 年 7 月 30 日，第 3 版。

態度，表明人們清醒地認識到，只有堅持抗戰必勝的意志，發展持久的抗戰力量，才能促使英國妥協政策的轉變，而且也是爭取抗日戰爭勝利的根本保證。

英日「有田—克萊琪協定」是第二次世界大戰爆發前國際關係的一次重要事件，由於它的導火線是發生在中國領土上的天津事件，也由於這次事件導致的英日東京談判反映了國際對中國抗戰的態度，從而引起中國民眾的極大關注。西南聯大國際問題專家對這一事件的觀察，反映了中國智慧階層對如何認識國際關係演變和怎樣堅持抗戰的深層思考。把他們的分析評論從一般性的民間情緒中剝離出來做以介紹獨有助於從更廣闊的視野上考察中國民眾對於國際變化與中國抗戰關係的認識。

第三節　戰後處置日本討論

戰後處置日本問題的討論，是隨著戰局發展逐步展開的。七七事變爆發的初期，日本在軍事攻勢上咄咄逼人，儘管中國在國際上多有道義同情，但英美諸國仍是以綏靖政策為主流，故人們雖然堅信抗戰能夠成功，但何時勝利，斷言還為時過早。1939 年德國向波蘭發動進攻後，西方民主國家窮於應付，處置日本問題亦難提上日程。故大體說來，戰後處置日本問題的提出，開始於日本襲擊珍珠港之後，且可分為三個階段。

第一個階段，是太平洋戰爭爆發之初。1941 年 12 月 8 日，日本海軍對美軍基地珍珠港的襲擊，拉開了太平洋戰爭的帷幕。對於這次軍事行動，中國輿論普遍認為日本資源缺乏，軍力不足，支撐亞洲戰場已疲憊不堪，竟又開闢第二戰場，這種不自量力無疑是火中取栗，加速滅亡。《大公報》曾用「暴日對英美的進攻，是侵略者的最後冒險，也是日本民族最後走上切腹之路」[1]一語加以形容，形象地道出了中國

---

[1] 〈太平洋大戰爆發，暴日走上切腹之路〉，重慶《大公報》社評，1941 年 12 月 9 日，第 2 版。

人的共同看法。1942 年 1 月 1 日，中國與美、英、蘇等二十六國簽訂了標誌著反法西斯侵略同盟形成的共同宣言，極大地鼓舞了中國人民的士氣，這一形勢下，戰後處置日本問題方應運而生。

這一時期，太平洋戰火剛剛燃起，戰局形勢千變萬化，擺在人們面前首要的任務是遏止日本氣焰，反擊日軍進攻。因而處置日本問題雖然提出，但尚屬萌芽狀態，涉及者也多為保障遠東和平的原則，至於處置日本的具體措施，顯然還無力顧及。

第二個階段，是《開羅宣言》公佈之後。1943 年 11 月 22 日，中美英三國首腦在埃及首都開羅舉行會議，討論聯合對日作戰、解決遠東問題的計畫。會中，對於遠東戰後的安排，三方達成一致意見，這就是人所共知的剝奪日本自 1914 年第一次世界大戰爆發以來在太平洋地區奪取或佔領的所有島嶼，將中國東北地區、臺灣、澎湖列島等領土歸還中國等。會議簽署的《中美英三國開羅宣言》，後經史達林同意，於 1943 年 12 月 1 日對外公佈。《開羅宣言》在苦撐待變的中國引起的反響可想而知，人們為反法西斯同盟國團結合作、打敗日本的決心振奮鼓舞，戰後處置日本問題在此背景下又一次提出。

《開羅宣言》在戰後處理日本問題上主要涉及的是領土問題，關於處置日本，雖有無條件投降及懲治戰爭禍首等原則，但尚未明確日本戰後應該建立什麼國體。開羅會議時，羅斯福曾私下問蔣介石的意見。蔣答覆說：「除了日本軍閥必須根本剷除，不能再讓其起來預聞日本政治以外，至於他的國體如何，最好由日本新進的覺悟分子自己來解決。如果日本國民能起來對他戰爭禍首的軍閥革命，推倒他現在侵略主義的軍閥政府，徹底消除他侵略主義的根株，那我們就應該尊重日本國民自由的意志，去選擇他們自己的政府的形式。」[1]另外，蔣介石 1943 年 11 月 23 日與美國總統羅斯福交談時，亦提到戰後日本可用部分實物作為賠償的初步設想。儘管這次談話當時並未公佈，但中國輿論已開始接觸到根除侵略、建立國際新秩序，及經濟賠償等某些具體環節。

---

[1] 〈論日本戰後國體〉，重慶《大公報》社評，1944 年 1 月 31 日，第 2 版。

　　第三個階段，開始於 1944 年底，持續到戰爭勝利之後。這一時期，英美蘇同盟國在太平洋和歐洲兩個戰場上不斷取得勝利，並在 1945 年 2 月初的克里米亞會議上討論了戰後對德國的處置。三國聲明由於蘇聯的關係，沒有提及日本，但此前中國民間在太平洋學會第九次會議的獻計獻策中，已經再次出現了戰後處置日本問題的討論熱潮。

　　太平洋學會是第一次世界大戰後，由宗教界人士發起的一個旨在交換研究太平洋地區和平秩序意見的民間學術團體，每兩年召開一次，第九次會議定於 1945 年 1 月 5 日在美國佛吉尼亞溫泉召開，而擬具的六項議題中，與日本直接相關者即有三項，且率先討論戰後日本的地位問題。由於中國代表在 1942 年 12 月在加拿大蒙特萊勃蘭城召開的第八次會議上沒能提出多少切合實際的措施，曾受到國內輿論的批評，故以蔣夢麟為首的中國代表團，早早就著手為迎接反法西斯戰爭勝利到來的第九次會議進行準備。與此同時，社會上也圍繞這一中心展開討論。第九次太平洋會議期間，各國代表在日本必須無條件投降及徹底解除武裝問題上達成一致意見，但對是否改造日本政治和經濟制度問題上出現若干分歧。這些資訊引起國內各界的極大關注，進一步推動了相關問題的討論。一時，各種意見頻頻見於報刊，出現了從專家學者到平民百姓人人關心戰後處置日本問題的現象。

　　上述三個討論階段，都活躍著聯大人身影，而他們的意見，也表現出寬闊的境界與學者的冷靜。下面，對聯大人在三個階段討論中的意見，按專題做一歸納介紹。

一、處置原則

　　1944 年 6 月 6 日，英美軍隊在敦克爾克等地成功登陸。同盟國在歐洲第二戰場的開闢，預示著德國崩潰的日子不再遙遠，戰後如何處置軸心國，自然成為民間談論的中心之一。一個星期後，雲南《民國日報》在《戰後處置日本問題》的社論中，對當時的各種主張做了一番梳理，歸納出三種意見。

　　第一種，從寬善待。這種意見是以性善主義為出發點，「認為日本人並非特別好戰，他們只是受了數野心家的誘惑，因而成為這次世界大戰的禍首。只要把日本戰敗，讓國內的自由主義者來組織新的民主政府，則不須再採取其他措施了。」

　　第二種，從嚴懲治。這種意見與第一種恰好相反，「認為日本民族不可救藥，必須儘量懲罰，使日本永無翻身的機會，使日本不能再成為擾亂世界和平的禍根」。具體辦法，首先「把日本的工業全部破壞」，其次「對日本樹立起隔離的壁壘，使日本回復一八六八年維新以前的狀態，任它自生自滅。」

　　第三種，區別對待，著眼長遠。這種意見實際上是前兩種意見的折衷，它認為從寬善待是空想主義，從嚴懲治則是報復主義，都不恰當，主張戰後同盟國既不能對日本過於放任，也不能對過於太嚴苛。他們主張一切辦法都要從「保障日本民族與其他民族永久和平相處」為目的，鑒於日本實行黷武主義和侵略主義已數十年之久，這種觀念在日本政治、教育、文化中有極深固的勢力，如果設法「完全及永久消除日本的黷武之癌」，而放任戰後的日本去自由選擇它所要走的路，則不出三十年，日本必再度燃起戰爭之火。但是，以感情用事去壓制日本，欲使其永無翻身機會，也只會造成「日本與同盟國間結下百年不解的仇恨，只會逼使日本再度鋌而走險，這更使世界無法走上永久和平的大道」。[1]

　　「從寬善待」、「從嚴懲治」、「區別對待，著眼長遠」三種意見各有其理由，那麼，在戰後處置日本問題上究竟應該制定一個什麼樣的原則呢？這個問題，其實早在中日戰爭爆發不久，就被錢端升注意到了。

　　1938 年 10 月，即戰爭剛剛進行一年多，也就是討論處置日本問題三個階段之前，錢端升便在一篇文章中指出：日本是一個「地勢及土地都有資格成為比較興榮、比較穩定的國家」，只是「因缺乏遠大的外交政策，以致盛衰無常」。以明治維新以後為例，它就「缺乏一

---

[1]　〈戰後處置日本問題〉，雲南《民國日報》社論，1944 年 6 月 15 日，第 2 版。

個持久的外交政策，今日聯甲，明日聯乙，今日南進，明日北進，今日擁國聯，明日反國聯，其唯一不變的就是向亞洲大陸侵略」。可是，侵略絕不可能成為對外關係的永久政策，作為太平洋和東亞的大國的中國，也不能容忍這一地區有任何好侵略的強國存在，「因為與侵略者為鄰，則戰爭必將常起，國家將永無寧日」。所以，錢端升認為，為保持中國的安全與太平洋地區的和平，必須努力完成三項工作，即：「一，摧破日本的武力；二，待日本人民以寬大；三，助長國聯的權威，使國聯成為強有力的制裁機關。」否則，日本就總是一個「長為強而橫，或雖弱而蓄心報復」的國家。[1]錢端升的這篇文章，中心是以世界各大國為例，主張中國應當制定積極的長久的外交政策，並非論述日本，但文中提出的三項工作，則已經涉及到如何對待戰後中日關係的基本原則。

　　太平洋戰爭爆發初期，戰場風雲變幻，吸引了國內目光，人們大多談論的是戰局的演變。然而，始終關注日本政局動態的王信忠，則已開始思考戰後制裁日本時所應遵循的一些原則。他在〈戰後遠東和平的展望〉一文中，重點分析了必須解除日本武裝問題。文中，他首先指出：日本發動的九一八事變，是擾亂遠東和平與破壞世界安寧的導因，批評歐美各國過去以為日本只能侵侮中國，外交大計仍以英美政策為轉移，不敢與之抗衡，以至英國亦曾企圖利用日本牽制蘇聯，維持遠東均勢。但是，太平洋戰爭爆發後，它們也認識到日本不但決心吞併中國，且有驅逐歐美而獨裁東亞的夢想。其次，王信忠分析了日本的民族性，認為日本民族刻苦耐勞，堅毅剛強，善於模仿而富有進取精神，因此明治維新後數十年就一躍而為世界列強之一。但是，「其性情偏激，氣度狹隘，急功好利而負恩忘義的習性，不得不令人寒心」。明治維新前，一切文物政制完全取法中國，但維新後便負恩忘義侵略中國，且得隴望蜀，野心永無止境。第三，王信忠分析了關於日本與英美的關係，王信忠說：明治維新之初，美國對日本具有好感，不但首先承允廢除對日不平等條約，而且積極贊助其建設。英國

---

[1]　錢端升：〈論外交根本政策〉，《新民族》第 2 卷第 13 期，1938 年 10 月 9 日。

也是這樣，因其欲利用日本牽制俄國，便不惜降尊屈節，與日本訂立同盟。而日本正是利用這一機會，戰勝俄國，參加歐戰，一躍而為五強之一。從這一點看，英國甚至可以說是扶植日本強盛的恩人。可是，日本一旦羽毛漸豐，便反口而噬。七七事變後，英美對日一再容忍退讓，但其寇咄咄逼人，最終不顧信義，利用談判為煙幕，對英美施行閃擊。太平洋戰爭後，日本在戰場上佔據優勢地位，北自日本本島，南至南洋群島、印緬邊境，完全在其控制之下，以至美國前駐日大使格魯氏一再向其國人呼籲，強調日本勢力強大，決非可以輕易擊潰，必須不斷反攻。

在做了上述論述之後，王信忠對英美提出了五項希望，前三項針對戰爭而言，後兩項針對戰後。其第四項為：「在擊潰日本之後，為防範其捲土重來起見，必須消滅其武力，為著保障太平洋上的安全，必須消滅其海空軍及製造艦艇飛機的設備，為著去除大陸上的威脅，必須由中國來限制其陸空軍的力量，接收其製造軍火的設備。」第五項為：「戰後我們雖不應剝奪日本民族生存的權利，但為確保其和平生活起見，我們對於其戰後政治經濟的發展，理應予以合理化的指導。」王信忠的建議，核心在於徹底解除日本武力，改革日本政體，改變日本經濟為軍事服務的關係，以保障太平洋區域的安全。因此，他強調這些都是「防範日本黷武主義的復活，及保障遠東和平的最低條件」，如果「戰後不予合理的制裁以防患於未來」，則敢斷言，「以日本民族性的勇狠好鬥及偏激狹隘，二三十年後必將捲土重來」。[1]

錢端升是在美國取得博士學位的資深法律學家，王信忠則是在早稻田獲得碩士學位的國際關係學家，他們是以學者的眼光審視現實，認識和提出戰後處置日本的基本原則的。不過，錢端升、王信忠的文章，均寫於戰爭結果尚不明朗時期，因此提出的重點主要圍繞對日本的制裁。不過，作為戰後處置日本的原則，就不僅僅是制裁，還應包括其他內容，其中一個便是應該用什麼樣的態度看待戰敗後的日本。

---

[1]　王迅中：〈戰後遠東和平的展望〉，《當代評論》第 3 卷第 4 期，1942 年 12 月 7 日。

　　近代以來，日本對中國的不斷侵略，滋長了中國人普遍對這個近鄰的刻骨仇恨，洩恨情緒的存在並不值得驚訝。然而，西南聯大的遠見之士卻能從維持持久和平的立場進行思考。

　　1944 年，當戰局形勢出現勝利曙光的時候，人們思考問題的角度便隨之出現變化。這年年初，由西南聯大教授主辦的，在學術界頗有影響的政論雜誌《當代評論》，發表了一篇題為《我們對日本應有的態度》的社評。社評批評當時在對待日本問題上存在的兩種錯誤，指出，「一個從事戰爭的國家對敵國的態度，通常容易犯兩種錯誤」，一種錯誤是「感情用事地主張儘量懲罰和壓制敵國，使敵國永無翻身的一日」，另一種錯誤是「空想主義的毛病」，「希圖將來能夠樹立一種和平的世界，使本國與目前的敵國都能和平相處」。社評認為，第一種錯誤的結果，只能是「在情感主義支配之下」，使兩個國家「結下百年不解的仇恨，使戰後的世界無法走上永久和平的康莊大道」。第二種錯誤，則「忽略了現實的環境，或者只重空想而不切實際，或者只談崇高的理想而缺乏可以實施的具體方案，結果不但不能使他們所追求的理想得到實現，而且反因他們的意見而增加局面的糾紛」。

　　那麼，應該用怎樣的態度對待戰敗的日本呢，《當代評論》在肯定了「我們對於日本軍閥發動侵略戰爭，企圖消滅中國，致使中國人民遭受有史以來的最大痛苦，當然是十分痛恨的」之後，緊接著告誡人們在對待日本的態度上，「必須避免情感主義和空想主義，而應以理智和現實為基礎」。社評理性地說，「中日兩國同文同種，是所謂兄弟之邦，在理論上兩國是沒有不能和平相處的道理」，對於日本發動的這場企圖消滅中國，並給中國人民造成有史以來最大痛苦的侵略戰爭，痛恨是很理所當然的，但社評認為「我們不應因此就主張消滅日本，或使今後若干世代中的日本人民分擔目前日本軍閥的過失」，何況應當「理解『國與國間，無百年不解之仇』」。社評贊成《開羅宣言》的第六原則，即「待納粹之專制宣告最終之毀滅後，希望可以重建民主政府，使各國俱能在其疆土以內安居樂業，並使全世界所有人類悉有自由生活，無所恐懼，亦不虞缺乏之保證」，認為這個原則

「也應同樣地應用於日本」，因為「中日兩國同文同種，是所謂兄弟之邦，在理論上兩國是沒有不能和平相處的道理。」[1]

《當代評論》的上述意見，如果用兩個字概括的話，那就是「寬大」。曾任西南聯大教授，時為雲南大學教授的劉文典非常贊成這一立場。劉文典很少寫時政評論，但他這時卻寫了一篇題為《日本敗後我們該怎樣對他》的長文，在《雲南日報》上連載了兩天。劉文典早年留學日本，對日本文化尤為熟悉，可謂是昆明各大學中少有的「知日派」，在這篇文章的開頭，他用「世仇」兩字形容近代中日關係，甚至說：「說句感情上的話，把三島毀成一片白地，也不為殘酷，不算過分」。但是，劉文典又意識到，「關於國家民族的事，是要從大處想的，不能逞一朝之忿，快一時之意」，何況「從東亞的永遠大局上著想，從中國固有美德『仁義』上著想」，中國也不應該有狹隘的報復思想。

為了說明自己的觀點，劉文典以第一次世界大戰時的德法關係為例，說法國之所以能奮鬥到底，全憑法國總理克萊孟梭的勇氣毅力和火一般的愛國心，可是，克萊孟梭的「愛國心過於熱烈」，就「流於狹隘，失之偏激」了。當年在凡爾賽會議上，美國總統威爾遜很有遠識卓見地提出過許多方案，以杜絕今後的禍根，建立永久和平的基礎。可是克萊孟梭「被他那狹隘的愛國心所驅使，對於戰敗的德國專施報仇雪恨的手段，一味的要逞戰勝者的威風」，以致「忘記了勝敗強弱都只是一時的事，歷史是轉變不已的，報應是循環的」。結果，由於威廉一世有意選擇圍攻巴黎的日子，在凡爾賽宮舉行德意志帝國皇帝繼位大典，法國也非要在這座離宮裡簽訂和約不可。後來，「法國戰敗求和，希特勒也就偏要在當年德國俯首求和的地點，偏要在當年福煦元帥威迫法國代表的那一輛火車上，威逼法國的代表」。劉文典不厭其煩地敘述這段歷史，目的是為了說明在處置日本時不應有報復心理，因為正是「克萊孟梭一昧的要報普法戰爭的仇恨，全不顧慮

---

[1]　〈我們對日本應有的態度〉，《當代評論》社評，第 4 卷第 6 期，1944 年 1 月 21 日。這篇評論文末署名「啟」的執筆者，當是聯大教授伍啟元。

到德國人後來的報復」，最後方「把一個德意志國家，日爾曼民族，逼迫到無路求生的地步」。[1]

有鑒於這一歷史教訓，劉文典毫不避諱地提出「對於戰敗的日本務必要十分的寬大」，並且主張「中國將來在和平會議上，不但不要用威力逼迫這個殘破國家的遺黎，還要在伐罪之後實行弔民，極力維護這個戰敗後變得弱小的民族」。說起理由，其實也很簡單：日本「自立為一個國家已經一二千年，我們既不能把他根本夷滅，改為中國的一個省分，依然讓他做個獨立自主的國家，也就應該有個待國家之道」。[2] 末了，劉文典語重心長地說：「中國和日本這兩個大國家民族的關係，是東洋和平的礎石，今日應付處理稍有失當，就會種下將來無窮的禍根」，德國與法國的循環報復，是為時不遠的殷鑒，希望政治家和各界人士，「把眼光放大放遠，平心靜氣的籌畫一番，作一個可以垂之久遠的打算。」[3]

聯大人的上述認識，表明他們在戰後處置日本認識上，面對的不只是擺在面前的戰爭善後問題，而是著眼於更為長遠的兩國關係，這正是包括聯大人在內的許多有識之士主張對日本採取寬大政策的思想基礎。伍啟元曾用一句簡練的文字對此做了概括，說：「這次戰爭的目的，在消滅阻礙人類文化進展的法西斯主義和侵略主義，在樹立一種永久的和平，而不在對軸心國復仇」。[4] 可見，聯大知識精英在戰後處置日本原則的問題上，已超越了國仇家恨的民族意識，表現了從世界和平利益出發的既現實又理性的態度。

---

[1]　劉文典：〈日本敗後我們該怎樣對他〉（上），《雲南日報》「專論」，1944年3月30日。

[2]　劉文典：〈日本敗後我們該怎樣對他〉（上），《雲南日報》「專論」，1944年3月30日。

[3]　劉文典：〈日本敗後我們該怎樣對他〉（下），《雲南日報》「專論」，1944年3月31日。

[4]　伍啟元：〈中國對日要求賠償問題〉（上），《當代評論》第4卷第6期，1944年1月21日。

西南聯大在戰後處置日本問題上發表過不少意見，其中懲治戰犯、解除日本武裝等，在相關著述中已多有涉及。下麵，著重介紹西南聯大學者對於戰爭賠償、收回失土、政體改造三個問題的思考與認識。

二、損失賠償

前文說到，在戰後處置日本問題上的主流輿論是主張寬大對待，但寬大是有尺度的。伍啟元教授是對日寬大的支持者，同時也是經濟賠償的堅持者，為此，他專門寫了一篇《中國對日要求賠償問題》。文中，先是回顧了中國在甲午之役、義和團八國聯軍之役後，中國承擔的巨額賠款，指出戰勝國向戰敗國要求賠償是國際上的習慣做法，具有法理依據。接著，他對第一次世界大戰結束後美國總統威爾遜提出「沒有強迫的捐獻，沒有懲罰的賠款」觀點，極表贊成，認為對這種戰勝國向戰敗國提出賠償要求觀念的修正和限制。此外，他還認為「這次戰爭是全世界的開明勢力企圖以光明代替黑暗的一種鬥爭，目前在戰爭方面的犧牲，應該視為爭取光明的代價」，因此戰勝國不應要求軍事賠償。

軍事賠償可以放棄，但經濟賠償卻必須償還。伍啟元認為：「軸心國戰區中所有的非法殘暴的行為，在佔領區中所有的剝削的搶奪，及在一切區域中不合理地自陸、海、空三方面所加的同盟國平民的生命與財產的損失，至少在原則方面，同盟國是應該要求賠償的」。對於中國來說，日本在東北、華北、東南、閩粵、華中等地「所加諸中國平民的損失，所作的各種剝削，所搶奪的物資，及自陸海空三方面所加諸中國人民生命財產的殺害與破壞」，是「不可寬恕的」，「至少在原則上應使日本全部負擔這些過失的賠償」。[1]

這裡，伍啟元還從經濟學的角度還提出了一個無人涉及的意見，即「為著使軸心國能夠得到公平的待遇起見，凡同盟國軍民因非法行

---

[1] 伍啟元：〈中國對日要求賠償問題〉（上），《當代評論》第 4 卷第 6 期，1944 年 1 月 21 日。

為而致使軸心國平民遭遇損失，同盟國亦應對軸心國負擔賠償之責」。可惜的是，伍啟元並未就此問題做深入陳述。

《當代評論》與伍啟元的觀點一致，它認為免去日本對中國戰費的賠償，只是為了表示寬大，但如果不向日本提出歸還「他們在中國所劫奪的資產，或不必負擔他們能力所及的對是國平民的損害賠償」，那豈不「變成侵略及罪行的鼓勵者了」。因此，它主張「至少應該在原則上強使日本這一代的人歸還日本所劫奪的財產，並負擔他們侵略所引起的損害賠償」。[1]

按照放棄軍事賠償，只進行民間損失索賠的想法，伍啟元開列了一個包括十四個專案的賠償清單：

（一）日本（指日本政府、日本軍隊、日本人民、日本所支援的偽組織及漢奸）在戰區及佔領區（包括東北）中對中國人民所搶奪、征取，及以少數代價強購的糧食、牲口、原料、礦產品、製造品、房屋，和其他物品，應全部作合理的賠償。

（二）日本在中國境內對中國工廠礦場所加的破壞，及在戰區或佔領區中對工廠礦場所作的搶奪或遷移，應全部加以賠償。

（三）日本在戰區或佔領區中對中國交通的破壞及對中國交通工具的搶奪、征取，與移動，應全部加以賠償。

（四）日本在中國沿海沿江所給予中國船艘及漁業以各種損失，應由日本負責賠償。

（五）日本在戰區及佔領區中對中國農民強制改變生產及因其他壓迫而引起的損失，應加以合理的補償。

（六）日本對中國平民的生命與財產自陸空水三方面軍事侵略所加的損害，應全部加以補償。

---

[1] 《我們對日本應有的態度》，《當代評論》社評，第 4 卷第 6 期，1944 年 1 月 21 日。

（七）　日本在中國有計劃地施行毒化政策，強制人民種植毒物及吸食毒物。此種政策違反人類道德及國際協定。將來中國因消毒（消除日本毒化政策）所須之各種費用（如戒煙院之設備等），應全部由日本賠償。

（八）　日本在歷次戰爭中所搶奪中國的古物及有歷史價值的物品應全部加以交還；日本對其他中國公物的奪取，亦應全部交還。

（九）　日本在中國境內對中國大學及文化機關所作的破壞，及在戰區與佔領區對中國大學及文化機關的一切損害，應全部加以賠償。

（十）　日本在戰區及佔領區對中國的銀行及其他金融機構所掠奪的白銀準備、外匯準備。及其他資產，應全部交還。

（十一）　日本所發的一切敵偽鈔票，應於中國政府收回後，由日本依法給以黃金兌現。

（十二）　敵偽在佔領區中所徵收及接收的一切罰款、租稅，及其他收入，全數應交還中國。

（十三）　日本在戰區及佔領區對中國人民的虐待，對中國人民強迫勞役，對中國人民徵兵，和對中國人民的屠殺姦淫，應對全部損害加以賠償。日本對俘虜的非法待遇，亦應列入這一項範圍之內。

（十四）　日本在亞洲各地對華僑生命財產的損害，應全部加以賠償。[1]

這十四個項目的損失，其中工礦損失 8 億美元，交通損失 6 億美元，淪陷區人民和亞洲各地華僑財產損失 5 億美元，金融損失 8 億美元。上述相加，為 27 億美元，以 1937 年美元比價折算，最低也達 20 億美元。進行這一統計後，伍啟元強調這個數目「過於保守」，「而絕不會估計過多」，他認為較合理的估計是 40 億或 60 億美元，但這

---

[1] 伍啟元：〈中國對日要求賠償問題〉（上），《當代評論》第 4 卷第 6 期，1944 年 1 月 21 日。

並未包括日本在歷次戰爭中搶奪中國的文物、書籍、及設備公物等，也未包括對佔領區中國人民的屠殺姦淫虐待、強迫勞役與服兵役、對中國俘虜非法待遇，和所施行的毒化政策。[1]由於這些事件損害的數目，帶有戰勝國的主觀判斷，難有客觀標準，因此他不願加以推測。

伍啟元和《當代評論》的主張基本是當時的主流意見，但也有人不贊成對日本提出經濟賠償，劉文典便持這一立場。劉文典根據日本的實際承受能力，認為經濟賠償也應放棄，理由是即使是經濟賠償，最終「實際繳付賠款的是無辜的後代人民，而不是戰爭的責任者」，「何況近代戰爭都是傾注全部的金錢物力，打得民窮財盡，才分勝負。再要戰敗國的無告窮民支付那天文學上數字的賠款，事實上也是辦不到的」。[2]

劉文典是個個性很強的學者，常常提出與眾不同的意見。這個特點，也在對日索賠問題上表現了出來，這就是他雖然不主張要求日本經濟賠償，卻強調文化賠償。

劉文典說：提到「文化」兩字，真令人按捺不住感情。第一次世界大戰和這次世界大戰，「無論打得怎樣猛烈，兩方總還多少顧惜一點文化。英美的空軍固然不肯柏林大學，就以德國那樣的野蠻，也還沒有肯炸牛津、劍橋和大英博物院、巴黎圖書館，因為雙方都以文明自居，一面也以文明國待敵人」。可是，唯有日本「把中國視為一群野蠻人種，自從開戰以來，日本空軍一味願想要毀滅中國的文化機關，故意的、有計劃的專揀中國的大學圖書館做投彈的目標，這真是世界歷次戰爭上所沒有的野蠻殘忍手段，人類歷史上的恥辱。」[3]

劉文典進一步說：「中國這回所受的物質上的損失固然極大，但是那些都還是有形質可計算的，也就是有方法可補償的」，而「文化

---

[1] 伍啟元：〈中國對日要求賠償問題〉（下），《當代評論》第 4 卷第 7 期，1944 年 2 月 1 日。

[2] 劉文典：〈日本敗後我們該怎樣對他〉（上），《雲南日報》「專論」，1944 年 3 月 30 日。

[3] 劉文典：〈日本敗後我們該怎樣對他〉（下），《雲南日報》「專論」，1944 年 3 月 31 日。

上的損失，這是無數字可計算的，無方法可補償的」。他發問到：「假使大英博物院、巴黎圖書館被毀，柏林大學、牛津劍橋被炸，試問賠多少萬億金鎊可以抵補呢」。他歷數了日本對中國大學、圖書館、博物院的有計劃毀滅，痛心地說「秘笈珍本，天球河圖般的實物都是我們先民遺留下來的祖產，世界文明上的遺跡，絕不是任何數量的金錢物資所能賠償萬一的」，「日本既對世界文明犯了大罪，就應當教他把他們所保存的『文物』拿來賠償我們」。[1]

關於文化賠償的辦法，對日本十分熟悉的劉文典可謂如數家珍。他說：「近幾十年來日本財閥倚仗著金錢，乘中國民窮財盡，用巧取的方法，賤價收買去的文物，如岩崎氏的麗宋樓藏書，住友氏的多鐘鼎尊彝，都是中國的鴻寶重器，不能讓他永遠淪於異域」。另外，帝室圖書寮所藏的宋版唐鈔、金澤文庫收藏的儒釋典籍、正倉院的千年古物等等，也可以用作賠償。這番話當然是帶著情緒說的，連他本人也不得不緊接著承認這個意見「不一定是對的」。[2]

三、失土收回

人口眾多，地域狹小的日本，在對外擴張中有一個特點，即就是強迫戰敗國割讓土地，臺灣、東北三省就是這樣淪入日本之手的。戰後收回失去的領土，是中國的權力，這一點在開羅會議讓已經得到共識，因此收回包括臺灣在內的中國失土問題，並沒有在處置戰後日本問題討論受到突出。

按照近代史上中日戰爭和第一次世界大戰的做法，戰敗國除了賠款，還要割地。當時，個別人也產生過戰後佔領日本本土的意見，劉文典曾說：「說到割地，真令人不得不痛恨日本」，「如果講報復，就把日本國完全滅掉，改為中國的一省，也不為過分」。當然，劉文

---

[1] 劉文典：〈日本敗後我們該怎樣對他〉（下），《雲南日報》「專論」，1944年3月31日。

[2] 劉文典：〈日本敗後我們該怎樣對他〉（下），《雲南日報》「專論」，1944年3月31日。

典並不主張割地，他認識到儘管日本曾經侵佔了中國許多土地，但這次反法西斯戰爭是「義戰」，是「要維護世界的文明，正義」，因此「戰事終了之後，我們只要照我們的古訓『光復舊物』，『盡返侵地』」，「絕不想索取日本的領土」。再說，「日本原來自有的區區三島，土地本也無多，他的本土三島，我們縱然一時佔領，也無法享有他的土地，治理他的人民」。所以，「論勢論理」，中國「都不必要日本割地給我們」。[1]

不過，劉文典認為有一個地方必須據理力爭，那就是琉球。他說：「琉球這個小小的島嶼必然要歸中國，這件事千萬不可放鬆」，他希望國民政府和國民都要堅持這一主張，務必把琉球收回來。琉球是一島國，自古以來與中國就有關係，文化上深受福建、臺灣影響。明代時，成為中國的藩屬，已達五六百年之久。後來被日本薩摩藩佔領，後併入日本版圖，改為沖繩縣。劉文典回顧了薩摩藩佔領琉球時琉球國王派遣使臣到中國向李鴻章求援的經過，說使臣「前後上的稟牘之令人淚下髮指」，他「天天到天津總督衙門前跪求，其慘烈的情形真好比申包胥的秦庭痛哭，到今天還在歷史上留下一幕悲劇」。[2]

對於日本吞併琉球的理由，劉文典也加以駁斥。他說：「當時琉球使臣上收李鴻章的稟和說帖，對於日本所提出的種種理由，都逐條的詳細駁斥，案牘具存，可以查考」。日本當時提出的最大根據，只是琉球人使用日文的五十字母。劉文典認為這個理由很可笑，因為「日本人自來都用漢字，如果琉球人採用日本字母就該屬日本，那麼，日本也就是我們中國的藩屬了」。還有，歐美各國都用羅馬字，難道全該屬羅馬嗎。比利時使用法文，卻不隸屬法國。瑞士一半用法文，一半用德文，自古以來仍是一個獨立的國家。

誠然，琉球雖然與中國明清兩代保持朝貢關係，日本吞併琉球，也未得到中國承認。但是，琉球並未成為中國的領土，劉文典主張收

---

[1] 劉文典：〈日本敗後我們該怎樣對他〉（上），《雲南日報》「專論」，1944年3月30日。

[2] 劉文典：〈日本敗後我們該怎樣對他〉（上），《雲南日報》「專論」，1944年3月30日。

回它，主要是從國防意義上提出的。他說：琉球地居中國正東的海上，首都那霸是個可以停泊大軍艦的天然良港，琉球若繼續屬於日本，則其很可能被當作海空軍根據地，使中國東南沿海各省都受到威脅，連首都南京也難得到安全。如果將來飛機的製造更加進步，活動半徑更大，則整個長江流域都可受到琉球的控制。「反過來說，琉球若歸我們中國，也就可以控制他的三島」。[1]

劉文典的上述觀點，雖然沒有引起討論，但不失為一種見識。第二次世界大戰結束後，琉球被美國託管，直至 1972 年，美國才在未涉及主權前提下，將琉球的管理權「轉交」日本。現在，從國際法上說，琉球的地位仍未得到確認，如果當年劉文典的建議得到採納，那麼釣魚島爭端就根本不會存在。

四、政體改造

戰後解除日本武裝和戰爭賠償，是防止日本軍國主義復活的必然措施，但真正的關鍵則在於要使日本的政體不再成為產生軍國主義的溫床，唯有這樣才能剷除日本再次對國際和平形成威脅的基礎。因此，戰後處置日本諸問題中，改造日本政體無疑是一個核心問題。羅隆基對這一點尤為強調，他說：「這次世界大戰的目的，在同盟國方面，是奠定世界民主的基礎」，無論哪個國家，「有民主，將來世界就有和平，沒有民主，將來世界就沒有和平」，所以，無論是處置德國，還是處置日本，前提都應當是怎樣使它建立起民主制度。[2]

《當代評論》也持同樣主張，它提醒大家不要以為說「只要對日本表示寬大，則中日兩民族便可以永久和平相處」，凡是瞭解近數十年日本現狀的人，不能不承認「黷武主義和侵略主義在日本有極深固的勢力」。對於這種「以侵略為民族理想及宗教信仰的國家」，如果

[1]　劉文典：〈日本敗後我們該怎樣對他〉（下），《雲南日報》「專論」，1944 年 3 月 31 日。
[2]　努生：〈民主化日本〉，《民主週刊》第 1 卷第 6 期「短評」，1945 年 1 月 20 日。

不徹底消滅軍閥主義與侵略主義，不在政治上建立憲政傳統，不改變黷武主義的教育與宗教，則日本就有可能「再成為侵略的潛勢力」，以至「不難在二十年或三十年後又再度成為危害和平的禍首。」[1]

按照西方民主國家模式對日本政體進行改造是勢在必行的，可惜當時中國本身的民主制度也停留在紙面上，這就使人們對這個問題的討論缺乏底氣，改造的途徑與方法亦難以展開。

剷除軍國主義溫床問題，既包括建立民主政府、制定和平憲法，同時還涉及到一個誰也繞不開的問題，這就是天皇制度是否應當繼續存在。

開羅會議期間，美國總統羅斯福曾表示在日本天皇遜位與否，當取決於日本人民，蔣介石亦贊成日本人民應有選舉自由以作民意表現之工具。這是一次私下談話，開羅會議期間並未公佈。不過，美國的一些類似輿論很快傳到中國，如史密斯氏在〈美國政府戰後處置日本的計畫〉一文中所說「至於皇室的命運，我們準備讓日本國民去決定」，《生活》、《時代》、《幸運》三雜誌聯合草擬的《日本投降的條件》中也說「我們並不建議強迫日皇遜位，或改變日本的政治機構」等等，曾相繼在中國媒體披露。而 1945 年 1 月的第九次太平洋學會上，各國代表在是否保留日本天皇制度問題上的不同意見，也在中國民間引起反彈。1945 年 9、10 月間，美國合眾社社長白里訪問重慶，在一次宴會上蔣介石主動對他說起開羅會議與羅斯福的意見交換，合眾社遂將蔣介石與白里的談話全文發表，立即引起國內外的注意。10 月 18 日，杜魯門總統在一次記者招待會上宣佈，他贊同天皇的命運取決於日本人民的自由選舉，並稱蔣介石的意見用意甚善。[2]

但是，縱觀戰爭結束前後中國國內的主流輿論，則是主張廢除天皇制度。1945 年 1 月的第九次太平洋學會上，各國代表對於是否保留日本天皇制度問題，出現不同意見。針對這一現象，昆明《正義報》

[1] 〈我們對日本應有的態度〉，《當代評論》社評，第 4 卷第 6 期，1944 年 1 月 21 日。
[2] 〈日皇存廢問題〉，昆明《中央日報》社論，1945 年 10 月 23 日，第 2 版。

在立即發表了一篇社評，指出：對於「日本國內的政治制度，我們不可採取放任態度，因天皇是戰爭的罪魁，而天皇制更是日本青年向外侵略，頑強作戰的精神原動力」。可以斷言，日本的「天皇制不取消，日本的自大狂和忠君愛國的思想即無從取消，日本國內的民主勢力也就不容易抬頭」，因此必須「堅決主張摧毀日本的天皇制」。[1]

《正義報》的立場得到費孝通的回應，他的《太平洋上的持久太平》就是作為聲援而撰寫的，並在第九次太平洋學會結束的第二天見諸報端。文中，費孝通對太平洋學會上有些人放任日本天皇制繼續存在的態度，表示了極大不滿。

針對英美國家有種認為日本天皇和英國皇帝相同，既然英國皇帝沒有阻礙英國民主的發展，日本天皇也不該成為日本民主的阻礙的輿論，費孝通首先指出「事實上天皇和英皇是不同的」，「天皇制度和民主政治是不相容的」。他分析說，兩者的不同在於首先是「天皇制度中直接包有軍權的部分」，雖然「在表面上日本是模仿英國的政體，有國會，有內閣，而且內閣得向國會負責」，但是，「實際上海陸兩相卻不向國會負責，而是直接向天皇負責的。在內閣更迭的時候，軍部可以不受影響，反之，若是軍部不滿於向國會負責的內閣，他們可以退出，不推薦任何人選，使內閣垮臺」。正因這種體制，「日本民主基本上變了質，成了一個騙人的招牌，作軍部統治的煙幕。」而「軍部統治的基礎就是天皇制度，天皇不廢，日本人民也永遠不會享受民主的政制。」

其次，費孝通分析了日皇與英皇的不同還在於「天皇是日本統治階級的家長」，是神權的象徵，「他即是像桀紂一樣的暴戾，人民也不能革他的命」。這種「宗教信仰上的絕對性」，使天皇也成為「軍閥財閥的家長」，並且「造成了軍閥財閥的絕對性」，這就使「日本的社會結構也就永遠說變不出一個自由平等的社會」。根據以上理由，費孝通認為不僅「天皇制度是阻礙日本民主的根本力量」，並且在「天皇制度下的日本很難有自動的蛻變」。為了太平洋的前途，也

---

[1]　〈戰後日本的地位〉，昆明《正義報》社論，1945 年 1 月 12 日，第 2 版。

為了日本人民的自身利益，他主張必須利用這次日本戰敗的機會，「代替日本人民把這個『神的代表』燒了送回上天，使他不致在人間作祟」。[1]

廢除天皇制度，是當時絕大多數中國的人一致主張，不過劉文典對這個問題做了修正。劉文典認為，日本政體改造的關鍵在於推翻皇位改建共和國體，而不在是否保留「天皇」這個名號。有著考據癖的劉文典說：「天皇」這個稱號是從中國傳到日本的，唐代武則天臨朝時，臣下尊稱她為「天後」，把她的丈夫唐高宗稱做「天皇」，日本的典章制度多抄襲中國唐朝，於是也跟著叫自己的君主為「天皇」。後來，天皇這個名號被人利用，硬說天皇是天上神明降世，要統制世界萬國。劉文典主張「天皇」可以保留，但名號需要改變一下，削去「天皇」兩字，改稱「日本國王」，以「防止將來再被人利用曲解」。其實，對於天皇問題，劉文典認為這屬於日本自己的問題，「用不著我們去強做主張」，一定要去主張，「反而會傷害感情」，到頭來可能「適得其反」。總之，「日本本身的事，讓日本人自己去管，牽涉到別國利害的事，大家商酌著辦」，唯有「大家一致維持擁護的辦法」，「才能垂之永久」。[2]

以上涉及者，均為戰後處置日本的重大問題，聯大精英所進行的分析和提出的意見，反映了他們對戰後重建中日關係的構想，即使在今天的兩國關係處理中，也同樣具有重要參考意義。更可貴的是，聯大人的嚴肅與冷靜，努力建立和維護世界永久和平的積極精神，無論何時都是最寶貴的。

---

[1] 費孝通：〈太平洋上的持久太平〉，昆明《掃蕩報》「星期論文」，1945 年 1 月 21 日，第 2 版。

[2] 劉文典：〈日本敗後我們該怎樣對他〉（下），《雲南日報》「專論」，1944 年 3 月 31 日，第 3 版。

結　語

　　集中了整個民族的意志和願望，並積累了長期歷史經驗和生存智慧的民族精神，是一個民族賴以生存和發展的精神支柱，也是這個民族實現共同理想和發展目標的內在動力。任何民族的成長壯大，都離不開民族精神的凝聚和支撐。體現了中華民族特質的中華民族精神，是生活在中國土地上所有民族長期歷史積澱中昇華起來的，它是中華民族的核心和靈魂，是中華民族生生不息的精神源泉和維繫全民族的紐帶。每當中華民族面臨生存與發展的重大時刻，民族精神的弘揚便自然成為時代的主旋律。

　　抗日戰爭是中華民族歷史上最偉大、最神聖的民族解放戰爭。這場戰爭是中華民族為維護國家獨立，維護民族尊嚴被迫進行的一場自衛戰爭。日本帝國主義的侵略，給中國人民造成極其深重的災難，北京大學、清華大學、南開大學在戰火中的遭遇，西南聯合大學的不斷遷徙，學校面臨的從未有過的艱苦條件，日軍對大後方毫無人性的狂轟濫炸等等，都是千千萬萬中國人民災難生活的一個縮影。但是，戰爭也促進了中華民族的空前覺醒，人們的意志在戰爭中受到考驗，思想受到鍛煉，使這場被迫進行的自衛戰爭成為中華民族復興的契機。西南聯合大學與中國人民一樣，以空前的勇氣和忍耐，克服了難以想像的困難，在八年抗戰中，師生們的眼界得到開闊，思想逐漸成熟，經驗不斷豐富，信心更加堅定，終於和全國人民一起迎來了抗日戰爭的偉大勝利。

　　抗日戰爭是中華民族復興的樞紐，但是復興的道路不僅漫長，而且伴隨著艱苦。西南聯大在抗日戰爭中的歷史軌跡，便是復興之路上一個側面的鮮活寫照。師生們離鄉背井，別妻離子，把自己的命運與這場民族戰爭緊緊聯繫在一起，為戰勝帝國主義侵略，建立獨立、自由、民主的現代化國家，貢獻了生命的點點滴滴。本書所介紹的三校在戰火中的劫難，戰時大學的建立，大轟炸下的疏散，反對妥協投降，

運用各種智慧武器參加戰鬥，踴躍輸捐支持前方，積極從軍獻身抗日戰場，對國際形勢的觀察分析和對戰後處置日本的思考等等，無不生動反映了廣大師生在復興中華民族征途上可歌可泣的巨大努力。

參考書目

一、資料集、檔案

西南聯大除夕副刊主編:《聯大八年》,西南聯大學生出版社 1946 年 7 月版。

清華大學校史研究室編:《清華大學史料選編》第 3 卷上冊,清華大學出版
　　社 1994 年 4 月版。

清華大學校史研究室編:《清華大學史料選編》第 3 卷下冊,清華大學出版
　　社 1994 年 4 月出版。

北京大學、清華大學、南開大學、雲南師範大學編:《國立西南聯合大學史
　　料》第 1 卷,雲南教育出版社 1998 年 10 月版。

北京大學、清華大學、南開大學、雲南師範大學編:《國立西南聯合大學史
　　料》第 2 卷,雲南教育出版社 1998 年 10 月版。

北京大學、清華大學、南開大學、雲南師範大學編:《國立西南聯合大學史
　　料》第 3 卷,雲南教育出版社 1998 年 10 月版。

北京大學、清華大學、南開大學、雲南師範大學編:《國立西南聯合大學史
　　料》第 6 卷。

中國社會科學院近代史研究所中華民國史組編:《胡適來往書信選》中冊,
　　中華書局 1979 年 5 月版。

王學珍、王效挺等編:《北京大學紀事(1898-1997)》,北京大學出版社
　　1998 年 4 月版。

雲南省政協文史資料研究委員會、西南聯合大學北京昆明校友會、雲南師範
　　大學合編:《雲南文史資料選輯》第 34 輯,雲南人民出版社 1988 年 10
　　月版。

清華大學檔案,清華大學檔案館藏。

朱家驊檔案,臺北中央研究院近代史研究所藏。

二、文集、書信集

馮友蘭:《三松堂自序》,三聯書店 1984 年 12 月版。

馮友蘭：《三松堂全集》，河南人民出版社 2000 年 12 月版。
潘乃穆、潘乃和編：《潘光旦文集》第 5 卷，北京大學出版社 1997 年 10 月版。
金岳霖學術基金會學術委員會編：《金岳霖文集》第 3 卷，甘肅人民出版社版。（無出版日期）
孫黨伯、袁謇正主編《聞一多全集》第 1 卷，湖北人民出版社 1993 年 12 月版。
聞銘、王克私編：《聞一多書信選集》，人民文學出版社 1986 年 10 月版。
朱喬森編：《朱自清全集》第 4 卷，江蘇教育出版社 1990 年 12 月版。
朱喬森編：《朱自清全集》第 9 卷，江蘇教育出版社 1997 年 9 月版。
朱喬森編：《朱自清全集》第 10 卷，江蘇教育出版社 1997 年 10 月版。
錢端升：《我的自述》，《錢端升學術論著自選集》，北京師範學院出版社 1991 年 1 月版。
錢穆：《國史大綱書》，上海書店 1989 年 10 月版。
錢穆：《國史新論》，三聯書店 2001 年 6 月版。
雷海宗：《中國文化與中國的兵》，上海書店 1989 年 10 月版。
曾昭掄：《火箭炮與飛炸彈》，北門出版社 1944 年 10 月版。
姚從吾：《盧溝橋事變以來中日戰事史料蒐輯計畫書》（草稿），1939 年 3 月版。
王力：《龍蟲並雕齋瑣語》，中國社會科學出版社 1982 年 6 月版。
劉兆吉：《西南採風錄》，商務印書館 1946 年 12 月版。
杜運燮、張同道編選：《西南聯大現代詩鈔》，中國文學出版社 1997 年 10 月版。
中共中央文獻編輯委員會編：《周恩來選集》上卷，人民出版社 1980 年 12 月版。

三、回憶錄

浦薛鳳：《太虛空裡一遊塵——八年抗戰生涯隨筆》，（臺北）傳記文學出版社 1979 年 7 月版。
西南聯合大學北京校友會校史編輯委員會編：《笳吹弦誦在春城——回憶西南聯大》，雲南人民出版社、北京大學出版社 1896 年 10 月版。
西南聯合大學北京校友會編：《笳吹弦誦情彌切——國立西南聯合大學五十周年紀念文集》，中國文史出版社 1988 年 10 月版。
雲南西南聯大校友會編：《難忘聯大歲月——國立西南聯合大學在昆建校六十周年紀念文集》，雲南教育出版社 1998 年 10 月版。

蒙自師範高等專科學科、蒙自縣文化局、蒙自南湖詩社編：《西南聯大在蒙
　　自》，雲南民族出版社 1994 年 12 月版。
《學府紀聞・國立西南聯合大學》，（臺北）南京出版有限公司 1981 年 10
　　月版。
錢穆：《八十憶雙親・師友雜記》，嶽麓書社 1986 年 7 月版。
錢能欣：《西南三千五百里——從長沙到昆明》，商務印書館 1939 年 6
　　月版。
申泮文：《天津舊南開學校覆沒記》，南開大學出版社 1995 年 7 月第 1 版。
許淵沖：《追憶逝水年華——從西南聯大到巴黎大學》，三聯書店 1996 年
　　11 月版。
何兆武口述，文靖撰寫：《上學記》，三聯書店 2006 年 8 月版。
馮至：〈昆明往事〉，《新文學史料》1986 年第 1 期。
汪曾祺：〈跑警報〉，《汪曾祺作品自選集》，灕江出版社 1996 年 8 月版。
史集：〈聞一多先生和新詩社〉，《雲南師範大學學報》，1987 年第 2 期。
王明：〈聞一多先生在昆華中學〉，《雲南文史叢刊》，1986 年第 3 期。

四、紀念文集

李聞二烈士紀念委員會編：《人民英烈》，1948 年印行。
王康、王子光編：《聞一多紀念文集》，三聯書店 1980 年 8 月版。
馮鍾璞、蔡仲德編：《馮蘭友先生百年誕辰紀念文集》，清華大學出版社 1995
　　年 12 月版。
曾昭掄百年誕辰紀念文集編撰委員會編：《一代宗師：曾昭掄百年誕辰紀念
　　文集》，北京大學出版社 1999 年 12 月版。
張聞博、何宇主編：《西南聯合大學敘永分校建校五十周年紀念集》，1993
　　年 4 月印行。
西南聯大一九四四級北京聯絡站編：《國立西南聯合大學一九四四級畢業五
　　十周年活動特刊》，1995 年 3 月版。
黃延復、王小寧整理：《梅貽琦日記（1941-1946）》，清華大學出版社 1991
　　年 4 月版。
吳學昭整理：《吳宓日記》第 6 冊，三聯書店 1998 年 3 月版。
《王世杰日記》（手稿本），臺北中央研究院近代史研究所編，1990 年 3
　　月版。

五、參考著述

西南聯合大學北京校友會：《國立西南聯合大學校史——1937至1946年的
　　北大、清華、南開》，北京大學出版社1996年10月版。

西南聯合大學北京校友會：《國立西南聯合大學校史——1937至1949年的
　　北大、清華、南開》（修訂版），北京大學出版社2006年1月版。

北京大學歷史系「北京大學學生運動史」編寫組編：《北京大學學生運動史
　　（1919-1949）》（修訂本），北京出版社1979年7月版。

蕭超然、沙健孫、周承恩、樑柱：《北京大學校史（1898-1949）》，上海
　　教育出版社1981年10月版。

南開大學校史編寫組：《南開大學校史（1919-1949）》，南開大學出版社
　　1989年10月版。

王文俊、梁吉生、楊珣、張書儉、夏家善選編：《南開大學校史資料選
　　（1919-1949）》，南開大學出版社1898年10月版。

張寄謙編：《中國教育史上的一次創舉——西南聯合大學湘黔滇旅行團紀
　　實》，北京大學出版社1999年12月版。

聞黎明、侯菊坤編，聞立雕審定：《聞一多年譜長編》，湖北人民出版社1994
　　年7月版。

聞黎明：《聞一多傳》，人民出版社1992年10月版。

趙新林、張國龍：《西南聯大：戰火的洗禮》，上海世紀出版集團、上海教
　　育出版社2000年12月版。

孫代興、吳寶璋主編：《雲南抗日戰爭史（1937-1945）》，雲南大學出版
　　社1995年7月版。

黃仁霖：《我做蔣介石特勤總管40年》，團結出版社2006年1月版。

宋仲福：《儒學在現代中國》，中州古籍出版社1991年6月版。

〔日〕楠原俊代著：《日中戰爭時期中國知識份子研究——又一次長征，通
　　往國立西南聯合大學之路》，研文出版公司1997年2月版。

〔美〕傑克·薩姆森著，石繼成、許憶寧譯：《陳納德》，東方出版社1990
　　年5月版。

蔡德金編注：《周佛海日記》，中國社會科學出版社1986年7月版。

黃美真：《汪精衛集團叛國投敵記》，河南人民出版社1987年版。

侯德礎：《抗日戰爭時期中國高校內遷史略》，四川教育出版社2001年12
　　月版。

謝本書：《西南聯大——多重文化的交彙與碰撞》，西南聯大研究所編《西南聯大研究》，中國大百科全書出版社 2005 年 10 月版。

朱育和、陳兆玲編《日軍鐵蹄下的清華園》，清華大學出版社 1995 年 12 月版。

陳兆玲：《歷史不能忘記——長沙臨大、西南聯大屢遭日軍轟炸之實證》，《北京檔案》1997 年第 7 期。

唐紀明譯：《溫德教授的珍貴日記》，《黨史博采》1994 年第 7 期。

李鍾湘：《國立西南聯合大學始末記》（上），（臺北）《傳記文學》第 39 卷第 2 期。

王瑤：《關於西南聯合大學和聞一多、朱自清兩位先生的一些事》，《雲南師範大學學報》，1986 年第 4 期。

易社強：〈抗日戰爭中的西南聯合大學〉，《抗日戰爭研究》1997 年第 1 期。

謝本書：〈龍雲與雲南抗戰〉，《抗日戰爭研究》2001 年第 3 期。

戴美政：〈抗戰中的昆明廣播電臺與西南聯大〉，中國廣播電視協會廣播電視史研究委員會、黑龍江省廣播電視局、中國傳媒大學廣播電視研究中心編《第七次中國廣播電視史志研討會專輯》，2005 年 12 月版。

戴美政：《曾昭掄抗戰新聞宣傳活動概述》，未刊稿。

李東朗、李瑗：〈裕仁天皇和日軍罪惡的化學戰〉，《黨史研究與教學》2007 年第 2 期。

劉庭華：〈侵華日軍使用化學細菌武器述略〉，《中共黨史資料》2007 年第 3 期。

戴美政：〈戰時西南聯大理工科研及其特色〉，《西南聯大研究》第 1 輯，中國大百科全書出版社 2005 年 10 月版。

范凌志：〈蔣介石曾令秘密研製原子彈——密電往事〉，《環球時報》，2007 年 10 月 8 日。

李豔平、王士平、戴念祖：〈20 世紀 40 年代在中央研究院和北平研究院流產的原子科學研究〉，《自然科學史研究》2006 年第 3 期。

國民政府教育部教育年鑒編纂委員會編：《第二次中國教育年鑒》，上海商務印書館 1948 年 12 月版。

中國人民政治協商會議雲南省昆明市委員會文史資料研究委員會編：《昆明文史資料選輯》第 6 輯（《抗日戰爭時期史料專輯》上冊），1986 年 6 月版。

中國人民政治協商會議雲南省昆明市委員會文史資料研究委員會編：《昆明文史資料選輯》第 7 輯（《抗日戰爭時期史料專輯》下冊），1986 年 6 月版。

中國人民政治協商會議雲南省昆明市委員會文史委員會編：《昆明文史資料
　　選輯》第 25 輯，1995 年 10 月版。
中國人民政治協商會議四川省敘永縣委員會文史資料委員會編：《敘永縣文
　　史資料選輯》第 13 輯，1990 年 9 月版。
中國社會科學院近代史資料編輯室編：《近代史資料》總 109 期，中國社會
　　科學出版社 2004 年 8 月版。

六、報紙、期刊

《中央日報》（南京），1937 年。
《中央日報》「重慶各報聯合版」，1939 年。
《中央日報》（昆明），1945 年。
《武漢日報》（武漢），1938 年。
《大公報》（天津），1934 年、1937 年。
《大公報》（重慶），1941 年。
《大公報》（漢口），1937 年。
《雲南日報》（昆明），1938 年至 1946 年。
《益世報》（昆明），1939 年。
《民國日報》（昆明），1938 年至 1944 年。
《正義報》（昆明），1944 年至 1945 年。
《掃蕩報》（昆明），1944 年至 1945 年。
《南大半月刊》第 15 期，1934 年 10 月 17 日。
《南大週刊》「副刊」第 5 期，1932 年 4 月 5 日。
《南大副刊》第 43 期，1934 年 4 月 24 日。
《南開週刊》復刊第 5 號，1947 年 7 月 24 日。
《南開校友通訊》第 2 期，1983 年。
《烽火》第 20 期，1938 年 10 月。
《新民族》第 2 卷第 13 期，1938 年 10 月 9 日。
《戰國策》第 12 期，1940 年 9 月 12 日。
《今日評論》第 1 卷第 20 期，1939 年 5 月 14 日。
《今日評論》第 1 卷第 8 期，1939 年 2 月 19 日。
《今日評論》第 2 卷第 7 期，1939 年 8 月 6 日。
《今日評論》第 2 卷第 8 期，1939 年 8 月 13 日。
《今日評論》第 2 卷第 9 期，1939 年 8 月 20 日。

《今日評論》第 2 卷第 12 期，1939 年 9 月 10 日。

《今日評論》第 4 卷第 19 期，1940 年 11 月 10 日。

《當代評論》第 3 卷第 4 期，1942 年 12 月 7 日。

《當代評論》第 4 卷第 6 期，1944 年 1 月 21 日。

《當代評論》第 4 卷第 7 期，1944 年 2 月 1 日。

《民主週刊》第 1 卷第 6 期，1945 年 1 月 20 日。

《自由論壇》第 5 期，1944 年 10 月 22 日。

《中日戰事史料徵輯會集刊》第 1 期，1940 年 6 月版。

《國立清華大學十級（1938）畢業五十年紀念特刊》，1988 年 5 月版。

清華校友會編：《清華校友通訊》第 5 卷第 3 期，1939 年 5 月 1 日。

清華校友總會編：《清華校友通訊》複 16 冊，清華大學出版社 1987 年 11 月版

清華校友總會編：《清華校友通訊》複 29 冊，清華大學出版社 1994 年 4 月版。

清華校友總會編：《清華校友通訊》複 32 期，清華大學出版社 1995 年 11 月版。

清華校友總會編：《清華校友通訊》複 43 期，清華大學出版社 2001 年 4 月版。

清華校友總會編：《校友文稿資料選編》第 4 輯，清華大學出版社 1996 年 7 月版。

西南聯合大學北京校友會編：《西南聯大北京校友會簡訊》第 4 期，1987 年 5 月。

西南聯大北京校友會編：《西南聯大北京校友會簡訊》第 7 期，1990 年 4 月。

西南聯大北京校友會編：《西南聯大北京校友會簡訊》第 12 期，1992 年 10 月。

西南聯大北京校友會編：《西南聯大北京校友會簡訊》第 14 期，1993 年 10 月。

西南聯大北京校友會編：《西南聯大北京校友會簡訊》第 16 期，1994 年 10 月。

西南聯大北京校友會編：《西南聯大北京校友會簡訊》第 18 期，1995 年 10 月。

西南聯大北京校友會編：《西南聯大北京校友會簡訊》第 19 期，1996 年 4 月。

西南聯大北京校友會編：《西南聯大北京校友會簡訊》第 21 期，1997 年 4 月印行。

西南聯大北京校友會編：《西南聯大北京校友會簡訊》第 23 期，1998 年4 月。

西南聯大北京校友會編：《西南聯大北京校友會簡訊》第 25 期，1999 年 4月印行。

西南聯大北京校友會編：《西南聯大北京校友會簡訊》第 26 期，1999 年8 月。

西南聯大北京校友會編：《西南聯大北京校友會簡訊》第 29 期，2001 年4 月。

西南聯大北京校友會編：《西南聯大北京校友會簡訊》第 34 期，2003 年 10月印行。

西南聯大北京校友會編：《西南聯大北京校友會簡訊》第 36 期，2004 年 10月印行。

西南聯大北京校友會編：《西南聯大北京校友會簡訊》第 38 期，2005 年 10月印行。

西南聯大北京校友會編：《西南聯大北京校友會簡訊》第 40 期，2006 年 9月印行。

雲南師範大學一二·一紀念館編：《一二·一紀念館》第 1 期，1991 年 12月 1 日。

《國立西南聯合大學一九四四級通訊》第 2 期，1997 年 3 月。

《國立西南聯合大學一九四四級通訊》第 3 期，1998 年 8 月。

《國立西南聯合大學一九四四級通訊》終篇號，2006 年 8 月。

《群言》，1999 年第 8 期。

後　記

　　本書是在中日歷史研究中心「抗日戰爭與中國知識份子」課題最終成果基礎上，增加了中國社會科學院重點課題「西南聯合大學研究」階段性成果中相關部分內容而形成的。

　　上個世紀 80 年代下半葉，我因編纂《聞一多年譜長編》接觸到許多西南聯大的材料。這些材料包括政治、經濟、思想、文化、教育、學術、軍事、外交等，從不同領域，不同角度，反映了一代掌握了現代科學知識的精英們對中國現代化建設的思考和努力。當時，我就感到這是一個極有意義的領域，從而萌生了研究西南聯大的念頭。於是，我儘量將有關線索做了記錄，僅摘抄的目錄就積累了 10 個筆記本。這樣，《聞一多年譜長編》、《聞一多傳》出版後，我的精力便很快轉移到西南聯大研究上來了。從 1990 年開始，我圍繞西南聯大發表的研究成果有 30 餘篇，這些只是個人心得的一部分，卻也是這項研究的準備。

　　2003 年，我設計的「抗日戰爭與中國知識份子──以西南聯合大學為中心」課題獲得中日歷史研究中心通過。中日歷史研究中心主要資助 1931 年至 1945 年間的中日關係史研究，我的工作重點自應側重在與戰爭直接或間接相關的方面。不過，「抗戰」和「建國」是一個不可分割的整體，因此 2006 年我又向我所在的中國社會科學院近代史研究申報了「西南聯合大學研究」，目的就是把這所高等學府在「建國」方面的努力也容納進來。承蒙近代史研究所學術委員會的厚愛，這項申請被推薦為院重點課題，並得到中國社會科學院科史學片學術委員會批准。現在的這部書稿，就是上述兩項研究中與抗戰直接或間接相關的成果，而對於西南聯大的「建國」研究，將出現在另一部書稿裡。

　　有所突破，有所前進，是本書的初衷。為了達到這個目標，我按照個人治學習慣，在查閱原始資料上花費了相當氣力。為了獲得必要

的材料，我連續三年，每年兩個月伏在雲南師範大學圖書館、雲南大學圖書館的書庫裡。雲南師範大學圖書館館長楊德華教授、雲南大學圖書館館長萬永林教授，給了我最大支持，使我如像在自己家中一樣，任意在密集的書庫和頂天的報架上，自由索取與拍照。每當想起這些，我都感動不已。令我悲痛的是，楊德華教授的過早逝世，不能看到他始終關心的這個果實，也不能再和我探討寫作中的問題了。

感謝日本櫻美林大學，儘管我已離開這所只教過一年書的學校，但校長佐藤東洋士教授一直給著我極大的支持，當我再次做短期訪問時，他給了我一張免費複印 2 萬張紙的電子卡，為我提供了「用之不竭」的便利。感謝日本早稻田大學，這所著名學府以容納海川的胸懷，為我的研究提供了所需要的最大支援。政治經濟學部齋藤泰治先生是我的合作教授，他為我創造的優越條件，讓同時在早稻田大學訪問的朋友羨慕不已。

感謝中國社會科學院近代史研究所圖書館，為了方便我的研究，館長閔傑研究員劃撥 2 萬餘元，購買了這項研究最基礎的縮微報紙膠捲。

感謝中國社會科學院社會科學文獻出版社徐思彥、楊群先生，他們不僅一直關心著我的研究，還為書稿提出了非常衷懇的修改意見。

不記得哪位哲人說過任何作品都是令人遺憾的話，當我在書稿末尾劃上一個句號時，可以說也正是克服遺憾的開始。

2009 年 7 月 3 日
北京慈雲寺

繁體版後記

　　本書是2009年10月大陸社會科學文獻出版社出版之《抗日戰爭與中國知識份子——西南聯合大學的抗戰軌跡》的繁體本。該書出版後，引起大陸學界的關注，有評論說它「運用了大量的第一手史料」，以「周密的考證」將一些「消逝的歷史場景呈現在今天的讀者眼前」，是一部「結構嚴謹、史料豐贍的學術著作」。不過，書中也存在著個別史實失誤之處，這些在評論中已有所指出，因此繁體版的出版，可將這些不足加以改正。同時，為了突出主題，書名亦改為《抗戰風雲中的國立西南聯合大學》。

　　這部書在大陸出版的時候，我正在台灣學術訪問，承蒙好友謝泳兄引介，得以結識秀威資訊科技股份有限公司的主編蔡登山先生。蔡先生長於文史，對近代文壇掌故尤為熟悉，我們交談十分投機，彼此都有相見恨晚之感。一個落雨的日子，我受蔡先生之邀到公司參觀，此行收穫頗豐，不僅領略了秀威在寶島一枝獨秀的先進出版、印刷、發行系統，更感受到總經理宋政坤先生的人文科學境界和包納百川的胸懷。正是這些感悟，讓我決定把雖已出版卻未謀面的拙作繁體版，託付給秀威出版。秀威是寶島的國家書店，肯於接納拙作，促其傳播，令我欣慰。在此，首先向宋政坤先生、蔡登山先生表示衷心致謝。

　　社會科學文獻出版社的大度也讓我感激。說來也巧，我在中央研究院近代史研究所檔案館查閱資料時，偶遇來台參加第九屆大陸圖書展覽會的社科文獻出版社事業部主任宋月華女士。宋女士非常支持拙著繁體版在台出版，這讓我再次體會什麼叫「大度」和「理解」。

　　作為本書責任編輯的林泰宏先生，為繁體版的出版付出了相當心血。其不厭其煩的工作態度，和一絲不苟的認真精神，使本書避免了一些不必要的遺憾。這種「秀威精神」，希望不斷發揚光大。

　　史學研究是沒有止境的，「抗戰」與「建國」這兩個須臾不可分割的問題，在本書中只涉及前者，並且某些與此相關的問題和新發現

的若干足可彌補史實的珍貴材料，也未來得及利用。對於這些，本人將儘量容納在「西南聯合大學研究」的下一部著述之中。

2010 年 7 月 31 日
北京，學院路寓所

史地傳記類　PC0121

抗戰風雲中的國立西南聯合大學

作　　者 / 聞黎明
主　　編 / 蔡登山
責任編輯 / 林泰宏
圖文排版 / 鄭佳雯
封面設計 / 陳佩蓉

發 行 人 / 宋政坤
法律顧問 / 毛國樑　律師
出版發行 / 秀威資訊科技股份有限公司
　　　　　114 台北市內湖區瑞光路 76 巷 65 號 1 樓
　　　　　電話：+886-2-2796-3638　傳真：+886-2-2796-1377
　　　　　http://www.showwe.com.tw
劃撥帳號 / 19563868　戶名：秀威資訊科技股份有限公司
　　　　　讀者服務信箱：service@showwe.com.tw
展售門市 / 國家書店（松江門市）
　　　　　104 台北市中山區松江路 209 號 1 樓
　　　　　電話：+886-2-2518-0207　傳真：+886-2-2518-0778
網路訂購 / 秀威網路書店：http://www.bodbooks.tw
　　　　　國家網路書店：http://www.govbooks.com.tw

2010 年 11 月 BOD 一版
定價：450 元

國家圖書館出版品預行編目

抗戰風雲中的國立西南聯合大學 / 聞黎明著. --
　一版. -- 臺北市：秀威資訊科技, 2010.11
　　面；　　公分. -- (史地傳記類；PC0121)
BOD 版
參考書目：面
ISBN 978-986-221-586-9(平裝)

1. 國立西南聯合大學　2. 中日戰爭

525.8235/101　　　　　　　　　　99016320

讀者回函卡

感謝您購買本書,為提升服務品質,請填妥以下資料,將讀者回函卡直接寄
回或傳真本公司,收到您的寶貴意見後,我們會收藏記錄及檢討,謝謝!
如您需要了解本公司最新出版書目、購書優惠或企劃活動,歡迎您上網查詢
或下載相關資料:http:// www.showwe.com.tw

您購買的書名:_____

出生日期:_____年_____月_____日

學歷:□高中 (含) 以下　　□大專　　□研究所 (含) 以上

職業:□製造業　□金融業　□資訊業　□軍警　□傳播業　□自由業
　　　□服務業　□公務員　□教職　　□學生　□家管　　□其它_____

購書地點:□網路書店　□實體書店　□書展　□郵購　□贈閱　□其他

您從何得知本書的消息?

　□網路書店　□實體書店　□網路搜尋　□電子報　□書訊　□雜誌
　□傳播媒體　□親友推薦　□網站推薦　□部落格　□其他_____

您對本書的評價:(請填代號　1.非常滿意　2.滿意　3.尚可　4.再改進)

　封面設計____　版面編排____　內容____　文／譯筆____　價格____

讀完書後您覺得:

　□很有收穫　□有收穫　□收穫不多　□沒收穫

對我們的建議:_____

_____

_____

_____

11466
台北市內湖區瑞光路 76 巷 65 號 1 樓

秀威資訊科技股份有限公司　　　收

BOD 數位出版事業部

⋯⋯⋯⋯⋯⋯⋯⋯⋯⋯⋯⋯⋯⋯⋯⋯⋯⋯⋯⋯⋯⋯⋯⋯⋯⋯⋯⋯⋯⋯⋯⋯

（請沿線對折寄回，謝謝！）

姓　　名：＿＿＿＿＿＿＿＿＿＿　年齡：＿＿＿＿＿　性別：□女　□男

郵遞區號：□□□□□

地　　址：＿＿＿＿＿＿＿＿＿＿＿＿＿＿＿＿＿＿＿＿＿＿＿＿＿＿

聯絡電話：(日)＿＿＿＿＿＿＿＿＿＿＿　(夜)＿＿＿＿＿＿＿＿＿＿＿

E - m a i l：＿＿＿＿＿＿＿＿＿＿＿＿＿＿＿＿＿＿＿＿＿＿＿＿＿